Martin Voth, Sebastian Gryska, Heinbernd Oppenberg, Dorothee Wegmann, Eddie Wickfeld

Herausgeber: Martin Voth

Arbeitsplatz Büro

Jahrgangsband 2

Lernsituationen

1. Auflage

Bestellnummer 94405

Bildungsverlag EINS

Die in diesem Produkt gemachten Angaben zu Unternehmen (Namen, Internet- und E-Mail-Adressen, Handelsregistereintragungen, Bankverbindungen, Steuer-, Telefon- und Faxnummern und alle weiteren Angaben) sind i. d. R. fiktiv, d. h., sie stehen in keinem Zusammenhang mit einem real existierenden Unternehmen in der dargestellten oder einer ähnlichen Form. Dies gilt auch für alle Kunden, Lieferanten und sonstigen Geschäftspartner der Unternehmen wie z. B. Kreditinstitute, Versicherungsunternehmen und andere Dienstleistungsunternehmen. Ausschließlich zum Zwecke der Authentizität werden die Namen real existierender Unternehmen und z. B. im Fall von Kreditinstituten auch deren IBANs und BICs verwendet.

Die in diesem Werk aufgeführten Internetadressen sind auf dem Stand zum Zeitpunkt der Drucklegung. Die ständige Aktualität der Adressen kann vonseiten des Verlages nicht gewährleistet werden. Darüber hinaus übernimmt der Verlag keine Verantwortung für die Inhalte dieser Seiten.

service@bv-1.de
www.bildungsverlag1.de

Bildungsverlag EINS GmbH
Ettore-Bugatti-Straße 6–14, 51149 Köln

ISBN 978-3-427-**94405**-8

Vorwort

Der Titel *Arbeitsplatz Büro, Jahrgangsband 2, Lernsituationen* erscheint in drei Bänden. Der vorliegende zweite Band enthält die Inhalte der Lernfelder 5–8 des Rahmenlehrplans für das 2. Ausbildungsjahr für den Ausbildungsberuf „Kaufmann/Kauffrau für Büromanagement". In diesem Band werden die Geschäftsprozesse aus der Praxis des Büromanagements in pädagogisch aufbereiteter Form zur Verfügung gestellt. Der Lernsituationsband ist handlungssystematisch aufgebaut und begleitet die Auszubildenden bei ihren kaufmännischen Tätigkeiten in einem Modellunternehmen. Im 2. Ausbildungsjahr ist das Modellunternehmen ein Handelsunternehmen (Rosner GmbH). Um den Anforderungen des Querschnittsberufs „Kaufmann/Kauffrau für Büromanagement" gerecht zu werden, wird in jedem Ausbildungsjahr ein anderes Modellunternehmen zugrunde gelegt (Dienstleistungs-, Handels-, Industrieunternehmen).

Eine ganzheitliche Sichtweise, überschaubare Arbeitsaufträge und selbst organisiertes Lernen zur Förderung der beruflichen Handlungskompetenz waren die Leitlinien bei der Entwicklung der Lernsituationen.

Abschlussaufgaben fassen die wesentlichen Lerninhalte eines jeden Lernfeldes in zusammenhängenden und prüfungsnahen Aufgabenstellungen zusammen.

Die Lernsituationen folgen einem einheitlichen Aufbau:

Situation:	Darstellung eines betrieblichen Sachverhalts, dessen Probleme den Auszubildenden zugänglich gemacht werden und deren Lösung angestoßen wird.
Arbeitsauftrag:	Die Auszubildenden werden aufgefordert, sich aktiv, selbstständig und unter Nutzung der eigenen Praxiserfahrungen mit den aufgeworfenen Problemen auseinanderzusetzen und einen Lösungsprozess in Gang zu setzen.

Bearbeitung nach dem Prinzip der geschlossenen Handlung:

1. Informationsbeschaffung:	Das Informationshandbuch bietet alle notwendigen Informationen, um den Arbeitsauftrag sachgerecht und erfolgreich zu bearbeiten. Bausteine aus der Office-Software bieten vielfältige Möglichkeiten, computergestützt vorzugehen.
2. Planung:	Schüler erschließen sich selbstständig die Lösung der Probleme aus dem Arbeitsauftrag und erwägen eigenständig Variationen in der Vorgehensweise.
3. Entscheidung:	Der Weg zur Lösung des Arbeitsauftrages wird entwickelt und in einem Arbeitsplan festgelegt.
4. Durchführung:	Die von den Auszubildenden entwickelten Planungsschritte werden in Arbeitsergebnisse umgesetzt.
5. Kontrolle/Bewertung:	Präsentation und Überprüfung der Arbeitsergebnisse
6. Erfolgssicherung:	Aufgaben zur Übung, Vertiefung und zum Transfer sichern die erworbenen Kenntnisse, Fertigkeiten und Fähigkeiten; zusammenfassende Abschlussaufgaben stellen übergreifende Bezüge her.

Im Anschluss an die Lernsituationen steht ein umfangreicher Übungsteil zur Verfügung, um das erworbene Wissen prüfungsnah zu trainieren.

Die Struktur der Lernsituation bietet Gelegenheit, das Prinzip der geschlossenen Handlung permanent umzusetzen, ohne auf die Vielfalt der methodischen Möglichkeiten zu verzichten.

Zum Lernsituationsband gehört ein Informationshandbuch *(Arbeitsplatz Büro, Jahrgangsband 2, Informationshandbuch)*. Die Texte stellen die inhaltlichen Anforderungen des Rahmenlehrplans in straffer Form, konzentriert auf die wesentlichen Lerninhalte dar. Das Informationshandbuch ist modulartig mit den Lernsituationen verknüpft und bietet für jede Lernsituation einen abgegrenzten Informationsblock. Lernfeldübergreifende Informationen, auf die regelmäßig zugegriffen wird, werden im Anhang leicht zugänglich dargeboten.

Übereinstimmende Gliederungen im Lernsituationsband und im Informationshandbuch erleichtern die parallele Nutzung der Bücher.

Für die Bearbeitung der Lernsituationen stehen zusätzlich Arbeitsmaterialien in digitaler Form über *BuchPlusWeb* zur Verfügung (Word- und Excel-Dateien). Informationshandbuch, Lernsituationen und die digitalen Materialien bilden eine ideale Basis für modernen, mediengestützten Unterricht, der den Anforderungen des Lehrplans optimal gerecht wird.

Autoren und Verlag im Frühjahr 2015

Inhaltsverzeichnis

Lernfeld 5
Kunden akquirieren und binden

1 Einen Fragebogen entwerfen

Die Rosner GmbH ist ein Unternehmen, das mit Fahrrädern handelt. Den Kunden stehen fertige Räder zur Verfügung; sie können aber auch ihr Wunsch-Fahrrad durch die Wahl einzelnen Komponenten bestimmen und von der Werkstatt zusammenbauen lassen. Daneben steht die Werkstatt für Service und Reparaturen zur Verfügung. Die Rosner GmbH kann man als Traditionsunternehmen bezeichnen, das seit mehr als 50 Jahren existiert. Es ist dem Unternehmen in dieser Zeit aber immer gelungen, sich neuen Entwicklungen in der Fahrradbranche zu stellen.

Dem Inhaber und Geschäftsführer, Herrn Rosner, ist aufgefallen, dass sich der Markt aktuell wieder stark verändert. Er befindet sich im Gespräch mit Frau Abel, der Leiterin der kaufmännischen Verwaltung, die auch für das Marketing zuständig ist.

E-Bike: Fahrrad mit Elektromotor, vorzugsweise Pedelec (= Pedal-Electric-Cycle = Fahrrad mit Motorunterstützung)

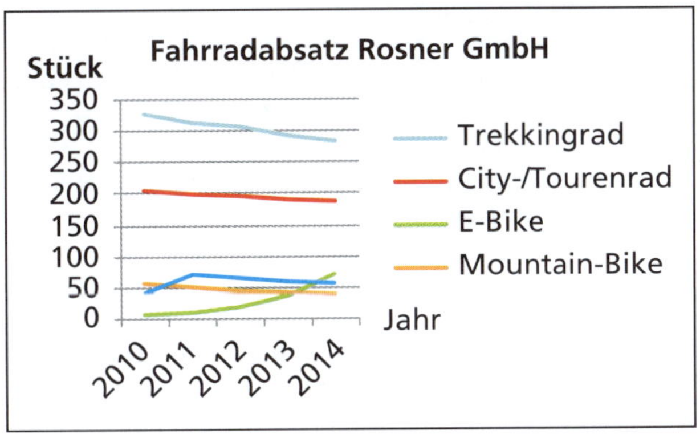

Rosner: „Der Absatz geht bei allen Fahrradtypen zurück. Nur die E-Bikes legen kräftig zu. Unsere Absatzstatistik ist da eindeutig."

Abel: „68 Stück haben wir im letzten Jahr verkauft, bei einem Gesamtabsatz von 645 Fahrrädern. Damit liegen wir etwas unter dem bundesweiten Anteil von 11 %."

Rosner: „Ein Grund mehr, etwas zu unternehmen. Ich denke, wir sollten unser Angebot an Elektrofahrrädern erhöhen."

Abel: „Wir müssen dann aber auch einen weiteren Spezialisten für E-Bikes in der Werkstatt haben."

Rosner: „Das dürfte kein Problem sein. Viel wichtiger erscheint mir, dass wir im Marketing etwas tun. Aber bloß nicht irgendwelche nichtssagenden Anzeigen schalten. Wir müssen viel näher an unsere Kunden herankommen. Dazu müssten wir sie allerdings näher kennenlernen. Oder wissen Sie, wer der typische E-Bike-Kunde ist?"

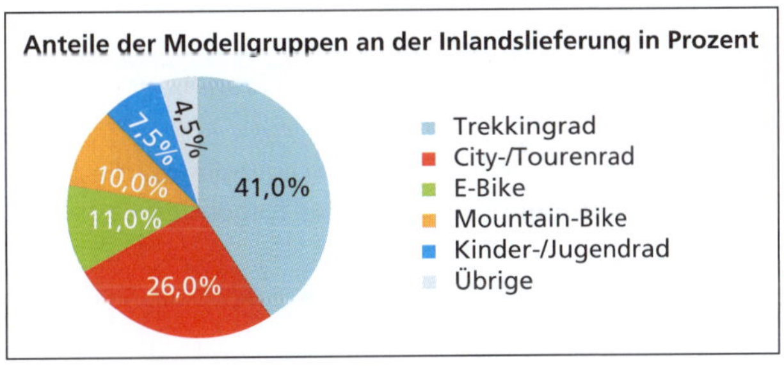

Abel: „Vielfach sind es Kunden über 50 oder auch über 60. Aber auch Jüngere schätzen Radfahren mit Motorunterstützung."

Rosner: „E-Bikes kosten in der Regel zwischen 1.500,00 € und 3.000,00 €. Ich wüsste zu gerne, wie viel Kunden für ein E-Bike maximal bezahlen wollen. Das ist ja auch für den Einkauf wichtig. Noch besser wäre, wir wüssten, über welches Einkommen unsere Kunden verfügen. Viele Kunden liegen mit ihren Preisvorstellungen viel zu niedrig. Da muss dann Überzeugungsarbeit für ein hochwertiges Produkt geleistet werden. Aber würden Sie einem Fremden sagen, wie viel Sie verdienen?"

Abel: „So ohne Weiteres nicht, aber bei einer anonymen Befragung – vielleicht."

Rosner: „Interessant wäre auch zu wissen, aus welchen Gründen Kunden E-Bikes kaufen. In den Verkaufsgesprächen betonen unsere Verkaufsmitarbeiter immer die Bequemlichkeit. Ich glaube aber, es gibt auch noch andere Gründe. Vielleicht kann man sogar die Zielgruppe so genau beschreiben, dass wir eine zielgruppengerechte Werbung machen können. Nur müssten wir unsere Kunden zunächst einmal fragen."

Abel: „So einfach ist das aber nicht. Die Kunden können ihre Beweggründe beim E-Bike-Kauf nicht unbedingt sogleich in Worte fassen."

Rosner: „Dabei müssen intelligente Fragen und textliche Vorgaben Hilfestellung leisten. Eine schöne Aufgabe für Sie."

Abel: „Kein Problem. Wichtig erscheint mir auch, dass wir herausfinden, ob der Kunde überhaupt bei uns im Fachhandel mit einer Fachwerkstatt einkaufen will oder ob er lieber zu Discountern oder gar zu Internetanbietern geht."

Rosner: „Richtig. Ich glaube, es gibt noch weitere Punkte, die in einen Fragebogen aufgenommen werden könnten. Auch die technische Seite müsste geklärt werden: Wie soll die Befragung eigentlich ablaufen? Da wird Ihnen aber sicherlich einiges einfallen. – Genügt eine Woche?"

Abel: „Da bin ich zuversichtlich."

Arbeitsauftrag
Entwerfen Sie einen Fragebogen für eine Kundenbefragung über den Kauf von E-Bikes.

Vorschläge zur Vorgehensweise
1. Feststellung des Informationsbedarfs
2. Fragen formulieren
3. Fragen psychologisch geschickt anordnen
4. Design des Fragebogens entwerfen
5. Fragebogen eventuell testen
6. Endfassung des Fragebogens erstellen
7. Technische Durchführung der Befragung klären

Eigenschaften von E-Bikes
- Bequeme Fortbewegung
- Erweiterung des Aktionsradius per Fahrrad
- Spurtstark
- Kraftvolle Tempomacher
- Umweltfreundlich
- Gesund (Motor unterstützt die eigene Tretbewegung)
- Geringer Energieverbrauch (z.B. im Vergleich zum Pkw)
- Kostengünstig (im Vergleich zu Kraftstoffkosten)
- Trendprodukt
- Schweiß- und stressfreie Beförderung (z. B. zum Arbeitsplatz)
- Keine Parkplatzsorgen

Aufgabe 1

Betrachten Sie noch einmal die beiden statistischen Abbildungen (Fahrradabsatz, Modellgruppen) in der Situationsbeschreibung (siehe Seite 7).

a Stellen Sie begründet fest, ob es sich bei den Abbildungen um
- primärstatistisches oder
- sekundärstatistisches Material handelt.

b Begründen Sie, wie der erstellte Fragebogen in dieser Hinsicht einzuordnen ist.

c Geben Sie zwei Quellen an, die Sie für die Sekundärforschung nutzen können.

Aufgabe 2

Die Rosner GmbH wird den erstellten Fragebogen in einer Befragung anwenden und die erhobenen Daten auswerten.

a Ordnen Sie die Erstellung des Fragebogens, die Durchführung der Befragung und die Auswertung der Befragungsergebnisse einem der folgenden Begriffe zu:

Marktanalyse ◯

Marktbeobachtung ◯

Marktprognose ◯

b Stellen Sie begründet fest, ob die Aktivitäten rund um den Fragebogen als Markterkundung oder als Marktforschung einzuordnen sind.

Aufgabe 3

Nehmen Sie an, Sie haben sich im Arbeitsauftrag für eine persönliche Befragung (Face-to-face-Interview) entschieden.

a Nennen Sie je einen Vorteil und einen Nachteil dieser Befragungsart.

b Prüfen Sie, ob der von Ihnen unter a genannte Nachteil durch eine telefonische, schriftliche oder Online-Befragung ausgeglichen werden könnte.

Aufgabe 4

In der Marktforschung wird u. a. zwischen schriftlicher, persönlicher und telefonischer Befragung unterschieden.

a Vervollständigen Sie die folgenden Aussagen, indem Sie die entsprechende Befragungsmethode (schriftlich, persönlich, telefonisch) angeben.

b Entscheiden Sie, ob die jeweilige Aussage einen Vorteil oder einen Nachteil der zugeordneten Befragungsmethode beschreibt. Tragen Sie zu diesem Zweck ein V (= Vorteil) bzw. ein N (= Nachteil) in die angefügte Spalte ein.

Im Rahmen der ...

Nr.	schriftlichen, persönlichen, telefonischen	Aussage	V/N
1.	*schriftlichen*	Befragung ist kein Interviewer-Einfluss gegeben.	V
2.		Befragung ist eine schnelle Durchführung der Befragung möglich.	
3.		Befragung kann kein einheitlicher Erhebungsstichtag gewährleistet werden.	
4.		Befragung ist die Erfassung spontaner Antworten möglich.	
5.		Befragung besteht häufig nur eine geringe Rücklaufquote.	
6.		Befragung bestimmt der Befragte den Antwortzeitpunkt selbst.	
7.		Befragung werden besonders durchdachte Antworten gegeben.	
8.		Befragung ergibt sich ein hoher Zeitaufwand für den Interviewer.	
9.		Befragung wird die Befragung als besonders störend empfunden.	
10.		Befragung existiert keine Möglichkeit zur Beseitigung von Unklarheiten.	
11.		Befragung ist die Erfassung nur schwer erreichbarer Berufskreise möglich.	

Aufgabe 5

Die Rosner GmbH hätte für die Gewinnung der Marktinformationen auch die speziellen Erhebungsmethoden

- Produkttest,
- Markttest und
- Panelstudien einsetzen können.

Prüfen Sie jeweils, ob diese Erhebungsmethoden für den Untersuchungszweck sinnvoll sind.

Aufgabe 6

Die Rosner GmbH könnte ihre Kundenbefragung auch auf gewerbliche Kunden ausdehnen, z. B. auf Radverleihfirmen oder Unternehmen, die ihren Mitarbeiter Fahrräder aus Umweltschutzgründen oder wegen der Straßenverkehrsverhältnisse zur Verfügung stellen (B2B-Marketing).

a Begründen Sie, ob der von Ihnen entworfene Fragebogen neben dem B2C-Marketing auch für das B2B-Marketing geeignet ist.

b Erläutern Sie drei Ansprüche an E-Bikes, die für gewerbliche Kunden nach Ihrer Meinung besonders wichtig sind.

Aufgabe 7

Die Marktforschung definiert regelmäßig bestimmte Kundentypen, z. B.

- Smart Shopper
- LOHAS
- DINK(s)
- Best Ager

Stellen Sie begründet fest, ob diese Kundeneinteilung für E-Bike-Käufer zutreffend ist.

Aufgabe 8

Sie möchten bestimmte Merkmale von Kunden mithilfe eines Fragebogens ermitteln. Nachfolgend sind die wichtigsten Merkmale zur Zielgruppenbeschreibung aufgelistet.

Merkmale zur Zielgruppenbeschreibung (B2C-Marketing)			
Demografische	**Psychografische**	**Geografische**	**Verhalten**
Alter	Interessen	Wohnort	Freizeitverhalten
Geschlecht	Präferenzen	Region	Mediennutzung
Familienstand	Ansprüche	Land	Wahl der Einkaufsstätte
Kinderzahl	Einstellungen/Werte	Nationalität	Informationsverhalten
Einkommen	Lebensstil		
Ausbildung			
Religion			

a Entwickeln Sie zu jeder Merkmalsgruppe (demografisch, psychografisch usw.) jeweils eine Frage, mit der Sie das Merkmal eines Kunden erfragen können.

b Bestimmen Sie den Fragetyp, den Sie durch Ihre Formulierung gewählt haben.

> Fragetypen
> - offen
> - geschlossen
>   - Alternativfrage
>   - Mehrfachauswahl
>   - Skalafrage
> - halb offen

Aufgabe 9

Sie haben einen Fragebogen für ein handwerklich ausgerichtetes Fahrradfachgeschäft entwickelt. Betrachten Sie nun Ihren eigenen Ausbildungsbetrieb.
Formulieren Sie drei Fragen, die in dem Fragebogen auftauchen sollten, wenn er in Ihrem Ausbildungsbetrieb für Marketingzwecke eingesetzt werden soll.

2 Marktforschungsdaten auswerten

Die Fragebogenaktion ist positiv verlaufen. 220 ausgefüllte Fragebögen liegen vor. 140 Bögen wurden von Kunden im Geschäft ausgefüllt, nachdem man ihnen einen Fragebogen mit der Bitte um Beantwortung übergeben hatte. 80 Fragebögen wurden aufgrund von Passantenbefragungen im Umfeld des Betriebes zusammengetragen.

Zusätzlich haben Frau Abel und Herr Enders statistisches Material gesammelt das sie nun auswerten wollen. Am Ende soll eine Zielgruppenbeschreibung vorliegen, aus der hervorgeht, welche Eigenschaften der typische E-Bike-Kunde hat.

Zunächst jedoch wird das sekundärstatistische Material betrachtet, anschließend die Ergebnisse der Befragung.

Frau Abel hatte die Webseite des Statistischen Bundesamtes aufgerufen, um die Ausstattung der Haushalte mit E-Bikes herauszufinden. Leider gab es aber nur Daten darüber, wie die Haushalte mit **Fahrrädern** versorgt sind und keine Aussagen zu E-Bikes. „Besser als nichts" – dachte Frau Abel. „Die Zahlen geben zumindest einen ersten Hinweis, wer der typische Fahrradkunde ist."

Rosner GmbH

Fahrradvertrieb und Montage

Fragebogen

Dürfen wir Ihnen einige Fragen stellen?

Es dauert nur wenige Minuten.

I. Sekundärstatistische Daten

Ausstattung privater Haushalte mit ausgewählten Gebrauchsgütern am 1. Januar 2013 (vereinfachter Auszug)

1. Haushaltsgröße

Lfd. Nr.	Gegenstand der Nachweisung	Haushalte insgesamt (%)	Haushalte in Prozent, davon mit ... Person(en)				
			1	2	3	4	5 und mehr
6	Fahrrad	80,2	69,3	83,0	91,3	95,8	96,7

2. Monatliches Haushaltsnettoeinkommen

Lfd. Nr.	Gegenstand der Nachweisung	Monatliches Haushaltsnettoeinkommen von ... bis ... Euro							
		unter 900	900–1.300	1.300–1.500	1.500–2.000	2.000–2.600	2.600–3.600	3.600–5.000	5.000–18.000
6	Fahrrad	66,1	69,6	72,7	77,8	84,0	88,6	92,1	93,2

3. Soziale Stellung des Haupteinkommensbeziehers (in %)

Lfd. Nr.	Gegenstand der Nachweisung	Selbstständige	Beamte	Angestellte	Arbeiter	Arbeitslose	Nichterwerbstätige	darunter	
								Rentner	Pensionäre
6	Fahrrad	88,3	90,2	87,4	84,6	72,6	69,2	66,3	78,8

4. Alter des Haupteinkommensbeziehers

Lfd. Nr.	Gegenstand der Nachweisung	Alter des Haupteinkommensbeziehers von ... bis unter ... Jahren							
		18–25	25–35	35–45	45–55	55–65	65–70	70–80	80 und mehr
6	Fahrrad	79,7	83,3	89,2	87	80,7	74,4	71,3	47,8

5. Ausgewählte Haushaltstypen (in %)

Lfd. Nr.	Gegenstand der Nachweisung	Alleinlebende	davon		Alleinerziehende	Paare	davon		sonstige Haushalte
			Männer	Frauen			ohne Kinde	mit Kind(ern)	
6	Fahrrad	69,3	72,7	67,1	89,1	86,5	82,6	94,5	90,1

„Sonstige Haushalte", z. B. Haushalte mit Kind(ern) über 18 Jahren, Mehrgenerationenhaushalte, Wohngemeinschaften u. ä.

Quelle: Statistisches Bundesamt, Fachserie 15, Heft 1, EVS 2013, Seite 19 ff., abgerufen am 01.01.2015 unter https://www.destatis.de/DE/ZahlenFakten/GesellschaftStaat/EinkommenKonsumLebensbedingungen/AusstattungGebrauchsguetern/AusstattungAusstattungGebra.html

Auf der Grundlage dieser Daten des Statistischen Bundesamtes wird Frau Abel ein Profil des typischen **Fahrradkunden** erstellen (Zielgruppenbeschreibung). Dieses Profil wird sie anschließend mithilfe der Befragungsergebnisse zu einer Zielgruppenbeschreibung **„E-Bike-Kunde"** verfeinern.

II. Primärstatistische Daten (Befragungsergebnisse)

Fragen zur Demografie

Diese Fragen waren im hinteren Teil des Fragebogens platziert. Für die Auswertung wurden sie vorangestellt. Die Nummerierung bezieht sich auf die Position der Fragen im Fragebogen.

Gestatten Sie uns zum Schluss noch einige persönliche Fragen. Die Antworten lassen keinen Rückschluss auf Ihre Person zu; alle Angaben bleiben anonym.

	11. Soziale Stellung	Ergebnisse
	selbstständig	10
	Angestellte/-r/Beamte/-r	105
	zurzeit nicht erwerbstätig	6
	Rentner/-in/Pensionär/-in	99
	Summe	220

	12. Alter	Ergebnisse
	18–25	5
	26–35	15
	36–45	30
	46–55	42
	56–65	47
	66–75	51
	über 75	30
	Summe	220

	13. Geschlecht	Ergebnisse
	männlich	125
	weiblich	95
	Summe	220

	14. Haushaltstyp	Ergebnisse
	alleinlebend	84
	alleinerziehend	3
	Paarbeziehung	124
	davon: ohne Kind	102
	davon: mit Kind/-ern	22
	sonstige	9
	Summe	220

	15. Einkommen (€)	Ergebnisse
	bis 900	2
	901–1.300	6
	1.301–1.500	8
	1.501–2.000	25
	2.001–2.600	32
	2.601–3.600	62
	3.601–5.000	49
	5.001 und mehr	36
	Summe	220

Fragen zum Kaufverhalten

Die erste Frage ist eine Eisbrecherfrage. Sie wird bei der Auswertung ignoriert.

Die nachfolgenden Fragen beziehen sich auf Fahrräder und E-Bikes. E-Bikes sind Fahrräder mit Motorunterstützung; man bezeichnet sie auch als Pedelecs.

	2. Besitzen Sie	Ergebnisse
	ein Fahrrad?	210
	ein E-Bike?	15
	weder noch	8
(Doppelnennungen sind möglich)		
Summe		233

	3. Haben Sie schon einmal bei der Rosner GmbH eingekauft?	Ergebnisse
	ja (bitte weiter mit Frage 4)	165
	nein (bitte weiter mit Frage 5)	55
Summe		220

	4. Was schätzen Sie als Kunde an der Rosner GmbH besonders?	Ergebnisse
	die große Sortimentsauswahl	145
	die freundliche Bedienung	125
	die Beratungskompetenz der Verkaufsmitarbeiter	155
	den Werkstatt-Service	165
	das Angebot neuer Technologien bei Fahrrädern und E-Bikes	93
(Mehrfachantworten sind möglich)		
	Sonstiges (nutzen Sie das freie Feld für Ihre Anmerkungen!)	
Summe		683

Unter „Sonstiges" haben fünf Befragte folgende Eintragungen gemacht:

- Ich finde alles toll – weiter so!
- Man erklärt mir die Technik so, dass ich sie auch verstehe, insbesondere der Herr Moritz. Ich bin schon 73 Jahre alt.
- Sie haben wirklich alles, was ich für meinen Fahrradrennsport brauche.
- Ihre Sonderangebote.
- Ich finde, als älterer Kunde ist man bei Ihnen gut aufgehoben.

	5. Haben Sie schon einmal den Kauf eines E-Bikes in Erwägung gezogen?	**Ergebnisse**
	ja	187
	nein (bitte weiter mit Frage 11)	18
	weiß nicht	15
	Summe	220

	6. Welche Eigenschaften schätzen Sie an einem E-Bike besonders?	**Ergebnisse**
	bequeme Fortbewegung	184
	größerer Aktionsradius	175
	spurtstarkes, kraftvolles Fahren	35
	umweltfreundlich	166
	energiesparender als Pkws	143
	Gesundheitsförderung	200
	kostengünstiger als Pkws	77
	kein Parkplatzproblem	122
	kein Verkehrsstau	134
	Trendprodukt	89
	(Mehrfachnennungen sind möglich)	
	Summe	1 325

Kombiniert man die „Ja"-Antworten der Frage 5 mit den demografischen Angaben zum Alter und zum Einkommen der Befragten (Fragen 11 und 15), ergibt sich folgendes Bild:

Alter (Jahre)	**18–25**	**26–35**	**36–45**	**46–55**	**56–65**	**66–75**	**über 75**		**Summe**
„ja"	2	11	27	30	46	59	12		187
Einkommen (€)	**bis 900**	**901–1.300**	**1.301–1.500**	**1.501–2000**	**2.001–2.600**	**2.601–3.600**	**3.601–5.000**	**über 5.001**	
„ja"	0	0	2	19	30	59	44	33	187

	7. Welchen Preis würden Sie höchstens für ein E-Bike bezahlen? Bitte nur einen Betrag ankreuzen.	**Ergebnisse**
	bis 1.000 €	0
	bis 1.500 €	10
	bis 2.000 €	50
	bis 2.500 €	62
	bis 3.000 €	47
	bis 3.500 €	28
	mehr als 3.500 €	5
	Summe	202

	8. Wo würden Sie sich beim Kauf eines E-Bikes vorzugsweise informieren? Bitte nur eine Antwort ankreuzen.	**Ergebnisse**
	Internet	105
	Fahrrad-Fachhandel	24
	Prospekte	10
	Zeitungen	5
	Stiftung Warentest	15
	Bekannte (z. B. E-Bike-Fahrer)	43
	Summe	202

	9. Wo würden Sie ein E-Bike vorzugsweise kaufen? Bitte nur eine Antwort ankreuzen.	**Ergebnisse**
	Fahrrad-Fachhandel	1
	Fahrrad-Fachhandel mit Werkstatt	150
	Internet	33
	preisgünstigster Anbieter	10
	Kaufhaus/Warenhaus	5
	weiß nicht	3
	Summe	202

Kombiniert man die Frage 9 mit dem Alter der Befragten (Frage 12), ergeben sich folgende Einkaufspräferenzen:

Alter	Bevorzugte Einkaufsstätte
18–25	Internet
26–35	Internet
36–45	Fahrrad-Fachhandel mit Werkstatt
46–55	Fahrrad-Fachhandel mit Werkstatt
56–65	Fahrrad-Fachhandel mit Werkstatt
66–75	Fahrrad-Fachhandel mit Werkstatt
über 75	Fahrrad-Fachhandel mit Werkstatt

10. Wie wichtig sind für Sie die Serviceleistungen einer Fachwerkstatt beim Kauf eines E-Bikes?

unbedingt erforderlich	sehr wichtig	wichtig	weniger wichtig	unwichtig
☐	☐	☐	☐	☐

Ergebnisse

128	38	22	12	2

Durch die Befragung ist deutlich geworden, worauf Kunden beim Kauf eines E-Bikes besonderen Wert legen (siehe Frage 6). Damit ist man in der Lage, beim Verkauf von E-Bikes auf die speziellen Wünsche der Kunden gezielt einzugehen. Dies geschieht in der Verkaufsargumentation.

Informationen für die Verkaufsargumentation

E-Bike-Prinzip: Die übergroße Mehrzahl aller E-Bikes sind sogenannte Pedelecs (Pedal Electric Cycle). Dabei unterstützt der Elektromotor den Fahrer nur, solange er die Pedale bewegt.

Produkteigenschaften	Erläuterungen
Bequeme Fortbewegung	Unterstützung der Pedalbewegung des Fahrers durch einen Elektromotor durch automatisches Zu- und Abschalten des Motors. Besonders wirksam bei ansteigenden Strecken oder Gegenwind. Das E-Bike verhält sich wie ein normales Fahrrad.
Größerer Aktionsradius	Fahrrädern wird heute ein Mobilitätsradius von 3 bis 5 km zugesprochen. Die Fahrzeit beträgt bei einer Durchschnittsgeschwindigkeit von 12 km/h 15 bis 25 Minuten. Mit einem E-Bike erreicht man eine Durchschnittsgeschwindigkeit von 20 km/h. In der gleichen Zeit von 15 bis 25 Minuten erweitert sich der Mobilitätsradius auf bis zu 8,3 km. Grob gerechnet verdoppelt ein E-Bike den Aktionsradius von 5 auf 10 km.
Spurtstarkes, kraftvolles Fahren	Das E-Bike hat den Ruf der „Fahrhilfe" für geschwächte Radfahrer verloren. Es ermöglicht mit modernen, anpassungsfähigen Motoren auch sportliches Radfahren. Die wachsende Zahl von E-Mountainbikes beweist das.
Umweltfreundlich	E-Bikes sind leise und abgasfrei. Es kann Auto, Bus und Bahn ersetzen, die alle CO_2 ausstoßen. Geht man davon aus, das der Strom für den Elektromotor z. B. aus Kohlekraftwerken stammt, beträgt der CO_2-Ausstoß (einschließlich der Belastungen durch die Akku-Herstellung) ca. 5,5 g CO_2 pro km (zum Vergleich: Pkw mit Verbrennungsmotor, 8 l/100 km: 200 g CO_2 pro km)
Energiesparender als Pkws	Ein E-Bike verbraucht umgerechnet 0,2 Liter Benzin pro 100 km. Das ist deutlich weniger als der Kraftstoffverbrauch von Pkws (Ø 6–10 l pro 100 km).
Gesundheitsförderung	Man erhält auf einem E-Bike nur Motorunterstützung, wenn man die Pedale tritt. E-Bike-Fahrer legen längere Wege zurück und fahren häufiger (z. B. auch dann, wenn starker Wind herrscht). Außerdem werden Auto, Bahn und Bus durch eigene Bewegungen ersetzt.
Kostengünstiger als Pkws	Siehe Energieverbrauch oben. Wer mit dem E-Bike zum Arbeitsplatz fährt, spart außerdem Parkgebühren. (Sollte jemand komplett auf sein Auto verzichten, fallen auch keine Kfz-Steuer und Versicherungsbeiträge an.)
Kein Parkplatzproblem	Ein E-Bike benötigt weniger Platz als ein Pkw. Es ist auch nicht auf die Pkw-Parkflächen angewiesen, sondern kann vielfältige Abstellmöglichkeiten nutzen (z. B. auf dem Bürgersteig vor einem Geschäft).
Kein Verkehrsstau	Das E-Bike gilt trotz Motor als Fahrrad; es kann daher die reservierten Fahrradwege benutzen. Das macht das E-Bike unabhängig vom Straßenverkehr der Pkws.
Trendprodukt	Es gilt heute als chic, mit einem E-Bike zu fahren. Es passt zum modernen Lebensstil, sein Leben aktiv und umweltschonend zu gestalten. Das E-Bike ist die gelungene Energiewende im Kleinen.

Beispiel: Veranschaulichung des Kundennutzens bei der Produkteigenschaft „bequeme Fortbewegung"

In der Rosner GmbH bedient die Verkaufsmitarbeiterin Frau Seidler einen Kunden, der sich für ein E-Bike interessiert.

Kunde: „Meine Frau und ich sind mittlerweile über 65 Jahre alt. Wir sind begeisterte Radfahrer, aber es fällt uns immer schwerer, vor allem an Steigungen. Mit einem E-Bike soll es leichter gehen, sagen mir viele Bekannte."

Frau Seidler: „Ja, auf jeden Fall. E-Bikes haben eine Motorunterstützung. Sobald Sie in die Pedale treten, erhalten Sie eine leistungsabhängige Unterstützung vom Elektromotor. Gerade wenn es bergauf geht oder der Wind von vorne weht, erleben Sie auf einem E-Bike eine wohltuende Entlastung. Gleichzeitig bleiben Sie aber aktiver Radfahrer. Sie werden sehen, mit einem E-Bike wird Ihnen und Ihrer Frau das Fahrradfahren wieder so viel Freude bereiten wie früher."

Arbeitsauftrag

Werten Sie das statistische Material aus.

Vorschläge zur Vorgehensweise

1. Werten Sie das sekundärstatistische Material aus und erstellen Sie auf dieser Basis eine erste Zielgruppenbeschreibung für Fahrradkäufer.
2. Werten Sie das primärstatistische Material aus mit dem Ziel, eine Zielgruppenbeschreibung von E-Bike-Käufern zu erstellen.
3. Ergänzen Sie die Zielgruppenbeschreibung durch geeignete grafische Darstellungen der wichtigsten Befragungsergebnisse.
4. Wählen Sie beispielhaft zwei der bevorzugten Produkteigenschaften der Zielgruppe (siehe Frage 6) aus und entwickeln Sie dazu je ein Verkaufsargument. Machen Sie dabei jeweils den Kundenutzen deutlich.

Aufgabe 1

Im Arbeitsauftrag haben Sie sekundär- und primärstatistisches Material ausgewertet.

Begründen Sie, warum es sich dabei um Material aus der Sekundär- bzw. der Primärforschung handelt.

Aufgabe 2

In einer Befragung werden die drei nachfolgenden Fragen verwendet.

Frage 1
Ist unser Angebot nach Ihrer Auffassung vollständig? Vermissen Sie Produkte oder Dienstleistungen?

Frage 2
Was hat Ihnen beim letzten Kauf in unserem Geschäft besonders gut gefallen?

Frage 3
Wie zufrieden sind Sie mit unseren Angebot?

äußerst zufrieden	sehr zufrieden	zufrieden	unzufrieden	sehr unzufrieden
☐	☐	☐	☐	☐

a Beurteilen Sie diese drei Fragen unter dem Gesichtspunkt der Auswertbarkeit.

b In Frage 4 des Fragebogens der Rosner GmbH (Was schätzen Sie als Kunde an der Rosner GmbH besonders?) konnten die Befragten unter „Sonstiges" eigene Formulierungen ergänzen.

Beurteilen Sie die Antwort „Ich finde alles toll – weiter so!" unter Auswertungsgesichtspunkten.

Aufgabe 3

Im Fragebogen der Rosner GmbH sind unterschiedliche Fragetypen verwendet worden.

a Bestimmen Sie jeweils den Fragetyp der Fragen 2, 3, 4 und 10

b Ein Fragetyp fehlt im Fragebogen. Nennen Sie diesen Fragetyp.

Aufgabe 4

Versetzen Sie sich in die Situation eines Befragten, der

- in der Frage 3 (siehe oben) mit „nein" antwortet und
- in der Frage 5 ebenfalls „nein" ankreuzt.

a Beschreiben Sie den weiteren „Frage-Weg" des Betroffenen.
b Erläutern Sie, welche Informationen über diesen Befragten gewonnen werden.
c Beurteilen Sie den Fragebogen mit Blick auf die Fragen 3 und 5.

Aufgabe 5

Die Daten des Statistischen Bundesamtes beziehen sich allgemein auf Fahrräder, nicht speziell auf E-Bikes.

a Beurteilen Sie im Nachhinein, ob die Auswertung dieser Daten für Sie bei der Beschreibung der Zielgruppe „E-Bike-Kunde" hilfreich war.
b Beurteilen Sie ebenfalls die Tatsache, dass die Daten aus dem Jahr 2013 stammen.

Proband = Testperson

Aufgabe 6

Folgende Fragen wurden in einem Fragebogen von den Probanden wie folgt beantwortet:

Tabelle 1 und 2

Web

Wie zufrieden sind Sie mit der Marke „Sana"?	Ergebnisse
sehr zufrieden	24
zufrieden	35
eher unzufrieden	21
sehr unzufrieden	12
Summe	92

Wie alt sind Sie?	Ergebnisse
18–25	10
26–45	37
46–67	30
älter als 67	15
Summe	92

Aus den Fragebögen können auch detailliertere Zuordnungen gewonnen werden:

Tabelle 3

	Alter	18–25	26–45	46–67	älter als 67	Summe
Zufriedenheit	sehr zufrieden	9	15	0	0	24
	zufrieden	1	18	15	1	35
	eher unzufrieden	0	3	11	7	21
	sehr unzufrieden	0	1	4	7	12
	Summe	10	37	30	15	92

a Drücken Sie die Ergebnisse der Tabellen 1 und 2 jeweils in Prozent aus.
Muster: x Prozent der Befragten sind mit der Marke „Sana" sehr zufrieden usw.

b Fassen Sie die positiven Aussagen nach Altersgruppen in Prozent zusammen.
Muster: x Prozent der Befragten zwischen 18 und 25 Jahren sind mit der Marke „Sana" sehr zufrieden oder zufrieden.

c Ziehen Sie Schlussfolgerungen zur Attraktivität der Marke „Sana" für die Kunden aus den Berechnungen zu a und b.

Aufgabe 7

In einer Befragung geben die Probanden zu ihrem Bildungsabschluss folgende Antworten:

Bildungsabschluss	Zahl der Probanden
Hauptschule	50
Realschule	110
Gymnasium	65
Hochschule	40

Stellen Sie die Daten mit einer Grafik nach Ihrer Wahl dar.

Aufgabe 8

In der Regel hat ein Unternehmen mehr als eine Zielgruppe.
Beschreiben Sie zwei Zielgruppen Ihres eigenen Ausbildungsbetriebes.

Aufgabe 9

Im Gebäudeservice Günther e. K. kommt es zu folgendem Telefongespräch:

Anrufer: „In den letzten Tagen hat es schwere Stürme gegeben. Wir machen uns Sorgen um einen großen Baum, der in unserem Garten steht und auf das Haus fallen könnte. Ich habe gehört, dass Sie Bäume schonend aus Wohnanlagen entfernen."

Mitarbeiter: „Ja, das ist eines unserer Spezialgebiete ..."

Informationen zur Dienstleistung „Bäume entfernen"

- Schrittweise Zerlegung des Baumes mit einer Arbeitsbühne
- Behutsames Vorgehen
- Verwertbares Holz wird auf Wunsch zu Kaminholz verarbeitet
- Holzreste werden komplett entsorgt
- Frei werdende Fläche kann noch am gleichen Tag neu gestaltet werden

a Setzen Sie das Telefongespräch fort, indem Sie die Dienstleistung in Form eines Verkaufsarguments fortsetzen und dabei den Nutzen für den Kunden deutlich machen.

b Beschreiben Sie eine Situation aus Ihrem Ausbildungsbetrieb, in der ein Kunde seine Ansprüche zum Ausdruck bringt. Antworten Sie ihm in Form eines Verkaufsarguments mit Herausstellung des Kundennutzens.

3 Einen Marketingplan erstellen

Die ersten Schritte sind erledigt: Der Fragebogen wurde entwickelt, die Befragung durchgeführt und die Marktforschungsdaten ausgewertet.
Herr Rosner hat nun Klarheit darüber, was seine Kunden wünschen, wenn sie an den Kauf eines E-Bikes denken. Sein Unternehmen ist – vor allem wegen der leistungsstarken Werkstatt – in den Augen der Kunden gut positioniert.

Geschäftsidee der Rosner GmbH, siehe Lernsituation 1, Seite 7

Er kann den nächsten Schritt machen und einen **Marketingplan** erstellen.

Die Geschäftsidee war schon frühzeitig formuliert worden: Steigerung des Absatzes von E-Bikes.

Frau Abel hat den Auftrag erhalten, die Daten für den Marketingplan zusammenzutragen (siehe Tabelle unterhalb des Arbeitsauftrages). Daraus wird Herr Rosner zusammen mit Frau Abel den Marketingplan formulieren.

Arbeitsauftrag
Erstellen Sie einen schriftlichen Marketingplan.

Vorschläge zur Vorgehensweise
1. Ermitteln Sie anhand der Datentabelle fehlende Werte und treffen Sie die geforderten Entscheidungen.
2. Formulieren Sie einen schriftlichen Marketingplan. Die Gliederung der Datentabelle (siehe nachfolgend) kann übernommen werden.

Marketingplan
- Geschäftsidee
- Marktpotential
- Marktvolumen
- Markanteil
- Marktstruktur
- Marktentwicklung
- Käufer-/Verkäufermarkt
- Potentialanalyse
- usw.

Verkaufszahlen: Vgl. Zweirad-Industrie-Verband e.V., 2013, unter www.ziv-zweirad.de
Marktdaten: Vgl. VR-Gründungs-Konzept, GK 031 Zweiradhandel, abgerufen am 01.01.2015 unter www.genostar.de/Service/Zweiradhandel.pdf

Datentabelle für den Marketingplan	
1 Geschäftsidee	Steigerung des Absatzes von E-Bikes
2 Analyse des Gesamtmarktes	
2.1 Marktsituation	
Marktpotenzial	Herr Rosner hat anhand der Kundenadressen festgestellt, dass sein Geschäft einen Einzugsbereich von ca. 30 000 Einwohnern hat. Er nimmt an, dass die E-Bike-Verkäufe in seinem Einzugsgebiet (mindestens) proportional zu den Verkäufen in Deutschland verlaufen. Er erwartet, dass E-Bikes 20 % der jährlichen Fahrradverkäufe ausmachen. ▪ Einwohnerzahl Deutschland: 80 000 000 ▪ Einwohnerzahl Einzugsgebiet: 30 000 ▪ Fahrradverkäufe Deutschland: 3 800 000 (Jahr 2013) ▪ Erwartete E-Bike-Verkäufe Einzugsgebiet: = **Marktpotenzial**
Marktvolumen	Tatsächliche E-Bike-Verkäufe in Deutschland: 410 000 (Jahr 2013) Erwartete E-Bike-Verkäufe Einzugsgebiet: = **Marktvolumen**
Markanteil	Im Einzugsgebiet der Rosner GmbH gibt es – neben bundesweit tätigen Versandhändlern – noch zwei Anbieter von E-Bikes. Herr Rosner nimmt aber an, dass er aufgrund des guten Rufes seiner Werkstatt einen **Marktanteil** von ca. 80 % des Markvolumens für sich gewinnen kann. Zum Vergleich: tatsächliche E-Bike-Verkäufe der Rosner GmbH 2014: 68 Stück
2.2 Marktstruktur	Der Markt für Fahrräder ist durch kleine und mittelständische Betriebe geprägt. ▪ Ca. 46 % der Betriebe haben nur 1–2 Beschäftigte, 3–5 Beschäftigte haben rund 27 % der Betriebe. ▪ Etwa die Hälfte aller Betriebe setzt im Jahr unter 250.000,00 € um; gut 25 % erzielen zwischen 500.000,00 und 5.000.000,00 € Umsatz. Im Regelfall liegt eine Kombination aus Fahrradhandel und zusätzlichem Werkstattservice vor. Fahrräder werden vorzugsweise im Fachhandel gekauft (Absatzanteil 69 %). Das gilt vor allem für hochwertige Produkte, zu denen auch E-Bikes gehören. Preisgünstige Fahrräder werden vorwiegend über Warenhäuser und Baumärkte verkauft (23 % Marktanteil nach Absatzzahlen). Der Internethandel hat einen Marktanteil von 8 %.

Datentabelle für den Marketingplan	
2.3 Marktentwicklung	Absatzzahlen für E-Bikes in Deutschland: 2009: 150 000 2012: 380 000 2010: 200 000 2013: 410 000 2011: 330 000 Die Zuwachsraten sind erheblich, sodass von einem boomenden Markt gesprochen werden kann. Zunehmend werden E-Bikes für die Fahrt zum Arbeitsplatz eingesetzt und auch von jüngeren Kunden erworben. Die Zuwächse bei E-Bikes führen allerdings zu verringerten Absätzen bei normalen Fahrrädern.
2.4 Käufer-/ Verkäufermarkt	Das Angebot an E-Bikes ist groß und vielfältig. 278 000 E-Bikes sind 2013 in Deutschland hergestellt worden, von denen aber auch viele vor allem in das europäische Ausland exportiert wurden. Europäische und asiatische Staaten sind die Hauptlieferanten für importierte E-Bikes. Importiert werden in hohem Maße einzelne Fahrradkomponenten (z. B. Fahrrad-Naben), die in Deutschland zu Fahrrädern zusammengefügt werden. 2014 befanden sich deutsche Hersteller allerdings aufgrund der großen Nachfrage an der Kapazitätsgrenze mit leeren Lägern.
2.5 Potenzialanalyse	Die Rosner GmbH ist in ihrem Einzugsgebiet der führende Anbieter von E-Bikes, vor allem aufgrund seiner Werkstattleistungen. Das Unternehmen ist bei seinen Kunden hoch angesehen. Die Mitarbeiter fühlen sich als Team; sie sind dem Unternehmen oft seit Jahrzehnten verbunden (siehe auch die Antworten zu Frage 4 der Befragung, siehe Seite 12). Ein weiterer Spezialist für E-Bikes könnte bei Bedarf eingestellt werden. Der Standort des Geschäftes ist gut; das Geschäft ist leicht erreichbar; Parkplätze sind vorhanden. Das Einzugsgebiet ist mit einem dichten Netz von Radwegen ausgestattet. Zusätzlich laden die Radwege entlang der Isar zum Radfahren ein. Die Rosner GmbH ist ein gewachsenes Familienunternehmen, finanziell gesund und mit hoher Eigenkapitalquote ausgestattet. Es wäre kein Problem, bei der Hausbank einen Kredit zu bekommen, falls eine geplante Expansion nicht mit eigenen Mitteln zu bestreiten wäre.
2.6 Konkurrenzanalyse	Die beiden Mitbewerber im Einzugsgebiet sind Kleinbetriebe mit jeweils 1–2 Mitarbeitern. Es sind vorzugsweise Fahrradwerkstätten, die auch Fahrräder, manchmal E-Bikes verkaufen. Beide Unternehmen machen gelegentlich durch Zeitungsannoncen auf sich aufmerksam, z. B. im Frühjahr („Machen Sie Ihr Fahrrad fit für die Fahrradsaison"). Die Zukunftschancen dieser Unternehmen erscheinen ungünstig.
2.7 Produktlebenszyklus Analyse	Aus den Absatzzahlen der letzten Jahre (siehe oben) lässt sich die Phase, in der sich der E-Bike-Markt zurzeit befindet, bestimmen und damit auch eine Marktentwicklung ableiten.
3 Umfeldanalyse	Hier ist festzustellen, welche politischen und rechtlichen Rahmenbedingungen sowie gesellschaftliche Trends den Absatz von E-Bikes beeinflussen könnten.
4 Konjunktur	Die aktuelle Konjunkturphase im Konjunkturzyklus ist zu bestimmen und sein Einfluss auf die Marktentwicklung zu beschreiben.
5 Ergebnisvergleich	An dieser Stelle sind die Aussagen zur Potenzial-, Konkurrenz-, Markt- und Umweltanalyse sowie der Einfluss der Konjunktur auf die Marketingüberlegungen zu vergleichen. Dabei sind die Stärken und Schwächen des eigenen Unternehmens sowie die Chancen und Risiken der Geschäftsidee abzuwägen.
6 Marktsegmentierung	Hier ist festzulegen, auf welchen Teilmarkt sich die Rosner GmbH konzentrieren will.
7 Wettbewerbsstrategie	Es ist eine begründete Entscheidung über die Strategien Kostenführerschaft, Differenzierung oder Nischenstrategie zu treffen.
8 Zielgruppe	Siehe Zielgruppenbeschreibung aus Lernsituation 2 (Ergebnis des Arbeitsauftrages)
9 Marketingziele	Das Marketingziel ist nach Zielinhalt, -ausmaß und -zeitraum zu bestimmen.
10 Angebot	Marken: Es werden ausschließlich Markenprodukte angeboten. Produkteigenschaften: Siehe Lernsituation 2, Seite 14. Die Ergebnisse der Kundenbefragung (Frage 6, Seite 13) sind zu beachten, sodass die für die Kunden wichtigsten Produkteigenschaften in die Angebotsbeschreibung einfließen. ▮ Service: eigene Fachwerkstatt, Spezialisten für E-Bikes, Beratungskompetenz ▮ Garantie: nein, ausschließlich gesetzliche Gewährleistungsfrist

Datentabelle für den Marketingplan	
	Produktvariationen: E-Bikes variieren in Ausstattungsdetails und in der Leistung des Akkus. Die Preise spiegeln die Qualitätsunterschiede gut wider. Beispielhaft stehen sechs Marken in unterschiedlichen Preislagen zur Verfügung (Bruttopreise einschließlich Umsatzsteuer): ▪ Bike-Manufaktur 1.599,00 € IBIX: 2.499,00 € ▪ Velo: 1.899,00 € Antilope: 2.999,00 € ▪ KTL: 2.199,00 € Blue Line: 3.499,00 € Es ist zu entscheiden, welche Preislagen aufgrund der Befragungsergebnisse (Frage 7) angeboten werden sollen.
11 Marketinginstrumente	Es ist festzulegen, welches der vier Marketinginstrumente am ehesten geeignet ist, das Marketingziel zu erreichen (die Umsetzung dieses Instruments geschieht in der nächsten Lernsituation).
12 Budget	Die Methode, nach der die Rosner GmbH das Budget festlegen soll, ist zu bestimmen.

Aufgabe 1

Ein Unternehmen, das Spielekonsolen für Pkws zum nachträglichen Einbau produzieren möchte, hat folgende sekundärstatistische Daten ermittelt:

- Im betrachteten Absatzgebiet (Bundesland) sind 1,2 Mio. Pkws zugelassen, ca. 60 % eignen sich für einen nachträglichen Einbau.
- Im Jahr 20(0) sind im Absatzgebiet 6 000 Spielkonsolen verkauft worden.
- Das Unternehmen rechnet damit, dass es aufgrund technischer Innovationen 50 % der Käufer für sich gewinnen kann.

Berechnen Sie das Marktpotenzial, das Marktvolumen und den Marktanteil des Unternehmens.

Aufgabe 2

Herr Rosner schätzt seine Mitbewerber als schwache Marktteilnehmer ein (siehe 2.2 Marktstruktur und 2.6 Konkurrenzanalyse oben). Nehmen Sie an, im Einzugsbereich des Rosner GmbH befände sich ein gleich starker Mitbewerber, der gerade in letzter Zeit durch zahlreiche Verkaufsaktionen auf sich aufmerksam gemacht hat.

a Beurteilen Sie die Auswirkung dieser Marktstruktur auf den Marketingplan der Rosner GmbH.

b Internetkäufe von E-Bikes sind mit 8 % Marktanteil relativ gering. Erläutern Sie zwei Gründe, die den Verkauf von E-Bikes über das Internet erschweren.

Aufgabe 3

Die Absatzzahlen eines Produktes weisen im Gesamtmarkt folgende Zahlen auf:

Jahr	20(-6)	20(-5)	20(-4)	20(-2)	20(-1)	20(0)
Marktpotenzial	12 400	12 600	12 400	12 800	12 900	12 900
Markvolumen	11 700	12 200	12 400	12 600	12 900	12 900

Begründen Sie, ob es sich um einen wachsenden, stagnierenden oder schrumpfenden Markt handelt.

Aufgabe 4

Nehmen Sie an, der Markt für E-Bikes sei durch folgende Bedingungen gekennzeichnet.

Seit Monaten fallen die Preise für E-Bikes immer tiefer. Die Anbieter starten regelmäßig Preisaktionen mit sehr hohen Rabatten. Mehr und mehr Anbieter auf der Stufe des Handels, aber auch auf der Herstellerebene ziehen sich vom Markt zurück.

Beschreiben Sie die Marktsituation mit den Begriffen des Käufer-/Verkäufermarktes und mit den Fachbezeichnungen des Marktmodells (Angebot/Nachfrage).

Aufgabe 5

Übertragen Sie die in Aufgabe 4 beschriebene Marktsituation auf den Produktlebenszyklus von E-Bikes.

a Begründen Sie, in welcher Phase des Produktlebenszyklus sich der E-Bike-Markt befindet.

b Machen Sie einen Vorschlag, wie E-Bike-Hersteller versuchen könnten, die ungünstige Marktsituation zu verbessern.

Aufgabe 6

Die in Aufgabe 4 beschriebene Marktsituation für E-Bikes wird begleitet von ungünstigen volkswirtschaftlichen Entwicklungen. Die Einkommen der Bürger sind seit Jahren nicht mehr gestiegen, teilweise sogar gefallen. Die Veränderungsrate des Bruttoinlandsprodukts ist negativ. Die Arbeitslosigkeit ist stark ausgeprägt.

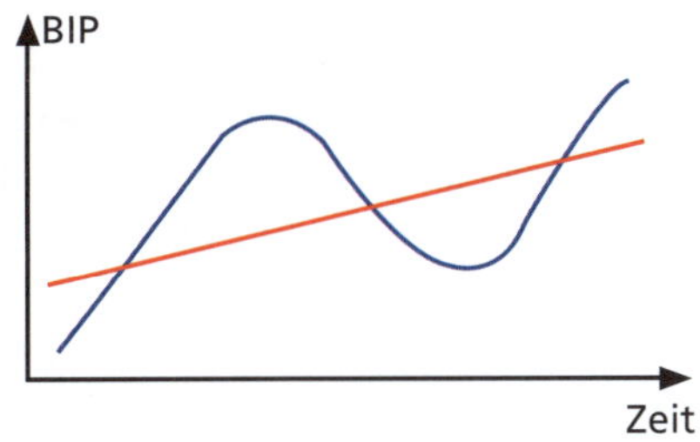

a Begründen Sie, in welcher konjunkturellen Phase sich die Volkswirtschaft befindet.

b Markieren Sie in der nebenstehenden Grafik diese Phase auf der Konjunkturverlaufskurve.

Aufgabe 7

Ein Unternehmen ist mit folgender Wettbewerbsstrategie am Markt tätig:

> Vorzugsweise Haushaltswaren, Möbel und Bekleidungsartikel werden angeboten. Die Produkte sind hochwertig, langlebig und vielfach traditionell gefertigt. Klassische Erfolgsprodukte, oft vor Jahrzenten auf dem Markt erfolgreich, werden nachgebaut und mit umfangreichen Produktbeschreibungen vorgestellt. Die Beschreibungen drücken eine hohe Wertschätzung für das Produkt und die Handwerkskunst aus. Das Preisniveau ist entsprechend hoch.

Begründen Sie, welche Wettbewerbsstrategie das Unternehmen gewählt hat.

Aufgabe 8

Ein Unternehmen hat folgendes Marketingziel formuliert:

> Am Ende des Geschäftsjahres sollen bei einer Befragung mindestens 50 % der Befragten den Namen des Unternehmens nennen können.

a Machen Sie anhand des Textes die drei Anforderungen an die Formulierung von Marketingzielen deutlich.

b Stellen Sie fest, ob es sich um ökonomische oder psychologische Ziele handelt.

4 Werbemaßnahmen durchführen

Mit der Erstellung des Marketingplans (siehe Lernsituation 3, Seite 18 ist die Grundlage gelegt worden, um nun konkrete Werbemaßnahmen für die E-Bikes durchzuführen. Herr Rosner hat daher Frau Abel zu sich gebeten, die u. a. für das Marketing zuständig ist.

Rosner: „Wenn das Marktvolumen von 154 E-Bikes zu 80 % von uns abgeschöpft werden könnte, wäre ein Absatz von 123 E-Bikes im Jahr realistisch. Gegenüber der aktuellen Absatzzahl von 68 Stück wäre das fast eine Verdoppelung. – Es lohnt sich also in Werbung zu investieren."

Abel: „Absolut. Das wird zwar eine schwierige Aufgabe, aber jetzt, da wir unsere Kunden und ihre Ansprüche genau kennen, dürfte es machbar sein. Ich habe mir bereits Gedanken gemacht und schlage vor, dass wir in unserer Stadtteilzeitung Isar-Kurier, eine große Anzeige schalten, z. B. drei- oder vierspaltig."

Rosner: „Klingt gut, aber eine Zeitungsbeilage im DIN-A4-Format wäre auch nicht schlecht."

Abel: „Klar, in dem Format könnte man mehr Informationen für unsere Kunden unterbringen."

Rosner: „Vielleicht ist ja auch beides machbar, ohne dass der Rahmen unseres Werbebudgets gesprengt würde. – Die Höhe des Budgets sollten wir noch kurzfristig abstimmen."

Abel: „Es sind ohnehin noch weitere Entscheidungen auf der Basis der Marketingplanung zu treffen. Ich erstelle einen Entwurf zu den einzelnen Schritten der Werbeprozessplanung, einschließlich Gestaltungsvorschlägen für eine Anzeige und eine Zeitungsbeilage und natürlich eine Kostenübersicht."

Rosner: „Sehr schön – wir sehen uns dann mit Ihrem Entwurf am …?"

Abel: „Übermorgen, denke ich."

Rosner: „Gut."

Arbeitsauftrag

Entwerfen Sie eine Werbeprozessplanung für E-Bikes.

Vorschläge zur Vorgehensweise

1. Erledigen Sie die Arbeiten zu den Einzelschritten im „Prozess der Werbung".
2. Erstellen Sie einen Werbeplan.
3. Bereiten Sie Ihre Unterlagen so auf, dass sie als Grundlage für ein Gespräch mit Herrn Rosner dienen können.

Die Werbeerfolgskontrolle wird in Lernsituation 5 betrachtet.

Prozess der Werbung

- Werbeziele
- Werbebudget
- Werbeobjekt
- Werbesubjekt
- Werbebotschaft
- Werbemittel
- Werbeträge
- Werbedurchführung

Informationen

- **Werbeziele:** Das Werbeziel wurde in Lernsituation 3 festgelegt (siehe Seite 19).
- **Werbebudget:** Die Methode zur Bestimmung des Werbebudgets wurde in Lernsituation 3 bestimmt. Nun ist das Budget betragsmäßig zu konkretisieren.
- Falls das Budget umsatzorientiert festgelegt werden soll: Durch den Verkauf der 68 E-Bikes wurden Netto-Umsatzerlöse in Höhe von 143.000,00 € erzielt.
- Bei konkurrenzorientierter Budgetierung: ca. 5 % des Umsatzes werden im Zweiradhandel für Werbung ausgegeben.
- **Werbeobjekt** und **Werbesubjekt:** Sie ergeben sich aus der Marketingplanung in Lernsituation 2.
- **Werbebotschaft:** Es ist angebracht, die Werbebotschaft als Argumentationskette aufzubauen. Auch die AIDA-Formel kann eine Hilfe sein.
- In der Lernsituation 2 finden Sie Ergebnisse zur Marktforschung, die die wichtigsten Ansprüche der Kunden an das Produkt und an den Preis wiedergeben. Auch allgemeine Produktinformationen zu E-Bikes finden Sie dort.

- **Werbemittel** und **Werbeträger** sind im Gespräch von Herrn Rosner und Frau Abel festgelegt worden. Kosten für die Werbemittel:

  Anzeigenkosten: Preis je mm und Spalte: schwarz/weiß: 5,90 €
  1 Zusatzfarbe: 6,90 €
  2 und 3 Zusatzfarben: 8,20 €

  Bei der Gestaltung der Anzeige ist der Zeitungsverlag auf Wunsch kostenlos behilflich (Anzeigenentwurf erforderlich). Der Zeitung ist auch das gewünschte Anzeigenformat mitzuteilen.
- **Beilagenkosten:**
  - Gewicht bis 20 g (= DIN-A4-Seite) pro 1 000 Exemplare: 70,50 €
  - Menge für eine Teilauflage des Isar-Kuriers im Einzugsbereich der Rosner GmbH: 15 000 Stück
  - Gestaltungs- und Druckkosten (Entwurf erforderlich): 80,00 € pro 1 000 Stück.
- **Werbedurchführung:** Hier sind zwei Aufgaben zu erledigen:
  - Die **Gestaltung** der Werbemittel „Zeitungsanzeige" und „Zeitungsbeilage": Die Zeitungsredaktion erwartet für beide Werbemittel einen Entwurf, den sie dann drucktechnisch umsetzt.
    Anzeige und Beilage sollten Sie sich mit den Originalmaßen aufzeichnen und mit Text und Grafik füllen. Die Texte haben Sie bereits unter dem Stichwort „Werbebotschaft" formuliert. Eventuell müssen die Werbebotschaften noch auf die Maße der Werbemittel angepasst werden.
    Gehen Sie davon aus, dass die Beilage nur einseitig bedruckt wird.
  - Die Festlegung der **Werbemittelstreuung**, d. h., in welchem Streugebiet und in welcher Streuzeit sollen die Werbemittel eingesetzt werden. Das Streugebiet ist durch das Verbreitungsgebiet der ausgewählten Stadtteilzeitung Isar-Kurier definiert. Bei der Streuzeit ist zu überlegen, wann die Werbemittel eingesetzt werden sollen und wie sie zeitlich miteinander zu kombinieren sind.

Frau Abel wird in ihrem Entwurf auch einen **Werbeplan** erstellen, um einen Überblick über den geplanten Einsatz der Werbemittel und deren Kosten zu bekommen.

Werbeplan

Web

Nr.	Beschreibung des Werbemittels: Format/Umfang/ Menge/Farbe(n)	Kosten für die Herstellung und Gestaltung des Werbemittels	Kosten für die Verbreitung des Werbemittels			Gesamtkosten ① + ②
			Einzelkosten (einmalig)	Werbehäufigkeit/-dauer (mehrmalig)	Verbreitungskosten insgesamt unter Berücksichtigung von Preisnachlässen ,	
1	Anzeigen Name der Zeitung					
1.1						
1.2						
2.	Beilagen Name der Zeitung					
2.1						
...						
					Werbekosten (Werbeetat)	

Produktinformationen

Web

Die nachfolgend beschriebenen Produkte bilden das Sortiment der Rosner GmbH für E-Bikes. Es ist zu entscheiden, wie viele dieser Produkte in den Werbemitteln abgebildet werden.

Alle Produkte als Damen- oder Herren-E-Bike.

Bezeichnung	Produkteigenschaften/Preis	Abbildung
KTL	250 Watt Mittelmotor, 36 Volt/11,6 Amperestunden, 400-Watt Akku, 8-Gang-Rücktrittsbremsnabe Reichweite: 105 km Unterstützungsstufen: 3 Preis: 2.199,00 €	

Bezeichnung	Produkteigenschaften/Preis	Abbildung
IBIX	250 Watt Marken-Mittelmotor, 36 Volt/11 Amperestunden, 540-Watt Akku, 8-Gang-Rücktrittsbremsnabe, hydraulische Scheibenbremse Reichweite: 190 km Unterstützungsstufen: 4 Preis: 2.499,00 €	
Antilope	250 Watt Marken-Mittelmotor, 36 Volt/15 Amperestunden, 540-Watt Akku, 11-Gang-Nabenschaltung, Hydraulikbremsen Reichweite: 190 km Automatik, stufenlose Nabenschaltung Preis: 2.999,00 €	

Aufgabe 1

Die Stadtwerke München-Süd haben in ihrer Eingangshalle eine Ausstellung zur Elektromobilität, in der sie auf die zahlreichen Ladestationen für E-Bikes verweisen, die von den Stadtwerken betrieben werden. Der Geschäftsführer der Stadtwerke hatte Herrn Rosner gebeten, für die Ausstellung ein E-Bike leihweise zur Verfügung zu stellen. Als Gegenleistung wird auf einem Schild auf die Adresse der Rosner GmbH verwiesen („Eine freundliche Leihgabe der Rosner GmbH, Baaderstraße 120, 80469 München").

Erläutern Sie die Werbeart, die hier vorliegt.

Aufgabe 2

Nehmen Sie an, die Rosner GmbH möchte zusätzlich auf Plakaten in ihrem Einzugsgebiet und durch Flyer, die im Geschäft ausliegen und samstags von Schüler verteilt werden, für die E-Bikes werben.

Plakate: 20 Stück, für 14 Tage, Preis: 9,00 € pro Tag und Stück; der Preis enthält auch die Druckkosten für Vierfarbendruck im Format 250 cm x 150 cm.

Flyer: 1 000 Stück, Gestaltungskosten 150,00 €, Druckkosten vierfarbig 0,25 € pro Stück

a Berechnen Sie die Kosten für die beiden Werbemittel.

b Prüfen Sie, ob diese Kosten im bisherigen Budget unterzubringen sind, wenn man die Kosten für die Anzeige und die Zeitungsbeilage anpasst.

Aufgabe 3

Die Rosner GmbH hätte anstelle des Isar-Kuriers auch das Anzeigenblatt „Münchener Markt" für die Anzeige wählen können. Allerdings unterscheiden sich nicht nur die Anzeigenpreise, sondern es sind auch die Auflagenzahl, die Fehlstreuung und der LpE-Wert zu berücksichtigen.

Die sogenannten Mediadaten beider Zeitungen haben folgendes Aussehen

Isar-Kurier
Auflagenzahl: 123 400 Stück
Fehlstreuung: 0 %
LpE-Wert: 3,0; Millimeterpreis 8,20 €

Münchener Markt
Auflagenzahl: 175 500 Stück
Fehlstreuung: 10 % (von der Auflagenzahl)
LpE-Wert: 1,5
Millimeterpreis: 7,10 €

Entscheiden Sie, ob es preisgünstiger wäre, die Anzeige in dem Anzeigenblatt zu schalten. Vergleichen Sie dafür die jeweiligen Anzeigenkosten, indem Sie die entsprechenden Tausend-Leser-Preise berechnen. Die Zeitung mit dem niedrigeren Tausend-Leser-Preis ist für die Werbekampagne auszuwählen.

Hinweise:

$$\text{Tausend-Leser-Preis} = \frac{\text{Millimeterpreis} \cdot 1000}{\text{Leser pro Ausgabe} : 1000}$$

Leser pro Ausgabe: = (Auflagenzahl – Fehlstreuung) · LpE-Wert

Aufgabe 4

Berechnen Sie die Kosten für folgende Anzeige:

6-spaltig, 4-farbig, 130 mm

Kosten: schwarz/weiß: 7,98 €
1 Zusatzfarbe: 9,94 €
2 und 3 Zusatzfarben: 11,10 €

Die Anzeige soll fünfmal erscheinen; dies führt zu einem Rabatt von 5 %.

Aufgabe 5

Setzen Sie sich kritisch mit der nebenstehenden Werbeanzeige auseinander.

a Zählen Sie, wie viele unterschiedliche Schrifttypen und Schriftgrößen in der Werbeanzeige verwendet werden.

b Beschreiben Sie die Wirkung, die von der Vielzahl unterschiedlicher Schrifttypen und -größen ausgeht.

c Entwickeln Sie Verbesserungsvorschläge für die Gestaltung der Anzeige.

Aufgabe 6

Beurteilen Sie die nebenstehende Anzeige eines Lebensmittel-Supermarkes mithilfe der Grundsätze für die Gestaltung von Anzeigen:

Die Grundsätze beziehen sich auf

- Bild
- Farbe
- Text
- Headline
- Schriftart
- Kernaussage
- Wiederholung
- Logo
- Aktivierung

Aufgabe 7

Die Rosner GmbH hat in der Vergangenheit häufig mit nebenstehender Anzeige geworben.

Beurteilen Sie die Anzeige mithilfe der AIDA-Formel.

Aufgabe 8

In den meisten Ausbildungsbetrieben wird durch Werbemittel auf das betriebliche Leistungsangebot verwiesen.

a Beurteilen Sie ein Werbemittel aus Ihrem Ausbildungsbetrieb nach der AIDA-Formel.

b Beurteilen Sie ein Werbemittel aus Ihrem Ausbildungsbetrieb mithilfe der Argumentationskette.

Aufgabe 9

Die Spedition Schwarz wirbt mit den nachfolgend dargestellten Slogans in der Logistikzeitung. Die kleinen Anzeigen sind direkt neben dem Zeitschriftentitel platziert.

Beurteilen Sie die Wirksamkeit dieser Slogans. Beachten Sie auch die Farbgebung.

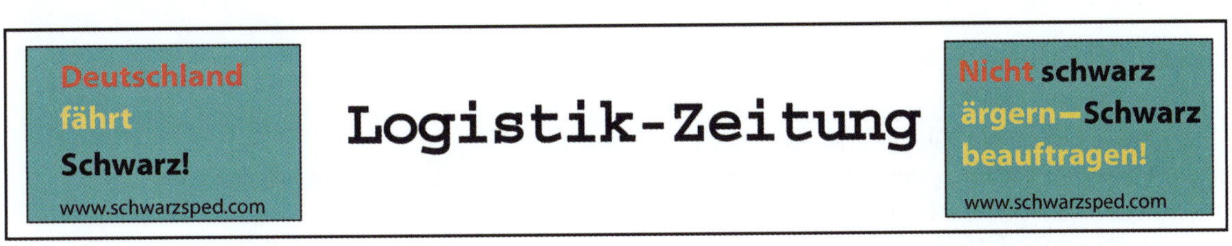

5 Den Werbeerfolg prüfen

$$\text{Werberendite} = \frac{\text{Umsatzsteigerung}}{\text{Kosten der Werbeaktion}}$$

Nach 68 verkauften E-Bikes im vergangenen Jahr, sollen nun nach der Werbeaktion mit einer Anzeige und einer Zeitungsbeilage im Isar-Kurier 123 E-Bikes verkauft werden. Diesen Marktanteil hatte Herr Rosner aus dem Marktvolumen für sich ausgerechnet.

Leider sah das Ergebnis etwas anders aus. 85 Stück sind es am Jahresende. Bei 68 verkauften E-Bikes betrug der Nettoumsatz im Vorjahr 143.000,00 €.

„Naja", denkt Herr Rosner, „das hatte ich mir eigentlich anders vorgestellt, vor allem, weil wir durch unsere Marktforschung alles so gut vorbereitet hatten. Wir kennen unsere Kunden genau und wir haben sie doch mit unserer Werbung zielgruppengerecht angesprochen."

Nun will er sich zusammen mit Frau Abel das Zahlenmaterial genauer anschauen. Folgende Fragen will er klären:

- Da die reine Absatzsteigerung nur wenig aussagt, will er die Kosten für die Werbemaßnahmen mit den zusätzlichen Umsatzerlösen vergleichen, um daraus die Werberendite zu berechnen. Die Kosten für die Anzeige und die Beilage liegen bei 7.177,50 €.
- Außerdem möchte er wissen, wo die Ursachen für die Zielabweichung liegen.
- Schließlich ist zu überlegen, wie die Marketingstrategie angepasst werden muss, damit das Marketingziel vielleicht doch noch erreicht werden kann.

Aus dem Warenwirtschaftssystem hat er sich die Absatzzahlen nach E-Bike-Typen getrennt auflisten lassen.

Warenwirtschaftssystem Rosner GmbH

Bericht: Absatz/Umsatz — Warengruppe: E-Bike — Zeit: Jan.–Dez.

Artikel-Nr.	Typ	Absatz Stück	Preis brutto/€	Preis netto/€	Umsatz netto/€
10442	KTL	42	2.199,00	1.847,90	77.611,76
10443	IBIX	29	2.499,00	2.100,00	60.900,00
10444	Antilope	14	2.999,00	2.520,17	35.282,35
		85			173.794,12

Außerdem hat das Unternehmen in der Woche nach der Werbung einen kleinen Fragebogen im Geschäftsraum ausgelegt und die anwesenden Kunden gebeten, die Fragen zu beantworten.

	1. In der letzten Woche haben wir in einer Zeitungsanzeige und einer Zeitungsbeilage auf unsere E-Bikes aufmerksam gemacht. Können Sie sich daran erinnern?	**Ergebnisse**
	ja (bitte weiter mit Frage 2)	58
	nein (bitte weiter mit Frage 3)	12
	Summe	70

	2. Kreuzen Sie bitte an, welche Aussagen zu unserer Werbung nach Ihrer Meinung zutreffen. (Mehrfachantworten sind möglich)	**Ergebnisse**
	Anzeige und Beilage sind mir sofort aufgefallen.	55
	Die vorgestellten E-Bikes interessieren mich sehr.	49
	Besonders interessant fand ich die Preise der E-Bikes.	5
	Der Hinweis auf die eigene Fachwerkstatt hat mich besonders angesprochen.	58
	Die Werbung hat mich veranlasst, die Rosner GmbH aufzusuchen.	32

	3. Dürfen wir Ihnen regelmäßig Informationsmaterial über E-Bikes und weitere interessante Angebote per E-Mail zusenden? Sie können diese Zusage jederzeit widerrufen.	**Ergebnisse**
	ja	46
Meine E-Mail-Adresse:		
	nein	24

Alle Verkaufsmitarbeiter waren ferner gebeten worden, kritische Äußerungen von Kunden zu den E-Bikes zu notieren, insbesondere, wenn das Verkaufsgespräch nicht erfolgreich abgeschlossen werden konnte. Das waren die wichtigsten Kundenaussagen:

Kritische Kundenaussagen

- Das ist wirklich ein tolles Fahrrad. Aber fast 3.000,00 €?
- Meine Frau und ich wollen eigentlich erst einmal schauen, ob wir mit einem E-Bike klarkommen. Da möchten wir nicht sofort so viel Geld ausgeben.
- Haben Sie auch preisgünstigere Angebote?
- (Nachdem ein Verkaufsmitarbeiter den Preis genannt hat:) Hm, ich glaube wir überlegen uns das noch einmal.
- Bevor ich mich entscheide, muss ich noch mit meiner Frau sprechen.

Arbeitsauftrag
Führen Sie die Werbeerfolgskontrolle für die Marketingaktivitäten der Rosner GmbH durch.

Vorschläge zur Vorgehensweise
1. Werten Sie die vorliegenden Zahlen und Kundenaussagen dahingehend aus, ob die Werbung insgesamt als erfolgreich angesehen werden kann.
2. Berechnen Sie die Werberendite.
3. Prüfen Sie, ob die Rosner GmbH ihre Marketingstrategie anpassen muss. Machen Sie gegebenenfalls Vorschläge.

Aufgabe 1

Nehmen Sie an, Herr Rosner hätte vor der Veröffentlichung der Anzeige und der Zeitungsbeilage beide Werbemittel zunächst einigen Vertrauenspersonen, die ungefähr der Zielgruppe entsprechen, zur Durchführung eines Pretests vorgelegt.
Versetzen Sie sich in die Situation einer solchen Vertrauensperson (beachten Sie die Zielgruppenbeschreibung) und beurteilen Sie die Wirksamkeit der abgebildeten Zeitungsanzeige. Nutzen Sie die Fragen, die in einem Pretest gewöhnlich verwendet werden.

E-Bikes

KTL

250 Watt Mittelmotor
36 V, 11,6 Ah, 400-Watt
Akku Magura HS15
E-Contakt-Reifen
Speichen: Nirosta

2.199,00 €

IBIX

250 Watt Marken-Mittelmotor
36 V, 11 Ah, 540-Watt
Akku
Gabel: NCX-E LO Air
Reifen: Marathon Plus
Sattel: Selle Royal Lookin

2.499,00 €

Ein völlig neues Fahrgefühl!
- Sportlich-dynamisch
- Erweiterter Aktionsradius
- Emissionsfrei

Antilope

250 Watt Marken-Mittelmotor 540-Watt Akku

2.999,00 €

Rosner
Baaderstraße 120, 80469 München, Tel. 089 52067-537

Fragen an die Anzeige
- Weckt die Anzeige meine Aufmerksamkeit?
- Fällt die Anzeige auf?
- Wirkt sie freundlich und sympathisch?
- Ist sie informativ?
- Vermittelt sie etwas Neues?
- Weckt die Anzeige Vertrauen?
- Passt sie zum Image des Werbenden?
- Passt die Werbung zum dargestellten Produkt?

- Hebt sich die Werbung von anderen Anzeigen ab?
- Ist sie originell und einzigartig?

Aufgabe 2

Die Rosner GmbH hat drei Verfahren für die Werbeerfolgskontrolle angewendet:

- Vergleich der Absatzzahlen (Vorjahr, aktuelles Jahr mit Werbung)
- Nachträgliche Kundenbefragung (Erinnerungsverfahren)
- Berechnung der Werberendite

a Schätzen Sie die Wirksamkeit des Erinnerungsverfahrens (Befragung der Kunden, nachdem die Werbung durchgeführt worden ist).

b Die Steigerung der Absatzzahlen in der Rosner GmbH muss nicht unbedingt auf die Werbemaßnahmen zurückzuführen sein.
Nennen Sie zwei weitere Einflussgrößen, die eine Absatzsteigerung bewirkt haben könnten.

c Begründen Sie, ob die Rosner GmbH auch die übrigen Verfahren zur Werbeerfolgskontrolle hätte einsetzen können:

- Kunden zählen und vergleichen
- Kassenbons auswerten
- Durchschnittsumsatz vergleichen
- Nummerierte Handzettel verteilen und Rückläufe auswerten

Aufgabe 3

In der vorangegangenen Lernsituation 3 haben Sie den Einsatz von Werbemitteln geplant und die dafür anfallenden Kosten berechnet. Ermitteln Sie die Werberendite mit dem im Arbeitsauftrag errechneten Umsatzzuwachs und den von Ihnen berechneten Kosten für die Werbung aus Lernsituation 3.

Aufgabe 4

Von der Werbung wird u. a. gefordert, dass sie wirtschaftlich ist.

Wirtschaftlichkeit ist das Ergebnis aus der Division von Ertrag durch Aufwand.

$\text{Wirtschaftlichkeit} = \frac{\text{Ertrag}}{\text{Aufwand}}$ oder bezogen auf die Werbung: $\text{Werberendite} = \frac{\text{Umsatzsteigerung}}{\text{Kosten der Werbeaktion}}$

a Begründen Sie, warum die Werberendite, die Sie im Arbeitsauftrag ausgerechnet haben, die Wirtschaftlichkeit der Werbung der Rosner GmbH beweist.

b Nehmen Sie an, Sie hätten die nachfolgenden Werberenditen berechnet. Beurteilen Sie die beiden Ergebnisse.

- Werberendite = 1
- Werberendite = –1

Aufgabe 5

Beurteilen Sie den ökonomischen Erfolg einer Werbung, indem Sie die Werberendite errechnen.

Folgende Zahlen sind gegeben:

- Kosten der Werbung: 110.000,00 €
- Jahresumsatz vor Werbebeginn: 960.000,00 €
- Jahresumsatz nach Abschluss der Werbekampagne: 1.280.000,00 €

Aufgabe 6

Der Inhaber eines Copyshops möchte den Erfolg einer Werbemaßnahme prüfen. Dazu vergleicht er die durchschnittlichen Tagesumsätze in der Zeit vor, während und nach dem Werbeeinsatz. Folgende Daten stehen ihm zur Verfügung:

Zeitraum	Wochenumsatz
Woche vor der Werbung	16.840,00 €
Woche während der Werbung	18.155,00 €
Woche nach der Werbung	17.828,00 €

a Ermitteln Sie für die drei Zeiträume den durchschnittlichen **Tages**umsatz (6 Verkaufstage).

b Berechnen Sie, um wie viel Prozent sich die durchschnittlichen Tagesumsätze in der Woche
- während der Werbung und
- nach der Werbung

im Vergleich zur Woche vor der Werbemaßnahme verändert haben.

c Beurteilen Sie den Erfolg der Werbemaßnahme.

Aufgabe 7

Die Rosner GmbH hat ausschließlich das ökonomische Erfolgskriterium „Absatzsteigerung" betrachtet. Mittel- und langfristig sind aber auch vorökonomische Erfolgskriterien wichtig, die auf die Werbewirkung abzielen:

- Bekanntheitsgrad steigern
- Image verbessern
- Erinnerung an die Werbung erhöhen
- Wiedererkennung von Werbung steigern

a Entwickeln Sie je einen Vorschlag, wie die vier genannten vorökonomischen Erfolgskriterien durch Werbung beeinflusst werden können.

b Skizzieren Sie eine Zeitungsanzeige in der Sie
- die Fachkompetenz der Werkstattmitarbeiter oder
- die Beratungskompetenz der Verkaufsmitarbeiter hervorheben.

Aufgabe 8

Ein Marketingprozess lässt sich in vier Phasen einteilen. Sie haben bisher fünf Lernsituationen mit den untenstehenden Themen bearbeitet.

a Ordnen Sie die Lernsituationen den Marketingphasen I zu, indem Sie die Ziffern der Lernsituationen in die Kästchen („Zuordnung") eintragen.

Marketingphasen I	Zuordnung	
Analyse	○	○
Planung	○	○
Umsetzung	○	○
Kontrolle	○	○

Lernsituationen
1 Einen Fragebogen entwerfen
2 Marktforschungsdaten auswerten
3 Einen Marketingplan erstellen
4 Werbemaßnahmen durchführen
5 Den Werbeerfolg prüfen

b Die Marketingphasen können auch etwas differenzierter dargestellt werden. Ordnen Sie die Lernsituationen den Marketingphasen II zu, indem Sie die Ziffern der Lernsituationen in die Kästchen („Zuordnung") eintragen.

Marketingphasen II	Zuordnung	
Analyse der Marktsituation	○	○
Zielgruppe und Marketingziele bestimmen	○	○
Marketingstrategie entwickeln	○	○
Marketinginstrumente planen	○	○
Budget festlegen	○	○
Umsetzung der Marketingmaßnahmen	○	○
Kontrolle der Maßnahmen	○	○

Lernsituationen
1 Einen Fragebogen entwerfen
2 Marktforschungsdaten auswerten
3 Einen Marketingplan erstellen
4 Werbemaßnahmen durchführen
5 Den Werbeerfolg prüfen

6 Die Preispolitik zur Marktprofilierung nutzen

Siehe Lernsituation 5, Seite 26

Die Überprüfung des Erfolgs der Werbemaßnahmen im Isar-Kurier hatte ein mäßiges Ergebnis zutage gebracht. Zwar konnte der Absatz der E-Bikes von 68 (Vorjahr) auf 85 Stück gesteigert werden, das Ziel war aber, 123 E-Bikes zu verkaufen. Das war der Marktanteil, den Herr Rosner für sein Unternehmen ausgerechnet hatte.

Vor allem Kundenäußerungen, die die Höhe der Preise beanstandeten (z. B. „Haben Sie auch preisgünstigere Angebote?") haben Herrn Rosner veranlasst, die Preise seiner E-Bikes genauer zu betrachten. Insbesondere will er versuchen, durch ein preislich attraktives Modell seinen geplanten Absatz doch noch zu erreichen.

Ein Blick in die Zahlen des Warenwirtschaftssystems zeigt, dass der Absatzschwerpunkt im unteren Preisbereich liegt.

Warenwirtschaftssystem Rosner GmbH

Bericht: Absatz/Umsatz — Warengruppe: E-Bike — Zeit: Jan.–Dez.

Artikel-Nr.	Typ	Absatz Stück	Preis brutto/€	Preis netto/€	Umsatz netto/€
10442	KTL	42	2.199,00	1.847,90	77.611,76
10443	IBIX	29	2.499,00	2.100,00	60.900,00
10444	Antilope	14	2.999,00	2.520,17	35.282,35
		85			173.794,12

Daher ist zu vermuten, dass bei einem Preis unterhalb von 2.199,00 € mehr Kunden zu gewinnen sind als bei einem Preis oberhalb von 2.999,00 €. Es gilt daher, ein E-Bike zu einem Preis anzubieten, der deutlich unterhalb von 2.199,00 € liegt. Es soll ein Sonderangebot werden. Mit diesem E-Bike will Herr Rosner dann im Isar-Kurier mit einer Anzeige werben.

Ein Lieferant von E-Bikes bietet folgendes Einstiegsmodell an:

Hersteller: Campus, Modell E-City

Listeneinkaufspreis: 1.050,00 €, ab eine Bestellmenge von 5 Stück, 10 % Rabatt, zahlbar innerhalb von 30 Tagen, bei Zahlung innerhalb von 10 Tagen 2 % Skonto, Versandkostenpauschale pro E-Bike von 20,00 €

Produktbeschreibung

250 W Vorderrad-Nabenmotor, 26 V/12 Ah, 312 Wh Akku, 7-Gang-Nabenschaltung, Rücktrittbremse, 3 Unterstützungsstufen, 120 km Reichweite

Für die Verkaufskalkulation gelten in der Rosner GmbH folgende Bedingungen:

1. Preisuntergrenze: Gewinnzuschlag = 0 %
2. Preisuntergrenze: Gewinn- und Handlungskostenzuschlag = 0 %

- Handlungskostenzuschlag 60 %
- Gewinnzuschlag 15 %
- Umsatzsteuer 19 %

Sollte die Vorwärtskalkulation keinen attraktiven Preis ergeben, wird das Unternehmen Abstriche beim Gewinn- und/oder beim Handlungskostenzuschlag machen müssen. Dazu wird Herr Rosner die erste und zweite Preisuntergrenze berechnen, um seine Preisspielräume zu erkennen. Danach wird er über den Preis für das Sonderangebot entscheiden. Die Regeln zur psychologischen Preisfestsetzung wird er beachten.

Ihm ist klar, dass Sonderangebote wehtun können. Es gilt aber, Kunden in das Geschäft zu locken. Die Verkaufsmitarbeiter haben dann die Chance, den Kunden vom Sonderangebot abzubringen und ihn von der Qualität eines teureren Produktes zu überzeugen.

Tipp: Den Sonderpreis kann man auch durch einen Rabatt sichtbar machen.

Arbeitsauftrag

Bestimmen Sie den Preis für ein E-Bike als Sonderangebot und überarbeiten Sie Ihre Anzeige aus der Lernsituation 4 mit diesem preisgünstigen Angebot.

Vorschläge zur Vorgehensweise

1. Kalkulieren Sie den Bruttoverkaufspreis des E-Bikes von „Campus" mit den Daten zur Bezugs- und Verkaufskalkulation.
2. Berechnen Sie die erste und zweite Preisuntergrenze.
3. Legen Sie den Preis für das E-Bike von „Campus" fest.
4. Überarbeiten Sie die alte Anzeige aus Lernsituation 4 mit deutlicher Hervorhebung des Sonderangebotes.

Web

Vorwärtskalkulation	
Eingabeteil	
Listeneinkaufspreis in Euro	
Rabatt in %	
Skonto in %	
Bezugskosten in Euro	
Handlungskostenzuschlag in %	
Gewinnzuschlag in %	
Umsatzsteuer in %	

Ausgabeteil	€
Listeneinkaufspreis	
– Rabatt	
= Zieleinkaufspreis	
– Skonto	
= Bareinkaufspreis	
+ Bezugskosten	
= Bezugspreis	
+ Handlungskostenzuschlag	
= Selbstkostenpreis	
+ Gewinnzuschlag	
= Nettoverkaufspreis	
+ Umsatzsteuer	
= Bruttoverkaufspreis	

Bestimmung der Preisuntergrenzen

Web

Lieferant	**Campus**	Deckung des Selbstkostenpreises	Deckung des Bezugspreises
	Vorwärtskalkulation	1. Preisuntergrenze	2. Preisuntergrenze
Eingabeteil			
Bezugspreis in Euro			
Handlungskostenzuschlag in %			
Gewinnzuschlag in %			
Umsatzsteuer in %			
Ausgabeteil	€	€	€
Bezugspreis			
+ Handlungskostenzuschlag			
= Selbstkosten			
+ Gewinnzuschlag			
= Nettoverkaufspreis			
+ Umsatzsteuer			
= Bruttoverkaufspreis			

Aufgabe 1

Wieder hat die Rosner GmbH unmittelbar nach der Schaltung der Werbeanzeige einen kleinen Fragebogen im Geschäftsraum ausgelegt und die anwesenden Kunden gebeten, die Fragen zu beantworten. Diesmal haben sich 82 Kunden an der Befragung beteiligt. Die Ergebnisse des Posttests hat Herr Rosner mit dem ersten Posttest (siehe Lernsituation 5, Seite 26) verglichen.

Posttest = Prüfung der Wirksamkeit von Werbeinstrumenten nach ihrem Einsatz

	1. In der letzten Woche haben wir in einer Zeitungsanzeige auf unsere E-Bikes aufmerksam gemacht. Können Sie sich daran erinnern?	Ergebnisse 1. Posttest	in %	Ergebnisse 2. Posttest	in %
	ja (bitte weiter mit Frage 2)	58		73	
	nein (bitte weiter mit Frage 3)	12		9	
	Summe	70		82	

	2. Kreuzen Sie bitte an, welche Aussagen zu unserer Werbung nach Ihrer Meinung zutreffen. (Mehrfachantworten sind möglich)	Ergebnisse 1. Posttest	in %	Ergebnisse 2. Posttest	in %
	Die Anzeige ist mir sofort aufgefallen.	55		70	
	Die vorgestellten E-Bikes interessieren mich sehr.	49		61	
	Besonders interessant fand ich die Preise der E-Bikes.	5		69	
	Der Hinweis auf die eigene Fachwerkstatt hat mich besonders angesprochen.	58		68	
	Die Werbung hat mich veranlasst, die Rosner GmbH aufzusuchen.	32		45	
	Summe	199		313	

	3. Dürfen wir Ihnen regelmäßig Informationsmaterial über E-Bikes und weitere interessante Angebote per E-Mail zusenden? Sie können diese Zusage jederzeit widerrufen.	Ergebnisse 1. Posttest	in %	Ergebnisse 2. Posttest	in %
	ja	46		59	
Meine E-Mail-Adresse:					
	nein	24		23	
	Summe	70		82	

a Drücken Sie die Befragungsergebnisse jeweils in Prozent aus, um die Zahlen besser vergleichbar zu machen.

b Beurteilen Sie den Erfolg der Zeitungsanzeige mit Hervorhebung eines Sonderangebotes. Berücksichtigen Sie, dass die erste Werbemaßnahme aus einer Zeitungsanzeige und einer Zeitungsbeilage bestand.

Aufgabe 2

In der Rosner GmbH wird überlegt, im Rahmen der Rabattpolitik die Möglichkeiten von Preisbündelung und Multibuy zu nutzen. Entwickeln Sie je einen Vorschlag, wie

a Preisbündelung und

b Multibuy

in einem Fahrradfachgeschäft umgesetzt werden können.

Aufgabe 3

Unternehmen im Umfeld der Rosner GmbH, die Fahrräder verleihen, kaufen ihre Fahrräder regelmäßig bei der Rosner GmbH ein. Sie erhalten als Großabnehmer gestaffelte Mengenrabatte, z. B. 5 %.
Nun wird überlegt, das Instrument der Preisdifferenzierung auch in anderen Bereichen stärker zu nutzen.

a Machen Sie einen Vorschlag zur Preisdifferenzierung in der Rosner GmbH.

b Ordnen Sie Ihren Vorschlag den Formen der Preisdifferenzierung zu (räumlich, zeitlich, personell, mengen-, produktbezogen).

Aufgabe 4

Die Rosner GmbH kalkuliert ihre Verkaufspreise durch eine Vorwärtskalkulation mit festen Zuschlägen für Handlungskosten und Gewinn (kostenorientierte Preisfindung). Es gibt aber zahlreiche Kunden, die zwar ein E-Bike kaufen möchten, die aber – so berichten die Verkaufsmitarbeiter – nicht mehr als 1.500,00 € ausgeben wollen oder können.
Frau Abel, die in der Rosner GmbH u. a. für das Marketing zuständig ist, erhält den Auftrag, mit einer Rückwärtskalkulation zu berechnen, zu welchem Bezugspreis ein E-Bike eingekauft werden müsste, damit es zu 1.499,00 € angeboten werden kann. Dabei soll statt eines Gewinnzuschlages von 15 % nur ein Gewinnzuschlag von 7,5 % angesetzt werden.

Daten: Bruttoverkaufspreis: 1.499,00 €
Umsatzsteuersatz: 19 %
Handlungskostenzuschlag: 60 %
Gewinnzuschlag: 7,5 %

a Kalkulieren Sie den maximal aufwendbaren Bezugspreis mithilfe einer Rückwärtskalkulation.

b Nennen Sie den Fachbegriff für diese Arte der Preisfindung.

Rückwärtskalkulation Web

Eingabeteil		
Bruttoverkaufspreis		€
Umsatzsteuer		%
Gewinnzuschlag		%
Handlungskostenzuschlag		%

Ausgabeteil	€
Bezugspreis	
+ Handlungskostenzuschlag	
= Selbstkostenpreis	
+ Gewinnzuschlag	
= Nettoverkaufspreis	
+ Umsatzsteuer	
= Bruttoverkaufspreis	

Aufgabe 5

Nach langer Recherche ist es der Rosner GmbH gelungen, einen Hersteller zu finden, der ein E-Bike zum Preis von 760,00 € anbietet und das gerade noch die Qualitätsanforderungen der Rosner GmbH erfüllt.

a Berechnen Sie den verbleibenden Gewinn mithilfe einer Differenzkalkulation, falls das E-Bike ins Sortiment aufgenommen wird.
Daten: Bezugspreis: 760,00 €
Handlungskostenzuschlag: 60 %
Gewinnzuschlag: 7,5 %
Umsatzsteuer: 19 %
Bruttoverkaufspreis: 1.499,00 €

b Beurteilen Sie, ob die Rosner GmbH das Produkt zu einem Preis von 1.499,00€ anbieten soll.

Differenzkalkulation Web

Eingabeteil		
Bezugspreis		€
Handlungskostenzuschlag		%
Umsatzsteuer		%
Bruttoverkaufspreis		€

Ausgabeteil	€
Bezugspreis	
+ Handlungskostenzuschlag	
= Selbstkostenpreis	
+ Gewinn	
= Nettoverkaufspreis	
+ Umsatzsteuer	
= Bruttoverkaufspreis	

Gewinnzuschlag		%

Aufgabe 6

Die Rosner GmbH verfolgt als Fahrradfachgeschäft eine Hochpreispolitik.

a Begründen Sie, warum diese Preispositionierung für das Unternehmen sinnvoll ist.

b Stellen Sie begründet fest, ob auch eine Mittel- oder Niedrigpreisstrategie für die Rosner GmbH infrage käme.

Aufgabe 7

In der Sanitär-Handelsgesellschaft mbH sind für zwei Artikel die Listenverkaufspreise (netto) zu kalkulieren. Web

Daten

	Produkt 1	Produkt 2
Listeneinkaufspreis	2.050,00 €	72,00 €
Liefererrabatt	5 %	10 %
Liefererskonto	2 %	2 %
Bezugskosten	18,00 €	2,00 €
Handlungskostenzuschlag	25 %	55 %
Gewinnzuschlag	13 %	10 %
Kundenskonto	2 %	2 %
Kundenrabatt	5 %	5 %

Aufgabe 8

Kalkulieren Sie nach den unten stehenden Angaben den Preis für die Reparatur einer Sanitäranlage.

Materialeinsatz (Fertigungsmaterial):	980,00 €
Materialgemeinkosten:	8 %
Fertigungslöhne:	8 Stunden Vorarbeiter, Stundenlohn 26,00 €
	3 Stunden Geselle, Stundenlohn 22,00 €
	3 Stunden Helfer, Stundenlohn 18,00 €
Fertigungsgemeinkosten:	70 %
Verwaltungsgemeinkosten:	20 %
Vertriebsgemeinkosten:	2 %
Gewinnzuschlag:	18 %

Rabatt oder Skonto werden nicht gewährt.

Web

Industriekalkulation

		in %	€
1.	Fertigungsmaterial		
2.	+ Materialgemeinkosten (von Nr. 1)		
3.	**= Materialkosten**		
4.	Fertigungslöhne		
5.	+ Fertigungsgemeinkosten (von 4.)		
6.	**= Fertigungskosten**		
7.	Materialkosten (Zeile 3)		
8.	+ Fertigungskosten (Zeile 6)		
9.	**= Herstellkosten**		
10.	+ Verwaltungsgemeinkosten (von 9.)		
11.	+ Vertriebsgemeinkosten (von 9.)		
12.	**= Selbstkosten**		
13.	+ Gewinnzuschlag		
14.	**Listenverkaufspreis**		

Aufgabe 9

Der führende Hersteller von Elektromotoren für E-Bikes (Marktanteil europaweit über 40 %) hat einen neuen Motor-Typ herausgebracht und ihn mit einer umfangreichen elektronischen Steuerung sowie einer Fahrradnavigation ausgestattet. In dieser Qualität ist das Produkt am Markt zurzeit konkurrenzlos.

Dem Unternehmen stehen nun zwei Preisstrategien für die Einführung des neuen Produktes zur Verfügung:

- Marktabschöpfung und
- Marktdurchdringung.

  a Erläutern Sie diese beiden Strategien.

  b Nehmen Sie an, Sie hätten Einfluss auf die Wahl der Strategie. Geben Sie eine begründete Empfehlung für die nach Ihrer Meinung beste Vorgehensweise.

Aufgabe 10

Betrachten Sie die Preispolitik Ihres Ausbildungsbetriebes und beantworten Sie – soweit möglich – die folgenden Fragen:

1. Wie lässt sich die langfristige Preispositionierung beschreiben (Hoch-, Mittel-, Niedrigpreispositionierung)?
2. Nach welchem Grundsatz werden die Preise kalkuliert (kosten, wettbewerbs-, nachfrageorientiert)?
3. Wendet Ihr Ausbildungsbetrieb Formen der Preisdifferenzierung an, wenn ja, welche?
4. Welche Formen der Konditionenpolitik nutzt Ihr Ausbildungsbetrieb (Rabattpolitik, Gestaltung der Lieferungs- und Zahlungsbedingungen, Absatzkreditpolitik)?

7 Kunden direkt ansprechen

Preispolitik, siehe Seite 30

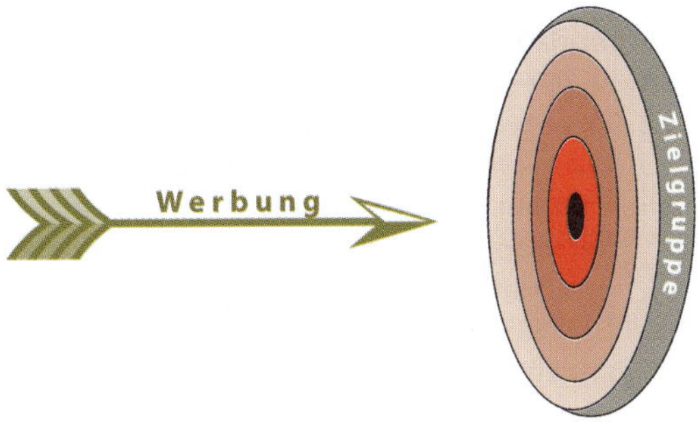

Durch die veränderte Preispolitik ist es der Rosner GmbH gelungen, den Absatz von E-Bikes von 85 Stück (Vorjahr) auf 103 Stück zu steigern. Das ist zwar eine deutliche Verbesserung, aber immer noch nicht die komplette Ausschöpfung des möglichen Marktanteils. Den hatte der Geschäftsführer und Inhaber des Geschäftes aus dem Markvolumen errechnet. Demnach gibt es ein Absatzpotenzial von 123 E-Bikes.
Es sind daher zusätzliche Anstrengungen nötig, um den Geschäftserfolg weiter zu steigern.

Zielgruppenbeschreibung, siehe Ergebnis des Arbeitsauftrages aus Lernsituation 4

Herr Rosner möchte nun mit gezielten Maßnahmen ausgewählte Kunden direkt ansprechen. Dazu ist es notwendig, die Zielgruppe „E-Bike-Käufer" weiter aufzuteilen in Teilgruppen mit erkennbaren Anspruchsunterschieden.

Aus eigenen Gesprächen mit Kunden, aber auch aus Beobachtung von Verkaufsgesprächen seiner Mitarbeiter glaubt Herr Rosner, vier Teilgruppen erkennen zu können.

Teilgruppe	Beschreibung
Sportler	Dieser Kunde ist jünger als der typische E-Bike-Fahrer. Seine Heimat ist der Radsport. Das E-Bike soll seine Radsportmöglichkeiten erweitern und zusätzliche sportliche Herausforderungen bringen.
Alltagsfahrer	Statt mit dem Pkw fahren diese Kunden mit dem E-Bike zur Arbeit oder sie nutzen ein E-Bike als Zubringer zum öffentlichen Nahverkehr. Tägliche Besorgungen machen sie gerne per E-Bike. Sie schätzen die neue städtische Mobilität, da man unabhängig ist von Verkehrs- und Parkproblemen. Ein wichtiges Motiv ist für diese Kunden auch der Schutz der Umwelt.
Freizeitfahrer 50+	Er nutzt das E-Bike für Ausflüge und kleine Touren, einschließlich alltäglicher Erledigungen. Das Fahrvergnügen steht ganz oben, aber auch Radfahren zur Erhaltung der Fitness ist ihm wichtig. Umweltgesichtspunkte spielen ebenfalls eine Rolle.
Fit & gesund	Gesundheitliche Gesichtspunkte stehen bei diesem häufig älteren Kunden im Vordergrund. Vielfach ist es ärztlich verordnete Bewegung, die per Fahrrad umgesetzt wird. Der Motor und die Fahrstufen erlauben eine Dosierung der körperlichen Belastung nach eigenen Vorstellungen.

Nachdem sich die bisherigen Werbemaßnahmen vorzugsweise auf die Hauptgruppe „Freizeitfahrer 50+" gerichtet haben, möchte das Unternehmen nun die Alltagsfahrer gezielt ansprechen.

Mithilfe der Kundendatei der Rosner GmbH ist es möglich, Kunden nach unterschiedlichen Gesichtspunkten (z. B. nach den Teilgruppen) zu selektieren. In der Kundendatei sind die Kunden mit einem Profil hinterlegt, das laufend ergänzt wird. Die Selektionskriterien „Alltagsfahrer" und „City-/Tourenrad" erbrachten fünf Adressen.

Auszug aus der Kundendatei

Sabine Holl Rosenheimer Straße 21, 81669 München	Melanie Reuter Pariser Straße 56, 81667 München
Stefan Seidler Eduard-Schmid-Straße 154, 81541 München	Karsten Sonneborn Rumfordstraße 188, 80331 München
Christian Schindler Holzstraße 34, 80469 München	

Für eine sechste Adresse ist noch das Profil anzulegen (Profilmaske und Kundendaten, siehe Seite 36). Damit liegen sechs Profile von Kunden vor, die ihr Fahrrad im Alltag für praktische Zwecke einsetzen und die ähnliche Ansprüche haben. Mithilfe der unten stehenden Produktinformationen ist es nun möglich, den Kunden einen Werbebrief zu schicken, in dem ihre Interessen zum Ausdruck kommen. Der Brief soll mit einem Sonderangebot verbunden werden.

Serienbriefe: Siehe im Anhang des Informationshandbuches.

Arbeitsauftrag

Setzten Sie einen Serien-Werbebrief als Direktmarketing-Maßnahme ein.

Vorschläge zur Vorgehensweise

1. Legen Sie das Kundenprofil an.
2. Erzeugen Sie eine Adressdatei für einen Serienbrief in Word oder Excel.
3. Entwerfen Sie einen Werbebrief an die Kunden als Serienbrief, in dem Sie den Kunden ein Sonderangebot unterbreiten und die Vorzüge eines E-Bikes für Alltagsfahrten sichtbar machen. Das Sonderangebot gilt für 14 Tage (nach Briefdatum).
   Informationen zum Produkt finden Sie unten.
   Herr Rosner wünscht, dass folgende Besonderheiten in dem Brief erscheinen: ein Bild vom Sonderangebot, den Kunden im Text mit Namen ansprechen, ein Sonderangebots-Enddatum als Feld einfügen

Kundenprofil

Kundenprofil					
Anrede:	Frau ☐	Herr ☐	Titel ☐		
Name		Vorname			
Straße/Haus-Nr.		PLZ/Ort			
Telefon		E-Mail			
Beruf		Alter	Jahre		
Familienstand:	ledig ☐	verheiratet ☐		Einkommen	
Teilgruppe:		Sportler ☐		Freizeitfahrer 50+ ☐	
		Alltagsfahrer ☐		Fit & gesund ☐	
Gekaufte Produkte	Trekkingrad ☐	Kinder-/Jugendrad ☐		Zubehör ☐	
	City-/Tourenrad ☐	E-Bike ☐		Werkstattleistungen ☐	
	Mountain-Bike ☐	Bekleidung ☐		Sonstiges ☐	
Produktdetails:					
Ansprüche:					
Sonstiges:					

Informationen zum Kunden Dirk Raupach

Der Kunde wohnt in der Perlacher Straße 189 in 81539 München. Er ist 44 Jahre alt und von Beruf Verwaltungsangestellter der Stadt München. Er hat einen Fragebogen (Posttest) im Geschäft der Rosner GmbH ausgefüllt und seine E-Mail-Adresse hinterlassen (D.Raupach@gmx.de). Seine Telefonnummer lautet 089 403669. Er kommt mit einer Partnerin ins Geschäft; der Familienstand ist aber nicht bekannt.

Sein Einkommen liegt geschätzt bei 3.500,00 €.

Herr Raupach hat ein City-Rad in der Rosner GmbH gekauft (City-Rad von KTL, 799,00 €), das er regelmäßig für die Fahrt zu seinem Arbeitsplatz einsetzt. Nach seinen Aussagen versucht er, alle Besorgungen und Besuche mit dem Fahrrad zu erledigen, weil die Verkehrslage äußerst schwierig ist. Der Kunde lässt sein Fahrrad regelmäßig in der Werkstatt der Rosner GmbH überprüfen und auch reparieren. Zubehör und Fahrradbekleidung kauft er gelegentlich.

Aufzeichnungen von Verkaufsmitarbeitern über diesen Kunden:

- 12.05.20(0): Herr Raupach bemerkt, dass „die Fahrt zur Arbeit mit einem E-Bike wohl bequemer wäre." Dem Kunden wurde ein Prospekt mit E-Bikes überreicht. Eine Produktvorstellung lehnte er ab.
- 25.06.20(0): „Viele Bekannte haben mittlerweile ein E-Bike. – Ist ja sehr praktisch, wenn man schnell eine kurze Strecke fahren muss. Und die Umwelt wird ja wohl kaum belastet."
  Dem Kunden wurden zwei E-Bikes vorgestellt. Sein Interesse galt dem preisgünstigen Produkt „E-City" von Campus für 1.799,00 €. Keine Kaufentscheidung.

Produktinformationen zum E-Bike

- 60 % aller Autofahrten sind kürzer als 6 km. Mit einem E-Bike kann man solche Kurzstrecken perfekt bewältigen. Im Stop-and-Go-Verkehr der Stadt sind E-Bikes schneller als Autos, d. h. auch weniger Abgase und weniger Lärm.
- Hohe Flexibilität, weil keine Fahrpläne und keine festen Routen. E-Bike-Fahren ist Individualverkehr
- Keine Parkplatzsorgen
- Direkt und ohne Umwege zum Ziel mit einem E-Bike, weil E-Biks Radwege benutzen dürfen. Man ist viel beweglicher
- Ein E-Bike wird deutlich häufiger benutzt als ein Fahrrad.
- E-Bikes nutzen die eingesetzte Energie zu 90 % aus – das ist der höchste Wirkungsgrad aller Fahrzeuge.
- Man kann bei Stromerzeugern „grünen" Strom kaufen. Dann ist das E-Bike ein Null-Emissions-Fahrzeug.
- Ein E-Bike verbraucht umgerechnet 0,2 Liter Benzin pro 100 km. Das ist deutlich weniger als der Kraftstoffverbrauch von Pkw (Ø 6–10 Liter pro 100 km).

Informationen zum Sonderangebot

Hersteller: ATAVA, Modell City-Cicle, Preis 1.699,00 €

250 W Mittelmotor, 26 V/12 Ah, 312 Wh Akku, 7-Gang-Nabenschaltung, Rücktrittbremse, 3 Unterstützungsstufen, 120 km Reichweite

Aufgabe 1

Von sechs Briefen, die die Rosner GmbH verschickt hat, gab es vier Rückmeldungen mit Anmeldungen zu einer Probefahrt.

a Berechnen Sie die Response-Quote für diese Werbeaktion.

b Berechnen Sie die Response-Quoten zu den Prospekten und zu der Anzeige.
Bei anderen Direktmarketing-Aktionen gab es folgende Rückmeldungen:
- 700 Prospekte mit Antwortkarte: 18 Antworten
- Anzeige mit Coupon zum Ausschneiden in einer Tageszeitung, Auflage 145 000 Exemplare. Rücklauf ausgefüllter Coupons: 225 Coupons

c Beurteilen Sie, welche Response-Quoten in der Praxis realistischer sind (a oder b?).

Aufgabe 2

Entwerfen Sie einen Brieftext ähnlich wie im Arbeitsauftrag, allerdings für die Zielgruppe „Fit & gesund".

Hinweis: Mit dem Thema „Gesundheit/Krankheit" muss man vorsichtig umgehen, ohne dem Briefempfänger zu nahe zu treten.

Ausgewählte Produkteigenschaften zum E-Bike

Bequeme Fortbewegung

Unterstützung der Pedalbewegung des Fahrers durch einen Elektromotor durch automatisches Zu- und Abschalten des Motors. Besonders wirksam bei ansteigenden Strecken oder Gegenwind. Das E-Bike verhält sich wie ein normales Fahrrad.

Siehe ausführlich Seite 14

Größerer Aktionsradius

Fahrrädern wird heute ein Mobilitätsradius von 3 bis 5 km zugesprochen. Die Fahrzeit beträgt bei einer Durchschnittsgeschwindigkeit von 12 km/h 15 bis 25 Minuten. Mit einem E-Bike erreicht man eine Durchschnittsgeschwindigkeit von 20 km/h. In der gleichen Zeit von 15 bis 25 Minuten erweitert sich der Mobilitätsradius auf bis zu 8,3 km. Grob gerechnet verdoppelt ein E-Bike den Aktionsradius von 5 auf 10 km.

Gesundheitsförderung

Man erhält auf einem E-Bike nur Motorunterstützung, wenn man die Pedale tritt. E-Bike-Fahrer legen längere Wege zurück und fahren häufiger (z. B. auch dann, wenn starker Wind herrscht). Außerdem werden Auto, Bahn und Bus durch eigene Bewegungen ersetzt.

Aufgabe 3

In der Kundengruppe „Freizeitfahrer 50+" gibt es einen deutlich erkennbaren Kundenkreis, für den die Umweltfreundlichkeit des Radfahrens ein besonderes Anliegen darstellt.

a Entwerfen Sie einen Brieftext mit dem Sonderangebot aus dem Arbeitsauftrag. Heben Sie die Umweltfreundlichkeit des E-Bike-Fahrens hervor. Verwenden Sie die unten stehenden Produktinformationen.

Umweltfreundlich

E-Bikes sind leise und abgasfrei. Es kann Auto, Bus und Bahn ersetzen, die alle CO_2 ausstoßen. Geht man davon aus, das der Strom für den Elektromotor z. B. aus Kohlekraftwerken stammt, beträgt der CO_2-Ausstoß (einschließlich der Belastungen durch die Akku-Herstellung) ca. 5,5 g CO_2 pro km (zum Vergleich: Pkw mit Verbrennungsmotor, 8 l/100 km: 200 g CO_2 pro km). Wird das E-Bike mit „grünem Strom" betrieben, entsteht kein CO_2.

Energiesparender als Pkw

Ein E-Bike verbraucht umgerechnet 0,2 Liter Benzin pro 100 km. Das ist deutlich weniger als der Kraftstoffverbrauch von Pkw (Ø 6–10 l pro 100 km).

b Erläutern Sie die gesellschaftlichen Wertvorstellungen, die sich hinter den Stichworten „Umweltfreundlichkeit" bzw. „Nachhaltigkeit" verbergen.

Aufgabe 4

Der Geschäftsführer eines internationalen Unternehmens, Herr Christopher Kerr, ist Stammkunde der Rosner GmbH und begeisterter Radfahrer. Er kann der Gruppe der Alltagsfahrer zugerechnet werden. Ihm soll der Brief aus dem Arbeitsauftrag in englischer Sprache zugeschickt werden.

Übersetzen Sie den Text Ihres Serienbriefes ins Englische.

Aufgabe 5

Siehe Modellunternehmen im Informationshandbuch des 1. Ausbildungsjahres

Frau Theben ist als Kundenberaterin im Unternehmen Thomas Behrend Gebäudeservice e. K. tätig. Zu ihrer Aufgabe gehört es, gewerbliche Unternehmen im regionalen Umfeld anzurufen und Geschäftskontakte anzubahnen. Dazu verfolgt sie aufmerksam die aktuellen Wirtschaftsnachrichten aus der Region, um Unternehmen ausfindig zu machen, die für einen Gebäudeservice infrage kommen.

Heute ist ihr im Internet die GEODATA GmbH aufgefallen, ein Unternehmen, das sehr erfolgreich Navigationsdaten erstellt und ständig expandiert. Im Internet war auch das Gebäude abgebildet, in dem die GEODATA GmbH in einer Etage residiert: Ostring 165, 34125 Kassel

Frau Theben wählt die Nummer 0561/78556-12.

Zentrale: „Guten Tag, GEODATA GmbH, mein Name ist Steiner, was kann ich für Sie tun?"

Theben: „Guten Tag, Thomas Behrend Gebäudeservice, Luise Theben, würden Sie mich bitte mit dem Mitarbeiter verbinden, der in Ihrem Unternehmen für die Reinigung Ihrer Büroflächen verantwortlich ist?"

Zentrale: „Das müsste unser Geschäftsführer, Herr Schaub, sein."

Theben: „Würden Sie mir bitte auch den Vornamen nennen, dann kann ich Herrn Schaub korrekt anschreiben."

Zentrale: „Erwin, Erwin Schaub."

Theben: „Vielen Dank. Ist Herr Schaub vielleicht gerade im Haus? Dann könnten Sie mich eventuell direkt mit ihm verbinden."

Zentrale: „Gerne, ich verbinde – einen Augenblick bitte."

Theben: „Danke."

Schaub: „Schaub, guten Tag."

Theben: „Guten Tag, Simone Theben vom Gebäudeservice Behrend. Ich bin Kundenberaterin in unserem Unternehmen und betreue gewerbliche Kunden rund um das Thema Glas- und Gebäudereinigung sowie Hausmeisterservice. Darf ich fragen, wer Ihr Gebäude zurzeit sauber hält?"

Schaub: „Wir haben zwei Reinigungskräfte beschäftigt und sind damit im Großen und Ganzen zufrieden. Allerdings werden wir wohl ab dem nächsten Monat eine weitere Etage hinzumieten."

Theben: „Da ist es doch eine Überlegung wert, die Reinigung in professionelle Hände zu legen. Sie können sich dann um Ihr Geschäft kümmern, anstatt eine Krankenvertretung für Ihre Reinigungskraft zu suchen. Wahrscheinlich sparen Sie auch noch Geld. Vergleichen Sie doch einfach mal."

Schaub: „Na ja, ein Angebot könnte ja vielleicht nicht schaden."

Theben: „Ich könnte Sie am Dienstagvormittag oder Mittwoch um 11:00 Uhr besuchen. Ich würde ein Aufmaß erstellen und wir können besprechen, worauf Sie in Ihrem Haus besonderen Wert legen."

Schaub: „Am Mittwoch wäre es mir recht. Aber wir haben in den Büros hochempfindliche Computer und Spezialmaschinen stehen. Da ist größte Sorgfalt angebracht."

Theben: „Machen Sie sich keine Sorgen. Wir schulen unser Personal und klären schon nächsten Mittwoch, welche Maschinen von uns wie gereinigt werden sollen."

Schaub: „Okay."

Theben: „Dann bis Mittwoch. Ich wünsche Ihnen noch einen schönen Tag."

Schaub: „Danke, Ihnen auch. Auf Wiedersehen."

a **Halten Sie die Daten der GEODATA GmbH, die Sie der Situationsbeschreibung und dem Gespräch entnehmen können, in der unten stehenden Interessenten-Datenbank fest.**

b **Entwerfen Sie eine schriftliche Terminbestätigung. Dabei sollten Sie folgendes beachten:**

- **Dank**
- **Terminbestätigung (Zeit, Name der Gesprächspartnerin, Gesprächsort)**
- **Kontaktdaten, falls der Termin gefährdet sein sollte.**

Daten der Thomas Behrend – Gebäudeservice e. K.

Anschrift	Im Ährenfeld 3, 34117 Kassel
Telefon:	0561 481 472

Thomas Behrend – Gebäudeservice e. K.

Datei | Bearbeiten | Ansicht | Datensatz | Sortierfolge | Ausführen | Abfragen | Berichte | Hilfe

Arbeitsmappe derzeit geöffnet	Interessentendatei

Firma					
Zusatz					
Straße, Haus-Nr.					
PLZ, Ort					
Telefon			E-Mail		
Ansprechpartner	Frau		Herr		Titel
Vorname					
Nachname			Position		
Reinigungsbedarf	Glasreinigung		Gebäudereinigung		
	Industriereinigung		Hausmeisterservice		
Weitere Besonderheiten					

Aufgabe 6

Entwerfen Sie Brieftexte für das Unternehmen Thomas Behrend Gebäudeservice e. K. zu folgenden Anlässen

a Ein Gesprächspartner hat am Telefon ein gewisses Interesse gezeigt, wünschte aber keinen Gesprächstermin. Sie übersenden dem Interessenten den Prospekt des Hauses (Imagebroschüre) und bieten Ihre persönliche Beratung auf Wunsch an.

b Regelmäßig werden persönlich gefasste Briefe an Adressen aus dem regionalen Umfeld verschickt, ohne dass vorher eine telefonische Kontaktaufnahme stattgefunden hat. Sie machen den Gebäudeservice Behrend bekannt und verweisen z. B. auf folgende Gesichtspunkte:

- Sauberes Gebäude – gute Arbeitsatmosphäre – Eindruck auf Kunden – Werterhalt des Gebäudes
- Behrend = Meisterbetrieb, erfahrene Mitarbeiter, sorgfältig geschultes Personal
- Jederzeit individuelle Beratung mit kundenspezifischen Konzepten
- Kundenberater mit Name und Durchwahl

c Anfang September war einem Industrieunternehmen ein Angebot übersandt worden. Ende Dezember ist noch keine Antwort eingetroffen.

- Erinnerungsschreiben
- Erneutes Telefonat im neuen Jahr
- Kleines Präsent beifügen
- Gute Wünsche zur Weihnachtszeit/zum Neujahrsfest

Aufgabe 7

Entwerfen Sie einen Serienbrief nach dem AIDA-Konzept mit folgenden Inhalten:

- Es ist Herbst und die Grippesaison steht vor der Tür. Erste Meldungen über einen hoch ansteckenden Grippevirus tauchen in den Medien auf.
- Gewerbliche Unternehmen werden angeschrieben mit dem Angebot, Unterstützung bei der Entwicklung von Schutzmaßnahmen des Personals gegen Ansteckung.
- Angebot:
  1. Merkblatt mit empfohlenen Verhaltensregeln für Mitarbeiter, um Ansteckungen zu vermeiden.
  2. Desinfektionsmittelspender zur Händedesinfektion; ermöglicht Händedesinfektion nicht nur im Waschraum, sondern auf jeder Etage oder in jedem Büro. Desinfektion ist die gründlichste Form der Reinigung.
  3. Flächendesinfektion: Die häufigsten Kontaktflächen sind z. B. Türklinken, WCs und Lichtschalter. Behrend könnte ein Angebot zur fachgerechten Desinfektion dieser Flächen machen.

Aufgabe 8

Bringen Sie folgende Teile eines Werbebriefes in die richtige Reihenfolge nach der AIDA-Formel.

Sehr geehrter Herr Müller!

Besuchen Sie uns in den nächsten Tagen doch einmal und lassen Sie sich unverbindlich zum Thema „Autosicherheit" beraten.

Wir bieten Ihnen eine Diebstahl-, Sicherungs- und Warnanlage an, die Sie komplett mit Einbau nur 295,00 € kostet.

Die hohe Qualität dieser Alarmanlagen entspricht den strengen TÜV-Bestimmungen und gibt Ihnen deshalb ein Höchstmaß an Sicherheit.

Alle 45 Sekunden wird laut Statistik ein Auto aufgebrochen. Heute machen wir Ihnen ein Angebot, mit dem Sie Ihr wertvolles Auto zuverlässig schützen können.

Mit dieser Ausrüstung bewahren Sie Ihr Auto vor Einbrüchen. Ob Autoradio oder andere Wertsachen – die XY-Alarmanlagen schrecken „Langfinger" zuverlässig ab.

Aufgabe 9

Sie arbeiten in der Rosner GmbH. Ihre Aufgabe ist es, besonderen Kunden ein Sonderangebot beim Kauf von Radfahrbekleidung zu unterbreiten. Dabei soll den Kunden ein Sonderrabatt gewährt werden, der sich nach folgenden Einstufungen richtet:

- A-Kunden erhalten einen Rabatt in Höhe von 12 %,
- B-Kunden erhalten einen Rabatt in Höhe von 8 %,

Frau Abel, die für das Marketing zuständig ist, beauftragt Sie, ein Angebot als Serienbrief mit heutigem Datum zu erstellen und dabei folgende Punkte zu berücksichtigen:

- Besondere Aktion für langjährige Kunden
- Zeitraum der Aktion vom 15. bis 25. März 20(0)
- Sonderrabatt
- In das Angebot soll die nebenstehende Grafik eingefügt werden (Damen-Regenjacke zum Preis von 99,95 €).

Web

Ihnen liegen folgende Kundeninformationen vor:

Titel	Vorname	Nachname	Art	Straße und Nr.	PLZ	Ort
Frau	Sabine	Holl	A	Rosenheimer Straße 21	81669	München
Herr	Stefan	Seidler	B	Eduard-Schmidt-Straße 154	81541	München
Herr	Christian	Schindler	B	Holzstraße 34	80469	München
Frau	Melanie	Reuter	B	Pariser Straße 56	81667	München
Herr	Karsten	Sonneborn	B	Rumfordstraße 188	80331	München
Herr	Dirk	Raupach	A	Perlacher Straße 189	81539	München

8 Newsletter versenden

3. Dürfen wir Ihnen regelmäßig Informationsmaterial über E-Bikes und weitere interessante Angebote per E-Mail zusenden? Sie können diese Zusage jederzeit widerrufen.	
	ja
Meine E-Mail-Adresse:	
	nein

Aus den Rückläufen der Fragebögen hat die Rosner GmbH bereits einen hohen Bestand an E-Mail-Adressen von Kunden gewonnen, denen regelmäßig Newsletter zugeschickt werden können. Die Verkaufsmitarbeiter sind darüber hinaus angewiesen worden, den Kunden bei jedem Verkauf ein Formular zu überreichen, das eine Einverständniserklärung zum Newsletter-Versand enthält.

Frau Abel, in der Rosner GmbH zuständig für das Marketing, bereitet eine neue Ausgabe der Newsletter vor. Diesmal geht es um die Vorstellung eines neu entwickelten E-Bikes für die Kundengruppe „Freizeitfahrer 50+". Die Besonderheiten hat Frau Adler aus den Herstellerinformationen zusammengetragen. Sie müssen noch für den Newsletter aufbereitet werden.

Informationen zum Newsletter-Angebot

Hersteller: Keidl, Modell Active Tour, Preis 2.699,00 €

400 W Mittenmotor, 36 V/11 Ah, 400-Watt-Akku, 8-Gang-Nabenschaltung, Rücktrittbremse, 4 Unterstützungsstufen, 190 km Reichweite

Neues Antriebskonzept im Mittenmotor garantiert perfekt dosierte Tretunterstützung, Sensoren messen exakt, welche Unterstützung der Fahrer benötigt, sehr hoher Fahrkomfort, intelligente Schalterkennung, besonders leistungsstarker 400-W-Akku, hohe Laufleistung über eine lange Lebenszeit,

Bordcomputer: separate Bedieneinheit am Lenker, einfach und intuitiv zu handhaben, Abrufen von Informationen wie Geschwindigkeit, Ladezustand, Distanz und vieles mehr, überzeugend auch durch eine moderne, ansprechende Optik, bewährter Service durch die eigene Fachwerkstatt

Zielgruppenbeschreibung

Freizeitfahrer 50+	Er nutzt das E-Bike für Ausflüge und kleine Touren, einschließlich alltäglicher Erledigungen. Das Fahrvergnügen steht ganz oben an, aber auch Radfahren zur Erhaltung der Fitness ist ihm wichtig. Umweltgesichtspunkte spielen ebenfalls eine Rolle.

Personenbezogene Daten

Frau Adler wird bei der Textformulierung besonders darauf achten, eine attraktive, Aufmerksamkeit schaffende Betreffzeile zu finden. Sie hat sich noch einmal vergewissert, dass für alle E-Mail-Adressen Einverständniserklärungen vorliegen. Auch die übrigen Rechtsvorschriften für das Versenden von Newslettern wird sie natürlich beachten.

Sie wird in dem Newsletter zum Besuch im Geschäft einschließlich einer Probefahrt einladen und auf die Webseite der Rosner GmbH verweisen (www.rosner-bike.de).

Informationen zur Nutzung der Serien-Mail-Funktion, siehe Anhang im Informationshandbuch

Für den Versand wird Frau Abel die Serien-Mail-Funktion von Word verwenden. Für folgende Adressen ist eine Adressdatei anzulegen:

Adressdatei (beispielhaft für 5 Adressen)

Manuel Sänger Anzinger Straße 101, 81669 München E-Mail: ma.saenger@gmx.de	Anne Leu Weißenburger Straße 22, 81667 München E-Mail: anneleu@gmx.de
Viktoria Steiner Sommerstraße 124, 81541 München E-Mail: steinerv@t-online.de	Peer Günzler Aventinstraße 208, 80331 München E-Mail: guenzler-peer@t-online.de
Jens Baumeister Pestalozzistraße 66, 80469 München E-Mail: j.baumeister@aol.com	

Arbeitsauftrag
Entwerfen Sie einen Newsletter für die Zielgruppe „Freizeitfahrer 50+", in dem Sie die Kunden auf das neu entwickelte Produkt „Active Tour" aufmerksam machen.

Vorschläge zur Vorgehensweise
1. Formulieren Sie einen attraktiven Betreff, der zum Öffnen der E-Mail anregt.
2. Entwerfen Sie den Text unter Beachtung der Gestaltungsregeln von Newslettern.
3. Beachten Sie die Rechtsvorschriften, die für Newsletter gelten.
4. Verwenden Sie für den Versand die Serien-E-Mail-Funktion von Word.

Aufgabe 1
Frau Abel hat überprüft, ob für alle E-Mail-Empfänger Einwilligungserklärungen vorliegen. Erläutern Sie, welche Information den Empfängern im Rahmen der Einwilligungserklärung gegeben werden muss, damit sie im Onlinemarketing verwendet werden dürfen.

Aufgabe 2
Nachfolgend finden Sie zwei Muster für eine Einwilligungserklärung, die auf der Seite eines Webshops abgebildet ist.

Begründen Sie, welche dieser Erklärungen rechtlich korrekt ist.

Beispiel 1: Einwilligungserklärung

☐ Ich möchte zukünftig über Trends, Sonderangebote, Gutscheine und Aktionen der Reuter GmbH per E-Mail informiert werden.
Diese Einwilligung kann jederzeit auf www.reuter.de/abmelden oder am Ende jeder E-Mail widerrufen werden.

Beispiel 2: Einwilligungserklärung

X Ich möchte zukünftig über Trends, Sonderangebote, Gutscheine und Aktionen der Reuter GmbH per E-Mail informiert werden.
Diese Einwilligung kann jederzeit auf www.reuter.de/abmelden oder am Ende jeder E-Mail widerrufen werden.

Aufgabe 3
Um sicher zu gehen, dass eine Einwilligungserklärung des Kunden vorliegt, die auch dokumentiert werden kann, wenden Unternehmen vielfach das Double-Opt-in-Verfahren an.

Bringen Sie die nachfolgend dargestellten Arbeitsschritte des Verfahrens in die richtige Reihenfolge, indem Sie die Ziffern ① bis ③ in eintragen.

- ◯ Übersendung einer (werbefreien) Bestätigungsmail, in der der Kunde einen Link anzuklicken hat
- ◯ Kunde wird anlässlich einer Bestellung in einem Webshop angeboten, sich als Empfänger von Newslettern zu registrieren, indem er eine vorbereitete Einwilligungserklärung ankreuzt
- ◯ Erneute Bestätigung der Willenserklärung des Kunden und erste Produkteangebote sowie Aufforderung, über den angegebenen Link die Webseite des Shops aufzusuchen

Aufgabe 4
Die Rosner GmbH möchte, dass ihre Webseite mit dem eigenen Webshop von den Suchmaschinen im Internet an einer guten Position, also auf der ersten Ergebnisseite, erscheint. Eine (kostenpflichtige) Vereinbarung mit einem Suchmaschinenbetreiber wurde getroffen. Nun geht es noch um die Gestaltung der (kurzen) Anzeige.

Formulieren Sie einen Text für die Suchmaschinenwerbung und fügen Sie ihn in die nebenstehende Fläche ein.

Adresse der Webseite: www.rosner-bike.de

Anzeigen ⓘ

Hier könnte Ihre Anzeige stehen »

Aufgabe 5
Formulieren Sie ein rechtssicheres Impressum für einen Newsletter Ihres Ausbildungsbetriebes.

Aufgabe 6

Die Grafik (ein sogenannter Konversionstrichter) zeigt, wie aus 4 617 Besuchern eines Shops 554 Kunden werden, die eine Bestellung aufgegeben haben (Zahlen für einen Monat). Berechnen Sie

a die Konversionsraten von Stufe zu Stufe.

b die gesamte Konversionsrate vom Besucher (Stufe 1) zum Kunden (Stufe 4).

c Beurteilen Sie die gesamte Konversionsrate, wenn man von einem Durchschnitt von 5 % ausgeht.

d Beschreiben Sie Ursachen, die dazu führen, das Besucher einen Shop verlassen, ohne eine Bestellung aufzugeben.

e Betrachten Sie Ihr eigenes Verhalten in Internetshops: Decken sich Ihre Verhaltensweisen mit den Zahlen des Konversionstrichters oder weichen sie davon ab?

Aufgabe 7

Ein großes Warenhausunternehmen hat auf Facebook einen Wettbewerb ausgeschrieben: Aus 50 verschiedenen Zutaten sollten die Facebook-Nutzer eine eigene Pizza entwickeln. Alle Beteiligten wählten zum Schluss die Sieger-Pizza, die man kurze Zeit später auch in den Warenhäusern kaufen konnte.

Die Aktion erbrachte 40 000 neue „Fans" auf der Facebook-Seite des Warenhauses und viele Kontakte zur Internetseite des Warenhauses (mit angeschlossenem Webshop).

a Beurteilen Sie den Erfolg der Social-Media-Marketing-Aktion.

b Betrachten Sie Ihr eigenes Kommunikationsverhalten auf Facebook und stellen Sie begründet fest, ob Sie sich an einer solchen Aktion beteiligt hätten.

c Versetzen Sie sich in die Situation der Rosner GmbH und entwickeln Sie einen Vorschlag, wie man auf Facebook eine Diskussion über E-Bikes in Gang setzen könnte.

9 Den Absatz mit Verkaufsfördermaßnahmen beschleunigen

Im Frühjahr beginnt die Fahrrad-Saison. In der Rosner GmbH will man den Auftakt nutzen, um durch Werbung auf sich aufmerksam zu machen. Zusätzlich sollen Verkaufsfördermaßnahmen den Absatz beschleunigen. Die E-Bikes sollen wieder im Vordergrund stehen, denn sie sind die Umsatzbringer mit attraktiven Gewinnzuschlägen.
Die E-Bike-Hersteller bieten dem Handel Unterstützung bei der Verkaufsförderung an. Aktuell liegen folgende Angebote vor:

- Prospektmaterial über das Angebot von E-Bikes verschiedener Hersteller
- Dekorationsmaterial (große Plakate mit Radfahrern in freier Natur, beim Radrennen, in Alltagssituationen)
- Aufsteller mit Fahrradmotiven für den Verkaufsraum, aber auch für draußen
- Mini-Bikes für Kinder als Spielzeug
- Produktvideos für E-Bikes, die in Endlosschleife im Verkaufsraum gezeigt werden können. Themen: E-Bikes im Einsatz (Informationen zu Technik, Pflege, Laden des Akkus, Handhabung des Bordcomputers usw.)
- Verschiedene Sonderangebote.
  Das Sonderangebot von Keidl war besonders interessant:

Siehe Angebot von Keidl in Lernsituation 8

Keidl, Modell Active Tour

Preis: 2.399,00 €

250 W Mittelmotor, 36 V/11 Ah, 400-Watt-Akku, 8–Gang-Nabenschaltung, Rücktrittbremse, 4 Unterstützungsstufen, 190 km Reichweite

Neues Antriebskonzept im Mittelmotor garantiert perfekt dosierte Tretunterstützung, exakte Fahrerunterstützung durch Sensormessung, sehr hoher Fahrkomfort, besonders leistungsstarker 400-W-Akku, nur 2,5 kg Gewicht, hohe Laufleistung über eine lange Lebenszeit

Bordcomputer: separate Bedieneinheit am Lenker, einfach und intuitiv zu handhaben, Abrufen von Informationen wie Geschwindigkeit, Ladezustand, Distanz und vieles mehr, überzeugend auch durch eine moderne, ansprechende Optik, bewährter Service durch die eigene Fachwerkstatt

- Zugaben in Form von Kugelschreibern, Schreibblöcken, aber auch Flicksets für Fahrradreifen, kleiner Schlüsselsatz, Sticker für Kinder, bunte Fähnchen usw.
- Der Hersteller Keidl bietet an, einen Propagandisten für zwei bis drei Tage zur Verfügung zu stellen, der den Kunden den neuen Mittelmotor und den Bordcomputer anhand des Sonderangebots „Active Tour“ erläutert.
- Verschiedene Hersteller stellen Schulungsmaterial für das Verkaufspersonal und für die Werkstattmitarbeiter auf Wunsch bereit.
- Für die On-Pack-Promotion bieten Kreidl und andere Hersteller Zugaben von Wert beim Kauf ihrer Produkte an, z. B. Sicherheitshelm (normaler Verkaufspreis 59,95 €), Handschuhe (44,95 €), Gepäckbox (49,95).
- Keidl bietet ein bundesweites kostenloses Gewinnspiel an (Gutschein in den Prospekten des Herstellers): 1. Preis: ein E-Bike von Keidl.

Neben den Herstellerangeboten gibt es im Hause Rosner aber auch eigene Ideen, allerdings aus dem Vorjahr:

- 10€-Gutschein für die Anmeldung zu den Newslettern der Rosner GmbH
- Ein im Münchener Raum bekannter Fahrer aus dem Radrennsport könnte wieder für einen Nachmittag gewonnen werden (Autogrammstunde, Bericht vom letzten Giro d'Italia usw.).
- Eine Schaufensterpuppe (Leihgabe des benachbarten Textilgeschäftes) wird wieder als Radrennfahrer ausgestattet und vor dem Geschäft aufgestellt.

„Möglichkeiten haben wir reichlich“, meint Herr Rosner zu Frau Abel. „Vielleicht fällt unseren Verkaufsmitarbeitern ja auch noch einiges ein. Jetzt müssen wir daraus nur noch ein einheitliches Konzept, z. B. für eine Verkaufswoche, entwickeln. Das könnten wir dann über unsere Newsletter auf einfache Weise unseren Kunden bekannt geben.“

Arbeitsauftrag
Entwickeln Sie ein Konzept für Verkaufsfördermaßnahmen zu Beginn der Fahrradsaison.

Vorschläge zur Vorgehensweise
1. Wählen Sie aus den oben genannten Angeboten der Hersteller und den Ideen des Hauses Rosner geeignete Maßnahmen zur Verkaufsförderung aus.
2. Ergänzen Sie die Maßnahmen durch eigene Ideen.
3. Geben Sie den Maßnahmen eine einheitliche Linie und eine zeitliche Abfolge.
4. Entwerfen Sie den Text für einen Newsletter, in dem Sie die Kunden auf die Verkaufsförderaktionen hinweisen.

Aufgabe 1
In der Situation (siehe oben) standen u. a. folgende Vorschläge für Verkaufsfördermaßnahmen zur Verfügung.

Verkaufsfördermaßnahmen

- ○ Plakate der Hersteller
- ○ Verschiedene Sonderangebote der Hersteller
- ○ Prospektmaterial
- ○ Prominenten-Aktion
- ○ Schulung der Verkaufs- und Werkstattmitarbeiter
- ○ On-Pack-Promotion
- ○ Schaufensterpuppe

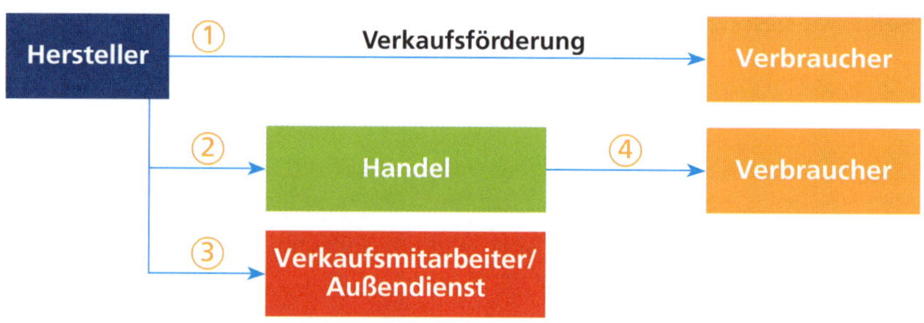

a Ordnen Sie die Zahlen ① bis ④ aus dem Schaubild den Vorschlägen zu.

b Tragen Sie zu den Ziffern ① bis ④ aus dem Schaubild die Fachbegriffe in die nachfolgende Tabelle ein.

①	
②	
③	
④	

c Unterscheiden Sie Werbung und Verkaufsförderung?

Aufgabe 2
Frau Abel überlegt, ob man die Verkaufsfördermaßnahme „Multibuy" für die Frühjahrsaktion verwenden kann.

a Erläutern Sie den Begriff „Multibuy".

b Machen Sie zwei Vorschläge für die Anwendung dieser Verkaufsfördermaßnahme in der Rosner GmbH.

Aufgabe 3
Nehmen Sie an, dass die Gutscheinaktion (10,00 € für die Anmeldung bei den Newslettern) wieder angeboten worden ist.

Ein Kunde, der an dieser Aktion teilgenommen hat, erhält von der Rosner GmbH folgende E-Mail:

> Hallo Stefan Tausch,
>
> Sie haben sich soeben auf www.rosner-bike.de registriert. Bitte klicken Sie auf folgenden Link, um den Newsletter zu aktivieren:
>
> https://www.rosner-bike.de/user/validate_newsletter/h:fd61d25cdb5421a4b
>
> Den Gutschein für Ihre Newsletter-Anmeldung schicken wir Ihnen an Ihre angegebene E-Mail Adresse.
>
> Mit freundlichen Grüßen
>
> Rosner GmbH

Begründen Sie den Zweck dieser E-Mail für den Versand von Newslettern an diesen Kunden.

Aufgabe 4

Eigene Verkaufsfördermaßnahmen des Handels sind weit verbreitet. Ideenreich versuchen Handelsbetriebe sich von den Mitbewerbern abzusetzen und Kunden in ihre Geschäfte zu locken.

Machen Sie Vorschläge, zu welchem Zeitpunkt/Anlass die nachfolgenden Verkaufsfördermaßnahmen durchgeführt werden sollten:

1. Bilderrahmung (nur der Rahmen ist zu bezahlen, die eigentliche Rahmung macht eine Mitarbeiterin des Rahmenherstellers)
2. Aufstellung einer Spargelschälmaschine, mit der der gekaufte Spargel kostenlos geschält werden kann
3. Kasperle-Theater für Kinder
4. Bemalen von Gartenzwerg-Rohlingen
5. An der Fassade eines Sportfachgeschäftes in der Fußgängerzone klettern zwei Bergsteiger
6. Geschenke werden von Kunststudenten an der Kasse auf sehr originelle Weise verpackt
7. Alles zum Kuchenbacken auf einer Sonderfläche
8. In Verbindung mit einem Hersteller von Fertiggerichten werden deftige Eintopfgerichte angeboten

Aufgabe 5

Fitness-Cocktails für Radsportler laufen schlecht und sollen aus dem Sortiment genommen werden. Eine Sonderplatzierung brachte wenig Erfolg. Im nächsten Schritt wurde die Sonderplatzierung mit einer deutlichen Preissenkung kombiniert.

Ermitteln Sie das Rohergebnis (Nettoverkaufspreis – Einkaufspreis) der nachfolgend beschriebenen Verkaufsfördermaßnahme:

Produkt	Fitness-Cocktail
Anzahl	85 Stück
Einkaufspreis	4,80 € (netto)
Ursprünglicher Verkaufspreis	9,95 € (Bruttoverkaufspreis, 19 % USt.)
Aktionspreis	4,95 € (Bruttoverkaufspreis, 19 % USt.)
Abverkauf	75 Stück
Restbestand	10 Stück (wird an den örtlichen Radsportclub zu einem Turnier verschenkt)

Aufgabe 6

In einem Unternehmen waren zu Ostern zahlreiche Verkaufsfördermaßnahmen entwickelt worden. Die Leiterin des Unternehmens hat aus dem Warenwirtschaftssystem die Zahlen der letzten vier Wochen vor Ostern abgerufen, um den Erfolg der Maßnahmen zu überprüfen:

	Vorjahreszeitraum	Aktionszeitraum	Abweichung in %
Umsatz (netto) in €	1.123.452,00	1.336.845,00	
Kundenzahl	32 564	34 688	
Durchschnittsbon (netto) in €			

Ergänzen Sie die freien Felder in der Tabelle.

10 Mit Public Relations das Image des Unternehmens fördern

Wie in jedem Jahr organisiert die Rosner GmbH auch in diesem Sommer die große Isar-Radtour. Beim letzten Mal zählte man 450 Teilnehmer. Das zeigt, dass die Tour zu einer festen Größe im Umfeld der Rosner GmbH geworden ist.

Frau Abel hat die Organisation übernommen und bereits die meisten Dinge geklärt. Einige Wochen vor Beginn der Tour liegen im Geschäft Flugblätter mit den Informationen aus. Drei Wochen vorher wird eine große Anzeige im Isar-Kurier geschaltet, in der über die Tour informiert und die Anmeldedaten bekannt gegeben werden.

Eine Woche vorher wird noch einmal per Zeitungsanzeige an das Ereignis erinnert. Parallel zu dieser Anzeige möchte Frau Abel die Tour auch im redaktionellen Teil der Zeitung unterbringen. Dazu entwirft sie eine Pressemitteilung, die sie der Zeitung als Anhang zu einer E-Mail übersendet.

Daten zur Isar-Radtour

Termin: Sonntag, 16. August, Start von 08:00 bis 10:30 Uhr, Sammelpunkt auf dem großen Parkplatz vor der Rosner GmbH, Baaderstraße 120, es werden drei Strecken angeboten (Zielpunkte): Straßlach (36 km) Geretsried (80 km, Bad Tölz 120 km), jeweils als Rundtour, das Startgeld beträgt 4,00 € (Schüler und Jugendliche sind frei), jeder Teilnehmer erhält ein T-Shirt von der Rosner GmbH mit dem jährlich wechselnden Logo, die Strecken können auf der Webseite der Rosner GmbH eingesehen werden (www.rosner-bike.de), Anmeldungen sind bis zum 14. August möglich, und zwar auf der Internetseite der Rosner GmbH oder per Mail (info@rosner.de), die Rosner GmbH verlost unter den Teilnehmern drei Warengutscheine über jeweils 250,00 €, 150,00 € und 100,00 €, die Tour ist Teil einer anerkannten Breitensportserie in Kooperation mit dem Verband Deutscher Radfahrer (VDR).

Frau Abel bemüht sich in dieser Situation immer, eine möglichst professionelle Presseerklärung zu formulieren. In diesem Jahr will sie zugleich ein Formular entwerfen, um Presseerklärungen zukünftig einfacher abgeben zu können.

Ansprechpartner in der Presseerklärung ist Frau Abel mit den Kommunikationsdaten der Rosner GmbH.

Aufbau einer Presseerklärung
- Titel
- Erster Absatz
- Meldungstext
- Kontaktangaben
- Firmenbeschreibung
- Technische Angaben

Daten zum Unternehmen

Die Rosner GmbH ist ein Traditionsunternehmen, das in dritter Generation seit 70 Jahren am Markt tätig ist. Geschäftszweck ist der Vertrieb und die Montage von Fahrrädern. Das Unternehmen beschäftigt 13 Mitarbeiter, davon zwei Auszubildende.

Arbeitsauftrag
Entwerfen Sie eine Pressemitteilung für die Isar-Radtour.

Vorschläge zur Vorgehensweise
1. Formulieren Sie die Presseerklärung.
2. Gestalten Sie ein Formular „Presseerklärung" für die regelmäßige Verwendung.

Aufgabe 1

a Public Relations wird auch als verdecktes Kommunikationsinstrument bezeichnet. Begründen Sie diese Aussage.

b Unterscheiden Sie eine Zeitungsanzeige mit aktuellen Produktangeboten und die Presseerklärung aus dem Arbeitsauftrag als PR-Maßnahme.

Aufgabe 2

Entwerfen Sie eine Pressemitteilung zum nachfolgend beschriebenen Thema. Verwenden Sie dazu das von Ihnen entworfene Formular „Presseerklärung".

Daten zur Presseerklärung

Kursangebot über Verkehrssicherheit beim Fahren mit E-Bikes	
Veranstalter:	Rosner GmbH – Vertrieb und Montage von Fahrrädern
Partner:	Volkshochschule und ADFC (Allgemeiner Deutscher Fahrrad-Club)
Zeit:	Samstag von 10:00 bis 12:00 Uhr, Volkshochschule München, Kellerstraße 6, 81667 München, Datum nach eigener Wahl
Referenten:	Thomas Wigger, Polizeipräsidium München, Ludwig Kosthorst, Werkstattleiter Rosner GmbH
Kosten:	5,00 € pro Person
Inhalt:	Neue Technik – neue Gefahren, technische Besonderheiten von E-Bikes, E-Bike und Straßenverkehrsordnung, ausgesuchte Verkehrssituationen mit E-Bikes meistern
Anmeldung:	Bis zum (Datum nach eigener Wahl) bei: Rosner GmbH: info@rosner.de Volkshochschule: Buchung@mvhs.de
Kontakt:	Ludwig Kosthorst, (Kontaktdaten der Rosner GmbH)

Aufgabe 3

Viele Unternehmen versuchen, über Public Relations (aber auch durch ihre Kommunikationspolitik insgesamt) Einfluss auf die Meinungsbildung in der Gesellschaft zu nehmen.

Beurteilen Sie die beiden nachfolgenden Aussagen.

Aussage 1

Unternehmen manipulieren durch Public Relations die Öffentlichkeit, weil die Empfänger der Nachricht nicht erkennen können, woher die Informationen stammen. Die Informationen sind außerdem interessengeleitet, weil sie die Medien missbrauchen, um das Bild vom Unternehmen in der Öffentlichkeit zu schönen.

Aussage 2

Jeder kann sich an die Medien wenden (z.B. durch einen Leserbrief) und Einfluss auf die öffentliche Meinung nehmen. Dieses Recht haben auch Unternehmen. Darüber hinaus dient PR der Information der Öffentlichkeit über wichtige Ereignisse aus einem Unternehmen.

11 Sich in der Öffentlichkeit durch Sponsoring darstellen

Die Rosner GmbH erhält in jedem Jahr zahlreiche Bitten um Unterstützung in Form von Geld- oder Sachleistungen. Herr Rosner ist für Sponsoring grundsätzlich aufgeschlossen, weil es eine gute Möglichkeit ist, sich in der Öffentlichkeit positiv darzustellen.

Allerdings ist die Zahl der Bittsteller von Jahr zu Jahr gestiegen. Daher hat sich Herr Rosner entschieden, jährlich zwei, eventuell drei Projekte zu fördern.

Auf seinem Schreibtisch liegen nun vier Schreiben, in denen nach einem Sponsor gesucht wird.

Absender: Klasse 12 des Heine-Gymnasiums, Sankt-Anna-Straße 55, 80538 München

Wir sind alle vom Radrennsport begeistert. Da diese Sportart aber sehr teuer ist, sind wir auf die Unterstützung von Sponsoren angewiesen. Über eine Zusammenarbeit würden wir uns sehr freuen.

Manuela Weber

Absender: Radsportclub MRC 90, Auenstraße 45, 80469 München

Hallo Herr Rosner,

Claudia Ebbert ist Mitglied unseres Clubs und Ihnen gut bekannt. Trotz ihrer 15 Jahre ist sie bereits eine leistungsstarke Radrennsportlerin mit allerbesten Aussichten auf eine Profikarriere. Wir unterstützen sie bereits erheblich, benötigen aber noch einen weiteren Sponsor, der die finanzielle Belastung für die Ausrüstung mitträgt. Wir denken, Claudia wäre ein gutes Aushängeschild für Ihr Unternehmen.

Beste Grüße

Achim Dicks

Absender: Kindersportgruppe Perlach, Chiemgaustraße 77, 81549 München

Wir planen, eine Gruppe für Einrad-Fahren einzurichten. Dazu benötigen wir 10 Einräder zu je 78,00 €. Wir denken, dass die Förderung des Radsports auch Ihnen ein wichtiges Anliegen ist. Daher würden wir uns über Ihre Unterstützung sehr freuen. Selbstverständlich würden wir Ihren Beitrag (Geld- oder Sachleistung) entsprechend öffentlich würdigen.

Absender: Oskar Niermann, Palmstraße 16, 80469 München

Die Organisation unseres alljährlichen Stadtteilfests steht an und wie jedes Jahr wende ich mich an die Unternehmen in unserem Einzugsgebiet mit der Bitte um Unterstützung. Wir würden uns sehr freuen, wenn mir auch in diesem Jahr wieder mit Ihnen rechnen können. Alle Sponsoren werden namentlich an prominenter Stelle neben der Bühne aufgelistet.

Zur Information: Das Stadtteilfest wurde im letzten Jahr mit 200,00 € und 100 Fähnchen als Dekorationsmaterial unterstützt.

Herr Rosner wird entscheiden, welche Projekte in welcher Form gefördert werden sollen. Dazu gehört auch die Fixierung einer finanziellen Obergrenze. Frau Abel wird anschließend die Zu- oder Absagen schriftlich formulieren. Für das Unternehmen ist es natürlich wichtig, im Falle einer Förderung auch als Sponsor genannt zu werden. In den Schreiben soll bei einer Zusage ein entsprechender Vorschlag formuliert werden.

Arbeitsauftrag

Entscheiden Sie, welche Projekte durch die Rosner GmbH gesponsert werden sollen.

Vorschläge zur Vorgehensweise

1. Treffen Sie eine Auswahl aus den vier Anfragen.
2. Entwerfen Sie die Schreiben als Antworten an die Absender. Beschreiben Sie Art und Umfang der Leistung und machen Sie einen Vorschlag, wie das Unternehmen öffentlichkeitswirksam erwähnt werden könnte.

Aufgabe 1

In der Lernsituation 10 hat die Rosner GmbH Public Relations als Marketinginstrument eingesetzt. In dieser Lernsituation geht es um Sponsoring.

Machen Sie den Unterschied dieser beiden Instrumente anhand der beiden Lernsituationen deutlich.

Aufgabe 2

Betrachten Sie noch einmal die vier Schreiben, die Herr Rosner zu beantworten hat. Nehmen Sie an, Herr Rosner hätte allen Bitten entsprochen und sich als Sponsor eingebracht.

Ordnen Sie die vier Schreiben den Arten des Sponsorings zu:

Absender	Sponsoring-Art
Klasse 12 des Gymnasiums	
Radsportclub	
Kindersportgruppe	
Niermann	

Aufgabe 3

Werbung und Sponsoring haben letztlich zum Ziel, den Absatz/Umsatz eines Unternehmens zu steigern oder das Image eines Unternehmens zu fördern. Allerdings ist der Wirkungsmechanismus der beiden Instrumente unterschiedlich.

Erläutern Sie, wie Werbung und Sponsoring auf den Empfänger der Maßnahmen einwirken.

Aufgabe 4

In einer Tageszeitung wird über die „Spendenliste" der örtlichen Stadtsparkasse berichtet. Wie in jedem Jahr werden wieder verschiedene Organisationen des Ortes (Sportvereine, Jugendgruppen, Kindergärten, Behinderteneinrichtungen) mit „Spenden" bedacht.

Stellen Sie begründet fest, ob es sich aus Sicht der Sparkasse um Public Relations, Sponsoring, um Spenden oder um Werbung handelt.

12 Werbemaßnahmen wettbewerbsrechtlich prüfen

Die IHK-Mitarbeiterin Frau Steiner ist zuständig für die Einhaltung des Wettbewerbsrechts im Kammerbezirk. Zu ihrer Kernpflicht gehört das tägliche Studium der Tageszeitungen und Zeitungsbeilagen sowie anderer Werbemittel mit Blick auf wettbewerbsrechtliche Verstöße. Außerdem ist sie Ansprechpartnerin für Beschwerden von Unternehmen über das Wettbewerbsverhalten von Mitbewerbern.

§ 1 UWG – Zweck des Gesetzes

Dieses Gesetz dient dem Schutz der Mitbewerber, der Verbraucherinnen und Verbraucher sowie der sonstigen Marktteilnehmer vor unlauteren geschäftlichen Handlungen. Es schützt zugleich das Interesse der Allgemeinheit an einem unverfälschten Wettbewerb.

Heute sind ihr drei Anzeigen aufgefallen, die sie näher prüfen möchte. Außerdem ist eine Beschwerde einer Versicherungsgesellschaft eingegangen, die sich über das Verhalten eines Konkurrenten beklagt.

Fall 1

Zeitungsanzeige eines Warenhauses

Frau Steiner: „Bei einer Tombola machen die Unternehmen immer wieder den gleichen Fehler."

Fall 2

Auszug aus dem Prospekt eines Elektrofachmarktes. Frau Steiner hat den Geschäftsführer des Fachmarktes angerufen und erfahren, dass das Fernsehgerät neu ins Sortiment aufgenommen worden ist.

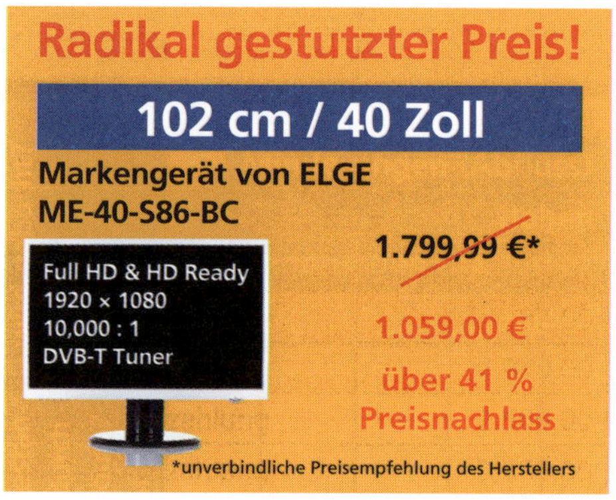

Fall 3

Zeitungsanzeige des Telekommunikationsunternehmens Telemobila.

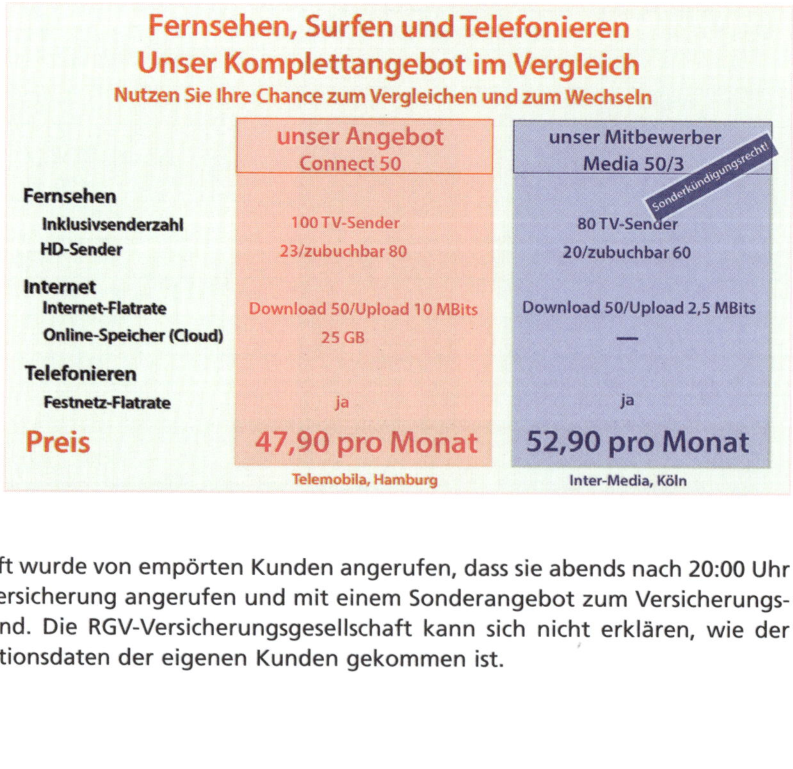

Fall 4

Die RGV-Versicherungsgesellschaft wurde von empörten Kunden angerufen, dass sie abends nach 20:00 Uhr von Mitarbeitern der Discount-Versicherung angerufen und mit einem Sonderangebot zum Versicherungswechsel aufgefordert worden sind. Die RGV-Versicherungsgesellschaft kann sich nicht erklären, wie der Mitbewerber an die Kommunikationsdaten der eigenen Kunden gekommen ist.

Arbeitsauftrag
Versetzen Sie sich in die Situation von Frau Steiner und wenden Sie die UWG-Vorschriften auf die vier Werbemaßnahmen an.

Vorschläge zur Vorgehensweise
1. Prüfen Sie, ob jeweils ein Wettbewerbsverstoß vorliegt.
2. Entscheiden Sie, was Frau Steiner bei einem Wettbewerbsverstoß unternehmen soll.

Aufgabe 1

Das UWG unterscheidet vier Gruppen von unlauteren Wettbewerbshandlungen. Nennen Sie die Gruppe, die jeweils bei den vier Werbemaßnahmen zu prüfen ist.

Fall	UWG-Gruppe
1. Showtime	
2. Fernsehgerät	
3. Fernsehen, Surfen, Telefonieren	
4. Telefonanrufe	

Aufgabe 2

Ein Elektrofachgeschäft möchte in einer Gegenüberstellung den eigenen Preis für eine Waschmaschine mit der unverbindlichen Preisempfehlung des Herstellers vergleichen. Das Produkt wurde neu ins Sortiment aufgenommen.

Begründen Sie, welche der beiden Preisdarstellungen wettbewerbsrechtlich zulässig ist.

~~499,00~~

398,00

Unverbindliche Preisempfehlung des Herstellers: 499,00

398,00

Aufgabe 3

Ein Unternehmen möchte über eine Prospektwerbung direkt mit Kunden in Kontakt treten. Aus diesem Grund hat es den Prospekt mit einem Gewinnspiel kombiniert. Der Text zu den Bedingungen des Gewinnspiels ist nachfolgend in vier Zeilen aufgeteilt worden.

Begründen Sie zu jeder Zeile, inwieweit der Text den Wettbewerbsvorschriften entspricht.

1. Die Teilnahme am Gewinnspiel erfolgt durch Abgabe der Teilnahmekarte an den beiden Promotionstagen.
2. Die Teilnahme ist nur bis zum Geschäftsschluss am letzten Tag der Promotion möglich.
3. Die Daten werden für Werbezwecke gespeichert, sofern Sie sich auf der Teilnahmekarte ausdrücklich dazu bereit erklärt haben.
4. Sie können Ihre Einwilligung zur Speicherung der Daten jederzeit widerrufen.

Aufgabe 4

Ein Spielwarenfachmarkt plant einen Werbespot für einen Jubiläumsverkauf, der im örtlichen Radiosender gesendet werden soll. Im Spot wird der aktuelle Star-Wars-Baukasten „Fighter“ besonders herausgestellt, der für Kinder zwischen sieben und zwölf Jahren geeignet ist. Nun wird noch ein griffiger Kaufappell als Schlusssatz im Spot gesucht. Folgende Formulierungen hat ein Mitarbeiter des Fachmarktes zusammengestellt:

1. Hey Kids! Kauft euch den neuen Star-Wars-Fighter-Baukasten – nur 29,90 €.
2. Der neue Star-Wars-Fighter-Baukasten – ein tolles Spielzeug! Sagt euren Eltern: „Kids müssen ihn haben!“
3. Der neue Star-Wars-Fighter-Baukasten – ein tolles Spielzeug. Liebe Eltern: das ideale Spielzeug für Ihr Kind!

§ 3 UWG, Anhang, Ziffer 28 (Auszug, verändert)

Eine unzulässige geschäftliche Handlung liegt vor, wenn Kinder in der Werbung unmittelbar aufgefordert werden, selbst die beworbene Ware zu kaufen oder ihre Eltern oder andere Erwachsene dazu zu veranlassen.

Aufgabe 5

Herr Rosner, der Inhaber des Fahrradfachgeschäftes Rosner GmbH, beobachtet, wie ein junger Mann unmittelbar im Eingangsbereich des Geschäftes Handzettel verteilt, auf denen die Passanten mit Sonderangeboten aufgefordert werden, das Fahrradfachgeschäft Seifert aufzusuchen. Der Mitbewerber hat sein Geschäftslokal in etwa 300 Metern Entfernung zur Rosner GmbH.

Erläutern Sie, mit welchen Maßnahmen Herr Rosner in diesem Fall reagieren sollte.

Aufgabe 6

Die Rosner GmbH möchte in der Tageszeitung einen Gutschein abdrucken lassen, den die Kunden ausschneiden und beim Einkauf vorlegen können.

Die Gestaltung der Anzeige ist abgeschlossen (siehe nebenstehend). Es fehlt aber noch der Text, der die Bedingungen des Gutscheins festlegt. Herr Rosner und die Marketingleiterin, Frau Abel, unterhalten sich darüber:

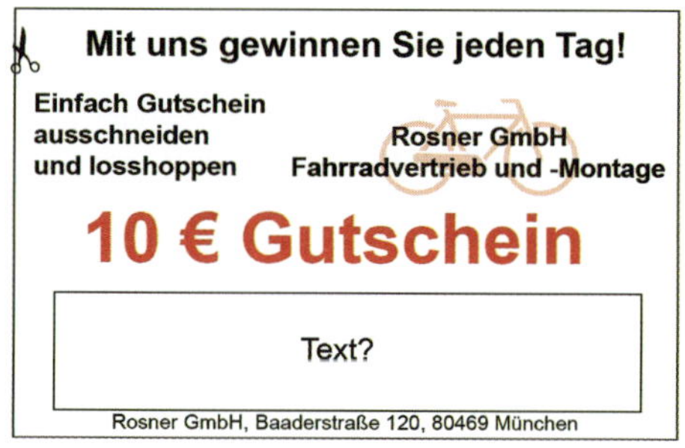

Rosner: „Wir sollten ab 50,00 € Einkaufswert einen Gutschein über 10,00 € anrechnen."

Abel: „Wir müssen aber verhindern, dass mehrere Gutscheine gleichzeitig vorgelegt werden."

Rosner: „Richtig, das muss mit in den Text. Und für die besonders Schlauen der Hinweis, dass wir den Gutschein nicht bar einlösen."

Abel: „Wir haben gleichzeitig viele Produkte als Sonderangebote ausgezeichnet. Wenn dann noch der Gutschein dazukommt, sind wir schnell unterhalb des Bezugspreises."

Rosner: „Oh ja, also … andere Rabattaktionen oder so ähnlich. Haben wir dann alles?"

Abel: „Die Gültigkeitsdauer fehlt noch: eine Woche ab Montag, also vom 25.05. bis 30.05.20(0) oder auch etwas kürzer."

Rosner: „Gut, machen Sie alles fertig und schicken Sie den Entwurf gleich zur Zeitung."

Erstellen Sie den fehlenden Text mit den Gutscheinbedingungen auf der Grundlage des Gespräches. Verwenden Sie die nachfolgende Vorlage.

Text (Gutscheinbedingungen)

Aufgabe 7

a Beurteilen Sie die nachfolgenden Aussagen:

1. „Ich finde, man kann heute nichts mehr unternehmen, ohne von Werbung belästigt zu werden."
2. „Google, Facebook, Twitter und Co. bereichern das Leben, die Werbung kann man ausblenden."
3. „Noch nie war es so leicht, sich Informationen zu beschaffen und mit vielen Menschen zu kommunizieren. Man muss nur verantwortungsbewusst und kritisch mit den neuen Medien umgehen."
4. „Google, Facebook, Twitter und Co. bestimmen das Leben der Menschen immer mehr. Sie werden daher zu einer Gefahr für moderne Gesellschaften, weil der Einzelne immer stärkeren Manipulationen ausgesetzt ist."

b Ergänzen Sie die Aussagen unter a durch eine eigene Aussage (Nummer 5) zur Werbung und zu den neuen Medien mit ihren Auswirkungen auf Ihr persönliches und auf das gesellschaftliche Leben.

Abschlussaufgabe 1 in Lernfeld 5

Situation

Sie sind in dem Elektrounternehmen Böhmer GmbH tätig. Während der handwerkliche Bereich die Aufträge kaum bewältigen kann, stagniert der Verkauf von Leuchten, Elektrogroßgeräten (Kühlschränke, Waschmaschinen usw.) und auch bei den Kleingeräten (Kaffeemaschinen, Mixer, Küchenmaschinen usw.). Vor allem Elektrogroßgeräte stehen monatelang zum Verkauf und erzielen nur geringe Umsätze.

Ein Blick in die Daten des Statistischen Bundesamtes zeigt die Ursache des Problems auf: Die Haushalte in Deutschland sind mit Elektrogroßgeräten gut ausgestattet (siehe Grafik rechts).

Schaubild 4
Ausstattung privater Haushalte mit Haushaltsgeräten am 1.1.2013
Anteil der Haushalte in %

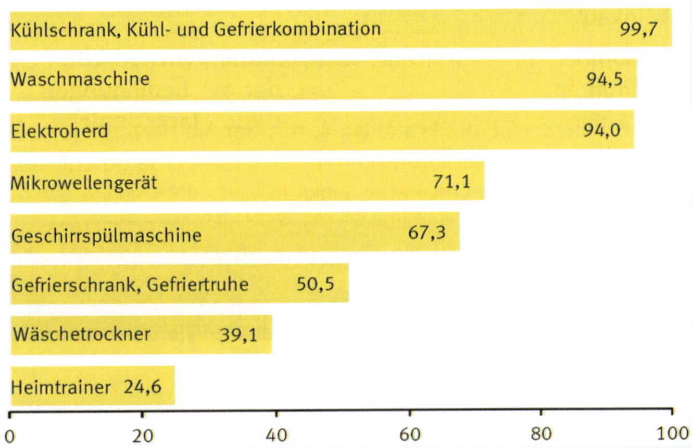

Eine Ausnahme bilden vor allem die Wäschetrockner. Hier wollen Sie ansetzen, um durch Marketingbemühungen den Absatz zu steigern.

Quelle: Statistisches Bundesamt, Fachserie 15, Heft 1, EVS 2013, Seite 18, abgerufen am 01.01.2015 unter https://www.destatis.de/DE/ZahlenFakten/GesellschaftStaat/EinkommenKonsumLebensbedingungen/AusstattungGebrauchsguetern/AusstattungGebrauchsguetern.html

1

a Beschreiben Sie die Zielgruppe „Wäschetrockner-Nutzer" anhand der nachfolgenden statistischen Daten.

Ausstattung privater Haushalte mit ausgewählten Gebrauchsgütern am 01.01.2013 (vereinfachter Auszug)

1. Haushaltsgröße

Lfd. Nr.	Gegenstand der Nachweisung	Haushalte insgesamt (%)	Haushalte in %, davon mit ... Person(en)				
			1	2	3	4	5 und mehr
40	Wäschetrockner	39,1	22,2	42,8	55,3	65,5	71,9

2. Monatliches Haushaltsnettoeinkommen

Lfd. Nr.	Gegenstand der Nachweisung	Monatliches Haushaltsnettoeinkommen von. ... bis ... Euro							
		unter 900	900–1.300	1.300–1.500	1.500–2.000	2.000–2.600	2.600–3.600	3.600–5.000	5.000–18.000
40	Wäschetrockner	15,3	21,9	26,9	32,9	44,2	52,6	61,0	68,1

3. Soziale Stellung des Haupteinkommensbeziehers (in %)

Lfd. Nr.	Gegenstand der Nachweisung	Selbstständige	Beamte	Angestellte	Arbeiter	Arbeitslose	Nichterwerbstätige	darunter	
								Rentner	Pensionäre
40	Wäschetrockner	50,0	50,4	42,0	42,2	20,0	34,1	34,8	49,0

4. Alter des Haupteinkommensbeziehers

Lfd. Nr.	Gegenstand der Nachweisung	Alter des Haupteinkommensbeziehers von ... bis unter ... Jahren							
		18–25	25–35	35–45	45–55	55–65	65–70	70–80	80 und mehr
40	Wäschetrockner	14,9	28,1	47,4	44,8	43,4	41,6	37,4	30,8

5. Ausgewählte Haushaltstypen (in %)

Lfd. Nr.	Gegenstand der Nachweisung	Allein-lebende	davon		Allein-erzie-hende	Paare	davon		sonstige Haus-halte
			Män-ner	Frauen			ohne Kinde	mit Kind(ern)	
40	Wäschetrockner	22,2	20,1	23,6	36,2	50,7	45,0	62,5	53,4

b Begründen Sie, ob es sich bei den Daten um primär- oder um sekundärstatistisches Material handelt.

2

Die Böhmer GmbH will auch eine Kundenbefragung durch Auslage von Fragebögen an der Kasse durchführen.

a Formulieren Sie die Frage Nr. 4, mit der Sie herausfinden wollen, ob der Kunde überhaupt ein Interesse an einem Wäschetrockner hat. Es soll eine geschlossene und eine Gabelungsfrage sein, mit der auf die Frage 10 verwiesen wird.

4.	

b Formulieren Sie die Frage Nr. 8, mit der Sie herausfinden wollen, wie wichtig eine Werkstatt beim Kauf eines Wäschetrockners für den Kunden ist. Gestalten Sie die Frage als Skalafrage.

3

Stellen Sie die Befragungsergebnisse zur Frage 9 grafisch dar.

	9. Welchen Preis würden Sie höchstens für einen Wäschetrockner bezahlen? Bitte nur einen Betrag ankreuzen.	**Ergebnisse**
	bis 500,00 €	40
	bis 800,00 €	55
	bis 1.000,00 €	41
	bis 1.200,00 €	26
	bis 1.400,00 €	11
	mehr als 1.400 €	4
	Summe	177

4

In der Böhmer GmbH bedient die Verkaufsmitarbeiterin Frau Elster einen Kunden, der sich für einen Wäschetrockner interessiert.

Kunde: „Meine Frau wünscht sich eine Wäschetrockner. Allerdings haben wir dafür nur in unserem Hauswirtschaftsraum Platz. Dort gibt es aber keinen Abfluss für das anfallende Wasser aus der feuchten Wäsche."

Frau Elster: „Das ist überhaupt kein Problem, wenn Sie sich für einen Kondensationstrockner entscheiden ..."

Setzen Sie das Gespräch fort, indem Sie ein Verkaufsargument mit den nachfolgenden Informationen entwickeln. Machen Sie dabei den Kundennutzen deutlich.

Produkteigenschaften Kondensationstrockner (Kondenstrockner)

- Geringer technischer Aufwand, da nur ein Elektroanschluss notwendig ist.
- Der Wäsche wird mit warmer Luft die Feuchtigkeit entzogen.
- Durch Abkühlung der Luft kondensiert die Feuchtigkeit.
- Das Wasser wird in einem Behälter gesammelt; der Behälter lässt sich von Hand auf einfache Weise entleeren, z. B. in der Küchenspüle.
- Auch in geschlossenen Räumen verwendbar, da kein Abluftfenster benötigt wird.

5

Sie möchten im nächsten Geschäftsjahr den Absatz von Wäschetrocknern von derzeit acht auf 16 Stück steigern. Machen Sie anhand dieser Aussage die drei Anforderungen an die Formulierung von Marketingzielen deutlich.

6

Das Unternehmen hat im laufenden Geschäftsjahr mit dem Verkauf von acht Wäschetrocknen 4.800,00 € Umsatz erzielt. Für Werbung möchte Herr Böhmer höchstens 20 % des Umsatzes ausgeben. Folgende Werbemaßnahmen haben Sie überlegt, um das Marketingziel zu erreichen:

- 300 Werbebriefe an ausgewählte Kunden, Versandkosten pro Stück 0,60 €, Briefbogen 0,05 € pro Stück, Druckkosten 0,02 € pro Stück
- Eine Anzeige in der örtlichen Tageszeitung, dreispaltig, 100 mm Höhe, Preis pro mm und Spalte mit einer Zusatzfarbe 3,40 €

Beide Werbemaßnahmen sollen gleichzeitig durchgeführt werden. In ihnen soll die Bequemlichkeit hervorgehoben werden, die der Einsatz eines Wäschetrockners mit sich bringt. Außerdem wird ein Wäschetrockner zu einem Sonderpreis in der Werbung herausgestellt.

a Ermitteln Sie, ob Sie die beiden geplanten Werbemaßnahmen mit dem festgelegten Werbebudget realisieren können.

b Erläutern Sie die Methode, nach der Sie das Werbebudget festgelegt haben.

c Sie entscheiden sich, die geplanten Werbemaßnahmen unabhängig von Ihrer Lösung zu b durchzuführen. Beschreiben Sie die Art der Budgetierung, die Sie dann angewendet haben.

7

Den Werbebrief wollen Sie nach der AIDA-Formel aufbauen. Skizzieren Sie den Inhalt des Briefes in Stichpunkten, indem Sie Ihre Überlegungen zu den vier Punkten des AIDA-Konzeptes schriftlich festhalten.

8

Für die Werbebriefe und die Anzeige soll ein Sonderangebot kalkuliert werden, bei dem Sie auf den Gewinn komplett verzichten (lediglich Deckung des Selbstkostenpreises. Grundlage für die Kalkulation sind die unten aufgeführten Kalkulationsdaten.

a Kalkulieren Sie zunächst den Bruttoverkaufspreis als normale Verkaufskalkulation.

b Berechnen Sie den Sonderangebotspreis ohne Gewinn. Runden Sie den Preis zum Schluss auf einen psychologisch geschickten Preis.

c Entscheiden Sie, ob die Preissenkung deutlich genug ausfällt, damit sie vom Kunden als Sonderangebot wahrgenommen wird. Kalkulieren Sie das Sonderangebot evtl. neu.

Kalkulationsdaten: Bezugspreis 350,00 €, Handlungskostenzuschlag 65,00 %, Gewinnzuschlag 12 %, Umsatzsteuer 19 %

9

Am Ende des folgenden Geschäftsjahres stellen Sie fest, dass Sie 12 Wäschetrockner verkauft haben, die einen Umsatz von 6.388,00 € erbracht haben.
Berechnen Sie die Werberendite, wenn Sie davon ausgehen, dass Sie Ihre geplanten Werbemaßnahmen (siehe Aufgabe 6 c) auch umgesetzt haben.

10

Betrachten Sie anhand der zurückliegenden Aufgaben den Prozess der Werbung und ergänzen Sie die nachfolgende Tabelle.

Prozess der Werbung	
Werbeziel	
Werbeetat	
Werbeobjekt	
Werbesubjekt	
Werbebotschaft	
Werbemittel	
Werbeträger	
Werbedurchführung	
Werbeerfolgskontrolle	

11

Sie haben den Werbebrief als Serienbrief verschickt. Als Alternative hätte Ihnen der Serien-Newsletter zur Verfügung gestanden.

a Machen Sie den Unterschied zwischen dem Werbebrief als Serienbrief und der Werbung über Serien-Newsletter deutlich.

b Geben Sie einen Vorteil und einen Nachteil der Serien-Newsletter gegenüber dem Werbebrief als Serienbrief an.

12

Beschreiben Sie zwei Maßnahmen zur Verkaufsförderung, mit denen Sie im Geschäft den Verkauf von Wäschetrocknern anregen können.

13

Sie wollen die Werbeaktivitäten durch Public Relations und Sponsoring begleiten. Folgende Vorschläge haben Sie dem Inhaber des Unternehmens, Herrn Böhmer, unterbreitet:

1. Der örtliche Kindergarten hat durch extreme Regenfälle große Wasserschäden im Keller des Gebäudes erlitten. Unter anderem wurden eine Waschmaschine und ein Wäschetrockner unbrauchbar. Sie wollen dem Kindergarten einen Wäschetrockner aus dem Sonderangebot zukommen lassen.
2. Der örtlichen Presse teilen Sie diesen Sachverhalt in einer Presseerklärung mit.
   a Begründen Sie, welche dieser Maßnahmen Public Relations und welche Sponsoring darstellen.
   b Herr Böhmer hat auf Ihre Vorschläge skeptisch reagiert. Begründen Sie Ihre Vorschläge noch einmal sorgfältig.
   c Entwickeln Sie jeweils einen alternativen Vorschlag zu Public Relations und Sponsoring.

14

Herr Böhmer überlegt, ausgewählte Kunden, von denen die Einwilligungserklärungen für Newsletter vorliegen, telefonisch auf das Sonderangebot aufmerksam zu machen. Er ist sich aber nicht sicher, ob das wettbewerbsrechtlich möglich ist.
Anlässlich der Einwilligungserklärung werden Kunden auch gebeten, Ihre Telefonnummer zur Verfügung zu stellen, und zwar mit folgendem Text:

Einwilligungserklärung

☐ Ich möchte zukünftig über Trends, Sonderangebote, Gutscheine und Aktionen der Böhmer GmbH per E-Mail informiert werden.
Diese Einwilligung kann jederzeit auf www.boehmer.de/abmelden oder am Ende jeder E-Mail widerrufen werden.
Geben Sie uns bitte auch Ihre Telefonnummer für Rückfragen und besondere Angebote an.
Telefonnummer: ______________

Klären Sie die Rechtslage und geben Sie Herrn Böhmer eine Empfehlung, wie er sich verhalten soll.

Abschlussaufgabe 2 im Lernfeld 5

Kompetenzerwerb

Im Lehrplan für die Ausbildung von Kaufleuten für Büromanagement werden Ziele formuliert, die die Auszubildenden erreicht haben sollen, sobald sie jeweils ein Lernfeld bearbeitet haben.
In jedem Lernfeld wird zunächst die Kernkompetenz festgehalten, die übergreifend den angestrebten Kompetenzzuwachs des gesamten Lernfeldes beschreibt.

Auszug aus dem Rahmenlehrplan (Lernfeld 5)

Die Schülerinnen und Schüler verfügen über die Kompetenz, den Einsatz von Preis- und Kommunikationspolitik für die Kundengewinnung und -bindung zu nutzen.

In einem weiteren Schritt wird die Kernkompetenz in Teilkompetenzen untergliedert. Aus diesen Teilkompetenzen finden Sie nachfolgend Aussagen, die sich vorzugsweise darauf beziehen, wie Sie Ihren Lernprozess im Ausbildungsbetrieb und in der Berufsschule selbstständig organisieren und Ihren beruflichen und schulischen Alltag durchdacht beherrschen. Die Aussagen geben nicht allein den Originaltext wieder, sondern wandeln ihn ab und ergänzen ihn.
Beurteilen Sie Ihre Kompetenzzuwächse aus dem Lernfeld 5. Kreuzen Sie dazu das zutreffende Feld in der Skala von trifft „voll" bis trifft „gar nicht" zu an.

1

Die Auszubildenden können wirtschaftliche, rechtliche und ethische Grenzen der Werbung berücksichtigen und dabei eigene Wertvorstellungen artikulieren, indem sie

- sensibel mit personenbezogenen Daten umgehen,
- gesellschaftliche Wertvorstellungen erkunden und diese im Rahmen ihrer Werbemaßnahmen berücksichtigen.

Trifft auf mich zu			
Voll	Weitgehend	Eher nicht	Gar nicht
◯	◯	◯	◯

2

Die Auszubildenden sind in der Lage, die Wertvorstellung anderer zu respektieren.

Trifft auf mich zu			
Voll	Weitgehend	Eher nicht	Gar nicht
◯	◯	◯	◯

3

Die Auszubildenden können ihre Ergebnisse dokumentieren, präsentieren und beurteilen, indem sie

- bei der Präsentation ihrer Ergebnisse Präsentationsmedien wie Stellwände, OHP-Projektoren, Flip-Charts, Tafeln, (digitale) Whiteboards und Präsentationsprogramme nutzen,
- ihre Präsentation anhand zuvor aufgestellter Kriterien beurteilen.

Trifft auf mich zu			
Voll	Weitgehend	Eher nicht	Gar nicht
◯	◯	◯	◯

4

Die Auszubildenden können ihre Vorgehensweise beim Einsatz von Marketinginstrumenten zur Kundenbindung und -gewinnung reflektieren, indem sie

- in ihrer Reflexion Informationen, wie die Werbeerfolgskontrolle, aber auch externes Feedback mit einfließen lassen,
- die Wettbewerbsstrategie und den Marketing-Mix des Betriebes ggf. anpassen.

Trifft auf mich zu			
Voll	Weitgehend	Eher nicht	Gar nicht
◯	◯	◯	◯

5

Die Auszubildenden können die ökonomischen Wirkungen von Marketingmaßnahmen und deren Einfluss auf gesellschaftliche Prozesse beurteilen, indem sie

Trifft auf mich zu			
Voll	Weitgehend	Eher nicht	Gar nicht
◯	◯	◯	◯

- die Bedeutung des Marketings für den ökonomischen Erfolg des Betriebes verstehen,
- positive, wie negative Auswirkungen der Kommunikationspolitik auf die Gesellschaft (z. B. auf die Wertebildung und die Bedürfnisweckung) erkennen,
- die zunehmende Vereinnahmung des öffentlichen Raumes und die potenzielle Beeinflussung der Werbetreibenden auf die Medien erfassen.

6

Betrachten Sie nun noch einmal die oben zitierte Kernkompetenz zum Lernfeld 5 und beurteilen Sie, ob Sie die geforderten Kompetenzzuwächse erreicht haben.

Trifft auf mich zu			
Voll	Weitgehend	Eher nicht	Gar nicht
◯	◯	◯	◯

„Die Schülerinnen und Schüler verfügen über die Kompetenz, den Einsatz von Preis- und Kommunikationspolitik für die Kundengewinnung und -bindung zu nutzen.“

Lernfeld 6
Wertströme erfassen und beurteilen

1 Die Finanzbuchhaltung am Jahresanfang einrichten

Die Bestandsaufnahme aller Vermögenswerte und der Kapitalwerte wird bei der Rosner GmbH in jedem Jahr zum Bilanzstichtag am 31. Dezember im Inventurverfahren durchgeführt. Damit entspricht das Unternehmen den gesetzlichen Vorgaben. Auch die Erstellung des Inventars und der Bilanz entspricht den gesetzlichen Auflagen des Handelsgesetzbuches (HGB).

Für Herrn Rosner, Geschäftsführer der Rosner GmbH, sind aber Inventar und Bilanz darüber hinaus die Grundlagen für die Untersuchung der Unternehmenssituation. Sie stellen dabei eine Art Momentaufnahme dar. Die Analyse der Bilanz wird daher Herrn Rosner und die anderen für das Unternehmen Verantwortlichen in den ersten Wochen des neuen Geschäftsjahres beschäftigen, damit die Unternehmensstrategie an die aktuellen Bedingungen angepasst werden kann.

In der Abteilung Rechnungswesen/Controlling allerdings beginnt am 2. Januar das neue Geschäftsjahr wie auch das alte Jahr geendet hat: Die Mitarbeiter erfassen und dokumentieren die laufenden Geschäfte des Unternehmens in der Finanzbuchführung. Die Finanzbuchführung ist die Basis für das umfassende Informationssystem in der Rosner GmbH.

Der Start in das neue Geschäftsjahr ist für Frau Keller, die Leiterin der Abteilung Rechnungswesen/Controlling, immer mit den gleichen Arbeiten verbunden:

- Übernahme der Inventar- bzw. Bilanzwerte (Ist-Werte) in die Finanzbuchführung des neuen Geschäftsjahres,
- Eröffnung der Vermögenskonten,
- Eröffnung der Kapitalkonten.

Konten dienen der Aufzeichnung von Geschäftsvorgängen.

Die Bestände für die Eröffnung der Konten werden aus dem Inventar bzw. der Bilanz vom 31. Dezember 20(0) entnommen. Sie stellen die Ausgangswerte für die Finanzbuchführung dar und werden in das System der Finanzbuchhaltung eingepflegt.

Frau Keller geht folgendermaßen vor: Sie richtet zunächst für jede Inventar- bzw. Bilanzposition ein Konto ein. Dabei unterscheidet sie zwischen Vermögenskonten und Kapitalkonten. Auf die Vermögenskonten überträgt sie die Vermögensbestände des Inventars bzw. der Bilanz (Vermögensseite = Aktiva) und auf die Kapitalkonten die Kapitalbestände des Inventars bzw. der Bilanz (Kapitalseite = Passiva). Sie stellen nun die Anfangs- bzw. Eröffnungsbestände auf den Konten dar.

Geschäftsprozesse erzeugen Wertströme, siehe Informationshandbuch des 2. Ausbildungsjahres

Die Finanzbuchführung ist nun „betriebsbereit": Die Geschäftsprozesse des laufenden Geschäftsjahres, z. B. der Verkauf von Fahrrädern oder Zubehör, setzen Wertströme in Gang und führen zu einer Veränderung der Vermögens- und Kapitalbestände. Diese Bestandsveränderungen werden als Wertzuflüsse und Wertabflüsse auf den Konten erfasst und dokumentiert.

So erhält die Rosner GmbH eine genaue Übersicht über Art, Ursache und Höhe der Veränderungen der Vermögens- und Kapitalbestände.

Arbeitsauftrag
Bereiten Sie die Finanzbuchführung für die Erfassung der laufenden Geschäftsvorgänge vor.

Vorschläge zur Vorgehensweise
1. Richten Sie für jede Inventar- bzw. Bilanzposition der Vermögensseite und der Kapitalseite ein Konto ein.
2. Übertragen Sie die Inventar- bzw. die Bilanzwerte als Anfangsbestände auf die Konten.

Bilanz der Rosner GmbH zum 31.12.20(0)

Aktiva	Bilanz der Rosner GmbH, 80469 München, Baaderstraße 120 zum 31.12.20(0)				Passiva
		€			€
I.	**Anlagevermögen**		I.	**Eigenkapital**	450.584,00
	1. Grundstücke und Gebäude	256.020,00	II.	**Fremdkapital**	
	2. Fahrzeuge laut Bestandsverzeichnis	96.256,00	II.1	**Langfristiges Fremdkapital**	
	3. Geschäftsausstattung laut Bestandsverzeichnis	235.410,00		Darlehen	641.900,00
II.	**Umlaufvermögen**		II.2	**Kurzfristiges Fremdkapital**	
	Warenvorräte laut Bestandsverzeichnis	262.860,00		Verbindlichkeiten	120.621,00
	Forderungen	225.450,00			
	Bankguthaben	133.380,00			
	Kasse	3.729,00			
		1.213.105,00			**1.213.105,00**

Ort, Datum	Unterschrift

Bestandskonten der Finanzbuchhaltung

Vermögenskonten

Soll					Haben
Datum	**Text**	**€**	**Datum**	**Text**	**€**

Soll					Haben
Datum	**Text**	**€**	**Datum**	**Text**	**€**

Soll					Haben
Datum	**Text**	**€**	**Datum**	**Text**	**€**

Soll					Haben
Datum	**Text**	**€**	**Datum**	**Text**	**€**

Soll					Haben
Datum	**Text**	**€**	**Datum**	**Text**	**€**

Soll					Haben
Datum	**Text**	**€**	**Datum**	**Text**	**€**

Soll					Haben
Datum	Text	€	Datum	Text	€

Kapitalkonten

Soll					Haben
Datum	Text	€	Datum	Text	€

Soll					Haben
Datum	Text	€	Datum	Text	€

Soll					Haben
Datum	Text	€	Datum	Text	€

Aufgabe

Eröffnen Sie die Konten der Finanzbuchhaltung des Elektrogroßhandel Penter GmbH in 40468 Düsseldorf.

Aktiva	Bilanz der Elektrogroßhandlung Penter GmbH, Rößrather Straße 107, 40468 Düsseldorf zum 31. Dezember 20(0)				Passiva
		€			€
I.	**Anlagevermögen**		I.	**Eigenkapital**	1.633.434,00
	Fahrzeuge	290.420,00	II.	**Fremdkapital**	
	Geschäftsausstattung	534.061,00		1. Langfristiges Fremdkapital	
II.	**Umlaufvermögen**			Darlehen der SB Bank	1.922.500,00
	Warenvorräte	2.715.603,00		2. Kurzfristiges Fremdkapital	
	Forderungen	158.456,00		Verbindlichkeiten	358.752,00
	Bankguthaben SB Bank	204.781,00			
	Bankguthaben Postbank	26.548,00			
	Kasse	11.365,00			
		3.914.686,00			**3.914.686,00**

Ort, Datum	Unterschrift

Bestandskonten der Finanzbuchhaltung

Web

Vermögenskonten

Soll					Haben
Datum	Text	€	Datum	Text	€

Soll					Haben
Datum	Text	€	Datum	Text	€

Soll					Haben
Datum	Text	€	Datum	Text	€

Soll					Haben
Datum	Text	€	Datum	Text	€

Soll					Haben
Datum	Text	€	Datum	Text	€

Soll					Haben
Datum	Text	€	Datum	Text	€

Soll					Haben
Datum	Text	€	Datum	Text	€

Kapitalkonten

Soll					Haben
Datum	Text	€	Datum	Text	€

Soll					Haben
Datum	Text	€	Datum	Text	€

Soll					Haben
Datum	Text	€	Datum	Text	€

2 Wertströme an der Geschäftskasse erfassen

Im Fahrradfachgeschäft Rosner GmbH interessiert sich eine Kundin für ein Trekkingrad. Sie wird von der Verkaufsmitarbeiterin Frau Tschern beraten. Am Ende des Verkaufsgespräches stellt sich die Situation wie folgt dar:

Kundin: „Das Modell ‚Black Water' gefällt mir am besten und auch der Preis ist bei den Extras angemessen. Ich nehme das Fahrrad."

Begleiter: „Gut, dass du das Uni-Sex Rad kaufen willst. Dann kann ich ja auch damit fahren!"

Kundin: „Denkst du!"

Frau Tschern: „Sie werden sehen, dass dieses schicke Bike Aufsehen erregt und die Ausstattung mit 14-Gang-Nabenschaltung und Nabendynamo und dem Gewicht von 17 kg exzellent ist. – Würden Sie mir dann bitte zur Kasse folgen?"

Kundin: „Ja, gerne."

(An der Kasse)

Frau Tschern: „Dürfen wir Ihnen das Rad im Laufe des Nachmittags zustellen oder möchten Sie gleich damit losfahren?"

Kundin: „Stellen Sie mir das Rad doch bitte zu. Ich bin heute ab 14:00 Uhr zu Hause."

Frau Tschern: „So, das macht dann 2.150,00 €. Möchten Sie bar bezahlen oder zahlen Sie mit EC-Karte?"

Kundin: „Ich zahle bar. (übergibt der Mitarbeiterin 2.200,00 €) Bitte schön!"

Frau Tschern: „Danke – 50,00 € zurück. Und hier habe ich noch ein Reparaturset für Sie – für alle Fälle."

Kundin: „Danke."

Frau Tschern: „Und viel Spaß bei der nächsten Fahrradtour."

Kundin: „Danke und auf Wiedersehen."

Frau Tschern: „Auf Wiedersehen."

Kassenabrechnung, siehe Aufgabe 2, Seite 70

Um 20:00 Uhr verlassen an diesem Samstag die letzten Kunden das Geschäft und Frau Tschern kann die Kassenabrechnung des Tages (18.01.20(0)) durchführen. Sie zählt den Bargeldbestand in der Kasse und ermittelt 50,00 €. Dann lässt sie sich den Finanzbericht vom Kassencomputer ausdrucken. Der Finanzbericht weist die Summe der Barverkäufe aus, die im Laufe des Tages im Kassencomputer eingegeben wurden. Die Summe der Barverkäufe des Tages beträgt 8.218,00 €.

In der Kassenlade liegt eine von Frau Keller, der Leiterin der Abteilung Rechnungswesen/Controlling, abgezeichnete Quittung über eine Bankeinzahlung (Kassenabschöpfung) in Höhe von 8.250,00 € und eine Quittung über den Kauf von Kopierpapier bei der Firma Adler Bürobedarf über 18,00 €. Das Wechselgeld zu Beginn des Tages betrug 100,00 €.

Nachdem Frau Tschern die Kassenabrechnung abgeschlossen hat, bestätigt sie die Eingaben in ihrem Kassencomputer und leitet die Kasseneinnahmen und die Quittungen zur Bearbeitung an Frau Keller in der Abteilung Rechnungswesen/Controlling weiter, damit sie über diese Werte zur Ausstellung des Kassenberichts verfügen kann.

Frau Keller erledigt die Buchhaltungsarbeiten für die Rosner GmbH. Zu ihren Aufgaben gehört es u. a., die täglichen Kassenberichte zu erstellen und genaue Aufzeichnungen über die Einnahmen und Ausgaben zu machen. Sie erstellt aus den Daten der Kassenabrechnung für jeden Tag einen Kassenbericht, in dem alle Geldbewegungen (Barverkäufe, Einzahlungen und Auszahlungen) über die Kasse aufgezeichnet werden.

Den folgenden Kassenbericht von Montag,13.01.20(0) mit der Nr. 011 aus der 3. Kalenderwoche, vom 13. bis 18.01.20(0), hat sie nach Einnahmen und Ausgaben getrennt in das unten stehende Kassenkonto übertragen.

Kassenbericht	**vom 13.01.20(0)**	**Nr. 011**
		€
Kassenschlussbestand		480,00
	€	
Ausgaben		
1. Zahlungen für Wareneinkäufe		
Zwischensumme:		→
2. Geschäftsausgaben		
▮ Werbeanzeige	60,00	
▮ Paketzustellgebühren	4,00	
▮ Bürobedarf	23,00	
Zwischensumme:	87,00	→ 87,00
3. Privatentnahmen		
Zwischensumme:		→
4. Sonstige Ausgaben (z. B. Bankeinzahlungen)		
▮ Bankeinzahlungen	4.930,00	
Zwischensumme:	4.930,00	→ 4.930,00
Summe		5.497,00
Abzüglich Anfangsbestand (Wechselgeld) **= Kasseneingang**		300,00 5.197,00
Abzüglich sonstige Einnahmen **= Barverkäufe**		5.197,00

Mit den Kassenberichten vom Dienstag,14.01. (Nr. 012), und vom Mittwoch, 15.01. (Nr. 013), ist sie genauso vorgegangen. Nun fehlen noch die Berichte von Donnerstag, 16.01. (Nr. 014), und Freitag, 17.01 (Nr. 015), siehe unten. Den Kassenbericht vom Samstag, 18.01. (Nr. 016), muss Frau Keller mit den Angaben (siehe oben) von Frau Tschern noch erstellen (siehe Formular auf der nächsten Seite).

Kassenberichte vom 16. und 17.01.20(0) in verkürzter Form

Kassenbericht	**Nr. 014 vom 16.01.**	**Nr. 015 vom 17.01.**
Kassenschlussbestand	150,00	100,00
+ Ausgaben	53,00	38,00
+ Bankeinzahlungen	4.600,00	7.150,00
– Wechselgeld	125,00	150,00
= Kasseneingang	4.678,00	7.138,00
– Sonstige Einzahlungen	0,00	0,00
Barverkäufe	4.678,00	7.138,00

Kassenbericht	vom 18.01.20(0)		Nr. 016
			€
Kassenschlussbestand			
		€	
Ausgaben			
1. Zahlungen für Wareneinkäufe			
	Zwischensumme:		→
2. Geschäftsausgaben			
	Zwischensumme:		→
3. Privatentnahmen			
	Zwischensumme:		→
4. Sonstige Ausgaben (z. B. Bankeinzahlungen)			
	Zwischensumme:		→
Summe			
Abzüglich Anfangsbestand (Wechselgeld)			
= Kasseneingang			
Abzüglich sonstige Einnahmen			
= Barverkäufe			

Nebenrechnung

Zwischensalden/€

Zwischensalden/€	Mehrungen (Zufluss)					Minderungen (Abfluss)
	Soll			Kasse		Haben
	Datum	**Text**	**€**	**Datum**	**Text**	**€**
	13.01.20(0)	Eröffnungsbestand	300,00	13.01.20(0)	Ausgaben lt. KB	87,00
	13.01.20(0)	Barverkäufe	5.197,00	13.01.20(0)	Bankeinzahlung	4.930,00
(480,00)	14.01.20(0)	Barverkäufe	5.760,00	14.01.20(0)	Bankeinzahlung	2.500,00
(390,00)	15.01.20(0)	Barverkäufe	6.884,00	14.01.20(0)	Bankeinzahlung	3.350,00
(125,00)				15.01.20(0)	Ausgaben lt. KB	150,00
				15.01.20(0)	Bankeinzahlung	6.999,00

Arbeitsauftrag

Ergänzen Sie das Kassenkonto der Rosner GmbH mit den Angaben aus den Kassenberichten vom 14. bis 16. Januar 20(0) und schließen Sie das Konto ab.

Vorschläge zur Vorgehensweise

Fragen Sie sich:

1. Welche Vorgänge/Wertströme führen zu einer Mehrung des Geldbestandes in der Kasse?
2. Durch welche Vorgänge/Wertströme wird im Laufe des Tages der Bargeldbestand in der Kasse vermindert?

Bedenken Sie:
- Der Kassen-Schlussbestand eines Tages ist der Eröffnungsbestand (= Wechselgeld) des nachfolgenden Tages.
- Der Zwischensaldo soll deutlich machen, welcher Schlussbestand am Ende eines Tages in der Kasse ist.

Aufgabe 1

Bei der abendlichen Kassenabrechnung liegt bei der Rosner GmbH am 14. August 20(0) die folgende Kassenabrechnung vor:

Informationen zur Kassenabrechnung Nr. 178 vom 14.08.20(0)

Die Kassenzählung ergibt folgendes Bild:

Geldscheine (€)		Hartgeld (€)	
	200,00	18x	2,00
	100,00	17x	1,00
1x	50,00	15x	0,50
10x	20,00	8x	0,20
15x	10,00	21x	0,10
3x	5,00	11x	0,05
		5x	0,02
		15x	0,01

Ausdruck aus dem Kassencomputer:

Rosner GmbH, Baaderstraße 120, 80469 München	
14.08.20(0) SAM	
Finanzbericht	
Barverkäufe	5.297,00 €
Schlussbestand Kasse (bar)	480,00 €
Nr.	178
Zeit	20:05

In der Kassenlade liegt eine von Herrn Rosner unterschriebene Quittung über eine Bargeldentnahme in Höhe von 900,00 € und eine Bankeinzahlung (Kassenabschöpfung) in Höhe von 4.000,00 € und eine Quittung über Zustellungskosten von 17,00 €. Das Wechselgeld zu Beginn des Tages betrug 100,00 €.

Rosner GmbH Kassenabrechnung				Datum: 14.08.20(0)
Bargeldbestand (Scheine und Hartgeld) in €				
	x 0,01 =		Kassen-Schlussbestand	
	x 0,02 =		+ Kassenentnahmen	
	x 0,05 =		- Ausgaben	
	x 0,10 =		- Wechselgeld	
	x 0,20 =		= Barverkäufe (Ist-Bestand)	
	x 0,50 =			
	x 1,00 =			
	x 2,00 =		Barverkäufe laut	
	x 5,00 =		Registrierkasse (Soll-Bestand)	
	x 10,00 =			
	x 20,00 =			
	x 50,00 =		**Kassendifferenz**	
	x 100,00 =		- Fehlbetrag	
	x 200,00 =		+ Überschuss	
	x 500,00 =			
Barbestand zum Geschäftsschluss				

a Stellen Sie fest, ob die Kasse zum Schluss des Geschäftstages einen Fehlbetrag oder einen Überschuss ausweist. Vergleichen Sie dazu den Ist-Kassenbestand mit dem Soll-Kassenbestand lt. Ausdruck des Kassencomputers.

b Berechnen Sie die Barverkäufe des Tages.

Verwenden Sie das unten stehende Formular zur Erstellung des Kassenberichts.

Kassenbericht	**vom 14.08.20(0)**		**Nr. 1786**
			€
Kassenschlussbestand			
		€	
Ausgaben			
1. Zahlungen für Wareneinkäufe			
	Zwischensumme:		→
2. Geschäftsausgaben			
	Zwischensumme:		→
3. Privatentnahmen			
	Zwischensumme:		→
4. Sonstige Ausgaben (z. B. Bankeinzahlungen)			
	Zwischensumme:		→
Summe			
Abzüglich Anfangsbestand (Wechselgeld)			
= Kasseneingang			
Abzüglich sonstige Einnahmen			
= Barverkäufe			

Aufgabe 2

Die folgende Übersicht gibt die Geldbewegungen der Kasse eines Lederreparatur- und Schlüsseldienstes in der 42. Woche, 18. bis 23.10. 20(0), in verkürzter Form wieder. Führen Sie auf der Grundlage dieser Zahlen das entsprechende Kassenkonto (Eröffnungsbestand Konto Kasse: 50,00 €).

	Montag 18.10.	**Dienstag 19.10.**	**Mittwoch 20.10.**	**Donnerstag 21.10.**	**Freitag 22.10.**	**Samstag 23.10.**
Kassenschlussbestand	75,00	50,00	150,00	100,00	100,00	150,00
Ausgaben	62,00	37,00	0,00	40,00	25,00	58,00
Einzahlung a. d. Bankkonto	4.150,00	4.750,00	5.300,00	5.800,00	8.250,00	9.150,00
Barzahlungen aus Kundenaufträgen	4.237,00	4.762,00	5.400,00	5.790,00	8.275,00	9.258,00

Mehrungen (Zufluss)					**Minderungen (Abfluss)**
Soll		**Kasse**			**Haben**
Datum	**Text**	**€**	**Datum**	**Text**	**€**
18.10.	Eröffnungsbestand	50,00			

Aufgabe 3

Kathrin Timmermann, Auszubildende in der Rosner GmbH, hilft Frau Keller bei der Führung des Kassenkontos. Dazu hält sie alle Mehrungen und Minderungen auf dem Kassenkonto fest und ermittelt den Schlussbestand.

Rechenverfahren: Saldieren

Mehrungen (Zufluss)					Minderungen (Abfluss)
Soll			Kasse		Haben
Datum	Text	€	Datum	Text	€
25.10.	Eröffnungsbestand	150,00	25.10.	Ausgaben lt. Kassenbuch	54,00
25.10.	Barverkäufe	4.650,00	25.10.	Einzahlung auf dem Bankkonto	4.366,00
26.10.	Barverkäufe	4.900,00	26.10.	Ausgaben lt. Kassenbuch	48,00
27.10.	Barverkäufe	5.370,00	26.10.	Einzahlung auf dem Bankkonto	4.698,00
28.10.	Barverkäufe	5.795,00	27.10.	Einzahlung auf dem Bankkonto	5.671,00
29.10.	Barverkäufe	8.486,00	28.10.	Ausgaben lt. Kassenbuch	112,00
30.10.	Barverkäufe	9.352,00	28.10.	Einzahlung auf dem Bankkonto	5.688,00
			29.10.	Ausgaben lt. Kassenbuch	46,00
			29.10.	Einzahlung auf dem Bankkonto	8.366,00
			30.10.	Ausgaben lt. Kassenbuch	84,00
			30.10.	Einzahlung auf dem Bankkonto	9.370,00
			30.10.	Schlussbestand	

Nachdem Frau Keller einen Augenblick zugesehen hat, kommt es zu folgendem Gespräch:

Frau Keller: „Warum machen Sie auf dem Zettel so viele Nebenrechnungen?"

Kathrin: „Ich addiere zunächst die Mehrungen, dann die Minderungen. Anschließend subtrahiere ich die Summen voneinander. Die Subtraktion mache ich auf einem gesonderten Blatt, um das Original nicht zu verunstalten."

Frau Keller: „Was Sie da machen, ist schon richtig, aber umständlich. Beherrschen Sie denn nicht das Saldieren?"

Kathrin: „Saldieren? Davon habe ich noch nie etwas gehört."

Frau Keller: „Damit können Sie einen Schlussbestand ohne Nebenrechnungen ermitteln. Das erleichtert Ihnen die Arbeit sehr. Probieren Sie es doch einmal."

Kathrin: „Okay. Mal sehen, ob das einfacher geht."

Aufgabe 4

Berechnen Sie den Saldo auf folgendem Konto.

Mehrungen (Zufluss)					Minderungen (Abfluss)
Soll			Kasse		Haben
Datum	Text	€	Datum	Text	€
02.11.	Eröffnungsbestand	200,00	02.11.	Ausgaben lt. Kassenbuch	118,00
02.11.	Barverkäufe	7.884,00	02.11.	Bankeinzahlung	7.455,00
03.11.	Barverkäufe	6.948,00	03.11	Ausgaben lt. Kassenbuch	87,00
04.11.	Barverkäufe	5.864,00	03.11.	Bankeinzahlung	6.698,00
05.11.	Barverkäufe	6.387,00	04.11	Bankeinzahlung	5.671,00
05.11.	Kundenrechnung bar	310,00	04.11.	Ausgaben lt. Kassenbuch	32,00
			05.11.	Bankeinzahlung	6.100,00
			05.11.	Ausgaben lt. Kassenbuch	44,00

Aufgabe 5

Im Biker-Shop wird der tägliche Kassenabschluss mit dem Tagesabschluss des Vorjahres verglichen.

Biker-Shop Oberstraße 17, 40878 Ratingen Tel. 021021 5674202	
31.12.20(-1) DI	
Finanzbericht	
Umsatz brutto	3.332,00 €
Umsatz netto	
Umsatzsteuer	
Anzahl Artikel	32
Anzahl Kunden	19
Artikelzahl pro Kunde	
Nettoumsatz pro Kunde	
Schlussbestand Kasse (bar)	680,00 €
Nr.	0293
Zeit	16:15

Biker-Shop Oberstraße 17, 40878 Ratingen Tel. 021021 5674202	
31.12.20(0) MO	
Finanzbericht	
Umsatz brutto	3.510,50 €
Umsatz netto	
Umsatzsteuer	
Anzahl Artikel	34
Anzahl Kunden	22
Artikelzahl pro Kunde	
Nettoumsatz pro Kunde	
Schlussbestand Kasse (bar)	704,00 €
Nr.	0294
Zeit	16:05

a Ergänzen Sie die fehlenden Werte in den Kassenabrechnungen (Umsatzsteuersatz 19 %).

b Berechnen Sie die Veränderung der Bruttoumsatzerlöse (Umsatz brutto) in Euro und in Prozent. Überlegen Sie, welcher Wert in der Prozentrechnung mit 100 % gleichgesetzt werden muss.

3 Wertströme auf der Grundlage von Belegen erfassen

Die Rosner GmbH erhält jeden Tag eine Vielzahl von Belegen, die über die Geschäftstätigkeit Auskunft geben. Da werden Barverkäufe an den Kunden an der Kasse erfasst, Angebote für Kunden geschrieben, Kundenaufträge gehen ein und es werden Rechnungen an den Kunden verschickt sowie die Rechnungen vom Kunden bezahlt.

Auf die in diesen Belegen enthaltenen Informationen muss die Rosner GmbH zugreifen können, um die Informationen dann in der Finanzbuchhaltung sowie den zuständigen Abteilungen verarbeiten zu können. Sie sind die Grundlage für die Entscheidungen in dem Unternehmen (Informationssystem).

Nur wenn Frau Keller, die Leiterin der Abteilung Rechnungswesen/Controlling, alle Geschäftsvorgänge, die durch die verschiedenen Belege in Gang gesetzt wurden, dokumentiert und systematisch in der Finanzbuchführung erfasst, kann sie dem Geschäftsführer Herrn Rosner und auch den Verantwortlichen in den Abteilungen die Informationen geben, die für sachgerechte Entscheidungen notwendig sind. Herr Rosner ist dann z. B. in der Lage zu überprüfen, ob sich der Verkauf von E-Bikes positiv entwickelt.

Ganz praktisch bedeutet das, dass Frau Keller für die Kassenbelege, die Eingangs- und Ausgangsrechnungen, die Kontoauszüge usw. verschiedene Ordner eingerichtet hat. Und nun kann Frau Keller die Belege der verschiedenen Geschäftsvorgänge auf den Konten buchen, sodass sichergestellt ist, dass sie erfasst und ihre Wertveränderungen dokumentiert werden.

Während einer Mittagspause im Unternehmen Rosner GmbH unterhalten sich Frau Keller und die Auszubildende Kathrin Timmermann, die seit Jahresbeginn in der Abteilung Rechnungswesen/Controlling ausgebildet wird.

Frau Keller: „Kathrin, ich habe eben von Herrn Moritz erfahren, dass wir nicht über ausreichend sortiertes Wechselgeld in unserem Verkaufsshop verfügen. Ich habe Herrn Moritz gebeten, zur Bank zu fahren und dort Bargeld abzuholen. Hättest du nicht Lust, mitzufahren? Du könntest dir den Vorgang dann einmal genau ansehen."

Kathrin: „Ja, sicher, dass mache ich gerne. Aber welche Mengen und Sortierungen brauchen wir denn?"

Frau Keller: „Herr Moritz hat mir eine Aufstellung gegeben, aus der man erkennen kann, was wir benötigen."

Anzahl Rollen	Stückelung	Berechnung	€
30	1 Euro (25/Rolle)	x 25 Stück x 30 Rollen	750,00
10	2 Euro (50/Rolle)	x 50 Stück x 10 Rollen	1.000,00
25	1 Cent	x 50 Stück x 25 Rollen	12,50
20	2 Cent	x 50 Stück x 20 Rollen	20,00
25	5 Cent	x 50 Stück x 25 Rollen	62,50
			1.845,00

Kathrin: „Gut, dann nehme ich die Aufstellung nach der Pause mit und gebe sie Herrn Moritz zurück."

Frau Keller: „Das ist sehr nett. Und Kathrin, wenn du dann von der Bank zurück bist, können wir auch gleich die Gelegenheit nutzen und die Buchung des Vorgangs in der Finanzbuchhaltung durchführen."

Als Kathrin und Herr Moritz von der Bank zurück sind, bringen sie zunächst einmal das Geld zur Kasse im Verkaufsshop. Kathrin meldet sich dann bei Frau Keller.

Frau Keller: „Da bist du ja wieder, Kathrin. Vielen Dank und gut, dass du auch den Beleg von der Barabhebung bei der VB Bank schon mitgebracht hast."

Kathrin: „Ja, hier ist der Beleg. Herr Moritz hat gleich den Kontoauszug ausdrucken lassen."

Kathrin überreicht Frau Keller den folgenden Beleg:

	BLZ	Konto-Nr.	erstellt am	Auszug	Blatt
VB Bank München	70220800	305673291	03.01.20(0)	1	1
BU-TAG	VORGANG		SALDO alt	133.380,00 +	
03.01.20(0)	Barauszahlung			1.845,00 –	
			SALDO neu	131.535,00 +	
Rosner GmbH			BIC: VBAGDEM1XXX		
Baaderstraße 120, 80469 München			IBAN: DE31702208000305673291		

Frau Keller: „Gut, dass du den Beleg gleich mitgebracht hast, denn ohne einen Beleg können wir die Buchung nicht durchführen. Du kannst dir schon einmal merken: Sämtliche Belege, die Wertströme auslösen und damit den Wert unserer Bestände durch Zufluss oder Abfluss verändern, müssen sorgfältig abgelegt und aufbewahrt werden. Ohne irgendeinen Nachweis dürfen wir keine Buchung vornehmen. Zum einen wüssten wir nicht, was zu buchen wäre, und zum anderen hätten wir keinen Nachweis über den Geschäftsvorgang gegenüber dem Finanzamt. Es gilt immer der Grundsatz „Keine Buchung ohne Beleg" und dieser ist sogar gesetzlich vorgeschrieben."

Kathrin: „Das hört sich aufwendig an! Ich hoffe, das Buchen selbst ist nicht auch so kompliziert."

Frau Keller: „So kompliziert ist buchen nicht. Ich zeige es dir. Am einfachsten ist es, wenn du dir ein Schema machst, in dem alle zu erledigenden Schritte erfasst sind. Vor jeder Buchung sind immer vier Fragen zu stellen:

1. Welche Wertströme entstehen durch den Geschäftsfall und welche Konten werden damit berührt?

2. Um welche Kontenart (Vermögens- oder Kapitalkonten) handelt es sich?

3. Wie verändern sich die Bestände der angesprochenen Konten?

→ Mehrungen (Zuflüsse) und/oder

→ Minderungen (Abflüsse)

4. Auf welcher Kontoseite wird gebucht?

Wenn man sich diese Fragen beantwortet, hat man die sogenannte Kontierung bereits vorgenommen. Versuch es am besten mal selbst für die Barabhebung."

Kathrin: „Okay, also ich habe Geld vom Bankkonto abgehoben und in unsere Kasse eingezahlt. Die betroffenen Konten sind demnach Kasse und Bank. Und beides sind Vermögenskonten. Aber woher soll ich nun wissen, auf welcher Kontoseite die Beträge gebucht werden? Ich kann mir noch vorstellen, dass das „Mehr" beim Kassenkonto die Mehrung ist und das „Weniger" bei der Bank eine Minderung, aber das hilft mir noch nicht weiter."

Frau Keller: „Richtig erkannt. Um die letzte Frage zu beantworten, schau in dein Informationsbuch für Kaufmännische Steuerung und Kontrolle. Dort gibt es ein Kapitel „Wertbewegungen der Vermögensbestände erfassen: Vermögenskonten."

Kathrin: „Das habe ich gefunden. Dann buche ich die Zunahme an Bargeld in der Kasse als Bestandsmehrung (Zufluss) im Soll und beim Bankkonto die Minderung des Bestandes (Abfluss) an Bankguthaben im Haben."

Frau Keller: „Genauso ist es. Sie lernen schnell. Da es mit der Zeit sehr mühsam wird, immer die Fragen zu beantworten, kontieren wir die Belege vor. Das heißt, ich habe einen Stempel, der einen Kontierungsvermerk enthält." (zeigt Kathrin den Stempel)

Kontierung			
Konten		Betrag in €	
Soll (Zufluss)	Haben (Abfluss)	Soll	Haben
Kasse		1.845,00	
	Bank		1.845,00
Gebucht am: 03.01.20(0)		von: N.N.	

„So hast du das Schema kurz gefasst und gleichzeitig kann ich sehen, ob ich den Beleg bereits gebucht habe oder nicht. Das erkennst du dann an der letzten Zeile."

Kathrin: „Ich verstehe, ich kann beim Ausfüllen des Kontierungsvermerkes die vier Fragen beantworten und gleichzeitig bestätigen, dass ich den Beleg bereits gebucht habe und wie ich gebucht habe. Aber, bis jetzt habe ich ja nur vorkontiert. Ist das schon buchen?"

Frau Keller: „Nein. Wir müssen für alle Buchungen der Geschäftsvorgänge zunächst ein Grundbuch (Journal) einrichten. In diesem werden dann die Geschäftsvorgänge in zeitlicher Reihenfolge (nach dem Datum) erfasst. Das sieht dann für den Beleg der Barabhebung so aus." (zeigt Kathrin den Auszug aus dem Grundbuch)

KA = Kontoauszug

Jahr 20(0)	Grundbuch					
Datum	Beleg	Buchungstext	Konten		Betrag	
			Soll	Haben	Soll	Haben
03.01.	KA	Barabhebung	Kasse		1.845,00	
				Bank		1.845,00

Kathrin: „Auch das ergibt Sinn. Ich hatte mich schon gefragt, wie ich bei den vielen Konten meine Buchung wiederfinden soll. So schaue ich einfach in das Grundbuch, was am 03.01. gebucht wurde und kann meinen Geschäftsvorgang leicht wiederfinden."

Frau Keller: „Genau, denn auf der Grundlage des Grundbuches werden dann alle Geschäftsvorgänge auf den entsprechenden Konten im Hauptbuch gebucht. Erst dadurch, dass die sachlich zusammengehörigen Vorgänge auf den entsprechenden Konten gebucht werden, ist es z. B. möglich, die Veränderung unserer Bestände durch Wertströme zu überwachen. Nächste Woche zeige ich dir beispielsweise, wie du die Zahlungseingänge und Zahlungsausgänge aus den Kontoauszügen unserer Hausbank buchen musst."

Kathrin: „Das hört sich richtig spannend an. Ich fange dann mal direkt mit den nächsten Belegen an. Wenn ich Probleme habe, melde ich mich."

Arbeitsauftrag

Erfassen und buchen Sie die nachstehend abgebildeten Belege des Monats Januar 20(0) im Grundbuch und Hauptbuch der Finanzbuchhaltung der Rosner GmbH.

Vorschläge zur Vorgehensweise

1. Klären Sie die Wertströme ab.
2. Verwenden Sie für die Entwicklung der Buchungssätze das nachfolgende Schema.
3. Füllen Sie zu jedem Beleg den Kontierungsstempelaufdruck aus.
4. Übertragen Sie die Kontierungen in das Grundbuch.
5. Buchen Sie die Geschäftsfälle im Hauptbuch.

Schema zur Entwicklung von Buchungssätzen

Buchungsregel:						Erst Soll	dann Haben	Erst Soll	dann Haben
Geschäftsfall/Beleg (Nr.)	Welche Konten werden durch den Geschäftsfall angesprochen?	Um welche Kontenart handelt es sich?	Wie verändern sich die Kontobestände/-werte durch die Wertströme? (Zufluss/Abfluss)	Auf welcher Kontoseite wird gebucht?		Kontierung			
						Konten		Betrag	
				Soll	Haben	**Soll**	**Haben**	**Soll**	**Haben**

Beleg 1

Bankquittung: Auszahlung
Bargeld wurde von der **Bank** abgeholt und in die Geschäfts**kasse** gelegt (siehe vorherige Seite)

	BLZ	Konto-Nr.	erstellt am	Auszug	Blatt
VB Bank München	70220800	305673291	03.01.20(0)	1	1
BU-TAG	VORGANG		SALDO alt	133.380,00	+
03.01.20(0)	Barauszahlung			1.845,00	-
			SALDO neu	131.535,00	+
Rosner GmbH			BIC:	VBAGDEM1XXX	
Baaderstraße 120, 80469 München			IBAN:	DE31702208000305673291	

Kontierung			
Konten		**Betrag in €**	
Soll	**Haben**	**Soll**	**Haben**
Kasse		1.845,00	
	Bank		1.845,00
Gebucht am: 03.01.20(0)		von: N.N.	

Beleg 2

Bankquittung: Einzahlung
Bargeld wurde aus der **Geschäftskasse** entnommen und bei der **Bank** eingezahlt.

	BLZ	Konto-Nr.	erstellt am	Auszug	Blatt
VB Bank München	70220800	305673291	05.01.20(0)	2	1
BU-TAG	VORGANG		SALDO alt	133.535,00	+
05.01.20(0)	Bareinzahlung			5.200,00	+
			SALDO neu	138.735,00	+
Rosner GmbH			BIC:	VBAGDEM1XXX	
Baaderstraße 120, 80469 München			IBAN:	DE31702208000305673291	

Kontierung			
Konten		**Betrag in €**	
Soll	**Haben**	**Soll**	**Haben**
Gebucht am:		von:	

Beleg 3

Barzahlung einer schon gebuchten Rechnung
Ein Kunde der Rosner GmbH **zahlt** die Ausgangsrechnung Nr. 1266 vom 06.01.20(0) **am 09.01.20(0) bar.**

Rosner GmbH

Rosner GmbH, Baaderstraße 120, 80469 München

Ralf Gerding
Hans-Klein-Straße 14
81373 München

Ihr Zeichen:
Ihre Nachricht
Unser Zeichen:
Unsere Nachricht:
Name:
Telefon: 089 52067-537
Telefax: 089 50267-900
E-Mail: info@rosner.de

Datum: 06.01.20(0)

Rechnung		**Nummer: 1266**	**Kunden-Nr.: 14099**	
Position	**Menge**	**Bezeichnung**	**Einzelpreis €**	**Gesamtpreis €**
01	**1**	Sattelhalter, gefedert	70,00	70,00
02	**1**	Ledersattel, Lepper	230,00	230,00
Betrag in bar dankend erhalten 09.01.20(0)			**Nettobetrag**	**300,00**
			19%	**57,00**
			Rechnungsbetrag	**357,00**

Zahlungsziel: sofort nach Erhalt der Rechnung ohne Abzug zahlbar

Geschäftsführer:
Heinz Rosner
HR: Amtsgericht München HRB 5646
USt-Id.-Nr.: DE 953 736 836

Bankkonto: VB Bank München
IBAN: DE31 7022 0800 0305 6732 91
BIC: VBAGDEM1XXX

Kontierung			
Konten		**Betrag in €**	
Soll	**Haben**	**Soll**	**Haben**
Gebucht am:		von:	

Beleg 4

Kontoauszug über Darlehenstilgung
Die Rosner GmbH zahlt das von der Münchener VB Bank gewährte Darlehen in monatlichen Raten durch Überweisung von dem Bankkonto Konto-Nr. 805 685 566 zurück; Buchungsdatum 15.01.20(0).

	BLZ	Konto-Nr.	erstellt am	Auszug	Blatt
VB Bank München	70220800	805685566 Darlehen	15.01.20(0)	8	1
BU-TAG	VORGANG		SALDO alt	641.900,00	+
15.01.20(0)	Monatliche Rückzahlung des Darlehens			2.000,00	–
			SALDO neu	639.900,00	+
Rosner GmbH			BIC: VBAGDEM1XXX		
Baaderstraße 120, 80469 München			IBAN: DE31702208000805685566		

Kontierung			
Konten		Betrag in €	
Soll	Haben	Soll	Haben
Gebucht am:		von:	

Grundbuch

KA = Kontoauszug

Jahr 20(0)	Grundbuch					
Datum	Beleg	Buchungstext	Konten		Betrag	
			Soll	Haben	Soll	Haben
03.01.	KA	Barabhebung	Kasse		1.845,00	
				Bank		1.845,00
				Betragskontrolle		

Hauptbuch

Vermögenskonten

Mehrungen (Zufluss)					Minderungen (Abfluss)
Soll			Kasse		Haben
Datum	Text	€	Datum	Text	€
02.01.	Eröffnungsbestand	3.729,00			

Mehrungen (Zufluss)					Minderungen (Abfluss)
Soll			Bank		Haben
Datum	Text	€	Datum	Text	€
02.01.	Eröffnungsbestand	133.380,00			

Mehrungen (Zufluss)					Minderungen (Abfluss)
Soll		Forderungen			Haben
Datum	Text	€	Datum	Text	€
02.01.	Eröffnungsbestand	225.450,00			

Kapitalkonto

Minderungen (Abfluss)					Mehrungen (Zufluss)
Soll		Darlehen			Haben
Datum	Text	€	Datum	Text	€
			02.01.	Eröffnungsbestand	641.900,00

Aufgabe 1

Der Grundsatz: „Keine Buchung ohne Belege" lässt sich in einem Lehrbuch aus Platzmangel leider nicht verwirklichen. Stattdessen werden die Inhalte der Belege in kurzer Form als „Geschäftsfall" beschrieben. Außerdem werden die Belege in der Regel näher gekennzeichnet, z. B. Ausgangsrechnung Nr. 654. Machen Sie sich also immer klar, welche Geschäftsprozesse gemeint sind und wie diese ablaufen, damit Sie richtig buchen können.

Schema zur Ermittlung des Buchungssatzes, siehe Seite 82

Im Zweirad-Center Breuer sind noch folgende Geschäftsfälle zu bearbeiten. Verwenden Sie dazu das Schema zum richtigen Buchungssatz und den Kontierungsstempelaufdruck; Buchungsdatum: Siehe Tabelle der Geschäftsfälle.

Geschäftsfälle		€
20.09.20(0)	Überweisung von 7.500,00 € vom **Bankkonto**, um damit die Eingangsrechnung eines Lieferanten (Nr. 1239) auszugleichen. Die **Verbindlichkeiten** verändern sich durch diese Überweisung.	7.500,00
21.09.20(0)	Der Kunde Wendering hat die Ausgangsrechnung Nr. 799/20(0) durch eine **Banküberweisung** bezahlt.	450,00
22.09.20(0)	Entnahme von 3.700,00 € (Kassenabschöpfung) aus der **Kasse** und Einzahlung des Betrags auf dem **Bankkonto**.	3.700,00
24.09.20(0)	Monatliche (Rück-)Zahlung von 2.000,00 € an die **Bank** als Tilgung für das zur Verfügung gestellte **Darlehen.**	2.000,00

Kontierungsstempel

Kontierung			
Konten		Betrag in €	
Soll	Haben	Soll	Haben
Gebucht am:		von:	

Kontierung			
Konten		Betrag in €	
Soll	Haben	Soll	Haben
Gebucht am:		von:	

Kontierung			
Konten		Betrag in €	
Soll	Haben	Soll	Haben
Gebucht am:		von:	

Kontierung			
Konten		Betrag in €	
Soll	Haben	Soll	Haben
Gebucht am:		von:	

Schema zur Entwicklung von Buchungssätzen

Buchungsregel:						**Erst Soll**	**dann Haben**	**Erst Soll**	**dann Haben**
Geschäftsfall/Beleg (Nr.)	Welche Konten werden durch den Geschäftsfall angesprochen?	Um welche Kontenart handelt es sich?	Wie verändern sich die Kontobestände/-werte durch die Wertströme?	Auf welcher Kontoseite wird gebucht?		**Kontierung**			
						Konten		**Betrag**	
				Soll	Haben	**Soll**	**Haben**	**Soll**	**Haben**

Aufgabe 2

Entscheiden Sie, ob die folgenden Aussagen richtig (R) oder falsch (F) sind:

1. Wird durch einen Geschäftsfall nur eine Wertbewegung auf der Soll-Seite eines Kontos ausgelöst, so spricht man vom einfachen Buchungssatz. ◯
2. Der einfache Buchungssatz löst jeweils eine Veränderung auf der Soll-Seite und auf der Haben-Seite von zwei Konten aus. ◯
3. Der einfache Buchungssatz liegt dann vor, wenn nur ein Konto verändert wird. ◯
4. Vom zusammengesetzten Buchungssatz spricht man dann, wenn Soll und Haben verändert werden. ◯
5. Ruft ein Geschäftsfall Veränderungen auf mehr als zwei Konten hervor, so liegt ein zusammengesetzter Buchungssatz vor. ◯
6. Beim einfachen Buchungssatz und beim zusammengesetzten Buchungssatz sind die Wertveränderungen auf der Soll-Seite gleich den Wertveränderungen auf der Haben-Seite. ◯

Aufgabe 3

Im Zweiradcenter Breuer: Die Rechnung der Kahlberg KG ist fällig. Zum Ausgleich werden 2.000,00 € vom Sparkassenkonto und der Rest vom Postgirokonto überwiesen. Buchen Sie diesen Vorgang mithilfe des Schemas für den richtigen Buchungssatz in den Kontierungsstempelaufdruck; Buchungsdatum 11.10.20(0).

Schema zur Ermittlung des Buchungssatzes, siehe Seite 82

Rechnung			
Menge	**Bezeichnung**	**Einzelpreis €**	**Gesamtpreis €**
5	Artikel Nr. 154932167		
		Rechnungsbetrag	2.400,00

Kontierung			
Konten		**Betrag in €**	
Soll	**Haben**	**Soll**	**Haben**
Gebucht am:		von: xxx	

Aufgabe 4

Bilden Sie Buchungssätze zu den nachfolgenden Geschäftsfällen der Woche vom 4. Dezember bis 8. Dezember 20(0) mithilfe des Schemas für den richtigen Buchungssatz (siehe Seite 84).

Datum	Geschäftsfall	€
05.12.	Banküberweisung (Gutschrift) für die AR 189 über	4.100,00
06.12.	Aufnahme eines Bankdarlehens und Bereitstellung auf dem laufenden Bankkonto	40.000,00
06.12.	Bareinzahlung auf dem Bankkonto in Höhe von	5.400,00
07.12.	Banküberweisung zum Ausgleich der ER 686 über die Lieferung eines Kastenwagens	21.000,00
08.12.	Belastung des Bankkontos für die ER 687 in Höhe von	13.000,00
08.12.	Per Dauerauftrag werden vom Bankkonto für Darlehensrückzahlung abgebucht	1.200,00

Buchungssatzschema zu Aufgabe 3

Buchungsregel:						Erst Soll	dann Haben	Erst Soll	dann Haben
Geschäftsfall/Beleg (Nr.)	Welche Konten werden durch den Geschäftsfall angesprochen?	Um welche Kontenart handelt es sich?	Wie verändern sich die Kontobestände/-werte durch die Wertströme? (Zufluss/Abfluss)	Auf welcher Kontoseite wird gebucht?		Kontierung			
						Konten		Betrag	
				Soll	Haben	Soll	Haben	Soll	Haben

Buchungssatzschema zu Aufgabe 4 (bitte mehrfach verwenden)

Geschäftsfall/Beleg (Nr.)	Welche Konten werden durch den Geschäftsfall angesprochen?	Um welche Kontenart handelt es sich?	Wie verändern sich die Kontobestände/-werte durch die Wertströme? (Zufluss/Abfluss)	Auf welcher Kontoseite wird gebucht?		Kontierung			
						Konten		Betrag	
				Soll	Haben	Soll	Haben	Soll	Haben

Aufgabe 5

Im Zweirad-Center Breuer sind noch folgende Geschäftsfälle zu bearbeiten. Verwenden Sie für die Kontierung aller Geschäftsfälle den unten stehenden „verlängerten" Kontierungsstempel.

Geschäftsfälle			€
①	01.10.20(0)	Bankeinzahlung (Kassenabschöpfung)	5.300,00
②	02.10.20(0)	Ein Kunde begleicht die Ausgangsrechnung Nr. 1425 zum Teil durch Banküberweisung und den Rest durch eine Barzahlung an der Kasse	
		Banküberweisung	658,00
		Barzahlung an der Kasse laut Kassenbericht	100,00
③	02.10.20(0)	Ausgleich einer Liefererrechnung (Nr. 2321) durch Banküberweisung. Die Verbindlichkeiten verändern sich.	6.700,00
④	03.10.20(0)	Die Hausbank gibt dem Zweirad-Center Breuer ein Darlehen über 30.000,00 € und schreibt den Betrag dem laufenden Bankkonto gut	30.000,00
⑤	03.10.20(0)	Die monatliche Rückzahlung des Darlehens wird in Teilbeträgen über das Bankkonto und das Postbankkonto abgewickelt.	
		Postbanküberweisung lt. Auszug Nr. 203	1.500,00
		Banküberweisung lt. Auszug Nr. 284	500,00
⑥	04.10.20(0)	Eine Rechnung aus dem Monat September wird durch Banküberweisung beglichen (Eingangsrechnung Nr. 1880).	5.000,00
⑦	05.10.20(0)	Ein Kunde begleicht die Ausgangsrechnung Nr. 348 durch Banküberweisung. Die Forderungen verändern sich.	650,00

Kontierung			
Konten		Betrag in €	
Soll	Haben	Soll	Haben

Aufgabe 6

Im Handwerksunternehmen Elektro Nelskamp KG, Sandweg 16, 48638 Coesfeld, sind folgende Geschäftsfälle zu buchen. Führen Sie das Grundbuch für die Woche vom 8. November bis zum 12. November 20(0).

Geschäftsfälle		€
08.11.20(0)	Einzahlungsquittung der Bank: Bargeldeinzahlung (Kassenabschöpfung)	9.200,00
09.11.20(0)	Kontoauszug: Kunde begleicht die Ausgangsrechnung Nr. 654 durch Banküberweisung	1.250,00
10.11.20(0)	Kontoauszug: Ausgleich einer Liefererrechnung (Nr. 2691) durch Banküberweisung	28.300,00
11.11.20(0)	Kunde begleicht die Ausgangsrechnung Nr. 656 zum Teil durch Banküberweisung und den Rest durch eine Barzahlung an der Kasse	
	Kontoauszug: Banküberweisung	900,00
	Quittung: Barzahlung an der Kasse laut Kassenbuch	200,00
11.11.20(0)	Auszahlungsquittung der Bank: Bargeldabhebung vom Bankkonto. Das Geld wird in die Kasse gelegt.	150,00
11.11.20(0)	Kontoauszüge: Die Bank gewährt der Elektro Nelskamp KG ein Darlehen über 60.000,00 € und schreibt den Betrag dem laufenden Bankkonto gut	60.000,00
12.11.20(0)	Kontoauszüge: Die monatliche Rückzahlung des Darlehens erfolgt über das Bankkonto (Banküberweisung lt. Auszug Nr. 289)	2.000,00
12.11.20(0)	Kontoauszug: Die Rechnung eines Lieferanten aus dem Monat September wird durch Banküberweisung beglichen (Eingangsrechnung Nr. 2697).	8.400,00

Jahr 20(0)	Grundbuch					
Datum	Beleg	Buchungstext	Konten		Betrag	
			Soll	Haben	Soll	Haben
		Betragskontrolle				

Aufgabe 7

Bearbeiten Sie die unten aufgeführten Geschäftsfälle vom 11. bis 17. November 20(0) der Geschenk-Boutique Sanders.

a Bilden Sie die Buchungssätze zu den Geschäftsfällen und tragen Sie diese in das Grundbuch ein.

b Führen Sie die Betragskontrolle durch.

c Übertragen Sie die Buchungssätze in das Hauptbuch:

d Schließen Sie die Konten ab, und ermitteln Sie die jeweiligen Schlussbestände.

e Übertragen Sie die Schlussbestände auf das Schlussbestandskonto.

Vermögenskonten	**€**	**Kapitalkonten**	**€**
Betriebs- und Geschäftsausstattung	84.000,00	Eigenkapital	150.000,00
Waren	140.100,00	Darlehen	178.000,00
Forderungen	22.650,00	Verbindlichkeiten	32.000,00
Bank	91.100,00		
Kasse	22.150,00		
Summe Vermögen	**360.000,00**	**Summe Kapital**	**360.000,00**

Geschäftsfälle		**€**
11.11.20(0)	Bargeld aus der Kasse wird auf das Bankkonto eingezahlt (Kassenabschöpfung).	6.000,00
11.11.20(0)	Ein Kunde begleicht die Ausgangsrechnung Nr. 659 durch Banküberweisung auf das Bankkonto.	3.600,00
12.11.20(0)	Ausgleich einer Liefererrechnung (Nr. 3188) durch Banküberweisung vom Bankkonto	1.700,00
13.11.20(0)	Barabhebung vom Bankkonto für Wechselgeld	75,00
13.11.20(0)	Bei dem Darlehen Nr. 4865 051 100 endet die Vertragslaufzeit. Wir zahlen den Restbetrag komplett durch Überweisung von unserem Bankkonto zurück.	20.000,00
14.11.20(0)	Ein Kunde begleicht die Ausgangsrechnung Nr. 660 zum Teil durch Überweisung und den Rest durch eine Barzahlung an der Kasse. Banküberweisung	800,00
	Barzahlung an der Kasse	200,00
15.11.20(0)	Die Einnahmen aus Barverkäufen des Tages werden auf das Bankkonto eingezahlt.	2.800,00
16.11. 20(0)	Aus der Kasse wird Geld entnommen und auf das Bankkonto eingezahlt.	4.000,00
16.11.20(0)	Monatliche Tilgung des Darlehens Nr. 4865 051 200 durch Banküberweisung über das Bankkonto	2.000,00
17.11.20(0)	Ausgleich einer Lieferer-Rechnung (Eingangsrechnung Nr. 2167) durch Banküberweisung vom Bankkonto	13.000,00

Jahr 20(0)		**Grundbuch**				
Datum	**Beleg**	**Buchungstext**	**Konten**		**Betrag**	
			Soll	**Haben**	**Soll**	**Haben**

Jahr 20(0)	Grundbuch					
Datum	Beleg	Buchungstext	Konten		Betrag	
			Soll	Haben	Soll	Haben
				Betragskontrolle		

Hauptbuch

Vermögenskonten

Mehrungen (Zufluss)					Minderungen (Abfluss)
Soll		Betriebs- und Geschäftsausstattung			Haben
Datum	Text	€	Datum	Text	€

Mehrungen (Zufluss)					Minderungen (Abfluss)
Soll		Waren			Haben
Datum	Text	€	Datum	Text	€

Mehrungen (Zufluss)					Minderungen (Abfluss)
Soll		Forderungen			Haben
Datum	Text	€	Datum	Text	€

Mehrungen (Zufluss)					Minderungen (Abfluss)
Soll		Bank			Haben
Datum	Text	€	Datum	Text	€

Mehrungen (Zufluss)					Minderungen (Abfluss)
Soll		Kasse			Haben
Datum	Text	€	Datum	Text	€

Kapitalkonto

Minderungen (Abfluss)					Mehrungen (Zufluss)
Soll		Eigenkapital			Haben
Datum	Text	€	Datum	Text	€

Minderungen (Abfluss)					Mehrungen (Zufluss)
Soll		Darlehen			Haben
Datum	Text	€	Datum	Text	€

Minderungen (Abfluss)					Mehrungen (Zufluss)
Soll		Verbindlichkeiten			Haben
Datum	Text	€	Datum	Text	€

Abschlusskonto

Soll		Schlussbestandskonto			Haben
Datum	Text	€	Datum	Text	€

4 Zahlungsströme überwachen: Forderungen und Verbindlichkeiten

Der Terminplan von Frau Keller, Leiterin der Abteilung Rechnungswesen/Controlling, sieht an jedem Montag die weitere Bearbeitung der fakturierten Kundenaufträge der letzten Woche vor.
Zunächst druckt sie die Rechnungen an die Kunden (Ausgangsrechnungen) in dreifacher Ausfertigung aus und steckt das Original und die erste Durchschrift in einen Briefumschlag. Die Rechnungen gehen dann in den Postausgang.
Die dritte Durchschrift der Ausgangsrechnungen (AR) sind Belege für die Finanzbuchhaltung. Daher kontiert Frau Keller diese Belege und bucht sie dann im Grund- und Hauptbuch.

Ausgangsrechnung

AR = Ausgangsrechnung

Rosner GmbH

Rosner GmbH, Baaderstraße 120, 80469 München

Sandra Wunsch
Augustenstraße 7
80333 München

Ihr Zeichen:
Ihre Nachricht
Unser Zeichen: KEL
Unsere Nachricht:

Name: Lena Keller
Telefon: 089 52067-537
Telefax: 089 50267-900
E-Mail: info@rosner.de

Datum: 15.02.20(0)

Rechnung		**Nummer: 1312**	**Kunden-Nr.: 14052**	
Position	**Menge**	**Bezeichnung**	**Einzelpreis €**	**Gesamtpreis €**
01	1	Diodenscheinwerfer	70,00	70,00
02	1	Bike & Body Controller	200,00	230,00
			Nettobetrag	**300,00**
			19 %	**57,00**
			Rechnungsbetrag	**357,00**

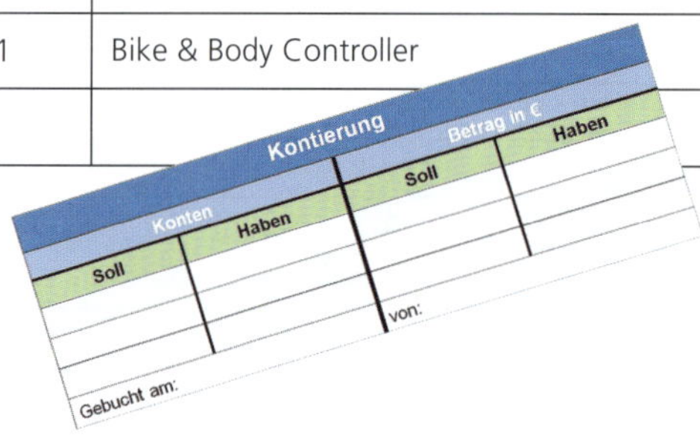

Zahlungsziel: Die Rechnungssumme ist fällig mit Zugang dieser Rechnung, spätestens am 20.02.20(0).

Geschäftsführer:
Heinz Rosner
HR: Amtsgericht München HRB 5646
USt-Id.-Nr.: DE 953 736 836

Bankkonto: VB Bank München
IBAN: DE31 7022 0800 0305 6732 91
BIC: VBAGDEM1XXX

Buchung von Ausgangsrechnungen, siehe Seite 129

Nachdem Frau Keller die Ausgangsrechnungen gebucht hat, bittet sie die Auszubildende Kathrin zu sich:

Frau Keller: „Hallo Kathrin, ich möchte mit dir heute erläutern, wie wir in unserem Unternehmen die Zahlungsvorgänge organisieren. Ich habe hier in dem Stapel die Durchschriften von den Rechnungen an unsere Kunden, die sogenannten Ausgangsrechnungen. Hier ist beispielsweise die Rechnung an Frau Wunsch (siehe oben). Die Kundin hat bei uns Zubehör gekauft und gleich mitgenommen. Sie hat aber den Preis für den Diodenscheinwerfer und den Body-Controller nicht wie beim Kauf über die Kasse (siehe Lernsituation 2, Seite 66) sofort bar bezahlt, sondern erhält wie vereinbart eine Rechnung von uns. Die Rechnung habe ich heute geschrieben und verschickt. Dann habe ich sie gebucht. Kannst du dich in diesem Zusammenhang noch daran erinnern, was du in der Abteilung Beschaffung zu den rechtlichen Bedingungen des Kaufvertrags gelernt hast? Haben wir unsere Verpflichtungen aus dem Kaufvertrag erfüllt?"

Kathrin: „Ja, wir haben mit der Lieferung der Zubehörteile unsere Kaufvertragsverpflichtungen soweit erfüllt. Der Kunde muss aber noch den Kaufpreis bezahlen."

Frau Keller: „Schau dir doch noch einmal die Rechnung für Frau Wunsch an. Welchen Betrag muss Frau Wunsch deiner Meinung nach an uns zahlen?"

Kathrin: „Ist doch klar! Sie muss den Rechnungsbetrag bezahlen, die 357,00 €."

Frau Keller: „So ist es! Nun kommen wir zu deiner neuen Aufgabe: Ich habe nach der Buchung die Ausgangsrechnung an Frau Wunsch in die folgende Excel-Datei „Offene-Posten-Kunden" eingetragen."

OP-Liste-Kunden: Fälligkeit						
Rechnungs-datum	**Fälligkeit**	**Kunden-Nr.**	**Name**	**Rechnungs-Nr.**	**Rechnungsbetrag in €**	**Mahnung**
15.02.20(0)	20.02.20(0)	D 24052	Wunsch	1312	357,00	
15.02.20(0)						

Frau Keller: „Traust du dir zu, auch die übrigen Rechnungen in die OP-Liste-Kunden einzutragen?"

Kathrin: „Ja, sicher!"

Frau Keller: „Aber da ist noch etwas. Du musst die Rechnungen nach ihrer Fälligkeit ordnen, damit wir wissen, wann mit der Zahlung des Kunden zu rechnen ist."

Kathrin: „Auch das ist kein Problem. Ich kenne die Sortierfunktion in Excel."

Frau Keller: „Gut! Und nun wird es richtig spannend. Wie willst du feststellen, ob der Kunde tatsächlich am Fälligkeitstag gezahlt hat?"

Kathrin: „Ich kann den Zahlungseingang am besten mit dem Kontoauszug überprüfen."

Frau Keller: „Sehr gut! Dann kannst du jetzt regelmäßig bei der VB-Bank die Kontoauszüge online abrufen und die Kontrollen durchführen. Und nun habe ich hier noch einen Stapel Rechnungen. Das sind Eingangsrechnungen von unseren Lieferanten und Dienstleistern."

Eingangsrechnung

MOOG-GmbH Fahrradzubehör

MOOG GmbH, Hoyerweg 28, 28355 Bremen

Rosner GmbH
Baaderstraße 120
80469 München

Ihr Zeichen: ABE
Ihre Nachricht: 10.02.20(0)
Unser Zeichen:
Unsere Nachricht:

Name: Verena Bengers
Telefon: 0421 98067-533
Telefax: 0421 98067-900
E-Mail: info@moog.de

Datum: 15.02.20(0)

EINGEGANGEN
16.02.20(0)
Rechnung geprüft:......KE.........

Rechnung		**Nummer: 556/20(0)**	**Kunden-Nr.: 19014**	
Position	**Menge**	**Bezeichnung**	**Einzelpreis €**	**Gesamtpreis €**
01	30	Art. Nr. 1278 Rennrad-Laufradsatz 28"/700C EA70	190,00	5.700,00
			Nettobetrag	5.700,00
			19 %	1.083,00
			Rechnungsbetrag	**6.783,00**

Zahlungsziel: Die Rechnungssumme ist fällig mit Zugang dieser Rechnung, spätestens am 20.02.20(0).

Geschäftsführer:
Samuel Moogner
HR: Amtsgericht Bremen HRB 6646
USt-Id.-Nr.: DE 785 736 836

Bankkonto: Exportbank Bremen
IBAN: DE62 290700500 0163451
BIC: EXPOBAEM1XXX

Frau Keller: „Die eingehenden Rechnungen (ER) der Lieferanten und Dienstleister habe ich beim Eingang auf Richtigkeit geprüft und mit dem Eingangsstempel versehen. Die Eingangsrechnungen sind Belege der Ansprüche von Lieferern und Dienstleistern auf Bezahlung der gelieferten Waren oder Dienstleistungen. Sie werden als Verbindlichkeiten in der Finanzbuchhaltung gebucht."

ER = Eingangsrechnung

Nach der Buchung habe ich die Rechnung unseres Lieferanten MOOG GmbH in der Excel-Datei „Offene-Posten-Lieferanten" eingetragen. Die übrigen Eingangsrechnungen müssen ebenfalls eingetragen und nach Fälligkeit sortiert werden. Aber das kennst du ja schon von den Ausgangsrechnungen.

OP-Liste-Lieferanten: Fälligkeit					
Rechnungs-datum	**Fälligkeit**	**Lieferer-Nr.**	**Name**	**Rechnungs-Nr.**	**Rechnungsbetrag**
15.02.20(0)	20.02.20(0)	K 44045	MOOG GmbH	556/20(0)	6.783,00 €
16.02.20(0)					

Im Gegensatz zu den Ausgangsrechnungen geht es bei den Eingangsrechnungen darum, dass wir rechtzeitig zahlen. Daher musst du die Überweisungsaufträge gleich am Fälligkeitstag morgens erstellen und mir zur Überprüfung vorlegen, bevor du sie bei der VB Bank einreichst."

Kathrin: „Das ist aber eine Menge Arbeit! Ich hoffe, dass ich alles richtig mache."

Frau Keller: „Die Bearbeitung der Zahlungseingänge und Zahlungsausgänge ist eine anspruchsvolle und auch verantwortungsvolle Aufgabe. Aber ich bin sicher, du schaffst das. Am besten machst du dir einen Wochenplan, damit du keine Arbeit vergisst. Und da du ja schon gelernt hast, wie Kontoauszüge zu buchen sind, kannst du auch schon die Buchung der Zahlungsvorgänge im Grundbuch und im Hauptbuch durchführen."

Arbeitsauftrag

Führen Sie die Arbeiten zur Überwachung der Zahlungseingänge und Zahlungsausgänge der Rosner GmbH durch.

Vorschläge zur Vorgehensweise

1. Erstellen Sie die OP-Listen für Kunden und Lieferanten in Excel und erfassen Sie die Rechnungen.
2. Sortieren Sie die OP-Listen (Excel-Tabellen) nach der Fälligkeit.
3. Überprüfen Sie die Fälligkeit der Forderungen an die Kunden und den Zahlungseingang mithilfe des Kontoauszugs.
4. Überprüfen Sie die Fälligkeit der Verbindlichkeiten gegenüber den Lieferern und veranlassen Sie den Zahlungsausgang.
5. Buchen Sie die Zahlungsvorgänge des Kontoauszugs im Grundbuch und Hauptbuch.

Die Auszubildende Kathrin hat aus den vorliegenden Ausgangsrechnungen folgende Tabelle in Excel erstellt:

OP-Liste-Kunden: Fälligkeit						
Rechnungs-datum	**Fälligkeit**	**Kunden-Nr.**	**Name**	**Rechnungs-Nr.**	**Rechnungsbetrag in €**	**Mahnung**
15.02.20(0)	20.02.20(0)	D 24052	Wunsch	1312	357,00	
15.02.20(0)	20.02.20(0)	D 24001	MRC 90	1313	2.340,00	
16.02.20(0)	16.03.20(0)	D 24032	Albers	1314	1.560,00	
16.02.20(0)	21.02.20(0)	D 24002	City-Bike	1315	652,00	
17.02.20(0)	22.02.20(0)	D 24012	Zeller	1316	2.420,00	
17.02.20(0)	27.02.20(0)	D 24023	Berger	1317	560,00	
18.02.20(0)	23.02.20(0)	D 24004	Radstudio	1318	128,00	
19.02.20(0)	24.02.20(0)	D 24004	Radstudio	1319	96,00	
19.02.20(0)	15.03.20(0)	D 24009	Danner	1320	286,00	
19.02.20(0)	24.02.20(0)	D 24011	Thon	1321	57,00	
					8.456,00	

Für die vorliegenden Eingangsrechnungen hat Kathrin die OP-Liste-Lieferanten erstellt:

OP-Liste-Lieferanten: Fälligkeit					
Rechnungs-datum	**Fälligkeit**	**Lieferer-Nr.**	**Name**	**Rechnungs-Nr.**	**Rechnungsbetrag**
15.02.20(0)	20.02.20(0)	K 44045	MOOG GmbH	556/20(0)	6.783,00 €
16.02.20(0)	21.02.20(0)	K 44033	Adler GmbH	6498/20(0)	560,00 €
17.02.20(0)	23.02.20(0)	K 44003	UTA Tankservice	A 2846/20(0)	841,00 €
17.02.20(0)	30.02.20(0)	K 44019	Heumer KG	20(0)/1893	1.856,00 €
19.02.20(0)	24.02.20(0)	K 44002	Rose GmbH	D 12011/315	4.233,00 €
19.02.20(0)	24.02.20(0)	K 44016	Hinz e. K.	145/20(0)	356,00 €
					14.629,00 €

Den folgenden Kontoauszug hat Kathrin von der VB Bank erhalten:

	BLZ	Konto-Nr.	erstellt am	Auszug	Blatt
VB Bank München	70220800	305673291	25.02.20(0)	6	1

BU-TAG	VORGANG			
		SALDO alt	132.460,00	+
20.02.	AR 1312/D 24052 Wunsch		357,00	+
20.02.	AR 1313/D 24001 MRC 90		2.340,00	+
20.02.	ER 556/20(0)/K 44045 MOOG GmbH		6.783,00	-
21.02.	AR 1315/D 24002 City-Bike		652,00	+
21.02.	ER 6498/20(0)/ K 44033 Adler GmbH		560,00	-
22.02.	AR 1316/D 24012 Zeller		2.420,00	+
23.02.	AR 1318/D 24004 Radstudio		128,00	+
23.02.	ER A 2846/20(0)/ K 44003 UTA Tank		841,00	-
24.02.	AR 1319/D 24004 Radstudio		96,00	+
24.02.	AR 1321/ D24011 Thon		57,00	+
24.02.	ER D 12011/315/ K 44002 Rose GmbH		4.233,00	-
24.02.	ER 145/20(0)/ K 44016 Hinze e. K.		356,00	-
		SALDO neu	125.737,00	+
Rosner GmbH		BIC:	VBAGDEM1XXX	
Baaderstraße 120, 80469 München		IBAN:	DE31702208000305673291	

Kassenabschöpfung = Einzahlung von Bargeld aus der Kasse auf dem Bankkonto

Grundbuch

Jahr 20(0)	Grundbuch					
Datum	Beleg	Buchungstext	Konten		Betrag	
			Soll	Haben	Soll	Haben
Buchungskreis Ausgangsrechnungen						
20.02.	KA 6	ZE für AR 1312/D 24052				
20.02.	KA 6					
Buchungskreis Eingangsrechnungen						

Jahr 20(0)	Grundbuch					
Datum	Beleg	Buchungstext	Konten		Betrag	
			Soll	Haben	Soll	Haben
		Betragskontrolle				

Hauptbuch

Vermögenskonten

Mehrungen (Zufluss)					Minderungen (Abfluss)
Soll		Forderungen			Haben
Datum	Text	€	Datum	Text	€
15.02.	Saldovortrag	225.450	15.02.	ZE für AR 1309/D 24001	214,00
15.02.	AR 1312 KNR. D 24052	357,00	16.02	ZE für AR 1308/D 24004	846,00
15.02.	AR 1313 KNR. D 24001	2.340,00	16.02.	ZE für AR 1309/D 24041	1.120,00
15.02.	AR 1314 KNR. D 24032	1.560,00	17.02.	ZE für AR 1310/D 24002	6.589,00
16.02.	AR 1315 KNR. D 24002	652,00	18.02	ZE für AR 1311/D 24043	320,00
16.02.	AR 1316 KNR. D 24012	2.420,00			
17.02.	AR 1317 KNR. D 24023	560,00			
17.02.	AR 1318 KNR. D 24004	128,00			
18.02.	AR 1319 KNR. D 24004	96,00			
19.02.	AR 1320 KNR. D 24009	286,00			
19.02.	AR 1321 KNR. D 24011	57,00			
20.02.	......				
20.02.	......				

Mehrungen (Zufluss)					Minderungen (Abfluss)
Soll		Bank			Haben
Datum	Text	€	Datum	Text	€
20.02.	Saldovortrag	132.460,00	20.02.		
20.02.					

Kapitalkonto

Minderungen (Abfluss)					Mehrungen (Zufluss)
Soll		**Verbindlichkeiten**			**Haben**
Datum	**Text**	**€**	**Datum**	**Text**	**€**
15.02.	ER A 1945/20(0)	3.496,00	15.02.	Saldovortrag	105.000,00
17.02.	ER 2213/20(0)	148,00	15.02.	ER 556/20(0)	6.783,00
			16.02.	ER 6498/20(0)	560,00
			17.02	ER A 2846/20(0)	841,00
			17.02.	ER 20(0)/1893	1.856,00
			19.02.	ER D 12011/3158	4.233,00
			19.02.	ER 145/20(0)	356,00

Aufgabe 1

In der Santa FE Sportartikel GmbH in Düsseldorf:
Der Geschäftsführer, Herr Grunden, hat die Buchhalterin, Frau Winters, zu sich gebeten.

Frau Winters: „Guten Morgen, Herr Grunden!"

Herr Grunden: „Guten Morgen, Frau Winters! Schauen Sie einmal her. Ich habe hier eine Mahnung unseres Lieferers Endresen. Die war heute Morgen in der Post. Das hat mich doch sehr überrascht; haben wir denn wirklich unsere Außenstände nicht rechtzeitig gezahlt?"

Frau Winters: „Ich musste tatsächlich die Zahlungen an unsere Lieferer um ein paar Tage aufschieben, Herr Grunden."

Herr Grunden: „Das entspricht aber nicht unseren Zielsetzungen. Für so ein junges Unternehmen, wie wir es sind, ist Termintreue bei den Zahlungen geradezu lebenswichtig. Wenn sich das herumspricht, haben wir ein echtes Problem. Wie konnte das denn passieren?"

Frau Winters: „Zum Monatsende kam einiges an Zahlungen zusammen, und leider haben unsere Kunden die Zahlungsziele auch nicht eingehalten. Daher hatten wir einen kleinen Liquiditätsengpass. Ich habe aber alle Eingangsrechnungen innerhalb einer Woche bezahlt."

Herr Grunden: „Dann müssen wir dringend die Zahlungseingänge beobachten und gegebenenfalls mahnen. Und für unsere Zahlungen gilt: Zahlung zum Fälligkeitstag! Erstellen Sie mir doch bitte für den aktuellen Monat Juli Offene-Posten-Listen für die Forderungen und Verbindlichkeiten.

Frau Winters: „Ich werde mich gleich an die Arbeit machen."

Frau Winters ruft die Konten „Forderungen", „Verbindlichkeiten" und „Bank" auf. Sie hat alle Buchungen für den Monat Juli erfasst. Nur der folgende Kontoauszug der SB Bank Düsseldorf der 29. Kalenderwoche (KW) ist noch nicht gebucht.

Kontoauszug	**SB Bank Düsseldorf**		Nordstraße 108 40223 Düsseldorf		BIC: SBNADEFFDUS	
IBAN		**Auszug-Nr.**	**Seite**	**Monat**	**Alter Kontostand (€)**	
DE22 30110200 004865 0510 00		2	1	07.20(0)	75.259,00	H
Santa FE Sportartikel GmbH, Merkurstraße 14, 40223 Düsseldorf						
Wert	**Buchungstext**				**Umsätze (€)**	
27.07.	Auftrag Möller ER K0006				3.944,00	S
27.07.	Auftrag Endresen ER K0005				7.077,00	S
27.07.	Auftrag Fahrland ER K0007				4.408,00	S
27.07.	AR D0010 Wagner				1.624,00	H
Auszugsdatum					**Neuer Kontostand**	**€**
31.07.20(0)					61.454,00	H

a Buchen Sie die noch nicht gebuchten Zahlungsvorgänge aus dem Kontoauszug der SB Bank Düsseldorf vom 31.07.20(0) im Grundbuch und auf den Konten des Hauptbuchs.

b Führen Sie die Offene-Posten-Listen:

1. Übertagen Sie die offenen Beträge aus den Konten in die unten stehenden Offene-Posten-Listen (OPL).
2. Stellen Sie die Fälligkeit der Rechnungen fest und entscheiden Sie, ob Mahnschreiben und ob Zahlungen an die Lieferer veranlasst werden müssen. Für die Ausgangsrechnungen werden als Zahlungsfrist fünf Tage und für die Eingangsrechnungen zehn Tage unterstellt.

Offene-Posten-Listen (Kunden und Lieferer)

Offene-Posten-Liste-Kunden			Zeit: 10:32:46		Datum 31.07.20(0)	
Name	Rechnungs-nummer	Rechnungs-datum	Betrag		Fälligkeit	Mahnung
			Soll	Haben	Datum	

Zahlungsziel: 5 Tage

Offene-Posten-Liste-Lieferer			Zeit: 10:40:26		Datum 31.07.20(0)		
Name	Rechnungs-nummer	Rechnungs-datum	Betrag		Fälligkeit	Zahlung	
			Soll	Haben		Datum	

Zahlungsziel: 10 Tage

Grundbuch

Jahr 20(0)	Grundbuch					
Datum	Beleg	Buchungstext	Konten		Betrag	
			Soll	Haben	Soll	Haben
				Betragskontrolle		

Hauptbuch

Vermögenskonten

Mehrungen (Zufluss)				Minderungen (Abfluss)	
Soll		**Bank**			**Haben**
Datum	**Text**	**€**	**Datum**	**Text**	**€**
01.07.	Saldovortrag	55.000,00	13.07.	ZA für ER K0001	714,00
07.07.	ZE für AR D0001	862,00	13.07.	ZA für ER K0004	4.176,00
09.07.	ZE für AR D0005	3.248,00	13.07	ZA für ER K0002	6.960,00
09.07.	ZE für AR D0003	3.248,00	16.07.	Barauszahlung	2.000,00
09.07.	ZE für AR D0002	3.364,00	19.07.	ZA für ER K0003	5.278,00
09.07.	ZE für AR D0004	3.016,00			
17.07.	ZE für AR D0007	4.060,00			
17.07.	ZE für AR D0008	5.278,00			
17.07.	ZE für AR D0006	5.046,00			
17.07.	ZE für AR D0009	4.060,00			
20.07.	Kassenabschöpfung	3.000,00			
24.07.	ZE für AR D0012	4.205,00			
27.07.					

Mehrungen (Zufluss)				Minderungen (Abfluss)	
Soll		**Forderungen**			**Haben**
Datum	**Text**	**€**	**Datum**	**Text**	**€**
01.07.	Saldovortrag	40.144,00	07.07.	ZE für AR D001 Wendering	862,00
03.07.	AR D001 Wendering	862,00	09.07.	ZE für AR D005 Kaulmann	3.248,00
05.07.	AR D002 Wendering	3.364,00	09.07.	ZE für AR D003 Degener	3.248,00
05.07.	AR D003 Degener	3.248,00	09.07.	ZE für AR D002 Wendering	3.364,00
05.07.	AR D004 Seidlitz	3.016,00	09.07.	ZE für AR D004 Seidlitz	3.016,00
05.07.	AR D005 Kaulmann	3.248,00	17.07.	ZE für AR D007 Degener	4.060,00
13.07.	AR D006 Wendering	5.046,00	17.07.	ZE für AR D008 Seidlitz	5.278,00
13.07.	AR D007 Degener	4.060,00	17.07.	ZE für AR D006 Wendering	5.046,00
13.07.	AR D008 Seidlitz	5.278,00	17.07.	ZE für AR D009 Kaulmann	4.060,00
13.07.	AR D009 Kaulmann	4.060,00	24.07.	ZE für AR D012 Wendering	4.205,00
16.07.	AR D010 Wagner	1.624,00			
18.07.	AR D0011 Sudner	3.248,00			
20.07.	AR D0012 Wendering	4.205,00			
20.07.	AR D013 Seidlitz	4.872,00			
20.07.	AR D014 Degener	5.278,00			
20.07.	AR D015 Kaulmann	4.874,00			
27.07.	AR D0016 Wendering	5.887,00			
27.07.	AR D017 Degener	4.872,00			
27.07.	AR D018 Wolters	6.032,00			
27.07.	AR D019 Seidlitz	5.680,00			
27.07.	AR D020 Kaulmann	4.887,00			

Kapitalkonto

Minderungen (Abfluss)					Mehrungen (Zufluss)
Soll		**Verbindlichkeiten**			**Haben**
Datum	**Text**	**€**	**Datum**	**Text**	**€**
13.07.	ZA für ER K0001	714,00	01.07.	Saldovortrag	30.256,00
13.07.	ZA für ER K0004	4.176,00	03.07.	ER K00001	714,00
13.07.	ZA für ER K0002	6.960,00	05.07.	ER K00002	6.960,00
19.07.	ZA für ER K0003	5.278,00	05.07.	ER K00003	5.278,00
			05.07.	ER K00004	4.176,00
			13.07.	ER K00005	7.077,00
			13.07.	ER K00006	3.944,00
			13.07.	ER K00007	4.408,00
			20.07.	ER K00008	9.048,00
			20.07.	ER K00009	6.728,00
			20.07.	ER K00010	4.582,00
			27.07.	ER K00011	11.336,00
			27.07.	ER K00012	5.162,00
			27.07.	ER K00013	3.364,00

Aufgabe 2

Erstellen Sie den Liquiditätsplan der Rahmenmanufaktur Siebers GmbH aus Ihren Ergebnissen der 29. Kalenderwoche für die Planung der 30. Kalenderwoche.

Liquiditätsplan für die 30. Kalenderwoche					
A. Einnahmen			**B. Ausgaben**		
01	Bank	59.454,00	01	Zahlungen an Lieferer	40.220,00
02	Kasse	1.300,00	02		
03	Umsatz (Forderungen)	45.630,00			
04					
Summe Einnahmen				**Summe Ausgaben**	
	Summe Einnahmen				
–	Summe Ausgaben				
	Überdeckung/Unterdeckung				

Aufgabe 3

Die Berechnungen im Liquiditätsplan der Rahmenmanufaktur Siebers GmbH ergaben in der 30. Kalenderwoche 20(0) eine Überdeckung in Höhe von 66.164,00 €. Der Umsatz betrug 45.630,00 €. In der Vergangenheit wurden für die in der nebenstehenden Tabelle aufgeführten Ausgabengruppen weitere Ausgaben fällig.

Ausgabe	Höhe in % vom Umsatz
Personalausgaben	35
Energieausgaben	13
Verwaltungsausgaben	23
Sonstige Ausgaben	5

a Berechnen Sie die Höhe der Ausgaben.

b Welche Ausgaben verbergen sich im Einzelnen hinter den oben genannten Ausgabengruppen?

c Stellen Sie fest, ob die Überdeckung ausreicht, die weiteren Ausgaben zu decken.

d Wie schätzen Sie die neue Situation ein?

5 Das Vermögen finanzieren: Einen Kredit aufnehmen

Die Geschäfte in der Rosner GmbH laufen hervorragend. Aufgrund der fachlichen Qualifikation und Zuverlässigkeit wird das Unternehmen ständig weiterempfohlen.
Die Auftragslage erforderte es sogar, einen weiteren Mitarbeiter in der Werkstatt einzustellen. Mit dessen Hilfe möchte sich Herr Rosner nun vor allem in seinem Spezialgebiet, dem Bau von maßgeschneiderten Rennsport-Fahrrädern, stärker engagieren.
Zu diesem Zweck ist es notwendig, die Betriebs- und Geschäftsausstattung um die dazu erforderlichen Werkzeuge zu ergänzen. Außerdem möchte Herr Rosner seinen Kunden die gekauften Fahrräder auf Wunsch frei Haus liefern. Dafür benötigt er einen Lieferwagen.
Herr Rosner holt daher ein Angebot des Autohändlers Bleker ein, weil er den Servicekastenwagen beim Vertragshändler vor Ort kaufen möchte. Die Anfrage ergibt, dass mit einem Anschaffungswert von 25.000,00 € für den Servicewagen zu rechnen ist. Für die Werkzeugausstattung rechnet Herr Rosner mit ca. 5.000,00 €.
Da auf dem Bankkonto die notwendigen liquiden Mittel für die erforderlichen Anschaffungen nicht vorhanden sind und auch der Finanzplan für die nächsten Wochen nur eine geringe Liquidität erkennen lässt, ruft er bei seiner Bank an und verlangt den für ihn zuständigen Sachbearbeiter, Herrn Voss.

Herr Rosner: „Guten Tag, Herr Voss. Ich benötige dringend 30.000,00 € zur Finanzierung eines Werkstattausbaus und eines Lieferwagens. Kann ich den Kauf einfach über mein laufendes Konto abwickeln?"

Herr Voss: „Guten Tag, Herr Rosner. Nun, das ist zu überlegen. Wie viele Euro wollen Sie denn monatlich zurückzahlen?"

Herr Rosner: „Circa 1.000,00 €."

Herr Voss: „Gut, es handelt sich also um einen längerfristigen Kredit. In diesem Fall ist eine Kontoüberziehung relativ teuer. Ich empfehle Ihnen ein Darlehen, das ist 3 % günstiger. Wir können Ihnen einen Zinssatz von 6,5 % anbieten. Eine Bearbeitungsgebühr fällt nicht an und da wir ja in ständiger Geschäftsbeziehung stehen, können wir auf eine besondere Sicherheit verzichten."

Herr Rosner: „Ja gut. Dann nehme ich das Darlehen. Ich möchte es aber auf meinem laufenden Konto gutgeschrieben haben, damit ich durch Überweisung darüber verfügen kann. Bereiten Sie schon einmal die Unterlagen vor, ich komme dann heute Nachmittag zum Unterschreiben vorbei. Ich brauche das Geld schnell, weil ich mit meinen Lieferanten bereits alles geklärt habe."

Arbeitsauftrag
Buchen Sie die Kreditabwicklung der Rosner GmbH.

Vorschläge zur Vorgehensweise
Buchen Sie die unten stehenden Geschäftsfälle und schließen Sie die Konten ab.
Beachten Sie:

- Sie haben es mit Vermögens- und mit Kapitalkonten zu tun.
- Prüfen Sie sorgfältig, ob durch die Wertströme auf den Konten Mehrungen (Zuflüsse) oder Minderungen (Abflüsse) stattfinden.

Geschäftsfälle		€
24.06.20(0)	Die Bank gewährt der Rosner GmbH ein Darlehen (Bankdarlehen) und schreibt den Darlehensbetrag auf dem Bankkonto gut (Darlehensgutschrift).	30.000,00
27.06.20(0)	Durch eine Banküberweisung begleichen wir die Rechnung des Autohändlers Bleker für den Lieferwagen (Eingangsrechnung Nr. 1566 schon gebucht)	25.000,00
27.06.20(0)	Banküberweisung für Werkzeugausstattung an die Firma Werkzeughandel Siebers (Eingangsrechnung Nr. 1833 schon gebucht)	5.500,00
28.06.20(0)	Die Rechnungen von verschiedenen Lieferern (ER 4483 – 4491) werden durch Banküberweisung beglichen.	9.600,00
30.06.20(0)	Banküberweisung vom Kunden Nordmann (AR 24057/20(0) schon gebucht)	1.350,00

Grundbuch

Jahr 20(0)	Grundbuch					
Datum	Beleg	Buchungstext	Konten		Betrag	
			Soll	Haben	Soll	Haben
		Betragskontrolle				

Hauptbuch

Vermögenskonten

Mehrungen (Zuflüsse)					Minderungen (Abflüsse)
Soll		Geschäftsausstattung			Haben
Datum	Text	€	Datum	Text	€
	Saldovortrag	235.410,00			
25.06.	ER Werkzeughandel	5.500,00			

Mehrungen (Zuflüsse)					Minderungen (Abflüsse)
Soll		Fahrzeuge			Haben
Datum	Text	€	Datum	Text	€
	Saldovortrag	96.256,00			
25.06.	ER Autohandel Bleker	25.000,00			

Mehrungen (Zuflüsse)					Minderungen (Abflüsse)
Soll		Forderungen			Haben
Datum	Text	€	Datum	Text	€
	Saldovortrag	216.550,00			
20.06.	AR 24057 Nordmann	1.350,00			

Mehrungen (Zuflüsse)					Minderungen (Abflüsse)
Soll		Bank			Haben
Datum	Text	€	Datum	Text	€
	Saldovortrag	123.780,00			

Kapitalkonto

Minderungen (Abflüsse)					Mehrungen (Zuflüsse)
Soll		Darlehen			Haben
Datum	Text	€	Datum	Text	€
				Saldovortrag	641.900,00

Minderungen (Abflüsse)					Mehrungen (Zuflüsse)
Soll			Verbindlichkeiten		Haben
Datum	Text	€	Datum	Text	€
				Saldovortrag	641.900,00
			25.06.	ER. Nr. 1566 Bleker	25.000,00
			25.06.	ER. Nr. 1833 Siebers	5.500,00

Aufgabe 1

Ergänzen Sie die nachfolgende Tabelle durch „Soll" oder „Haben", je nachdem auf welcher Kontenseite die betrachtete Position (z. B. der Eröffnungsbestand) steht.

Konten	Eröffnungsbestand	Mehrungen (Wertzufluss)	Minderungen (Wertabfluss)	Schlussbestand
Kasse				
Bank				
Forderungen				
Darlehen				

Aufgabe 2

Handelt es sich bei den nachfolgend beschriebenen Konten jeweils um
① ein laufendes Bankkonto (Kontokorrentkonto) oder
② um ein Darlehenskonto?

- **a** Auf dieses Konto werden die Kasseneinnahmen täglich eingezahlt. ◯
- **b** Auf diesem Konto sind Geldbeträge festgehalten, mit denen Vermögenswerte langfristig finanziert wurden. ◯
- **c** Von diesem Konto wird die monatliche Miete überwiesen. ◯
- **d** Auf diesem Konto gehen die Überweisungen der Kunden ein. ◯
- **e** Auf diesem Konto werden monatlich Tilgungen (Rückzahlungen) auf der Soll-Seite gebucht. ◯

Aufgabe 3

Die Geschenk Boutique Dies & Das stellt zur Sicherstellung der Liquidität für jedes Quartal einen Finanzplan auf.

- **a** Führen Sie die Finanzplanung für die Monate April bis Juni fort und stellen Sie fest, ob die Liquidität des Unternehmens im Verlauf des Jahres gesichert ist (siehe Finanzplan unten).
- **b** Die Boutique beabsichtigt im März die Ladeneinrichtung zu modernisieren. Berücksichtigen Sie die Ausgabe über 50.000,00 € für die Ladenausstattung.

Berechnung des Finanzbedarfs				
Zeit	+/–	Aufgabe 2a) Guthaben (+)/ Überziehung (–) in €		Aufgabe 2b) Guthaben (+)/ Überziehung (–) in €
Kontostand Ende Dezember 20(–1)	+	35.800,00		
Einnahmen – Ausgaben Januar	+	4.782,00		
Kontostand Ende Januar	+	40.582,00		
Einnahmen – Ausgaben Februar	+	2.110,00		
Kontostand Ende Februar	+	42.692,00		
Einnahmen – Ausgaben März	+	8.440,00	–	50.000,00
Kontostand Ende März	+	51.132,00		
Einnahmen – Ausgaben April				
Kontostand Ende April				
Einnahmen – Ausgaben Mai				
Kontostand Ende Mai				
Einnahmen – Ausgaben Juni				
Kontostand Ende Juni				

Das Unternehmen geht von einem geplanten Umsatz von 950.000,00 € für das Jahr 20(0) aus. Aus den Vorjahren kann abgeschätzt werden, welche Umsatzanteile in % in den einzelnen Monaten voraussichtlich zu erreichen sind.

Finanzplan (Januar bis Juni)								
Monate		**Januar**	**Februar**	**März**	**April**	**Mai**	**Juni**	**Summe**
Umsatz	in %	6,10	6,80	7,20	7,30	7,40	7,80	42,60
Umsatz	in €	**57.950,00**	**64.600,00**	**68.400,00**				
Verbleibende Einnahmen (35 % des Umsatzes) in €		**20.282,50**	**22.610,00**	**23.940,00**				
Ausgaben (in €) für								
Personal		9.000,00	9.000,00	9.000,00	9.000,00	9.000,00	9.000,00	54.000,00
Miete, Strom etc.		3.500,00	3.500,00	3.500,00	3.500,00	3.500,00	3.500,00	21.000,00
Werbung		1.000,00	3.000,00	1.000,00	3.000,00	1.000,00	3.000,00	10.000,00
Steuern			3.000,00			3.000,00		6.000,00
Versicherungen u. Ä.								0,00
Rückzahlungen für Bankdarlehen		2.000,00	2.000,00	2.000,00	2.000,00	2.000,00	2.000,00	12.000,00
Summe Ausgaben		**15.500,00**	**20.500,00**	**15.500,00**				
Guthaben (+)/ Überziehung (–)		**+4.782,50**	**+2.110,00**	**+8.440,00**				

Aufgabe 4

Erläutern Sie, welche Informationen ein Unternehmen dem T-Konto über die Entwicklung und den Stand seiner Verbindlichkeiten entnehmen kann.

Soll		**Verbindlichkeiten**			**Haben**
Datum	**Text**	**€**	**Datum**	**Text**	**€**
02.09	Banküberweisung ER 2321	7.000,00	01.09.	Saldovortrag	85.000,00
04.09.	Banküberweisung ER 1899	22.000,00			
04.09.	Banküberweisung ER 1434	17.000,00			
06.09.	Schlussbestand	29.000,00			
		85.000,00			85.000,00

6 Mit eigenem Kapital finanzieren

Kapitalkonto
Eigenkapital

Die gute Geschäftsentwicklung der letzten Jahre macht es nach Ansicht von Herrn Rosner erforderlich, das Sortiment durch die Aufnahme bekannter Hersteller von Rennsporträdern auszuweiten und die Geschäftsausstattung grundlegend zu erneuern. Auch den Werkstattbereich möchte er ausbauen. Er rechnet mit Kosten in Höhe von 100.000,00 €. Nun will er zügig mit den Umbauten beginnen.
Bei Gesprächen mit der Bank lehnte diese jedoch weitere Kredite ab, weil der derzeitige Anteil des Eigenkapitals am Gesamtkapital zu gering sei. Zurzeit ist das Vermögen der Rosner GmbH folgendermaßen finanziert:

Schlussbestände auf den Konten zum 30.06.20(0)

Vermögenskonto
Bank

Vermögen	
Konten	€
Forderungen	216.550,00
Bank	115.030,00
Kasse	3.729,00
Übriges Vermögen	886.575,00
Summe	1.221.884,00

Kapital		Anteile in Prozent vom Gesamtkapital
Konten	€	
Eigenkapital	450.584,00	
Darlehen	671.900,00	
Verbindlichkeiten	99.400,00	
Summe	1.221.884,00	

Herr Rosner beschließt daher, Geld aus seinem Privatvermögen durch Einzahlung auf das laufende Bankkonto in das Unternehmen einzubringen, um die gewünschten Umbauarbeiten durchführen zu können.

Arbeitsauftrag
Stellen Sie dar, wie sich eine Eigenkapitalerhöhung auf die Zusammensetzung des Gesamtkapitals auswirkt.

Vorschläge zur Vorgehensweise
1. Eröffnen Sie die Konten „Bank" und „Eigenkapital" zum 1. Juli 20(0) mit den oben angegebenen Eröffnungsbeständen (= Schlussbestände vom 30.Juni).
2. Buchen Sie die Einzahlung der 100.000,00 € aus dem Privatvermögen von Herrn Rosner auf das Bankkonto der Rosner GmbH als Mehrung des Eigenkapitals des Unternehmens.
3. Schließen Sie die Konten ab und vergleichen Sie die Vermögens- und Kapitalveränderungen des Unternehmens.

Daran sollten Sie denken:
- Ergänzen Sie die Vermögens- und Kapitalübersicht unten mit den veränderten Schlussbeständen.
- Errechnen Sie die Kapitalveränderungen in Prozent vom Gesamtkapital und vergleichen Sie die Situation vor und nach der Erhöhung des Eigenkapitals.

Vermögenskonten

Mehrungen (Zuflüsse) | Minderungen (Abflüsse)

Soll			Bank		Haben
Datum	Text	€	Datum	Text	€
	Saldovortrag	115.030,00			

Kapitalkonto

Minderungen | Mehrungen (Zuflüsse)

Soll			Eigenkapital		Haben
Datum	Text	€	Datum	Text	€
				Saldovortrag	450.584,00

Vermögen	
Konten	**€**
Forderungen	
Bank	
Kasse	
Übriges Vermögen	
Summe	

Kapital	
Konten	**€**
Eigenkapital	
Darlehen	
Verbindlichkeiten	
Summe	

Anteile in Prozent vom Gesamtkapital

Aufgabe 1

a Wie hätte sich die Zusammensetzung des Vermögens und des Kapitals der Rosner GmbH verändert, wenn die Bank bereit gewesen wäre, ein Darlehen über 100.000,00 € zu gewähren, sodass Herr Rosner keine eigenen Mittel in das Unternehmen eingebracht hätte? Machen Sie die Situation in der folgenden Übersicht deutlich.

Vermögen	
Konten	**€**
Forderungen	
Bank	
Kasse	
Übriges Vermögen	
Summe	

Kapital	
Konten	**€**
Eigenkapital	
Darlehen	
Verbindlichkeiten	
Summe	

Anteile in Prozent vom Gesamtkapital

b Drücken Sie den Anteil des Fremdkapitals am Gesamtkapital in Prozent aus.

Aufgabe 2

Ergänzen Sie die folgenden Sätze.

a Zugänge auf dem Konto „Eigenkapital“ werden im ______________________ gebucht.

b Auf dem Darlehenskonto wird eine Tilgung im ______________________ gebucht.

c Der Bestand auf dem Konto „Verbindlichkeiten“ nimmt im ______________________ zu.

d Der Forderungsbestand nimmt im ______________________ ab.

e Der Schlussbestand auf dem Konto „Eigenkapital“ steht im ______________________.

f Der Schlussbestand auf dem Konto „Forderungen“ steht im ______________________.

Aufgabe 3

Web

a Eröffnen Sie am 27. März 20(0) für die Bauunternehmung Hans Geller e. K. die folgenden Konten mit den angeführten Eröffnungsbeständen.

Konten	Saldovortrag in €
Forderungen	112.000,00
Bank (Vermögen)	74.000,00
Kasse	3.000,00
Eigenkapital	180.000,00
Darlehen	250.000,00
Verbindlichkeiten	130.000,00

b Buchen Sie auf den Konten die folgenden Geschäftsfälle der Woche vom 27. März bis 30. März 20(0) und schließen Sie die Konten zum 31. März 20(0) ab.

Geschäftsfälle		€
27.03.20(0)	Herr Geller zahlt Geld aus seinem Privatvermögen in bar auf das Bankkonto ein.	20.000,00
28.03.20(0)	Darlehenserhöhung und Bereitstellung auf dem laufenden Bankkonto	18.000,00
28.03.20(0)	Bezahlung der ER 4720 durch Bankscheck	38.000,00
29.03.20(0)	Kunde begleicht AR 2438 durch Banküberweisung	4.500,00
30.03.20(0)	Bareinzahlung auf das Bankkonto	2.000,00
30.03.20(0)	Darlehenstilgung vom laufenden Bankkonto	1.500,00

Vermögenskonten

Vermögenskonten
- Forderungen
- Bank
- Kasse

Mehrungen (Zuflüsse)					Minderungen (Abflüsse)
Soll		Forderungen			Haben
Datum	Text	€	Datum	Text	€

Mehrungen (Zuflüsse)					Minderungen (Abflüsse)
Soll		Bank			Haben
Datum	Text	€	Datum	Text	€

Mehrungen (Zuflüsse)					Minderungen (Abflüsse)
Soll		Kasse			Haben
Datum	Text	€	Datum	Text	€

Kapitalkonten

Kapitalkonten
- Eigenkapital
- Darlehen
- Verbindlichkeiten

Minderungen (Abflüsse)					Mehrungen (Zuflüsse)
Soll		Eigenkapital			Haben
Datum	Text	€	Datum	Text	€

Minderungen (Abflüsse)					Mehrungen (Zuflüsse)
Soll		Darlehen			Haben
Datum	Text	€	Datum	Text	€

Minderungen (Abflüsse)					Mehrungen (Zuflüsse)
Soll		Verbindlichkeiten			Haben
Datum	Text	€	Datum	Text	€

Aufgabe 4

Geben Sie an, welche Geschäftsfälle sich hinter den Buchungssätzen im nachfolgenden Grundbuch verbergen.

Jahr 20(0)	Grundbuch			
Datum	Konten		Betrag	
	Soll	Haben	Soll	Haben
	Bank		9.200,00	
		Kasse		9.200,00
	Bank		1.250,00	
		Forderungen		1.250,00
	Verbindlichkeiten		28.300,00	
		Bank		28.300,00
	Bank		900,00	
	Kasse		200,00	
		Forderungen		1.100,00
	Kasse		150,00	
		Bank		150,00
	Bank		60.000,00	
		Darlehen		60.000,00
	Darlehen		2.000,00	
		Bank		2.000,00
	Bank (!)		8.400,00	
		Verbindlichkeiten (!)		8.400,00
	Darlehen		30.000,00	
		Eigenkapital		30.000,00

7 Die Vermögens- und Kapitalsituation in Inventar und Bilanz darstellen

Für Frau Keller, die Leiterin der Abteilung Rechnungswesen/Controlling in der Rosner GmbH ist der Jahreswechsel immer mit sehr viel Arbeit verbunden.

Sie muss zwar zum Geschäftsjahresende am 31. Dezember 20(0) nicht – wie ihre Mitarbeiter und Mitarbeiterinnen – bei den Inventurarbeiten zur Erfassung der Vermögenswerte vom Rennrad bis hin zu den Büromöbeln mithelfen. Stattdessen muss sie aber die Inventur organisieren und vor allem in der ersten Januarwoche die Ergebnisse der Bestandsaufnahme bearbeiten. Sie ermittelt beispielsweise den Wert der Warenbestände und erstellt das Inventar.

Da sich die Arbeiten in jedem Jahr wiederholen, hat sie sich einen kleinen Organisationsplan für die in der ersten Januarwoche eines jeden Jahres zu erledigenden Jahresabschlussarbeiten erstellt.

Zeitplan für die Inventur			
Nr.	**Aufgaben**	**Zu erledigen am**	**Erledigt**
1	Warenvorräte ermitteln	31.12.20(0)	✓
2	Kassenbestand am Ende des Geschäftsjahres festhalten	31.12.20(0)	✓
3	Inventursummenblatt aus den Inventurlisten erstellen	02.01.20(+1)	✓
4	Bestandsverzeichnis über das bewegliche Anlagevermögen abschließen	03.01.20(+1)	✓
5	Forderungsbestand zum 31. Dezember 20(0) nach Kunden aufgelistet ermitteln (Forderungen-Sammelliste)	03.01.20(+1)	✓
6	Bestand des kurzfristigen Fremdkapitals ermitteln: Lieferer (Verbindlichkeiten-Sammelliste)	03.01.20(+1)	✓
7	Höhe des langfristigen Fremdkapitals (Darlehen) zum 31. Dezember 20(0) feststellen	03.01.20(+1)	✓
8	Höhe des Guthabens auf dem Bankkonto feststellen	03.01.20(+1)	✓
9	**Inventar aufstellen**	**04.01.20(+1)**	✓
10	Abstimmung der Inventurwerte mit der Finanzbuchhaltung	05.01.20(+1)	

Frau Keller hat fast alle Arbeiten ihres Zeitplans abgearbeitet und auch schon das Inventar erstellt. Das Inventar besteht aus zwei Teilen. Im **ersten Teil des Inventars** werden alle **Vermögensgegenstände** der Rosner GmbH mit ihrem **Wert am 31.12.20(0)** erfasst.

Vermögen → Anlagevermögen — *Beispiel:* *Geschäftsgebäude oder Werkstattwagen*

Vermögen → Umlaufvermögen — *Beispiel:* *Lagerbestände an Fahrrädern*

Im **zweiten Teil des Inventars** wird **das Kapital** aufgeführt, das sich das Unternehmen bei den Kapitalgebern, z. B. der Hausbank COMBA, geliehen hat. Dieses Kapital (Geld) muss die Rosner GmbH genauso zurückzahlen wie das Geld, das sie den Lieferanten schuldet.

Kapital (Schulden) → **Langfristiges Kapital** — *Beispiel:* *Hypothek der Bank*

Kapital (Schulden) → **Kurzfristiges Kapital** — *Beispiel:* *Lieferantenverbindlichkeiten*

Das Ergebnis ihrer Arbeit ist das folgende Inventar:

Inventar der Rosner GmbH, 80469 München, Baaderstraße 120 zum 31. Dezember 20(0)		
	€	**€**
A. Vermögen		
I Anlagevermögen		
1. Grundstücke und Gebäude		256.020,00
2. Fahrzeuge lt. Bestandsverzeichnis		107.918,00
3. Geschäftsausstattung lt. Bestandsverzeichnis		226.455,00
II Umlaufvermögen		
1. Warenvorräte lt. Inventurliste		
Abteilung Fahrrad	129.245,00	
Abteilung Bekleidung und Zusatzartikel	50.633,00	
Abteilung Werkstatt	77.860,00	257.738,00
2. Forderungen lt. Forderungsliste		216.550,00
3. Bankguthaben VB Bank		251.463,00
4. Kasse		4.156,00
Summe des Vermögens		**1.320.300,00**
B. Kapital (Schulden)		
I Langfristiges Kapital		
Darlehen der VB Bank		602.900,00
II Kurzfristiges Kapital		
Verbindlichkeiten aus Lieferungen und Leistungen		99.400,00
Summe des Kapitals (Schulden)		**702.300,00**
C. Eigenkapital		
Summe des Vermögens		**1.320.300,00**
– **Summe des Kapitals (Schulden)**		**702.300,00**
= **Eigenkapital**		**618.000,00**

Nachdem das Vermögen und das Kapital der Rosner GmbH ermittelt und im Inventar übersichtlich zusammengestellt worden sind, hat Frau Keller nun noch die Aufgabe, eine Kurzfassung des Inventars zu erstellen, die nur noch die wichtigsten Positionen enthält, eine **Bilanz**. Die Grobgliederung einer Bilanz hat folgendes Aussehen:

Aktiva	**Bilanz der Rosner GmbH, 80469 München, Baaderstraße 120 zum 31. Dezember 20(0)**		**Passiva**
I. Anlagevermögen		**I. Eigenkapital**	
II. Umlaufvermögen		**II. Fremdkapital**	

Arbeitsauftrag

Erstellen Sie für die Rosner GmbH auf der Grundlage des oben dargestellten Inventars vom 31. Dezember 20(0) eine formgerechte Bilanz.

Aktiva **Bilanz der Rosner GmbH, 80469 München, Baaderstraße 120 zum 31. Dezember 20(0)** **Passiva**

		€			€
I.	**Anlagevermögen**				
	1. Grundstücke und Gebäude				

Ort, Datum	Unterschrift

Aufgabe 1

Ordnen Sie folgende Inventarpositionen dem Vermögen bzw. den Schulden zu, und gliedern Sie die Positionen nach ansteigender Liquidität (Vermögen) bzw. nach zunehmender Fälligkeit (Schulden).

Inventarpositionen

- Verbindlichkeiten
- Warenvorräte
- Darlehen
- Kasse
- Forderungen
- Fuhrpark
- Gebäude
- Bankguthaben
- Grundstücke
- Geschäftsausstattung

Aufgabe 2

Erstellen Sie aus den unten stehenden Inventurergebnissen ein formgerechtes Inventar für das Möbelhaus van Enders, 41460 Neuss, Markt 22.

Inventurwerte (ungeordnet)		€
Verbindlichkeiten lt. Einzelinventarliste		2.062.100,00
Bankguthaben bei der Deutschen Bank		62.650,00
Forderungen lt. Einzelinventarliste		316.400,00
Kassenbestand		3.650,00
Geschäftsausstattung lt. Einzelinventarliste		495.000,00
Darlehen bei der Deutschen Bank		1.406.720,00
Warenvorräte lt. Einzelinventarliste Nr. 1 bis 28		
▪ Warengruppe I	Wohnzimmer	403.200,00
▪ Warengruppe II	Schlafzimmer	376.000,00
▪ Warengruppe III	Kinderzimmer	205.000,00
▪ Warengruppe IV	Küchen	198.000,00
▪ Warengruppe V	Kleinmöbel	164.000,00
▪ Warengruppe VI	Wohnaccessoires	37.800,00
Fuhrpark		47.500,00
Eigenkapital		???
Gebäude		2.240.000,00

Informationshandbuch Seite 134–146: 7 Darstellung der Vermögens- und Kapitalsituation in Inventar und Bilanz

Aufgabe 3

Begründen Sie, warum Forderungen liquider (flüssiger) sind als Vorräte.

Aufgabe 4

Bei einer Inventur wird festgestellt, dass Soll- und Ist-Bestand der Waren- bzw. Materialvorräte nicht übereinstimmen. Welche Ursachen könnten Ihrer Meinung nach für die Inventurdifferenzen verantwortlich sein?

1. Die Ursache kann nur ein Zählfehler sein. Soll- und Ist-Bestand müssen immer übereinstimmen. ◯
2. Kundendiebstahl/Personaldiebstahl ◯
3. Falsche Erfassung von Waren beim Wareneingang ◯

Aufgabe 5

Die Großhandlung Walter Steiner Werkzeuge + Schrauben hat folgende Bilanzpositionen:

Bilanzpositionen	€
Bank (Vermögen)	35.000,00
Darlehen	295.000,00
Eigenkapital	335.000,00
Forderungen	20.000,00
Fuhrpark	75.000,00
Geschäftsausstattung	300.000,00
Kasse	5.000,00
Verbindlichkeiten	305.000,00
Waren	500.000,00

a Erstellen Sie eine formgerechte Bilanz.

b Wie hoch ist das Anlage-, Umlauf- und Gesamtvermögen dieser Unternehmung?

c Bestimmen Sie die Höhe des kurzfristigen bzw. langfristigen Fremdkapitals.

Aufgabe 6

Web

Erstellen Sie aufgrund folgender Angaben über die Großhandlung Pieper Futtermittel eine ordnungsgemäße Bilanz.

Bilanzpositionen	€
Grundstücke und Gebäude	180.000,00
Kasse	9.600,00
Fuhrpark	25.000,00
Darlehen	90.000,00
Waren	350.000,00
Betriebs- und Geschäftsausstattung	70.000,00
Forderungen	19.700,00
Bank (Vermögen)	53.500,00
Verbindlichkeiten	110.000,00
Eigenkapital	?

Aufgabe 7

Untersuchen Sie folgende Aussagen über die Bilanz im Hinblick darauf, ob sie richtig (R) oder falsch (F) sind.

1. Die Bilanz wird jeweils zu Beginn des Geschäftsjahres aufgestellt. ◯
2. Die Bilanz ist eine Gegenüberstellung von Vermögen und Eigenkapital. ◯
3. Der Geschäftswagen eines Unternehmens gehört zum Anlagevermögen. ◯
4. Derjenige, der die Bilanz erstellt hat, muss sie auch unterschreiben. ◯
5. Die Bilanz ist das verkürzte Inventar eines Unternehmens in T-Konto-Format. ◯
6. Anlagevermögen + Umlaufvermögen = Eigenkapital + Fremdkapital ◯

Aufgabe 8

Entscheiden Sie, ob folgende Aussagen über die Bilanz richtig (R) oder falsch (F) sind.

1. Zum Anlagevermögen gehören Grundstücke, Betriebs- und Geschäftsausstattung, Fuhrpark. ◯
2. Die Bilanz ist eine Gegenüberstellung von Investitionen und Vermögen. ◯
3. Die Bilanz wird jeweils zum Schluss eines Geschäftsjahres aufgestellt. ◯
4. Die Aktivseite zeigt, was dem Unternehmen gehört. ◯
5. Die Passivseite zeigt, wie viel Fremdkapital in das Unternehmen eingebracht wurde. ◯
6. Die Mittelverwendungsseite zeigt die Finanzierungsquellen des Unternehmens auf. ◯

Aufgabe 9

In der Rosner GmbH wurde auf der Grundlage der Inventare das Eigenkapital der Jahre 20(-1) und 20(0) berechnet. Berechnen Sie mithilfe der unten stehenden Tabelle den Erfolg (Gewinn/Verlust) und die Eigenkapitalrentabilität des Jahres 20(0).

Eigenkapital		31.12.20(-1)	31.12.20(0)
	Summe des Vermögens	1.179.233,00	1.213.105,00
–	Summe des Kapitals (Schulden)	814.038,00	762.521,00
=	Eigenkapital	365.195,00	450.584,00

Erfolgsrechnung		
–		
=		

8 Das Hauptbuch zum Ende des Geschäftsjahres abschließen

Die Inventur ist ohne größere organisatorische Probleme durchgeführt worden. Frau Keller hat aus den Inventurzahlen das Inventar erstellt und aus dem Inventar die Bilanz entwickelt.

Bilanz der Rosner GmbH

Aktiva	Bilanz der Rosner GmbH, 80469 München, Baaderstraße 120 zum 31. Dezember 20(0)				Passiva
		€			€
I.	**Anlagevermögen**		I.	**Eigenkapital**	618.000,00
	1. Grundstücke und Gebäude	256.020,00	II.	**Fremdkapital**	
	2. Fahrzeuge	107.918,00	II.1	**Langfristiges Fremdkapital**	
	3. Geschäftsausstattung	226.455,00		Darlehen	602.900,00
II.	**Umlaufvermögen**		II.2	**Kurzfristiges Fremdkapital**	
	Warenvorräte	257.738,00		Verbindlichkeiten	99.400,00
	Forderungen	216.550,00			
	Bankguthaben	251.463,00			
	Kasse	4.156,00			
		1.320.300,00			1.320.300,00

Ort, Datum	Unterschrift

Nun sind die Konten des Hauptbuches abzuschließen und es ist festzustellen, ob die Soll-Zahlen des Hauptbuches mit den Inventurwerten (Ist-Zahlen) übereinstimmen. Dazu hat Frau Keller bereits die Soll- und Haben-Seiten der Konten addiert und sich mithilfe einer Tabelle einen Überblick über das Zahlenmaterial verschafft.

Summen- und Saldenliste

Der Saldo steht auf der kleineren Kontenseite; er gleicht das Konto aus.

Vermögenskonten

Nr.	Konto	Summen der Kontenseiten		Saldo	
		Soll €	Haben €	Soll €	Haben €
1	Grundstücke und Gebäude	256.020,00			
2	Fahrzeuge	121.256,00	13.338,00		
3	Geschäftsausstattung	275.267,00	48.812,00		
4	Waren	556.800,00	299.062,00		
5	Forderungen	546.200,00	329.650,00		
6	Bankguthaben	4.672.550,00	4.421.087,00		
7	Kasse				
	Summen				

Summen auf dem Kassenkonto, siehe Seite 113

Kapitalkonten

Nr.	Konto	Summen der Kontenseiten		Saldo	
		Soll €	Haben €	Soll €	Haben €
8	Eigenkapital		618.000,00		
9	Darlehen	69.000,00	671.900,00		
10	Verbindlichkeiten	1.735.420,00	1.834.820,00		
	Summen				

In einer ersten Überschlagsrechnung musste sie feststellen, dass die Zahlen des Hauptbuches in einem Punkt nicht mit den Inventurwerten übereinstimmen, nämlich beim Konto „Kasse".

Sie hat sich daher die Ermittlung des Inventurbestandes „Kasse" und die Zahlen auf dem Konto „Kasse" noch einmal genau angesehen.

Kassenbericht
Der tatsächliche Bargeldbestand stimmt mit dem Ergebnis des Finanzberichtes überein. In der Kasse befinden sich 4.156,00 €.

Rosner GmbH Baaderstraße 120, 80469 München Tel. 089 52067-537	
31.12.20(0) MO	
Finanzbericht	
Gesamtbetrag brutto	2.392,00 €
Gesamtbetrag netto	2.010,08 €
Gesamtbetrag USt.	381,92 €
Schlussbestand Kasse (bar)	4.156,00 €
Nr.	0294
Zeit	16:05

Arbeitsauftrag
Schließen Sie die Konten des Hauptbuches ab und erstellen Sie das Schlussbestandskonto der Rosner GmbH für das Geschäftsjahr 20(0).

Vorschläge zur Vorgehensweise
1. Überprüfen Sie die Zahlen des Kassenkontos.
2. Übertragen Sie die Zahlen aus der Summenliste in die Konten.
3. Errechnen Sie die Salden der Vermögens- und Kapitalkonten in der Summen- und Saldenliste oben und vervollständigen Sie die Tabelle.
4. Vergleichen Sie die Salden der Saldenliste mit den Werten der Bilanz.
5. Schließen Sie die Konten bei Übereinstimmung der Werte ab.
6. Übertragen Sie die Schlussbestände (Salden) auf das Schlussbestandskonto und halten Sie die Buchungen im Grundbuch fest.

Hauptbuch

Vermögenskonten

Mehrungen					Minderungen
Soll			**Kasse**		**Haben**
Datum	**Text**	**€**	**Datum**	**Text**	**€**
01.01.	Eröffnungsbestand	400,00	01.01.–30.11.	(Buchungen Jan.–Nov.)	727.164,00
01.01.–30.11.	(Buchungen Jan.–Nov.)	727.064,00	01.12.–22.12.	(Buchungen 01.–22.12.)	85.522,00
02.12.–21.12.	(Buchungen 01.–22.12.)	85.422,00	23.12.	Bank	4.090,00
23.12.	<Barverkäufe>	4.190,00	24.12.	Bank	3.444,00
24.12.	<Barverkäufe>	3.544,00	27.12.	Bank	1.795,00
27.12.	<Barverkäufe>	3.795,00	28.12.	Bank	2.512,00
28.12.	<Barverkäufe>	2.412,00	30.12.	Bank	2.633,00
30.12.	<Barverkäufe>	3.533,00	31.12.	Bank	1.436,00
31.12.	<Barverkäufe>	2.392,00	31.12.	Saldo	
		832.852,00			*828.596,00*

Vorläufige Bleistiftnotizen

Mehrungen					Minderungen
Soll			**Grundstücke und Gebäude**		**Haben**
Datum	**Text**	**€**	**Datum**	**Text**	**€**
Jan.–Dez.	Summe	256.020,00	Jan.–Dez.	Summe	00,00

Vermögenskonten
- Grundstücke + Gebäude
- Fahrzeuge
- Geschäftsausstattung
- Waren
- Forderungen
- Bank
- Kasse

Mehrungen					Minderungen
Soll		Fahrzeuge			Haben
Datum	Text	€	Datum	Text	€
Jan.–Dez.	Summe	121.256,00	Jan.–Dez.	Summe	13.338,00

Mehrungen					Minderungen
Soll		Geschäftsausstattung			Haben
Datum	Text	€	Datum	Text	€
Jan.–Dez.	Summe		Jan.–Dez.	Summe	

Mehrungen					Minderungen
Soll		Waren			Haben
Datum	Text	€	Datum	Text	€
Jan.–Dez.	Summe		Jan.–Dez.	Summe	

Mehrungen					Minderungen
Soll		Forderungen			Haben
Datum	Text	€	Datum	Text	€
Jan.–Dez.	Summe		Jan.–Dez.	Summe	

Mehrungen					Minderungen
Soll		Bank			Haben
Datum	Text	€	Datum	Text	€
Jan.–Dez.	Summe		Jan.–Dez.	Summe	

Konto „Kasse"

Siehe Seite 113

Kapitalkonten

Kapitalkonten
- Eigenkapital
- Darlehen
- Verbindlichkeiten

Minderungen					Mehrungen
Soll		Eigenkapital			Haben
Datum	Text	€	Datum	Text	€
Jan.–Dez.	Summe		Jan.–Dez.	Summe	

Minderungen					Mehrungen
Soll		Darlehen			Haben
Datum	Text	€	Datum	Text	€
Jan.–Dez.	Summe		Jan.–Dez.	Summe	

Minderungen					Mehrungen
Soll		**Verbindlichkeiten**			**Haben**
Datum	**Text**	**€**	**Datum**	**Text**	**€**
Jan.–Dez.	Summe		Jan.–Dez.	Summe	

Soll		**Schlussbestandskonto**			**Haben**
Datum	**Text**	**€**	**Datum**	**Text**	**€**

Grundbuch

Jahr 20(0)	Grundbuch (vereinfacht)			
Datum	Konten		Betrag	
	Soll	Haben	Soll	Haben
	Abschlussbuchungen der Vermögenskonten (Aktivkonten):			
31.12.	Schlussbestandskonto			
		Grundstücke + Gebäude		
		Fahrzeuge		
	Abschlussbuchungen der Kapitalkonten (Passivkonten):			
		Betragskontrolle		

Aufgabe 1

Führen Sie im Hauptbuch der Friederich Kranz e. K. den Jahresabschluss zum 31. Dezember 20(0) durch.

a Übertragen Sie die Werte aus der unten abgebildeten Summen- und Saldenliste auf die Konten. In den Summen sind die Geschäftsfälle einschließlich des Monats Dezember [Stand 31. Dezember 20(0)] zusammengefasst.

b Schließen Sie die Konten des Hauptbuches zum 31. Dezember 20(0) ab und halten Sie die Buchungssätze im Grundbuch (als zusammengesetzte Buchungssätze) fest.

Konten

Betriebs- und Geschäftsausstattung, Waren, Forderungen, Bank, Kasse, Eigenkapital, Darlehen, Verbindlichkeiten, Schlussbestandskonto

Summen- und Saldenliste

Vermögenskonten

Nr.	Konto	Summen der Kontenseiten		Saldo	
		Soll €	Haben €	Soll €	Haben €
1	Betriebs- und Geschäftsausstattung	240.470,00	35.670,00		
2	Waren	491.400,00	247.800,00		
3	Forderungen	295.390,00	210.740,00		
4	Bank	496.370,00	452.970,00		
5	Kasse	290.700,00	290.400,00		
	Summen	1.814.330,00	1.237.580,00		

Kapitalkonten

Vermögenskonten
- BGA
- Waren
- Forderungen
- Bank
- Kasse

Nr.	Konto	Summen der Kontenseiten		Saldo	
		Soll €	Haben €	Soll €	Haben €
8	Eigenkapital		270.450,00		
9	Darlehen	60.000,00	270.000,00		
10	Verbindlichkeiten	265.400,00	361.700,00		
	Summen	1.814.330,00	1.237.580,00		

Hauptbuch

Vermögenskonten

Mehrungen					Minderungen
Soll		Betriebs- und Geschäftsausstattung			Haben
Datum	Text	€	Datum	Text	€
Jan.–Dez.	Summe		Jan.–Dez.	Summe	

Mehrungen					Minderungen
Soll		Waren			Haben
Datum	Text	€	Datum	Text	€
Jan.–Dez.	Summe		Jan.–Dez.	Summe	

Mehrungen					Minderungen
Soll		Forderungen			Haben
Datum	Text	€	Datum	Text	€
Jan.–Dez.	Summe		Jan.–Dez.	Summe	

Mehrungen					Minderungen
Soll		Bank			Haben
Datum	Text	€	Datum	Text	€
Jan.–Dez.	Summe		Jan.–Dez.	Summe	

Mehrungen					Minderungen
Soll		Kasse			Haben
Datum	Text	€	Datum	Text	€
Jan.–Dez.	Summe		Jan.–Dez.	Summe	

Kapitalkonten

Kapitalkonten
- Eigenkapital
- Darlehen
- Verbindlichkeiten

Minderungen					Mehrungen
Soll		Eigenkapital			Haben
Datum	Text	€	Datum	Text	€
Jan.–Dez.	Summe		Jan.–Dez.	Summe	

Minderungen					Mehrungen
Soll		Darlehen			Haben
Datum	Text	€	Datum	Text	€
Jan.–Dez.	Summe		Jan.–Dez.	Summe	

Minderungen					Mehrungen
Soll		Verbindlichkeiten			Haben
Datum	Text	€	Datum	Text	€
Jan.–Dez.	Summe		Jan.–Dez.	Summe	

Schlussbestandskonto

Soll		Schlussbestandskonto			Haben
Datum	Text	€	Datum	Text	€

Grundbuch

Jahr 20(0)	Grundbuch (vereinfacht)			
Datum	Konten		Betrag	
	Soll	Haben	Soll	Haben
	Abschlussbuchungen der Vermögenskonten (Aktivkonten):			
	Abschlussbuchungen der Kapitalkonten (Passivkonten)			
		Betragskontrolle		

Aufgabe 2

Wie sollte man sich Ihrer Meinung nach verhalten, wenn Inventur- und Buchwerte Differenzen aufweisen? Kreuzen Sie an.

1. Die Inventurzahlen müssen korrigiert werden, weil die sorgfältig geführten Buchführungszahlen immer richtig sind. ○
2. Die Inventur stellt die tatsächlichen Zahlen (die Ist-Zahlen) fest mit dem Ziel, die Buchwerte (die Soll-Zahlen) zu überprüfen und erforderlichenfalls zu korrigieren. Daher sind die Buchwerte anzupassen. ○

Aufgabe 3

Beschreiben Sie, welche Wertströme/Wertveränderungen durch die Geschäftsfälle ① bis ⑥ auf den Konten ausgelöst werden. Stellen Sie dann fest, wie die Geschäftsfälle die Positionen im Schlussbestandskonto verändern.

a Kennzeichnen Sie dazu die Auswirkungen der Geschäftsfälle
- auf die Soll- und Haben-Seiten der betroffenen Konten,
- auf die Summe des Schlussbestandskontos.

b Bestimmen Sie die Art der Bestandsveränderung auf dem Schlussbestandskonto (SBK) mit den Begriffen
- Soll-Tausch,
- Haben-Tausch,
- Soll-Haben-Mehrung,
- Soll-Haben-Minderung.

Schlussbestandskonto (SBK)

Soll	Schlussbestandskonto		Haben
Fuhrpark	17.860,00	Eigenkapital	214.354,00
BGA	219.555,00	Darlehen	265.000,00
Waren	634.578,00	Verbindlichkeiten	357.735,00
Forderungen	3.221,00	Umsatzsteuer	49.750,00
Bank	8.936,00		
Kasse	2.689,00		
	886.839,00		886.839,00

Geschäftsfälle

① Aus der Geschäftskasse werden 1.400,00 € bar entnommen und auf das Bankkonto eingezahlt.

② Die Eingangsrechnung Nr. 345 (Kauf des Artikels Nr. 12564) über 6.500,00 € wird vom Unternehmen durch Banküberweisung beglichen.

③ Ein Kunde bezahlt die AR 238 in Höhe von 450,00 € durch Überweisung auf das Bankkonto.

④ Überweisung der Darlehenstilgung über 10.000,00 € vom Bankkonto.

⑤ Der Eigentümer des Unternehmens bringt private Geldmittel in das Geschäft ein, um den Fremdkapitalanteil zu senken. Er löst mit einer Eigenkapitalerhöhung von 20.000,00 € eine Darlehensschuld in gleicher Höhe ab.

⑥ Das Unternehmen nimmt ein Darlehen bei seiner Hausbank über 40.000,00 € auf. Die Bank schreibt den Darlehensbetrag auf dem laufenden Bankkonto des Unternehmens gut.

Geschäftsfälle	**Konto Soll-Seite** (Mehrung/Minderung)	**Konto Haben-Seite** (Mehrung/Minderung)	**Summe Schlussbestandskonto** (Mehrung/Minderung/ unverändert)	**Art der Bestandsveränderung (SBK)**
①				
②				
③				
④				
⑤				
⑥				

9 Die aktuelle Bilanz mit der Vorjahresbilanz vergleichen

Sobald die Bilanz am Ende eines Geschäftsjahres erstellt ist, wertet Herr Rosner die Bilanzzahlen aus, um sich ein Bild vom finanziellen Zustand seines Unternehmens zu machen.

Die Auswertung geschieht in zweierlei Hinsicht:

- Er prüft die Struktur der Aktiv- und Passivseite der Bilanz, indem er das Verhältnis von Anlage- zu Umlaufvermögen sowie von Fremdkapital zu Eigenkapital betrachtet. Wichtig ist für ihn auch die Frage, wie das Anlage- und das Umlaufvermögen finanziert sind.
- Er vergleicht die aktuelle Bilanz mit der Bilanz des Vorjahres, um Veränderungen im Zeitablauf zu erkennen. In dieser Frage schaut er sich jede einzelne Bilanzposition im Jahresvergleich an.

Formulare „Aufbereitete Bilanz" verwenden, siehe Seite 122

In diesem Jahr wird er besonders sorgfältig zu Werke gehen, weil er für Anfang Januar ein Gespräch mit seiner Hausbank vereinbart hat. Herr Rosner will sein Sortiment noch mehr auf den Rennsport ausrichten und dafür die Geschäftseinrichtung völlig umgestalten. Er schätzt, dass er dafür einen weiteren Bankkredit benötigt. Er weiß, von schönen Worten über die geschäftlichen Aussichten lässt sich die Bank kaum beeindrucken. Sie will gute Geschäftszahlen sehen.

Aktiva — **Bilanz der Rosner GmbH, Baaderstraße 120, 80469 München zum 31. Dezember 20(0)** — **Passiva**

		€			€
I.	**Anlagevermögen**		I.	**Eigenkapital**	618.000,00
	Grundstücke und Gebäude	256.020,00	II.	**Fremdkapital**	
	Fahrzeuge	107.918,00	II.1	**Langfristiges Fremdkapital**	
	Geschäftsausstattung	226.455,00		Darlehen	602.900,00
II.	**Umlaufvermögen**		II.2	**Kurzfristiges Fremdkapital**	
	Warenvorräte	257.738,00		Verbindlichkeiten	99.400,00
	Forderungen	216.550,00			
	Bankguthaben	251.463,00			
	Kasse	4.156,00			
		1.320.300,00			1.320.300,00

Ort, Datum	Unterschrift

Aktiva — **Bilanz der Rosner GmbH, Baaderstraße 120, 80469 München zum 31. Dezember 20(-1)** — **Passiva**

		€			€
I.	**Anlagevermögen**		I.	**Eigenkapital**	450.584,00
	Grundstücke und Gebäude	256.020,00	II.	**Fremdkapital**	
	Fahrzeuge	96.256,00	II.1	**Langfristiges Fremdkapital**	
	Geschäftsausstattung	235.410,00		Darlehen	641.900,00
II.	**Umlaufvermögen**		II.2	**Kurzfristiges Fremdkapital**	
	Warenvorräte	262.860,00		Verbindlichkeiten	120.621,00
	Forderungen	225.450,00			
	Bankguthaben	133.380,00			
	Kasse	3.729,00			
		1.213.105,00			1.213.105,00

Ort, Datum	Unterschrift

Arbeitsauftrag

Werten Sie die Bilanzen der Jahre 20(0) und 20(-1) der Rosner GmbH mit Blick auf die Kreditwünsche für die Geschäftserweiterung aus.

Vorschläge zur Vorgehensweise

1. Erstellen Sie für beide Geschäftsjahre jeweils eine aufbereitete Bilanz und errechnen Sie die Prozentanteile der Positionen auf der Aktiv- und Passivseite.
2. Bestimmen und beurteilen Sie den Eigenfinanzierungsgrad, den Vermögensaufbau und die Anlagendeckung des Geschäftes.
3. Beurteilen Sie, ob sich der Vermögensaufbau, die Anlagendeckung und der Eigenfinanzierungsgrad des Unternehmens im Zeitablauf verbessert oder verschlechtert haben.
4. Beurteilen Sie die Erfolgschancen für eine weitere Kreditgewährung durch die Bank.

Aktiva	Aufbereitete Bilanz zum 31. Dezember 20(0)				Passiva
	€	%		€	%
Anlagevermögen			Eigenkapital		
Umlaufvermögen			Fremdkapital		
Bilanzsumme		100	Bilanzsumme		100

Kennziffer	Formel	Wert
Eigenfinanzierungsgrad =		
Vermögensaufbau:		
Anlagevermögen =		
Umlaufvermögen =		
Anlagendeckung =		

Aktiva	Aufbereitete Bilanz zum 31. Dezember 20(-1)				Passiva
	€	%		€	%
Anlagevermögen			Eigenkapital		
Umlaufvermögen			Fremdkapital		
Bilanzsumme		100	Bilanzsumme		100

Kennziffer	Formel	Wert
Eigenfinanzierungsgrad =		
Vermögensaufbau:		
Anlagevermögen =		
Umlaufvermögen =		
Anlagendeckung =		

Aufgabe 1

Erstellen Sie aus den abgebildeten Zahlen eine aufbereitete Bilanz und erläutern Sie den Vermögensaufbau, die Finanzierungssituation sowie die Anlagendeckung.

Aktiva	Bilanz der … zum 31. Dezember 20(0)		Passiva
Fuhrpark	60.000,00	Eigenkapital	35.000,00
BGA	250.000,00		
Waren	45.000,00	Darlehen	292.000,00
Forderungen	3.000,00	Verbindlichkeiten	34.000,00
Bank	2.500,00		
Kasse	500,00		
	361.000,00		361.000,00

Aktiva	Aufbereitete Bilanz zum 31. Dezember 20(0)				Passiva
	€	%		€	%
Anlagevermögen			Eigenkapital		
Umlaufvermögen			Fremdkapital		
Bilanzsumme		100	Bilanzsumme		100

Aufgabe 2

Erstellen Sie auf der Grundlage folgender Zahlen eine aufbereitete Bilanz und ermitteln Sie die Prozentsätze der einzelnen Bilanzpositionen. Erläutern Sie den Vermögensaufbau, die Finanzierungssituation und die Anlagendeckung.

Bilanzpositionen

Anlagevermögen 80.000,00 €, langfristiges Fremdkapital 15.000,00 €, Umlaufvermögen 325.000,00 €, Eigenkapital 100.000,00 €, kurzfristiges Fremdkapital 290.000,00 €

Aktiva	Aufbereitete Bilanz zum 31. Dezember 20(0)				Passiva
	€	%		€	%
Anlagevermögen			Eigenkapital		
Umlaufvermögen			Fremdkapital		
			▪ langfristig		
			▪ kurzfristig		
Bilanzsumme		100	Bilanzsumme		100

Aufgabe 3

a Ergänzen Sie, ob es sich um die Aktivseite (A) oder um die Passivseite (P) der Bilanz handelt.

1. Mittelherkunftsseite ◯
2. Mittelverwendungsseite ◯
3. Investitionsseite ◯
4. Finanzierungsseite ◯

b Definieren Sie den Begriff „Bilanz".

Aufgabe 4

Der Inhaber des Elektrofachgeschäftes Elektro Becker GmbH erhält von seinem Steuerberater am Jahresende die unten stehende Bilanz. Beurteilen Sie die Entwicklung des Geschäftes im Jahresvergleich.

Aktiva	Bilanz der Elektro Becker GmbH zum 31.12.20(0) und 20(-1)				Passiva
	Geschäftsjahr €	**Vorjahr €**		**Geschäftsjahr €**	**Vorjahr €**
BGA	8.138,00	5.931,00	Eigenkapital	285.384,00	133.640,00
Waren	131.091,00	203.347,00	Darlehen	97.000,00	90.677,00
Forderungen	81.495,00	24.305,00	Verbindlichkeiten	38.600,00.	122.026,00
Bank	200.060,00	112.460,00			
Kasse	200,00	300,00			
	420.984,00	346.343,00		420.984,00	346.343,00

Aufgabe 5

Ermitteln Sie aus der Bilanz

a die Höhe des Eigenkapitals,

b den Anteil des Umlaufvermögens am Gesamtvermögen in Prozent,

c den Anteil des Eigenkapitals am Gesamtkapital in Prozent.

Aktiva	Bilanz zum 31. Dezember 20(0)		Passiva
	€		€
Anlagevermögen		**Eigenkapital**	
Fuhrpark	60.000,00		
Betriebs- und Geschäftsausstattung	150.000,00		
Umlaufvermögen		**Fremdkapital**	
Waren	45.000,00	Darlehen	191.000,00
Forderungen	3.000,00	Verbindlichkeiten	32.000,00
Bank	2.500,00		
Kasse	500,00		
Bilanzsumme	**261.000,00**	**Bilanzsumme**	261.000,00

Aufgabe 6

Betrachten Sie die nachfolgende Bilanz und ergänzen Sie die fehlenden Begriffe.

Aktiva	Bilanz zum 31. Dezember 20(0)		Passiva
	€		€
Anlagevermögen		**Eigenkapital**	
Fuhrpark	60.000,00		
Betriebs- und Geschäftsausstattung	150.000,00		
Umlaufvermögen		**Fremdkapital**	
Waren	45.000,00	Darlehen	191.000,00
Forderungen	3.000,00	Verbindlichkeiten	32.000,00
Bank	2.500,00		
Kasse	500,00		
Bilanzsumme	**261.000,00**	**Bilanzsumme**	261.000,00

a Anlagevermögen + ______ = Gesamtvermögen

b Eigenkapital + Fremdkapital = ______

c Gesamtkapital – Eigenkapital = ______

d Gesamtkapital – Eigenkapital – langfristiges Fremdkapital = ______

e Gesamtvermögen – Fremdkapital = ______

f Anlagevermögen + Umlaufvermögen = Eigenkapital + kurzfristiges Fremdkapital + ______

g Gesamtvermögen – Eigenkapital = ______

Aufgabe 7

Entscheiden Sie bei den unten aufgeführten Belegen:

a Verlangt der Staat die Aufbewahrung?

b Wie lang ist gegebenenfalls die Aufbewahrungsfrist für diesen Beleg?

		Aufbewahrung Ja	Aufbewahrung Nein	Frist
1.	Gewinn- und Verlustrechnung	◯	◯	______
2.	Urlaubskarte des Chefs an die Belegschaft	◯	◯	______
3.	Einzahlungsquittung von der Bank	◯	◯	______
4.	Steuerbescheid vom Finanzamt	◯	◯	______
5.	Grundbuch des abgelaufenen Geschäftsjahres	◯	◯	______
6.	Inventarlisten von 20(-2)	◯	◯	______
7.	Kontoauszüge der Hausbank	◯	◯	______
8.	Lastschriftquittungen eines Lieferanten	◯	◯	______
9.	Postquittung über gekaufte Briefmarken für den Schriftverkehr mit Kunden	◯	◯	______
10.	Hauptbuch aus dem Geschäftsjahr 20(-4)	◯	◯	______
11.	Darlehensvertrag mit der Hausbank	◯	◯	______
12.	Quittungen der Hausbank über die Einreichung von Schecks, die von Kunden entgegengenommen wurden	◯	◯	______
13.	Auskunftsschreiben eines Geschäftsfreundes über einen möglichen Lieferer	◯	◯	______

10 Die Konten nach dem Kontenrahmen ordnen

In der Rosner GmbH wird ein computergestütztes Buchführungsprogramm eingeführt. Nach der Installation des Programms ist festzulegen, welche Konten eingerichtet werden sollen.

Kontenrahmen – Kontenplan

Verfügbar ist der gesamte **Kontenrahmen** der Industrie (IKR), aus dem sich die Rosner GmbH einen eigenen **Kontenplan** zusammenstellen kann. Außerdem sind die ausgewählten Konten neu anzulegen, d. h. für das Programm näher zu kennzeichnen.

Die Abbildung zeigt beispielhaft die Konten der Kontenklasse 0.

Ergebniskonten = SBK und GuV

	Nr. ▲	
	200	Konzessionen, Schutzrechte, Lizenzen
	300	Geschäfts- und Firmenwert
	500	Unbebaute Grundstücke
	510	Bebaute Grundstücke
✓	530	Betriebsgebäude
	540	Verwaltungsgebäude
	550	Andere bauten
	560	Grundstückseinrichtungen
	570	Gebäudeeinrichtungen
	590	Wohngebäude
	700	Anlagen u. Maschinen d. Energievers.
	710	Anlagen der Materiallagerung
	720	Anlagen u. Maschinen d. Materialverarb.

Buchhaltung Software

Kontenrahmen – Kontenklasse 0: Anlage- und Kapitalkonten

	00		
	01		
	02		
	03		
	04		
	05	Grundstücke und Bauten	
		050	Unbebaute Grundstücke
		051	Bebaute Grundstücke
✓		053	Betriebsgebäude
		504	
		055	
		059	Wohngebäude
	06		
	07		
	08	Betriebs- und Geschäftsausstattung	
		080	
		081	Ladenausstattung
		082	Kassensysteme
		083	Lagerausstattung
		084	Fahrzeuge
		086	Büromaschinen, Organisationsmittel, Kommunikations anlagen

Zunächst ist dem Programm durch ein Häkchen [✓] mitzuteilen, welche Konten eingerichtet werden sollen. Frau Keller will zunächst nur die Konten anlegen, die sie bisher verwendet hat.

Anschließend sind einige Merkmale der Konten anzugeben, damit das Programm die Konten gezielt auswerten kann (siehe Maske unten).

Beispiel für die nähere Kennzeichnung des Kontos 084 Fahrzeuge:

Kontentyp
- Vermögenskonto
- Kapitalkonto
- Aufwandskonto
- Ertragskonto
- Ergebniskonto

Buchhaltung Software Kontenassistent

Einrichtung der Konten	
Konto-Nr.	084
Kontobezeichnung	Fahrzeuge
Kontenklasse	0
Kontengruppe	08
Kontenart	084
Sachkonto/Personenkonto	Sachkonto
Kontentyp	Vermögenskonto
Abschlusskonto	801 SBK

Weiteren Konten (als Auswahl) sollen hier in verkürzter Form bearbeitet werden.

Einrichtung der Konten					
Konto-Nr.					
Kontobezeichnung	Ladenausstattung	Verbindlichkeiten	Waren	Forderungen	Bank
Kontenklasse	0				
Kontengruppe	08				
Kontenart	081				
Sach-/Personenkonto	Sachkonto				
Kontentyp	Verm.-Konto				
Abschlusskonto	801 SBK				

Einrichtung der Konten					
Konto-Nr.					
Kontobezeichnung	Darlehen	Eigenkapital	SBK	Kasse	EBK
Kontenklasse					
Kontengruppe					
Kontenart					
Sach-/Personenkonto					
Kontentyp					
Abschlusskonto					

Arbeitsauftrag 1
Richten Sie für das Buchführungsprogramm die Konten für die Rosner GmbH anhand des Kontenrahmens der Industrie (IKR) ein.

Vorschläge zur Vorgehensweise
1. Markieren Sie beispielhaft die Konten der Klasse 0, die in der Rosner GmbH verwendet werden (alle übrigen Konten in den anderen Kontenklassen sind bereits markiert worden).
2. Kennzeichnen Sie die angegebenen Konten nach den oben genannten Merkmalen.

Die Rosner GmbH hat in der EDV-Finanzbuchhaltung die Konten des Hauptbuches nach der Systematik des Kontenrahmens für die Industrie eingerichtet. Die Arbeiten machen Frau Keller und der Auszubildenden Kathrin auch keine Schwierigkeiten. Nur für die drei Bankkonten hätte Frau Keller gerne jeweils ein eigenes Konto eingerichtet:

- VB-Bank München
- Postbank München
- Sparkasse München

Das gleiche gilt für die sechs Hauptlieferer (Verbindlichkeiten) und für die fünf wichtigsten Kunden (Forderungen), die regelmäßig gegen Rechnung beliefert werden. Steuerberater Mertens rät, einen auf die Bedürfnisse der Unternehmung abgestimmten Kontenplan einzurichten.

Arbeitsauftrag 2
Bilden Sie auf der Grundlage des Kontenrahmens beispielhaft einen betriebsbezogenen Kontenplan der Rosner GmbH für die Kontenklasse 2 und 4. Wählen Sie die Spaltendarstellung (vgl. nachfolgendes Muster).

Muster

Klasse 2 Umlaufvermögen	Klasse 4 Verbindlichkeiten
22 Fertige Erzeugnisse und Waren	42 Verbindlichkeiten gegenüber Kreditinstituten
24 Forderungen aus Lieferungen und Leistungen	44 Verbindlichkeiten aus Lieferungen und Leistungen
26 Sonstige Vermögensgegenstände	
usw.	usw.

Benötigte Konten

Im Unternehmen aus den Kontenklassen 2 und 4 benötigte Konten: 2280, 2400 (mit 5 Untergliederungen), 2600, 2650, 2800 (mit der Untergliederung für drei Konten bei Banken und Sparkassen, siehe oben), 2880, 4200, 4250, 4400 (mit sechs Untergliederungen), 4800, 4830.

Wichtigste Kunden und Hauptlieferanten

Kunden (Debitoren)		Hauptlieferanten (Kreditoren)	
Kunden-Nr.	**Name**	**Lieferer-Nr.**	**Name**
	Radsportclub MRC 90		HerGAMont Fahrradvertriebs GmbH
	Radstudio Sonnenhofen		CAPIUS Bicycles GmbH
	Fahrradverleih City-Bike		Elektrostar GmbH
	Heinrichs, Stefan		Rose Versand GmbH
	Abendroth, Sandra		DATA COMPUTER GMBH
			BÜROCENTER MAURER GMBH

Aufgabe 1

Bestimmen Sie für die folgenden Konten die Kontonummern. Beachten Sie die unten beispielhaft dargestellten Vorüberlegungen. Welche Aufschlüsse bietet Ihnen die Zuordnung zu den Kontenklassen?

Konten

Kasse, Forderungen, Verbindlichkeiten, Eigenkapital, Schlussbestandskonto, sonstige Verbindlichkeiten im Rahmen der Lohn-/Gehaltsabrechnung, Forderungen an Mitarbeiter, Fuhrpark

Vorüberlegungen			Ergebnis
Kontobezeichnung	**Kontentyp**	**Kontenklasse**	
Kasse	Finanzkonto/Zahlungsmittel	2	2280
Forderungen			

Aufgabe 2

Erstellen Sie aufgrund der unten aufgeführten Konten eine ordnungsgemäße Bilanz. Erläutern Sie das Ergebnis.

Kontenklasse 0		Kontenklasse 1		Kontenklasse 2		Kontenklasse 3		Kontenklasse 4	
0510	Bebaute Grundstücke	13	Beteiligungen	2280	Warenbestand	3000	Eigenkapital	4200	Bankschulden
0520	Gebäude	15	Wertpapiere des Anlagevermögens	2400	Forderungen aus Lieferungen und Leistungen			4250	Darlehen
0840	Fahrzeuge			2650	Forderungen an Mitarbeiter			4400	Verbindlichkeiten aus Lieferungen und Leistungen
0860	Geschäftsausstattung			2800	Banken und Sparkassen			4800	Umsatzsteuer
				2850	Postbank				
				2880	Kasse				

11 Kundenaufträge als Ertrag erfassen: Leistungsströme erfassen

Die Entscheidung von Herrn Rosner, sich stärker in seinem Spezialgebiet, dem Bau von maßgeschneiderten Rennsport-Fahrrädern, zu engagieren und den Werkstattbereich auszubauen, hat der Rosner GmbH einen beachtlichen Umsatzzuwachs beschert. Die Kunden nehmen das erweiterte Sortiment und die Werkstatt gut an. Der Umsatz entwickelt sich zwar erwartungsgemäß, aber Herr Rosner ist sich nicht sicher, ob mit dem gestiegenen Umsatz auch eine Gewinnsteigerung verbunden ist. Kurz: er will wissen, ob sein Unternehmen wirtschaftlich arbeitet.

Bisher hat das Unternehmen in der Finanzbuchhaltung die Veränderungen der Vermögensbestände und der Kapitalbestände in der Bestandsrechnung erfasst und folgende Informationen erhalten:

- die Liquidität und Zahlungsbereitschaft eines Unternehmens,
- die Höhe der Forderungen und die Verbindlichkeiten,
- die Höhe der Kredite,
- den Umschlag der Lagerbestände usw.

Über den Erfolg des Unternehmens kann die Finanzbuchhaltung aber bisher nur bedingt durch einen Eigenkapitalvergleich am Ende des Geschäftsjahres Auskunft geben. Das reicht Herrn Rosner aber nicht; er muss fortlaufend darüber Kenntnis haben, ob die Aufträge seiner Kunden erfolgreich verlaufen und ein ausreichendes Ergebnis erzielen.

Dazu ist es zunächst notwendig, dass alle Ausgangsrechnungen (AR) der Kundenaufträge nicht nur als Forderungen buchhalterisch erfasst werden (Wertströme der Bestandsrechnung), sondern auch auf den Erfolgskonten, die den betrieblichen Leistungsprozess darstellen (Leistungsströme der Erfolgsrechnung). Darum richtet Frau Keller in der Finanzbuchhaltung neben der Bestandsrechnung zusätzlich die Erfolgsrechnung ein.

Das Konto „Umsatzerlöse" ist das erste Konto, das sie anlegt. In diesem Konto werden die Erträge aus den Kundenaufträgen erfasst.

Soll	Umsatzerlöse				Haben
Datum	Text	€	Datum	Text	€

Außerdem greift Frau Keller bei der Erfassung der Aufträge auch auf das schon eingerichtete Hauptbuch-Konto „Forderungen" zurück:

Soll	Forderungen				Haben
Datum	Text	€	Datum	Text	€

Mit der Ausgangsrechnung wird auch die in dem Rechnungsbetrag enthaltene Umsatzsteuer erfasst. Zu diesem Zweck richtet sie das Konto „Umsatzsteuer" ein.

Soll	Umsatzsteuer				Haben
Datum	Text	€	Datum	Text	€

Sind die Konten eingerichtet, kann Frau Keller mit der Bearbeitung und Buchung der Ausgangsrechnungen (AR) beginnen. Von den Ausgangsrechnungen an die Kunden erhält sie die Durchschriften, weil die Originalausgangsrechnungen an die Kunden verschickt wurden. Frau Keller kontiert die Belege (Ausgangsrechnungen) vor und bucht sie anschließend im Grundbuch und im Hauptbuch.

Ausgangsrechnung an den Kunden Radstudio Sonnenhofen

Rosner GmbH

Rosner GmbH, Baaderstraße 120, 80469 München

Radstudio Sonnenhofen
Gellertstraße 28
81925 München

Ihr Zeichen:
Ihre Nachricht:
Unser Zeichen:
Unsere Nachricht:

Name:
Telefon: 089 52067-537
Telefax: 089 50267-900
E-Mail: info@rosner.de

Datum: 02.01.20(0)

Rechnung		**Nummer:** 0001/20(0)	**Kunden-Nr.: 24023**	
Position	**Menge**	**Bezeichnung**	**Einzelpreis €**	**Gesamtpreis €**
01	1	VERDITA GREEN 1 27,5 "	1.500,00	1.500,00
			Nettobetrag	1.500,00
			19 %	285,00
			Rechnungsbetrag	**1.785,00**

Zahlungsziel: Die Rechnungssumme ist fällig mit Zugang dieser Rechnung, spätestens am 10.01.20(0).

Geschäftsführer:
Heinz Rosner
HR: Amtsgericht München HRB 5646
USt-Id.-Nr.: DE 953 736 836

Bankkonto: VB Bank München
IBAN: DE31 7022 0800 0305 6732 91
BIC: VBAGDEM1XXX

Arbeitsauftrag

Bearbeiten Sie die Ausgangsrechnungen der Rosner GmbH der 1. Kalenderwoche vom 2. bis 4. Januar 20(0).

Vorschläge zur Vorgehensweise

1. Buchen Sie die Ausgangsrechnung Nr. 0001/20(0) an den Kunden Radstudio Sonnenhofen im Grundbuch und im Hauptbuch
2. Buchen Sie die folgenden Kundenaufträge im Grundbuch und im Hauptbuch

Geschäftsfälle

Datum	Beschreibung der Geschäftsfälle	€
02.01.20(0)	AR 0002/20(0), 9 Bike +Body Controller, Nettobetrag 19 % USt. Rechnungsbetrag	1.800,00 342,00 2.142,00
02.01.20(0)	AR 0003/20(0), Nettobetrag 19 % USt. Rechnungsbetrag	800,00 152,00 952,00
03.01.20(0)	AR 0004/20(0), 10 Viktoria Elite Schlauchreifen, Nettobetrag 19 % USt. Rechnungsbetrag	200,00 38,00 238,00
03.01.20(0)	AR 0005/20(0), 1 E-Bike XENON EL, schwarz, Nettobetrag 19 % USt. Rechnungsbetrag	4.500,00 855,00 5.355,00
03.01.20(0)	AR 0006/20(0), Taxc flow Heimtrainer, Nettobetrag 19 % USt. Bruttobetrag	300,00 57,00 357,00

Datum	Beschreibung der Geschäftsfälle	€
04.01.20(0)	1 Mountainbike, Barverkauf 19 % USt. Bruttobetrag	1.200,00 228,00 1.428,00
04.01.20(0)	Kontoauszug 03/20(0) VB Bank Überweisung für AR 861/20(-1) vom 26.12.20(-1)	 5.355,00

Grundbuch

Jahr 20(0)	Grundbuch					
Datum	Beleg	Buchungstext	Konten		Betrag	
			Soll	Haben	Soll	Haben
	Betragskontrolle					

Hauptbuch

Erfolgskonto

				Buchung der Erträge im Haben	
Soll		Umsatzerlöse			Haben
Datum	Text	€	Datum	Text	€

Vermögenskonten

Mehrungen					Minderungen
Soll		Forderungen			Haben
Datum	Text	€	Datum	Text	€
02.01.	Eröffnungsbestand	178.450,00			

Mehrungen					Minderungen
Soll		Bank			Haben
Datum	Text	€	Datum	Text	€
02.01.	Eröffnungsbestand	121.480,00			

Mehrungen					Minderungen
Soll		Kasse			Haben
Datum	Text	€	Datum	Text	€
02.01.	Eröffnungsbestand	3.639,00			

Kapitalkonto

Minderungen					Mehrungen
Soll		Umsatzsteuer			Haben
Datum	Text	€	Datum	Text	€
			02.01.	Eröffnungsbestand	41.900,00

Angaben zum Modellunternehmen, siehe Informationshandbuch des 2. Ausbildungsjahres S. 129

Aufgabe 1

Erfassen Sie die Ausgangsrechnung Nr. 0001/20(0) an das Radstudio Sonnenhofen (siehe Seite 129) im unten stehenden Kundenkonto (Debitorenkonto). Ergänzen Sie die fehlenden Angaben.

Kundenkonto				
Firma/Name	Radstudio Sonnenhofen		Jahr	20(0)
Ansprechpartner	Herr Huber		Kunden-Nr.:	24023
Straße	Gellerstraße 28	USt-ID-Nr.	DE 868 757 843	
Ort	81925 München	HR	Amtsgericht München HRB-Nr. 5685	
Telefon	089 67923	Bank	SEC Bank München	
FAX	089 67955	BIC	ESSEDE5F700	
E-Mail	info@Sonnenhofen-München.de	IBAN	DE05 7001 0111 0000 3982 23	
Internet	www.radstudio-sonnenhofen.de			

Datum	Text	Soll	Haben

Aufgabe 2

Buchen Sie die Kundenaufträge der Rosner GmbH für die Woche vom 18. bis 23. Februar 20(0) im Grundbuch und Hauptbuch.

Rechnung Nr. 0153/20(0)		Kunden-Nr. 24 132	18.02.20(0)
Menge	Bezeichnung	Einzelpreis €	Gesamtpreis €
1	Nishiki Lowrider Set RS-43993	280,00	280,00
2	Gepäckträgertasche PL-49774	60,00	120,00
	Nettobetrag		400,00
	19 % USt.		76,00
	Bruttobetrag		476,00
Wir gewähren ein Zahlungsziel von 30 Tagen nach Rechnungsdatum.			

Geschäftsfälle		€
18.02.20(0)	Warenverkäufe gegen Barzahlung, Nettobetrag 19 % USt. Bruttobetrag	7.000,00 1.330,00 8.330,00
19.02.20(0)	Warenverkauf gegen Bank-Verrechnungsscheck, Nettobetrag 19 % USt. Rechnungsbetrag	1.100,00 209,00 1.309,00
	Barverkäufe, Nettobetrag 19 % USt. Bruttobetrag	4.500,00 855,00 5.355,00

Rechnung Nr. 0154/20(0)		Kunden-Nr. 24 102	21.02.20(0)
Menge	Bezeichnung	Einzelpreis €	Gesamtpreis €
4	Shimano Rennradpedale PD-R442	50,00	200,00
	Nettobetrag		200,00
	19 % USt.		38,00
	Bruttobetrag		238,00
Wir gewähren ein Zahlungsziel von 30 Tagen nach Rechnungsdatum.			

Geschäftsfälle		€
22.02.20(0)	Barverkäufe, Nettobetrag 19 % USt. Bruttobetrag	9.000,00 1.710,00 10.710,00
23.02.20(0)	Warenverkäufe mit Zahlungsziel von 30 Tagen, AR 0155/20(0), Nettobetrag 19 % USt. Rechnungsbetrag	700,00 133,00 833,00

Grundbuch

Jahr 20(0)	Grundbuch					
Datum	Beleg	Buchungstext	Konten		Betrag	
			Soll	Haben	Soll	Haben
	Betragskontrolle					

Hauptbuch

Erfolgskonto

				Buchung der Erträge im Haben	
Soll		Umsatzerlöse			Haben
Datum	Text	€	Datum	Text	€
			18.02.	Saldovortrag	65.233,00

Vermögenskonten

Mehrungen					Minderungen
Soll		Forderungen			Haben
Datum	Text	€	Datum	Text	€
18.02.	Saldovortrag	155.250,00			

Mehrungen					Minderungen
Soll		Bank			Haben
Datum	Text	€	Datum	Text	€
18.02.	Saldovortrag	112.780,00			

Mehrungen					Minderungen
Soll		Kasse			Haben
Datum	Text	€	Datum	Text	€
18.02.	Saldovortrag	1.239,00			

Kapitalkonto

Minderungen					Mehrungen
Soll		Umsatzsteuer			Haben
Datum	Text	€	Datum	Text	€
			18.02.	Saldovortrag	35.700,00

Aufgabe 3

Führen Sie das Konto des Kunden Radsportclub MRC 90, Auenstraße 45, 80469 München, nach unten stehenden Angaben für das 1. Quartal 20(0) und ermitteln Sie den Saldo zum 31. März 20(0).

- Legen Sie das Konto des Kunden Radsportclub MRC 90 (siehe unten), wenn möglich in Excel, an und buchen Sie die folgenden Geschäftsfälle.
- Saldieren Sie das Konto zum 31.03.20(0).
- Errechnen Sie den Umsatz des 1. Quartals 20(0).
- Beurteilen Sie die Zahlungsweise des Kunden.

Geschäftsfälle		€
01.01.20(0)	Saldovortrag	468,50
24.01.20(0)	Ausgangsrechnung Nr. 6/20(0)	95,60
03.02.20(0)	Banküberweisung 755/20(-1)	468,50
05.02.20(0)	AR Nr. 19/20(0)	697,20
15.02.20(0)	AR Nr. 33/20(0)	200,00
06.03.20(0)	Banküberweisung für AR 19/20(0) + AR 33/20(0)	897,20
12.03.20(0)	AR Nr. 112/20(0)	380,00
18.03.20(0)	AR Nr. 156/20(0)	264,00
28.03.20(0)	Gutschrift wegen Warenrücksendung AR Nr. 156/20(0)	64,00

Kundenkonto			
Firma/Name	Radsportclub MRC 90	Jahr	20(0)
Ansprechpartner		Kunden-Nr.:	24234
Straße		USt-ID-Nr.	
Ort		HR	Amtsgericht München 2 HRB-Nr. 12485
Telefon		Bank	
FAX		BIC	
E-Mail	info@radsport-mrc90.de	IBAN	
Internet	www.radsport-mrc90.de		

Datum	Text	Soll	Haben
	Saldovortrag		

Aufgabe 4

Buchen die die Warenverkäufe des Verkaufsshops Putzstube für die Woche vom 20. bis 24. Juni 20(0) im Grundbuch und Hauptbuch.

Web

Warenverkäufe		€
20.06.20(0)	AR P 176/20(0), Josef Eckers, Nettobetrag 19 % USt. Bruttobetrag	30,00 5,70 35,70
21.06.20(0)	Barverkauf, Nettobetrag 19 % USt. Bruttobetrag	150,00 28,50 178,50
22.06.20(0)	AR P 177/20(0), Frank Neubert OHG, Nettobetrag 19 % USt. Rechnungsbetrag	450,00 85,50 535,50
22.06.20(0)	AR P 178/20(0), SANGRO GmbH, Nettobetrag 19 % USt. Rechnungsbetrag	1.200,00 228,00 1.428,00
23.06.20(0)	Barverkauf, Nettobetrag 19 % USt. Bruttobetrag	180,00 34,20 214,20
24.06.20(0)	Barverkauf, Nettobetrag 19 % Umsatzsteuer Bruttobetrag	80,00 15,20 95,20

12 Wareneinkäufe als Aufwand erfassen: Leistungsströme erfassen

Die Entscheidung der Rosner GmbH, sich auf den Bau von Rädern für den Radsport zu spezialisieren, hatte zur Folge, dass sie sich für die Beschaffung von Komponenten (Rahmen, Schaltungen, Bremsen usw.) nach neuen Lieferanten umsehen musste. Das Ziel des Unternehmens ist es, dem Kunden ein Rad anzubieten, das ganz individuell nach seinen Wünschen angefertigt wird. Damit sind hohe Ansprüche an die Lieferanten hinsichtlich Qualität, Innovation und Lieferfähigkeit verbunden.

Frau Abel, die bei der Rosner GmbH zuständig für die Beschaffung ist, hatte sich zunächst nach kompetenten Lieferanten umgesehen und nach ihren Anfragen auch eine große Zahl an Angeboten erhalten.

In einem umfangreichen Angebotsvergleich hat sie die Leistungsfähigkeit der Anbieter geprüft und dann die günstigsten Anbieter ermittelt und die ersten Bestellungen ausgelöst. Nun steht die erste Lieferung im Wareneingang. Im Rahmen der Wareneingangskontrolle prüft Frau Abel, ob die Ware einwandfrei und in der im Lieferschein angegebenen Menge geliefert wurde. Nach der Rechnungsprüfung leitet sie die Rechnung weiter an Frau Keller in der Abteilung Rechnungswesen/Controlling.

Eingangsrechnung vom Tiemann Import und Export GmbH

Tiemann
Import und Export GmbH

Postfach 3647
22525 Hamburg

Tiemann Import und Export GmbH, Postfach 3647, 22525 Hamburg

Rosner GmbH
Baaderstraße 120
80469 München

Ihr Zeichen: ABE
Ihre Nachricht: 02.02.20(0)
Unser Zeichen:
Unsere Nachricht:

Name: Jens Hensen
Telefon: 040 510-0
Telefax: 040 511-200
E-Mail: info@tiemann-gmbh.de

Rechnung Nr.: 07277/20(0) — Datum: 15.02.20(0)

Kunden-Nr.: 10102	Auftrag vom: 02.02.20(0)	Versand: frei Haus Lieferung: 15.02.20(0)

Menge/Stück	Artikel-Nr.	Bezeichnung	Einzelpreis €	Gesamtpreis €
50	ERG 2012	Ergotec Multifunktionslenker	36,00	1.800,00
50	ATB 4463	Gabel verchromt 28"/700	28,00	1.400,00
50	SHM 6631	Tretlager FC – 3550	42,00	2.100,00
			Nettobetrag	5.300,00
			19 % USt.	1.007,00
			Rechnungsbetrag	6.307,00

Zahlungsziel: sofort nach Erhalt der Rechnung ohne Abzug zahlbar

Bankverbindung: Hamburger Sparkasse, IBAN DE72 2005 0550 0032 0875 00, BIC HASPDEHHXXX
Amtsgericht Hamburg HRB-Nr. 2685 — USt-IdNr.: 139/5763/0971

In einem ersten Schritt kontiert Frau Keller die Eingangsrechnung Nr. 07277/20(0) der Tiemann Import und Export GmbH und ruft dann die entsprechenden Konten zur Buchung auf. Das ist zunächst das Konto „Aufwendungen für Waren".

Soll		Aufwendungen für Waren			Haben
Datum	Text	€	Datum	Text	€

Außerdem greift Frau Keller bei der Erfassung der Rechnung auf das Hauptbuch-Konto „Verbindlichkeiten“ zu.

Soll	Verbindlichkeiten				Haben
Datum	Text	€	Datum	Text	€

Mit der Eingangsrechnung wird auch die in dem Rechnungsbetrag enthaltene Umsatzsteuer erfasst. Zu diesem Zweck ruft sie das Konto „Vorsteuer“ auf.

Soll	Vorsteuer				Haben
Datum	Text	€	Datum	Text	€

Nun kann Frau Keller mit der Buchung der Eingangsrechnung (ER) im Grundbuch und auf den entsprechenden Konten im Hauptbuch (siehe Seite 139) beginnen.

Mit dem Lieferer Tiemann Import und Export GmbH ist sofortige Zahlung vereinbart worden. Daher füllt Frau Keller am nächsten Tag den Überweisungsauftrag für die Bank per Onlinebanking aus. Sie erhält folgenden Kontoauszug:

	BLZ	Konto-Nr.	erstellt am	Auszug	Blatt
VB Bank München	70220800	305673291	16.02.20(0)	12	1
BU-TAG	VORGANG		SALDO alt	81.900,00 +	
18.02.20(0)	Banküberweisung				
	an Lieferer Tiemann GmbH für ER 07277			6.307,00 –	
			SALDO neu	75.593,00 +	
Rosner GmbH			BIC: VBAGDEM1XXX		
Baaderstraße 120, 80469 München			IBAN: DE31702208000305673291		

Arbeitsauftrag

Bearbeiten Sie die oben abgebildete Eingangsrechnung ER 07277/20(0) der Tiemann Import und Export GmbH vom 15. Februar 20(0) und den Kontoauszug der VB Bank München.

Vorschläge zur Vorgehensweise

1. Prüfen Sie, ob die Rechnung sachlich und rechnerisch richtig erstellt wurde.
2. Buchen Sie die Eingangsrechnung (ER) Nr. 07277 von Tiemann Import und Export GmbH im Grundbuch und auf den Konten im Hauptbuch der Rosner GmbH.
3. Buchen Sie den Ausgleich der ER Nr. 07277 (Zahlungsausgang lt. Kontoauszug).
   - Beachten Sie das korrekte Buchungsdatum (orientieren Sie sich am Buchungsbeleg).
   - Es gilt der Grundsatz: Erst die Soll-Buchung, dann die Haben-Buchung.
   - Der Einkauf von Waren ist für die Rosner GmbH ein Aufwand.

Grundbuch

Jahr 20(0)	Grundbuch					
Datum	Beleg	Buchungstext	Konten		Betrag	
			Soll	Haben	Soll	Haben
				Betragskontrolle		

Hauptbuch

Erfolgskonto

Buchung der Aufwendungen im Soll					
Soll		**Aufwendungen für Waren**			**Haben**
Datum	**Text**	**€**	**Datum**	**Text**	**€**

Vermögenskonten

Mehrungen					Minderungen
Soll		**Vorsteuer**			**Haben**
Datum	**Text**	**€**	**Datum**	**Text**	**€**
15.02.	Saldovortrag	5.866,00			

Mehrungen					Minderungen
Soll		**Bank**			**Haben**
Datum	**Text**	**€**	**Datum**	**Text**	**€**
15.02.	Saldovortrag	81.890,00			

Kapitalkonto

Minderungen					Mehrungen
Soll		**Verbindlichkeiten**			**Haben**
Datum	**Text**	**€**	**Datum**	**Text**	**€**
			15.02.	Saldovortrag	41.900,00

Aufgabe 1

Erfassen Sie die Eingangsrechnung Nr. 07277/20(0) der Firma Tiemann Import und Export GmbH im unten stehenden Liefererkonto (Kreditorenkonto). Ergänzen Sie die fehlenden Angaben (siehe Angaben in der Rechnung).

Liefererkonto			
Firma/Name	Tiemann Import und Export GmbH	Jahr	20(0)
Ansprechpartner	Herr	Liefererkonto-Nr.	K 44033
Straße		USt-IdNr.	
Ort		HR	Amtsgericht Hamburg HRB-Nr. 2685
Telefon		Bank	
FAX		BIC	
E-Mail		IBAN	
Internet			

Datum	**Text**	**Soll**	**Haben**

Informationshandbuch Seite 167–171: 12 Erfolgsvorgänge im betrieblichen Leistungsprozess: Aufwendungen

Aufgabe 2

Buchen Sie weitere Rechnungen im Grundbuch und Hauptbuch der Rosner GmbH.

				Firma Werner Schule & Co. **30161 Hannover**
Rechnung Nr.: 1298 20(0)				16.02.20(0)
Kunden-Nr.: 002399		Auftrag vom 13.02.20(0)	Lieferung: 16.02.20(0)	
Menge	Artikel-Nr.	Bezeichnung	Einzelpreis €	Gesamtpreis €
50 Stück	K-1332	Umwerfer FD 3500	9,40	470,00
20 Stück	K-4312	Bremshebel BL 3500	11,00	230,00
			Nettobetrag	700,00
			19 % USt.	133,00
	Versand: frei Haus		Rechnungsbetrag	833,00
Zahlungsziel: 30 Tage ab Rechnungsdatum netto Kasse				

Geschäftsfälle		€
17.02.0(0)	ER Nr. 7391 von Lieferer Wegmann OHG, 32051 Herford, Nettobetrag 19 % USt. Rechnungsbetrag	2.500,00 475,00 2.975,00
18.02.0(0)	ER Nr. 100/34 Lieferer: Kortinger GmbH, 44329 Dortmund, Nettobetrag 19 % USt. Rechnungsbetrag	7.100,00 1.349,00 8.449,00
18.02.0(0)	ER Nr. 6201/20(0) von Rose Versand GmbH, 46393 Bocholt, Banküberweisung (Kontoauszug) Rechnungsbetrag	2.467,00

Aufgabe 3

a Ergänzen Sie die nachfolgende Tabelle durch „Soll" (S) oder „Haben" (H), je nachdem auf welcher Kontenseite die betrachtete Position (z. B. der Eröffnungsbestand) steht.

Konten	Eröffnungsbestand	Mehrungen	Minderungen	Schlussbestand
1. Kasse	○	○	○	○
2. Darlehen	○	○	○	○
3. Kapitalkonto	○	○	○	○
4. Vermögenskonto	○	○	○	○

b Kreuzen Sie an, ob bei den angegebenen Konten im „Soll" oder „Haben" gebucht wird.

Konten	Soll	Haben
1. Aufwendungen für Waren	○	○
2. Umsatzerlöse	○	○
3. Gehälter	○	○
4. Aufwandskonto	○	○
5. Ertragskonto	○	○

Aufgabe 4

Ergänzen Sie die Felder mit den nachfolgenden Begriffen:

Vermögenskonten – Forderung – Aufwandskonten – Kapitalkonten – Ertragskonten – Verbindlichkeit

a Bestandskonten teilt man auf in ____________ und ____________

b Erfolgskonten teilt man auf in ____________ und ____________

c Die Vorsteuer ist eine ____________ gegenüber dem Finanzamt.

d Die Umsatzsteuer ist eine ____________ gegenüber dem Finanzamt.

Aufgabe 5

Machen Sie Ihre Überlegungen in Form einer Wirkungskette deutlich.

Geschäftsfall	Beispiel Kassenabschöpfung	Begleichung einer Liefererrechnung durch Banküberweisung	Eingangsrechnung über Wareneinkauf
Welche Konten werden durch den Geschäftsfall angesprochen?	Kasse Bank		
Um welche Kontenart handelt es sich?	Vermögenskonto Vermögenskonto		
Wie verändern sich die Kontobestände?	Kasse Minderung Bank Mehrung		
Auf welcher Kontoseite wird gebucht? Erst Soll, dann Haben.	Bank Soll Kasse Haben		

Aufgabe 6

Buchen Sie die folgenden Geschäftsvorgänge des Monats März 20(0) im Grundbuch des Zweirad-Centers Breuer.

Web

Tiemann
Import und Export GmbH

Postfach 3647
22525 Hamburg
Telefon: 040 510-0
Telefax: 040 511200

Zweirad-Center Breuer
Steinstraße 24
40212 Düsseldorf

Rechnung Nr.: 07898 Datum: 05.03.20(0)

Kunden-Nr.: 0102		Auftrag vom: 28.02.20(0)	Versand: LKW-Stückgut/frei Haus	
Menge/Stück	Artikel-Nr.	Bezeichnung	Einzelpreis €	Gesamtpreis €
10	HE 2435	Fahrradhelm Alpina STAR	40,00	400,00
10	TR 1287	TAX Ergotrainer	200,00	2.000,00
			Nettobetrag	2.400,00
			19 % USt.	456,00
			Rechnungsbetrag	2.856,00

Zahlungsziel: 30 Tage ab Rechnungsdatum netto Kasse
Bankverbindung: Hamburger Sparkasse IBAN DE72 2005 0550 0032 0875 00, BIC HASPDEHHXXX
Amtsgericht Hamburg HRB-Nr. 2685 USt-IdNr.: 139/5763/0971

Ausgangsrechnung an Sportclub Velo 1923

Rechnung Nr. 0158/20(0)		Kunden-Nr. 102	07.03.20(0)
Menge	**Bezeichnung**	**Einzelpreis €**	**Gesamtpreis €**
3	Aluminium Gabelkrone GULA	400,00	1.200,00
	Nettobetrag		1.200,00
	19 % USt.		228,00
	Bruttobetrag		1.428,00

Wir gewähren ein Zahlungsziel von 30 Tagen nach Rechnungsdatum.
Bankverbindung: Bank Düsseldorf (BIC DEFIDEMM300) IBAN DE63300400004865051000

Informationshandbuch Seite 167–171: 12 Erfolgsvorgänge im betrieblichen Leistungsprozess: Aufwendungen

Geschäftsfälle		€
10.03.20(0)	Barverkäufe, Nettobetrag 19 % USt. Bruttobetrag	9.600,00 1.824,00 11.424,00
18.03.20(0)	Warenverkauf gegen Ausgangsrechnung 0159/20(0), Nettobetrag 19 % USt. Bruttobetrag	2.300,00 437,00 2.737,00
20.03.20(0)	Wareneinkauf gegen Bankscheck, Nettobetrag 19 % USt. Bruttobetrag	2.500,00 475,00 2.975,00

Aufgabe 7

Entscheiden Sie, ob die nachfolgenden Fälle als Aufwendungen (A) oder als Zugänge (Z) im Anlagevermögen zu buchen sind.

1. Kauf von Büromaterial (Bleistifte, Kugelschreiber, Schreibpapier) ◯
2. Rechnung über Heizöl ◯
3. Kauf einer neuen Büroeinrichtung (Schreibtisch, Schreibtischstuhl, Regale) ◯
4. Löhne für Reinigung der Geschäftsräume ◯
5. Kauf eines Lieferwagens ◯
6. Beitrag zur Industrie- und Handelskammer ◯

13 Die Umsatzsteuer abrechnen und buchen

Die Umsatzstatistik der Rosner GmbH für das dritte Quartal 20(0) weist folgende Werte aus:

Rosner GmbH				
Umsatzentwicklung der Monate Januar bis März 20(0)				
Monat	Januar	Februar	März	Summe
Umsatz (brutto)	103.952,00	109.070,00	116.053,00	329.075,00
– USt.	16.597,00	17.415,00		
= Umsatzerlöse	87.355,00	91.655,00		

Diese Statistik weist neben den Bruttoumsätzen auch die darin enthaltene Umsatzsteuer aus, die an das Finanzamt abgeführt werden muss. Der Rosner GmbH verbleiben nur die Nettoumsätze (Umsatzerlöse). Sie stellen den Wert der Waren und Leistungen dar, die von der Rosner GmbH verkauft wurden.

Die Umsatzsteuer ist für die Rosner GmbH zwar nur ein sogenannter „durchlaufender Posten", aber die Berechnung der Höhe der abzuführenden Umsatzsteuer verursacht doch einen erheblichen Arbeitsaufwand: Jeden Monat muss bis zum 10. die Umsatzsteuer des Vormonats beim zuständigen Finanzamt gemeldet und auch bezahlt werden.

Frau Keller aus der Abteilung Rechnungswesen/Controlling ermittelt gerade die notwendigen Werte aus der Finanzbuchführung, um die Umsatzsteuerschuld für den vergangenen Monat (Umsatzsteuerzahllast) zu berechnen. Hierfür steht ihr ein vom Finanzamt herausgegebenes Formblatt, die Umsatzsteuer-Voranmeldung (siehe Seite 144), zur Verfügung.

Umsatzsteuervorauszahlung: Die endgültige Höhe der Umsatzsteuer wird am Jahresende ermittelt. Das Unternehmen zahlt monatlich eine Vorauszahlung auf die Jahressteuer.

Für die Abwicklung der Arbeiten zur Umsatzsteuervoranmeldung hat sich Frau Keller einen Ablaufplan erstellt.

Nr.	Arbeitsschritte	erledigt
01	Berechnung der Werte für die Umsatzsteuervoranmeldung ▪ Aufruf der Konten – Vorsteuer – Umsatzsteuer – Umsatzerlöse ▪ Summierung der Monatswerte aus den Konten (ohne Kontenabschluss)	
02	Formular mit diesen Werten ausfüllen	
03	Berechnung der Umsatzsteuer-Zahllast	
04	Erstellen des Überweisungsauftrages für die USt.-Zahllast	
05	Buchung des gesamten Vorgangs im Grund- und Hauptbuch ▪ Umbuchung der Vorsteuer ▪ Buchung der Zahllast (Kontoauszug)	

Arbeitsauftrag

Rechnen Sie auf der Grundlage der nachfolgend abgebildeten Konten die Umsatzsteuer der Rosner GmbH für den Monat März 20(0) mit dem Finanzamt ab und buchen Sie den Vorgang unter Berücksichtigung der Belege.

Vorschläge zur Vorgehensweise

1. Zunächst muss die Umsatzsteuer-Voranmeldung (vereinfachtes Formblatt) erstellt und die Überweisung der Umsatzsteuer-Zahllast durchgeführt werden (Überweisungsträger der VB Bank München, siehe Seite 145)
2. Ergänzen Sie den Kontoauszug in den umrandeten Feldern.
3. Buchen Sie dann die Belege: Umsatzsteuer-Voranmeldung und Kontoauszug.
4. Vervollständigen Sie die Umsatzstatistik.

Formblatt zur Umsatzsteuer-Voranmeldung 2015 (Auszug)

- Bitte weiße Felder ausfüllen oder ☒ ankreuzen, Anleitung beachten -

2015

Fallart	Steuernummer	Unterfallart
11		56

30 Eingangsstempel oder -datum

Finanzamt

Unternehmer – ggf. abweichende Firmenbezeichnung – Anschrift – Telefon – E-Mail-Adresse

Umsatzsteuer-Voranmeldung 2015

Voranmeldungszeitraum

bei **monatlicher** Abgabe bitte ankreuzen / bei **vierteljährlicher** Abgabe bitte ankreuzen

15 01	Jan.	15 07	Juli	15 41	I. Kalendervierteljahr
15 02	Feb.	15 08	Aug.	15 42	II. Kalendervierteljahr
15 03	März	15 09	Sept.	15 43	III. Kalendervierteljahr
15 04	April	15 10	Okt.	15 44	IV. Kalendervierteljahr
15 05	Mai	15 11	Nov.		
15 06	Juni	15 12	Dez.		

Berichtigte Anmeldung (falls ja, bitte eine „1" eintragen) **10**

Belege (Verträge, Rechnungen, Erläuterungen usw.) sind beigefügt bzw. werden gesondert eingereicht (falls ja, bitte eine „1" eintragen) **22**

I. Anmeldung der Umsatzsteuer-Vorauszahlung

Zeile		Kz	Bemessungsgrundlage ohne Umsatzsteuer volle EUR	Kz	Steuer EUR	Ct
18	**Lieferungen und sonstige Leistungen** (einschließlich unentgeltlicher Wertabgaben)					
19	**Steuerfreie Umsätze mit Vorsteuerabzug**					
20	**Innergemeinschaftliche Lieferungen** (§ 4 Nr. 1 Buchst. b UStG) an Abnehmer **mit** USt-IdNr.	41				
21	neuer Fahrzeuge an Abnehmer **ohne** USt-IdNr.	44				
22	neuer Fahrzeuge außerhalb eines Unternehmens (§ 2a UStG)	49				
23	**Weitere steuerfreie Umsätze mit Vorsteuerabzug** (z.B. **Ausfuhrlieferungen**, Umsätze nach § 4 Nr. 2 bis 7 UStG)	43				
24	**Steuerfreie Umsätze ohne Vorsteuerabzug** Umsätze nach § 4 Nr. 8 bis 28 UStG	48				
25	**Steuerpflichtige Umsätze** (Lieferungen und sonstige Leistungen einschl. unentgeltlicher Wertabgaben)					
26	zum Steuersatz von 19 %	81				
27	zum Steuersatz von 7 %	86				
28	zu anderen Steuersätzen	35		36		
29	Lieferungen land- und forstwirtschaftlicher Betriebe nach § 24 UStG an Abnehmer **mit** USt-IdNr.	77				
30	Umsätze, für die eine Steuer nach § 24 UStG zu entrichten ist (Sägewerkserzeugnisse, Getränke und alkohol. Flüssigkeiten, z.B. Wein)	76		80		
31	**Innergemeinschaftliche Erwerbe**					
32	**Steuerfreie innergemeinschaftliche Erwerbe** Erwerbe nach §§ 4b und 25c UStG	91				
33	**Steuerpflichtige innergemeinschaftliche Erwerbe** zum Steuersatz von 19 %	89				
34	zum Steuersatz von 7 %	93				
35	zu anderen Steuersätzen	95		98		
36	**neuer Fahrzeuge** (§ 1b Abs. 2 und 3 UStG) von Lieferern **ohne** USt-IdNr. zum allgemeinen Steuersatz	94		96		
37	**Ergänzende Angaben zu Umsätzen**					
38	Lieferungen des ersten Abnehmers bei **innergemeinschaftlichen Dreiecksgeschäften** (§ 25b Abs. 2 UStG)	42				
39	Steuerpflichtige Umsätze, für die der **Leistungsempfänger** die **Steuer nach § 13b Abs. 5 Satz 1 i.V.m. Abs. 2 Nr. 10 UStG schuldet**	68				
40	Übrige steuerpflichtige Umsätze, für die der **Leistungsempfänger** die **Steuer nach § 13b Abs. 5 UStG schuldet**	60				
41	**Nicht steuerbare sonstige Leistungen** gem. § 18b Satz 1 Nr. 2 UStG	21				
42	**Übrige nicht steuerbare Umsätze** (Leistungsort nicht im Inland)	45				
43	**Übertrag** zu übertragen in Zeile 45					

USt 1 A – Umsatzsteuer-Voranmeldung 2015 – (07.14)

Vereinfachtes Formblatt zur Umsatzsteuer-Voranmeldung

Umsatzsteuer-Voranmeldung 20(0) **Monat:**		
Berechnung der Umsatzsteuer-Vorauszahlung		
	Bemessungsgrundlage	**Steuer**
1. Steuerpflichtige Umsätze (Umsatzerlöse ohne Umsatzsteuer)		
2. Davon Umsatzsteuer (aus 1.)		
3. Minus abzugsfähige Vorsteuer		
4. = Umsatzsteuer-Vorauszahlung (Umsatzsteuer-Zahllast)		

Überweisungsträger

SEPA-Überweisung

Für Überweisungen in Deutschland, in andere EU-/EWR-Staaten und in die Schweiz in Euro.
Bitte Meldepflicht gemäß Außenwirtschaftsordnung beachten!

Angaben zum Zahlungsempfänger: Name, Vorname/Firma (max. 27 Stellen, bei maschineller Beschriftung max. 35 Stellen)

IBAN

BIC des Kreditinstituts/Zahlungsdienstleisters (8 oder 11 Stellen)

SEPA-Überweisung €

Betrag: Euro, Cent

Kunden-Referenznummer – Verwendungszweck, ggf. Name und Anschrift des Zahlers – (nur für Zahlungsempfänger)

noch Verwendungszweck (insgesamt max. 2 Zeilen á 27 Stellen, bei maschineller Beschriftung max. 2 Zeilen á 35 Stellen)

Angaben zum Kontoinhaber: Name, Vorname/Firma, Ort (max. 27 Stellen, keine Straßen- oder Postfachangaben)

IBAN
D E

16

SEPA

Datum

Unterschrift(en)

Bankverbindungen

Absender: Rosner GmbH
VB Bank München, BIC: VBAGDEM1XXX, IBAN DE31702208000305673291

Empfänger: Finanzamt München
Deutsche Bundesbank Filiale München, BIC: MARKDEF1700, IBAN: DE05 7000 0000 0070 0015 06

Kontoauszug (verkürzter Beleg)

	BLZ	Konto-Nr.	erstellt am	Auszug	Blatt
VB Bank München	70220800	305673291	10.04.20(0)	9	1

BU-TAG	**VORGANG**			
		SALDO alt	**98.563,00**	+
10.04.20(0)	Zahllast Monat März 20(0)			–
		SALDO neu		+
Rosner GmbH		BIC: VBAGDEM1XXX		
Baaderstraße 120, 80469 München		IBAN: DE31702208000305673291		

Grundbuch

Jahr 20(0)	Grundbuch					
Datum	Beleg	Buchungstext	Konten		Betrag	
			Soll	Haben	Soll	Haben
				Betragskontrolle		

Hauptbuch

Vermögenskonten

Mehrungen					Minderungen
Soll		Bank			Haben
Datum	Text	€	Datum	Text	€
	Saldovortrag	98.563,00			

Mehrungen					Minderungen
Soll		Vorsteuer			Haben
Datum	Text	€	Datum	Text	€
	Saldovortrag	12.640,00			
28.03.	ER 3471	45,80			
29.03.	ER 3472	87,20			
30.03.	ER 3473	36,00			
31.03.	ER 3475	47,00			

Kapitalkonto

Minderungen					Mehrungen
Soll		Umsatzsteuer			Haben
Datum	Text	€	Datum	Text	€
				Saldovortrag	31.125,00
			28.03.	AR 28654	61,00
			29.03.	AR 28655	52,00
			30.03.	AR 28656	95,00
			31.03.	AR 28657	53,00

Erfolgskonto

Ertrag = Haben-Buchung

Soll			Umsatzerlöse		Haben
Datum	Text	€	Datum	Text	€
				Saldovortrag	96.149,33
			27.09.	AR 28654	321,05
			28.09.	AR 28655	273,68
			29.09.	AR 28656	500,00
			30.09.	AR 28657	278,94

Aufgabe 1

Waren sind mit folgenden Preisen ausgestattet:

Lebensmittel und Verlagserzeugnisse: 7 % Umsatzsteuer

Auszeichnungspreis in €	Enthaltene Umsatzsteuer
416,50	19 %
17,85	19 %
9,99	7 %
5.355,00	19 %
3,98	7 %

Wie viel Umsatzsteuer ist in diesen Beträgen jeweils enthalten? Berücksichtigen Sie die unterschiedlichen Umsatzsteuersätze.

Aufgabe 2

Ermitteln Sie die Zahllast (Umsatzsteuersatz 19 %).

Summe Konto Vorsteuer (Soll-Seite): 4.446,00 €

Summe Konto Umsatzsteuer (Haben-Seite): 7.245,00 €

Aufgabe 3

Ermitteln Sie in einer Nebenrechnung die Werte für die Umsatzsteuer-Voranmeldung des Monats Juli 20(0). Buchen Sie am 8. August 20(0) die Umbuchung der Vorsteuer und die Banküberweisung der ermittelten Zahllast. Beachten Sie, dass die Konten „Vorsteuer" und „Umsatzsteuer" auch Buchungen für den Monat August aufweisen (Umsatzsteuer 19 %).

Soll			Vorsteuer		Haben
Datum	Text/Gegenkonto	€	Datum	Text/Gegenkonto	€
12.07.	Verbindlichkeiten	236,00			
14.07.	Verbindlichkeiten	3.090,00			
19.07.	Verbindlichkeiten	904,00			
25.07.	Verbindlichkeiten	912,00			
30.07.	Verbindlichkeiten	1.468,00			
01.08.	Verbindlichkeiten	645,00			

Soll		Umsatzsteuer			Haben
Datum	Text/Gegenkonto	€	Datum	Text/Gegenkonto	€
			09.07.	Kasse	437,00
			12.07.	Kasse	2.375,00
			13.07.	Forderungen	1.501,00
			16.07.	Kasse	2.717,00
			20.07.	Kasse	2.204,00
			23.07.	Forderungen	361,00
			25.07.	Kasse	1.691,00
			31.07.	Kasse	1.083,00
			01.08.	Forderungen	1.368,00
			04.08.	Kasse	1.919,00
			07.08.	Kasse	1.653,00

Soll		Umsatzerlöse			Haben
Datum	Text/Gegenkonto	€	Datum	Text/Gegenkonto	€
			09.07.	Kasse	2.300,00
			12.07.	Kasse	12.500,00
			13.07.	Forderungen	7.900,00
			16.07.	Kasse	14.300,00
			20.07.	Kasse	11.600,00
			23.07.	Forderungen	1.900,00
			25.07.	Kasse	8.900,00
			31.07.	Kasse	5.700,00
			01.08.	Forderungen	7.200,00
			04.08.	Kasse	10.100,00
			07.08.	Kasse	8.700,00

Umsatzsteuer-Voranmeldung 20(0) Monat: Juli		
Berechnung der Umsatzsteuer-Vorauszahlung		
	Bemessungsgrundlage	**Steuer**
1. Steuerpflichtige Umsätze (Umsatzerlöse ohne Umsatzsteuer)		
2. Davon Umsatzsteuer (aus 1.)		
3. Minus abzugsfähige Vorsteuer		
4. = Umsatzsteuer-Vorauszahlung (Umsatzsteuer-Zahllast)		

Aufgabe 4

Betrachten Sie die unten stehende Darstellung des Umsatzsteuersystems und bearbeiten bzw. beantworten Sie die folgenden Aufgaben und Fragen.

a Beschreiben Sie den Weg des Kühlschranks.

b Welchen Verlauf nehmen die Zahlungen?

c Warum zahlt die Neumann Kühlanlagen GmbH nur 38,00 € an das Finanzamt?

d Welchen Betrag erhält das Finanzamt insgesamt?

e Wie viel Euro Umsatzsteuer zahlt der Kunde Horst Conradi?

f Wie viel Euro muss das Fachgeschäft Duhme KG aus „eigener Tasche" an Umsatzsteuer entrichten?

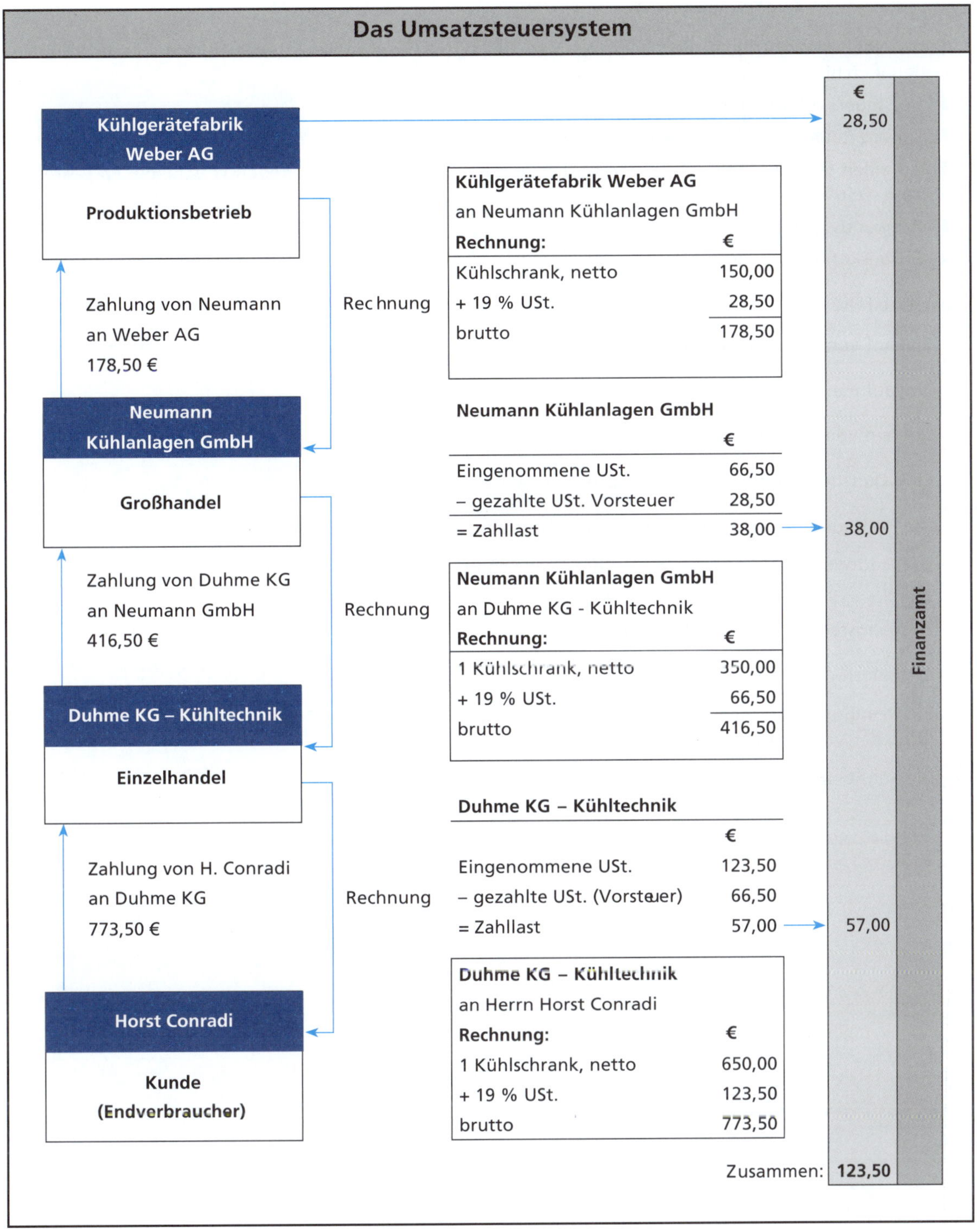

Aufgabe 5

Ergänzen Sie die Übersicht mit den folgenden Begriffen:

Aufwandskonten – Kapitalkonten – Vermögenskonten – Erfolgskonten – Ertragskonten – Bestandskonten

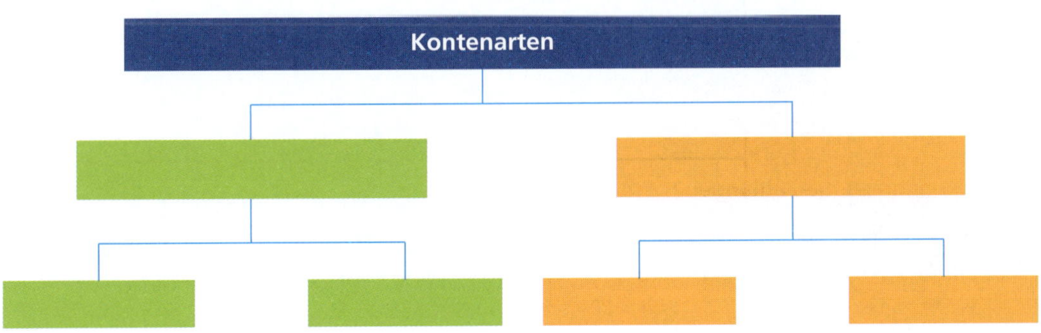

Aufgabe 6

a Entscheiden Sie, ob durch die nachfolgenden Geschäftsfälle aus Sicht der Spedition Allsped GmbH – neben verschiedenen anderen Konten – das

- Vorsteuer- (V) oder das
- Umsatzsteuerkonto (U) angesprochen wird?

b Entscheiden Sie außerdem, ob in den nachfolgenden Geschäftsfällen – neben verschiedenen Bestandskonten – ein

- Aufwands- (A) oder
- Ertragskonto (E) angesprochen wird?

Geschäftsfälle	V oder U	A oder E
1. Einkauf von Waren von Lieferern	◯	◯
2. Einkauf von Kraftstoffen an einer Tankstelle	◯	◯
3. Verkauf von Waren an Kunden	◯	◯
4. Eine Quittung über eingekauftes Büromaterial ist zu buchen.	◯	◯
5. Die Rechnung der Telekom für Kommunikationsaufwendungen trifft ein.	◯	◯
6. Die Stadtwerke buchen vom Konto die Energiepauschale für den Monat Juli ab.	◯	◯
7. Ausgangsrechnung an einen Kunden	◯	◯
8. Eingangsrechnung von einem Lieferer	◯	◯
9. Ein Reinigungsunternehmen berechnet die Aufwendungen für die Reinigung der Verkaufsräume.	◯	◯
10. Die Löhne und Gehälter werden überwiesen.	◯	◯

14 Die Warenkonten abschließen und das Rohergebnis ermitteln

Am Ende des ersten Quartals des neuen Geschäftsjahres möchte Herr Rosner wissen, ob er in den Monaten Januar bis März erfolgreich gewirtschaftet hat.

Der Umsatz der Sparten: Fahrräder, Zubehör und Bekleidung ist in den einzelnen Monaten zwar stetig gestiegen, nun aber interessiert ihn, ob sich auch die Erfolgssituation des Unternehmens insgesamt verbessert hat.

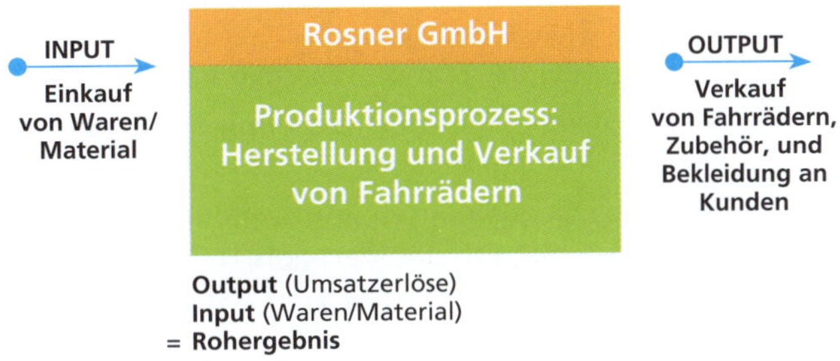

Umsatzerlöse
– Wareneinsatz
= Rohergebnis

So ist es an der Zeit zu überprüfen, ob der Umsatz aus dem Verkauf der Fahrräder, des Zubehörs und der Sportbekleidung des 1. Quartals einen angemessenen Rohertrag erwirtschaftet hat.

Herr Rosner erwartet eine Tabelle, aus der er ersehen kann, wie sich die Umsatzerlöse, der Wareneinsatz und das Rohergebnis in den einzelnen Monaten des ersten Quartals entwickelt haben.

Frau Keller, die Abteilungsleiterin Rechnungswesen/Controlling, hat für Herrn Rosner die unten stehende Tabelle erstellt.

Rohergebnis der Rosner GmbH im 1. Quartal 20(0)

Monat	Umsatzerlöse in €	Wareneinsatz in €	Rohergebnis in €
Januar	87.355,00	43.551,00	
Februar	91.655,00	48.548,00	
März			
Summe			

Die Werte des Wareneinsatzes (Verkäufe zu Einstandspreisen) für die Monate Januar und Februar hat Frau Keller schon dem Warenwirtschaftssystem des Unternehmens entnommen. Es fehlt nur noch der Wert für den abgelaufenen Monat März. Auch die Umsatzerlöse in den Monaten Januar und Februar sind schon aus der Tabelle ersichtlich. Die Werte für den Monat März sind in den unten stehenden Konten Aufwendungen für Waren, Umsatzerlöse und Waren dargestellt.

Ermittlung des Wareneinsatzes im Monat März 20(0)

Bestandsrechnung laut Warenwirtschaftssystem

Pos.	Warenbewegungen	Gesamtpreis (EK) in €
1	Eröffnungsbestand	3.238,00
2	Einkäufe	49.589,00
3	Verkäufe zu Einstandspreisen/Wareneinsatz	
4	Schlussbestand	1.140,00

EK-Preise = zu Einstandspreisen

Arbeitsauftrag

Ermitteln und erörtern Sie das Rohergebnis der Rosner GmbH im 1. Quartal 20(0).

Vorschläge zur Vorgehensweise

1. Ergänzen Sie die oben stehende Tabelle, damit die Entwicklung der Umsätze, des Wareneinsatzes und des Rohergebnisses in der Rosner GmbH ersichtlich werden.
2. Ermitteln Sie die fehlenden Ergebnisse für den Monat März anhand der Informationen aus dem Hauptbuch. Folgen Sie bei der Bearbeitung dem Arbeitsplan.

Arbeitsplan

a Vergleichen Sie die Bestandsrechnung aus dem Warenwirtschaftssystem mit den Konten „Aufwendungen für Waren" und „Warenverkauf" auf Übereinstimmung.

b Übernehmen Sie den Schlussbestand an Waren (Lagerbestand) aus der Bestandsrechnung des Warenwirtschaftssystems und buchen Sie ihn auf dem Konto „Waren" und dem „Schlussbestandskonto".

c Ermitteln Sie auf dem Konto „Waren" durch Saldieren die Bestandsveränderung (Lagerabbau/Bestandsminderung oder Lageraufbau/Bestandsmehrung) und buchen sie die Bestandsveränderung auf dem Konto „Aufwendungen für Waren".

Lagerabbau: Der Warenbestand im Geschäft wird kleiner.

d Errechnen Sie den Wareneinsatz (Betrag der verkauften Waren zu Einstandspreisen) in der Bestandsrechnung des Warenwirtschaftssystems und buchen Sie den Wareneinsatz auf den Konten „Aufwendungen für Waren" und „Gewinn und Verlust" (Wareneinsatz = Einkäufe + Lagerabbau).

e Schließen Sie das Konto „Warenverkauf" zum Konto „Gewinn und Verlust" ab.

f Stellen Sie in einer Nebenrechnung das Rohergebnis aus den Werten des Kontos „Gewinn und Verlust" fest und ergänzen Sie die Tabelle „Rohergebnis" auf Seite 151.

g Schließen Sie die Konten „Aufwendungen für Waren" und „Waren" ab.

3. Erläutern Sie, wie sich die Werte im 1. Quartal 20(0) entwickelt haben und ob sich die Erfolgssituation des Unternehmens verbessert hat.

Hauptbuch – Stand: März 20(0)

Konto „Waren" – Vermögenskonto

Bestandskonto

Mehrungen					Minderungen
Soll		Waren			Haben
Datum	Text	€	Datum	Text	€
01.01.	Eröffnungsbestand	3.238,00	31.03.	Schlussbestand	

Erfolgskonten

Buchung der Aufwendungen im Soll					
Soll		Aufwendungen für Waren			Haben
Datum	Text	€	Datum	Text	€
01.–31.03.	Einkäufe	49.589,00			

					Buchung der Erträge im Haben
Soll		Umsatzerlöse			Haben
Datum	Text	€	Datum	Text	€
			01.–31.03	Umsatzerlöse	87.355,00

Abschlusskonten

Soll		Gewinn und Verlust			Haben
Datum	Text	€	Datum	Text	€

Soll		Schlussbestandskonto			Haben
Datum	Text	€	Datum	Text	€

Aufgabe 1

a Ermitteln Sie den Wareneinsatz und das Rohergebnis. Schließen Sie alle Konten ab. Der Schlussbestand auf dem Konto „Waren" beträgt 180.000,00 €.

b Erstellen Sie einen Ablaufplan für die Abschlussbuchungen.

Abschluss der Warenkonten (Ablaufplan)	
01	
02	
03	
04	
05	

Bestandskonto

Konto „Waren" = Vermögenskonto

Mehrungen					Minderungen
Soll		Waren			Haben
Datum	Text	€	Datum	Text	€
	Eröffnungsbestand	150.000,00			

Erfolgskonten

Buchung der Aufwendungen im Soll					
Soll		Aufwendungen für Waren			Haben
Datum	Text	€	Datum	Text	€
	Einkäufe	350.000,00			

					Buchung der Erträge im Haben
Soll		Umsatzerlöse			Haben
Datum	Text	€	Datum	Text	€
				Barverkäufe	450.000,00
				Verkäufe gegen Rechnung	150.000,00

Abschlusskonten

Soll		Gewinn und Verlust			Haben
Datum	Text	€	Datum	Text	€

Soll		Schlussbestandskonto			Haben
Datum	Text	€	Datum	Text	€

Berechnung des Rohergebnisses

Umsatzerlöse __________

– Wareneinsatz __________

= Rohergebnis __________

Aufgabe 2

Die aufgeführten Konten einer Elektrogroßhandlung zeigen zum 31. Dezember 20(0) die unten dargestellten Eintragungen. Ermitteln und buchen Sie den Wareneinsatz und den Warenrohgewinn. Beantworten Sie außerdem die folgenden Fragen.

a Wie hoch ist die Bestandsminderung (Lagerabbau) bzw. die Bestandsmehrung (Lageraufbau) auf dem Konto Waren? ______________________

b Wie hoch ist der Wareneinsatz? ______________________

c Wie hoch ist der Rohergebnis? ______________________

Bestandskonto

Mehrungen					Minderungen
Soll		**Waren**			**Haben**
Datum	**Text**	**€**	**Datum**	**Text**	**€**
	Eröffnungsbestand	132.000,00		Schlussbestand	128.200,00

Erfolgskonten

Buchung der Aufwendungen im Soll					
Soll		**Aufwendungen für Waren**			**Haben**
Datum	**Text**	**€**	**Datum**	**Text**	**€**
	Einkäufe	1.412.500,00			

					Buchung der Erträge im Haben
Soll		**Umsatzerlöse**			**Haben**
Datum	**Text**	**€**	**Datum**	**Text**	**€**
				Barverkäufe	423.500,00
				Verkäufe gegen Rechnung	1.876.600,00

Abschlusskonten

Soll		Gewinn und Verlust			Haben
Datum	**Text**	**€**	**Datum**	**Text**	**€**

Soll		Schlussbestandskonto			Haben
Datum	**Text**	**€**	**Datum**	**Text**	**€**

Aufgabe 3

Die Rundfunk- und Fernsehabteilung eines Handwerksbetriebes startete im Monat November 20(0) eine Sonderaktion. Sie bot die mit je 700,00 € (netto) eingekauften 25 Stück DVD-Recorder im Verkauf zu je 1.026,00 € (netto) an. Am Schluss der Aktion wurde noch ein Restbestand mit einem Einkaufswert von 2.800,00 € festgestellt.

a Ermitteln Sie den Wareneinsatz in Stück.

b Ermitteln Sie den Wareneinsatz in Euro.

c Ermitteln Sie die Umsatzerlöse.

d Ermitteln Sie den Rohgewinn der Sonderaktion.

Aufgabe 4

Web

Führen Sie das Grundbuch und das Hauptbuch des Gartenbaubetriebes Florahof OHG für den Monat Dezember 20(0) und ermitteln Sie das Rohergebnis.

Konten und Eröffnungsbestände

Vermögenskonten	€	Kapitalkonten	€
Geschäftsausstattung	180.000,00	Darlehen	221.000,00
Waren	265.000,00	Verbindlichkeiten	97.360,00
Forderungen	117.640,00	Umsatzsteuer	14.998,00
Vorsteuer	0,00	**Erfolgskonten**	
Bank	92.000,00	Aufwendungen für Waren	
Kasse	4.000,00	Umsatzerlöse	
Abschlussangabe **Schlussbestand Konto „Waren" zum 31.12.20(0)**			**248.500,00**

Geschäftsfälle		€
04.12.20(0)	Warenverkauf auf Ziel (AR 141), Nettobetrag 19 % USt. Rechnungsbetrag	900,00 171,00 1.071,00
04.12.20(0)	ER 659, Wareneinkauf auf Ziel, Nettobetrag 19 % USt. Rechnungsbetrag	4.500,00 855,00 5.355,00
17.12.20(0)	Bankuberweisung der Liefererrechnung ER 648	7.980,00
18.12.20(0)	Warenverkauf auf Ziel, AR 142, Nettobetrag 19 % USt. Rechnungsbetrag	500,00 95,00 595,00
20.12.20(0)	Ein Kunde überweist für AR 141 auf das Bankkonto.	1.071,00
27.12.20(0)	Kundenanzahlung, für AR Nr. 142, bar	595,00
27.12.20(0)	Rückzahlung Darlehen, 1. Rate	2.100,00
28.12.20(0)	ER 660, Wareneinkauf auf Ziel, Nettobetrag 19 % USt. Rechnungsbetrag	6.500,00 1.235,00 7.735,00
28.12.20(0)	Kauf eines Schreibtischstuhls gegen Bankscheck (ER 49), Nettobetrag 19 % USt. Rechnungsbetrag	900,00 171,00 1.071,00
31.12.20(0)	Kontoauszug der Bank: Zahlungseingang von Kunden für AR 133-139 Zahlungsausgang an Lieferer für ER 649-655	 9.670,00 11.742,00
Weitere Umsätze im Monat Dezember 20(0)		
01.12.–31.12.	Barverkäufe, Nettobetrag 19 % USt. Bruttobetrag	17.100,00 3.249,00 20.349,00
	Scheckverkäufe, Nettobetrag 19 % USt. Bruttobetrag	12.100,00 2.299,00 14.399,00
	Zielverkäufe, Nettobetrag 19 % USt. Rechnungsbetrag	151.200,00 28.728,00 179.928,00
Weitere Zahlungen im Monat Dezember 20(0)		
01.12.–31.12.	Bareinzahlungen auf dem eigenen Bankkonto	17.000,00

Aufgabe 5

Erläutern Sie anhand der folgenden Grafik den Abschluss der Warenkonten (Schritt ① bis ③).

15 Das Unternehmensergebnis ermitteln

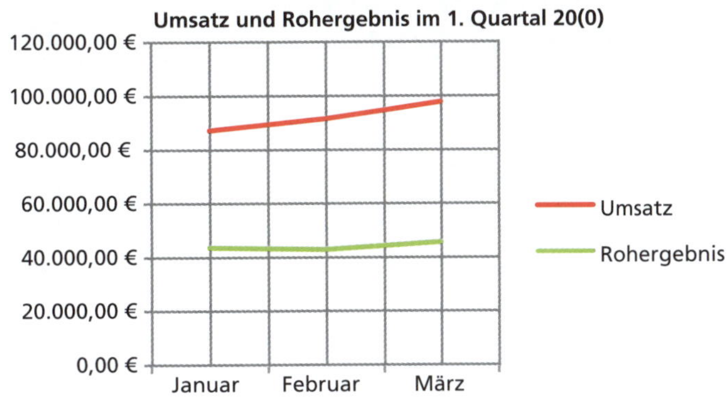

Die Rosner GmbH hat im 1. Quartal 20(0) einen Umsatz von ungefähr 280.000,00 € netto erzielt. Darüber ist Herr Rosner sehr zufrieden, zumal sich die Umsätze von Monat zu Monat gesteigert haben. Diese Entwicklung führt er auf die Spezialisierung auf den Bau von maßgeschneiderten Rennsport-Fahrrädern zurück.

Obwohl die Roherträge im März im Gegensatz zu den Vormonaten etwas zurückbleiben, hat Herr Rosner doch den Eindruck, dass der Aufwärtstrend sich verstetigen wird. Bisher wurde aber nicht berücksichtigt, dass bei der Abwicklung der Kundenaufträge neben den Aufwendungen für Waren und Material noch weitere erhebliche Aufwendungen entstehen. Nur wenn die Kundenaufträge mehr Erträge (Output) abwerfen, als für die Auftragsabwicklung an Vorleistungen (Input) aufgewendet werden mussten, hat die Rosner GmbH einen Gewinn erwirtschaftet.

Dazu bittet Herr Rosner die Abteilung Rechnungswesen/Controlling die kurzfristige Ergebnisrechnung für die Monate Januar bis März anzufertigen. Frau Keller hat noch einige ausstehende Buchungen durchzuführen, um das Unternehmensergebnis ermitteln zu können. Nach Abschluss der Erfolgskonten kann dann auch die kurzfristige Erfolgsrechnung (KER) für den Monat März erstellt werden (Zahlen zu vollen Euro gerundet).

Finanzbuchhaltung: Ausschnitt (monatliche Erfassung der Erfolgsvorgänge)

Rosner GmbH				
Kurzfristige Erfolgsrechnung (KER) der Monate Januar bis März 20(0)				
Monat	Januar	Februar	März	Summe
Umsatz (brutto)	103.952,00	109.070,00	116.053,00	329.075,00
– USt.	16.597,00	17.415,00	18.530,00	52.542,00
= Umsatzerlöse	87.355,00	91.655,00	97.523,00	276.533,00
Aufwendungen für Waren/Material	43.551,00	48.548,00		
= Rohergebnis	43.804,00	43.107,00		
– Betriebsaufwand	36.688,00	34.851,00		
= Unternehmensergebnis	7.116,00	8.256,00		

Die Betriebsaufwendungen des Monats März sind bisher nicht gebucht worden. Folgende Belege sind daher noch zu buchen:

Kontoauszug

	BLZ	Konto-Nr.	erstellt am	Auszug	Blatt
VB Bank München	70220800	305673291	16.03.20(0)	12	1
BU-TAG	**VORGANG**		**SALDO alt**	**87.479,00**	**+**
02.03.20(0)	Lastschrift Stadtwerke für Energie, Monat März			1.071,00	–
	900,00 + 19 % = 1.071,00				
02.03.20(0)	Lastschrift Versicherung, Monat März			263,00	–
15.03.200	Lastschrift UTW Abrechnungssystem				
	Kraftstoffe (1.000,00 + 19 % = 1.309,00)			1.309,00	–
			SALDO neu	84.836,00	+
Rosner GmbH			BIC: VBAGDEM1XXX		
Baaderstraße 120, 80469 München			IBAN: DE31702208000305673291		

Eingangsrechnungen

Bürocenter Adler GmbH
Heinrich-Schütz-Weg 21, 81243 München

Rosner GmbH
Baaderstraße 120
80469 München

Telefon: 089 533876
Fax: 089 533843

Bestelldatum	Besteller	Versandart	Lieferbedingungen	Zahlungsbedingung
11.03.20(0)	Rosner		frei Haus	netto Kasse

Menge	Einheit	Beschreibung	Preis/Einheit	USt.	Betrag €
2	Pakete	Tonerkartuschen 427639 41	115,00	19 %	230,00
1	Paket	OHP-Folien	40,00	19 %	40,00
10	Pakete	Kopierpapier 4N/638 57	13,00	19 %	130,00
				NETTO	400,00
				USt.	76,00
				RECHNUNGSBETRAG	476,00

Werbeagentur Langhans

Werbeagentur Langhans, Dachstraße 34, 47055 Duisburg

Rosner GmbH
Baaderstraße 120
80469 München

Dachstraße 34
47055 Duisburg
Telefon: 0203 606244
Fax: 0203 606243
Datum: 17.03.20(0)

Leistung	Betrag €
Werbekampagne Einführung Sportradabteilung	2.300,00
Nettobetrag	2.300,00
19 % USt.	437,00
Rechnungsbetrag	2.737,00

Deutsche Telekommunikation AG

DT AG Postfach 10 20 00, 80686 München
Rosner GmbH
Baaderstraße 120
80469 München

Rechnungsdatum: 31.03.20(0)
Rechnungsmonat: März 20(0)
Kundennummer: 128401965
Buchungskonto: 312001248842

Monatliche Beiträge	Menge bzw. Einheit	Nettoeinzelbetrag €	Nettogesamtbetrag €	USt. in %
Anschluss mit Nebenstellen	1	61,00	61,00	19
Beiträge für Verbindungen vom 01.06. bis 30.06.20(0)	16 948	0,0521	883,00	19
Summe Entgelte			944,00	
Umsatzsteuer			180,50	
Rechnungsbetrag			1.124,50	

Web

Arbeitsauftrag
Ermitteln Sie das Unternehmensergebnis der Rosner GmbH für das 1. Quartal 20(0).

Vorschläge zur Vorgehensweise
1. Buchen Sie die restlichen Belege im Grundbuch und im Hauptbuch.
2. Schließen Sie die Erfolgskonten ab und erstellen das Abschlusskonto „Gewinn und Verlust" (Bestandskonten bleiben unberücksichtigt).
3. Ergänzen Sie die kurzfristige Erfolgsrechnung für den Monat März.
4. Beschreiben Sie die Entwicklung der Werte des 1. Quartals.

Grundbuch

Jahr 20(0)	Grundbuch					
Datum	Beleg	Buchungstext	Konten		Betrag	
			Soll	Haben	Soll	Haben
				Betragskontrolle		

Hauptbuch

Erfolgskonten

Aufwendungen

Soll	Aufwendungen für Waren				Haben
Datum	Text	€	Datum	Text	€
31.03.	Summe der Einkäufe	47.887,00			

Soll	Personalaufwand				Haben
Datum	Text	€	Datum	Text	€
28.03.	Personalaufwand im März	20.337,00			

Soll	Energie				Haben
Datum	Text	€	Datum	Text	€

Soll	Kraftstoffe				Haben
Datum	Text	€	Datum	Text	€

Soll	Versicherungen und Gebühren				Haben
Datum	Text	€	Datum	Text	€

Soll	Werbeaufwand				Haben
Datum	Text	€	Datum	Text	€

Soll	Kommunikationsaufwand				Haben
Datum	Text	€	Datum	Text	€

Soll	Verwaltungsaufwand				Haben
Datum	Text	€	Datum	Text	€

Soll	Übrige Aufwendungen				Haben
Datum	Text	€	Datum	Text	€
31.03.	Summe Monat März	10.629,00			

Erträge

Soll	Umsatzerlöse				Haben
Datum	Text	€	Datum	Text	€
			31.03.	Summe Monat März	97.523,00

Bestandskonten

Vermögenskonten

Soll	Waren				Haben
Datum	Text	€	Datum	Text	€
01.03.	Saldovortrag (EB)	9.850,00	31.03.	Schlussbestand (SB)[1]	6.050,00

[1] SB aus dem Warenwirtschaftssystem

Soll	Bank				Haben
Datum	Text	€	Datum	Text	€
01.03.	Saldovortrag	87.479,00			

Soll		Vorsteuer			Haben
Datum	Text	€	Datum	Text	€
01.03.	Saldovortrag	5.563,00			

Kapitalkonto

Soll		Verbindlichkeiten			Haben
Datum	Text	€	Datum	Text	€
			01.03.	Saldovortrag	54.548,00

Abschlusskonto

Soll		Gewinn und Verlust			Haben
Datum	Text	€	Datum	Text	€
31.03.	Aufwendungen für Waren		31.03.	Umsatzerlöse	
31.03.	Personalaufwand				
31.03.	Energie				
31.03.	Kraftstoffe				
31.03.	Versicherungen und Gebühren				
31.03.	Werbeaufwand				
31.03.	Kommunikationsaufwand				
31.03.	Verwaltungsaufwand				
31.03.	Übrige Aufwendungen				
31.03.					

Aufgabe 1

Stellen Sie die Entwicklung der Ergebnisse der Rosner GmbH im 1. Quartal 20(0) grafisch dar.

- Wählen Sie dazu eine geeignete Diagrammform aus.
- Erläutern Sie die Grafik in einem Kurzvortrag.

Rosner GmbH				
Kurzfristige Ergebnisrechnung der Monate Januar bis März 20(0)				
Monat	Januar	Februar	März	Summe
= Umsatzerlöse	87.355,00	91.655,00	97.523,00	276.533,00
– Aufwendungen für Waren/Material	43.551,00	48.548,00	51.687,00	143.786,00
= Rohergebnis	43.804,00	43.107,00	45.836,00	132.747,00
– Betriebsaufwand	36.688,00	34.851,00	36.873,00	108.412,00
= Unternehmensergebnis	7.116,00	8.256,00	8.963,00	24.335,00

Aufgabe 2

Führen Sie das Grundbuch des Fachgeschäfts für Bürobedarf Anton Schwers, 5500 Trier, für den Monat August 20(0).

Geschäftsfälle		€
01.08.20(0)	Wareneinkauf ER 328 von Papiergroßhandlung Nolte auf Ziel, Nettobetrag 19 % USt. Rechnungsbetrag	1.200,00 228,00 1.428,00
04.08.20(0)	Überweisung der Tilgungsrate für das Darlehen durch die Bank	2.400,00
13.08.20(0)	Banküberweisung ▪ für Gehälter ▪ für Löhne ▪ für Miete ▪ für Steuern ▪ für Kfz-Reparatur	 7.000,00 2.000,00 3.000,00 1.000,00 1.000,00
18.08.20(0)	Kunde Walther begleicht AR 876 durch Banküberweisung	400,00
20.08.20(0)	Barzahlung der Benzinrechnung, Nettobetrag 19 % USt. Bruttobetrag	300,00 57,00 357,00
23.08.20(0)	AR 898 an Kunden Wahl für Papier, Nettobetrag 19 % USt. Rechnungsbetrag	150,00 28,50 178,50
27.08.20(0)	Kauf einer Computerkasse auf Ziel, Nettobetrag 19 % USt. Rechnungsbetrag	3.000,00 570,00 3.570,00
28.08.20(0)	Barkauf von Briefmarken	30,00
Umsätze im Monat August		
01.08.–31.08.20(0)	Barverkäufe, Nettobetrag 19 % USt. Bruttobetrag	11.900,00 2.261,00 14.161,00
01.08.–31.08.20(0)	Zielverkäufe, Nettobetrag 19 % USt. Rechnungsbetrag	9.100,00 1.729,00 10.829,00
Zahlungen im Monat August		
01.08.–31.08.20(0)	Banküberweisungen an Lieferer Banküberweisungen von verschiedenen Kunden	6.780,00 18.325,00

Aufgabe 3

Führen Sie das Grundbuch und das Hauptbuch der Papiergroßhandlung Pieper KG für den Monat April 20(0).

a Richten Sie die folgenden Konten für den Monat April 20(0) ein und eröffnen Sie die Bestandskonten mit den angegebenen Eröffnungsbeständen.

Bestandskonten			
Vermögenskonten	**€**	**Kapitalkonten**	**€**
BGA	1.200.000,00	Eigenkapital	1.240.750,00
Waren	855.000,00	Darlehen	973.000,00
Forderungen	155.660,00	Verbindlichkeiten	124.180,00
Vorsteuer		Umsatzsteuer	33.720,00
Bank	160.320,00		
Kasse	670,00		

Erfolgskonten			
Aufwandskonten		**Ertragskonten**	
Aufwendungen für Waren		Umsatzerlöse	
Gehälter			
Miete			
Werbung			

c Buchen Sie anschließend die unten aufgeführten Geschäftsfälle im Grund- und Hauptbuch.

Geschäftsfälle		€
01.04.20(0)	Einkauf von Malkarton beim Lieferer Jasper gegen Rechnung, Nettobetrag 19 % USt. Bruttobetrag	12.000,00 2.280,00 14.280,00
04.04.20(0)	Barverkauf von Schutzhüllen, Nettobetrag 19 % USt. Bruttopreis	1.500,00 285,00 1.785,00
05.04.20(0)	Einkauf von Briefmarken für eine Werbeaktion bei der Post für 50,00 € (in bar)	50,00
10.04.20(0)	Verkauf von Aktenordner gegen Rechnung an einen Kunden, Nr. 0160/20(0), Nettobetrag 19 % USt. Bruttopreis	4.500,00 855,00 5.355,00
13.04.20(0)	Kauf einer Ausstellungsvitrine, Nettobetrag 19 % USt. Bruttopreis	2.000,00 380,00 2.380,00
14.04.20(0)	Ein Kunde begleicht die Ausgangsrechnung Nr. 0157/20(0) durch Überweisung auf das Bankkonto.	8.700,00
18.04.20(0)	Barverkauf von Kopierpapier, Nettobetrag 19 % USt. Bruttopreis	3.000,00 570,00 3.570,00
22.04.20(0)	Verkauf von Kuverts, sortiert gegen Rechnung an einen Kunden, Nr. 0161/20(0), Nettobetrag 19 % USt. Bruttopreis	7.500,00 1.425,00 8.925,00
30.04.20(0)	Buchung aller Bareinzahlungen von der Kasse auf das Bankkonto (Kassenabschöpfungen)	5.000,00
30.04.20(0)	Bezahlung der Miete durch Banküberweisung	100,00
30.04.20(0)	Der Teilzeit-Mitarbeiter erhält sein Monatsgehalt durch Banküberweisung	600,00
01.04. – 30.04.	Verkauf von Waren auf Ziel (AR 0162 – AR 0210) Netto 19% USt. Bruttopreis	 200.000,00 38.000,00 238.000,00
30.04.20(0)	Abschlussangabe: Der Warenschlussbestand laut Warenwirtschaftssystem beträgt	5.000,00

d Schließen Sie die Konten ab und stellen Sie fest, welches Rohergebnis und welches Reinergebnis im Monat April erzielt worden ist.

Aufgabe 4

Bearbeiten Sie die unten stehenden Belege 1 bis 6 der Klinkenberg GmbH (Heizung, Sanitär, Klima, Solar) und führen Sie das Grundbuch für den Monat Juni 20(0).

Geschäftsfälle/Belege

Beleg 1

Am 3. Juni 20(0) wurden die Schaufenster der Klinkenberg GmbH durch zwei Mitarbeiter der Gebäudeservice GmbH gesäubert. Die Mitarbeiter wurden bar entlohnt und stellten daraufhin folgende Quittung aus.

Nr. 1324

Quittung

Euro *47* Cent *60* einschließlich 19 % USt.

von Klinkenberg GmbH

für Fensterreinigung

dankend erhalten.

Düsseldorf den 03. Juni 20(0)

Gebäudeservice GmbH, Nordstraße 108, 40223 Düsseldorf

Römer

Buchungsvermerk: Unterschrift des Empfängers

Kontierung			
Konten		Betrag in €	
Soll	Haben	Soll	Haben
Gebucht am:		von:	

„Hier hätte die Umsatzsteuer eigentlich getrennt ausgewiesen werden müssen“, meint der Buchhalter, Herr Delen, zur Auszubildenden Sandra, als er diesen Beleg auf seinem Schreibtisch findet. „Schließlich muss ich die Umsatzsteuer auch gesondert buchen.“ Wegen des niedrigen Betrages verzichtete er aber auf eine neue Quittung. „Das Finanzamt wird das wohl in dieser Form akzeptieren“, sagte er.

Beleg 2

Das Paket für den Kunden Wohnungsbaugenossenschaft Heimstätte eG in Düsseldorf wurde bar bezahlt.

Paket Päcken - Deutschland / EU

Absender / Expéditeur

Klinkenberg GmbH
Oberbilker Straße 45
40212 Düsseldorf
Postleitzahl Ort
Deutschland / Allemagne

(96)993017

Empfänger / Destinataire

Wohnungsbaugenossenschaft
Heimbau e.G.
Tel. (nur bei EU-Versand oder Sperrgut)
Steinstraße 4
Straße und Hausnummer (deutschlandweit kein Postfach)
40212 Düsseldorf
Postleitzahl Ort
Gewicht: 11,5 kg, Entgelt: 5,95€

Kontierung			
Konten		Betrag in €	
Soll	Haben	Soll	Haben
Gebucht am:		von:	

Beleg 3

Büro-Optimal GmbH	
Klinkenberg GmbH Oberbilker Straße 45 40212 Düsseldorf	Anselmstraße 90 40223 Düsseldorf, 11.06.20(0) Telefon: 0211 527412 Fax: 0211 527963

Rechnung	Besteller	Versandart	Lieferbedingungen	Zahlungsbedingung
	Berger	Lkw	frei Haus	netto Kasse

Menge	Einheit	Beschreibung	Preis/Einheit in €.	USt.	Betrag in €
1	Paket	Tonerkartuschen 427639	30,00	19 %	30,00
30	Pakete	Kopierpapier 4N/638 57	4,00	19 %	120,00
				NETTO	150,00
				19 % USt.	28,50
				RECHNUNGSBETRAG	**178,50**

Zahlbar sofort und ohne Abzug

Kontierung			
Konten		Betrag in €	
Soll	Haben	Soll	Haben
Gebucht am:		von:	

Beleg 4

Düsseldorfer Stadtanzeiger
Saarbrücker Straße 52
40476 Düsseldorf

Klinkenberg GmbH
Oberbilker Straße 45
40212 Düsseldorf

Rechnung Nr. 20024778		Datum	13.06.20(0)	
Text		**€**	**€**	
Anzeige vom 10.06.20(0), zweispaltig, 80 mm				
	Nettobetrag		450,00	
	+ 19 % USt.		85,50	
	Bruttobetrag		535,50	

Zahlbar sofort und ohne Abzug – Düsseldorfer Volksbank, BIC: GENODED1DN – IBAN DE54301600 8300634531469

Kontierung			
Konten		**Betrag in €**	
Soll	**Haben**	**Soll**	**Haben**
Gebucht am:		von:	

Beleg 5 (Barzahlung)

Sandra Sandmann
Schreibwaren – Bürobedarf – Spielwaren
Steinstraße 16
40212 Düsseldorf

Packpapier	16,66 €	
Packband	5,95 €	
Deko-Etiketten	10,71 €	
Bruttobetrag	**33,32 €**	
Enthalt. Umsatzsteuer	19 %	5,32 €
Datum: 11.06.20(0)	Zeit: 10:32	

Kontierung			
Konten		**Betrag in €**	
Soll	**Haben**	**Soll**	**Haben**
Gebucht am:		von:	

Beleg 6 (Lastschriftverfahren)

Deutsche Servatel GmbH

Deutsche Servatel GmbH, Postfach 10 20, 40297 Düsseldorf	Rechnungsdatum	15.06.20(0)
Klinkenberg GmbH Oberbilker Straße 45 40212 Düsseldorf	Rechnungsmonat	Mai 20(0)
	Kundennummer	181060165
	Buchungskonto	21100056742

	Menge	Nettoeinzelbetrag €	Nettogesamtbetrag €	USt. in %
Monatliche Beiträge				
Anschluss mit Nebenstellen	1	77,00	77,00	19
Beiträge für Verbindungen				
Vom 01.05. bis 31.05.20(0)	16.944	0,053	898,00	19
Summe Entgelte			975,00	
Umsatzsteuer			185,25	
Rechnungsbetrag			**1.160,25**	

Der Betrag wird vom Konto IBAN: DE02300400004865051000, BIC: COBADEFFXXX abgebucht

Kontierung			
Konten		**Betrag in €**	
Soll	**Haben**	**Soll**	**Haben**
Gebucht am:		von:	

Weitere Geschäftsfälle		**€**
22.06.20(0)	ER 5278 Richter KG, Badarmaturen, Nettopreis 19 % USt. Bruttobetrag	140.000,00 26.600,00 166.600,00
24.06.20(0)	Dekorationsmaterial für das Schaufenster wird eingekauft, Bruttobetrag laut Kassenbon (einschließlich 19 % USt.)	357,00
24.06.20(0)	Überweisung der Umsatzsteuerzahllast des Vormonats vom Bankkonto zum Finanzamt (wegen einer Differenz mit dem Finanzamt 14 Tage zu spät)	14.360,00
25.06.20(0)	Kunden begleichen die Ausgangsrechnungen Nr. 0162 bis 0168/20(0) durch Überweisung auf unser Bankkonto.	13.920,00
27.06.20(0)	Überweisung von Bankkonto zum Ausgleich einer Rechnung des Lieferers Tiemann	16.240,00
30.06.20(0)	Überweisung der Miete für den Monat Juli	2.000,00
30.06.20(0)	Überweisung der Gehälter	11.000,00
Umsätze im Monat Juni		
01.08.–31.08.20(0)	Barverkäufe, Nettobetrag 19 % USt. Bruttobetrag	19.500,00 3.705,00 23.205,00
01.08.–31.08.20(0)	Aufträge/Verkäufe auf Rechnung, Nr. 0169 bis 0178/20(0), Nettobetrag 19 % USt. Rechnungsbetrag	150.000,00 28.500,00 178.500,00
Zahlungen im Monat Juni		
01.08.–31.08.20(0	Einzahlungen auf dem eigenen Bankkonto	16.000,00
	Banküberweisungen von verschiedenen Kunden	130.560,00

16 Liefererrabatte und Liefererskonti erfassen

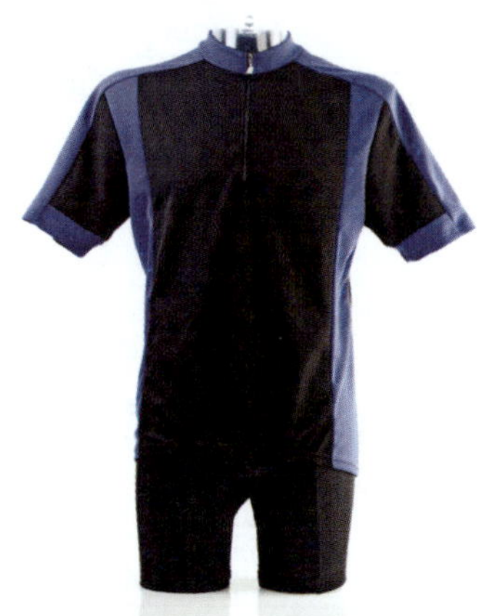

Das Weihnachtsgeschäft läuft bei der Rosner GmbH auf Hochtouren. Besonders haben die Kunden in diesem Jahr Trikots, Hosen und Jacken aus Funktionsmaterial für gehobene Ansprüche nachgefragt. Da dieser Trend sich offensichtlich fortsetzen wird, hat sich die Rosner GmbH entschlossen, besonders nachgefragte Artikel nachzubestellen.

Die Abteilung Beschaffung bestellte darauf hin bei verschiedenen Lieferern die entsprechenden Artikel.

Für die Abteilung Sportbekleidung ist am 18. Dezember 20(0) eine Sendung mit 120 Stück Damen-Langarmshirt eingetroffen. Der Wareneingang hat die Lieferung im Warenwirtschaftssystem erfasst und die Ware der Abteilung Sportbekleidung gemeldet. Den Lieferschein leitete der Sachbearbeiter an die Einkaufsabteilung weiter. Schon am nächsten Tag trifft dort auch die Rechnung der Sportbekleidung Hinz e. K. ein.

Sportbekleidung Hinz e. K.

Rosner GmbH Baaderstraße 120 80469 München	Fritz-Walter-Weg 34 70372 Stuttgart Telefon: 0711 533876 Fax: 0711 533843 USt-IdNr.: DE744312454

Rechnung	Nr. 08914		18.12.20(0)
Kunden-Nr.: 0102	Auftrag v.: 14.12.20(0)	Versand: LKW	Lieferung: 17.12.20(0)

Menge	Bezeichnung	Einzelpreis	Gesamtpreis
120	Damen-Langarmshirt, Größen XS-XL aus PRO-FIBRE Funktionsmaterial – 10 % Rabatt	25,00 €	3.000,00 € 300,00 €
	Nettowarenwert 19 % USt. Rechnungsbetrag		2.700,00 € 513,00 € 3.213,00 €

Zahlungsziel: 30 Tage ab Rechnungsdatum; innerhalb 10 Tagen mit 3 % Skonto.

Bankverbindung: VR-Bank Stuttgart, IBAN: DE71600608933420300100, BIC: GENODES1FIL

Arbeitsauftrag

Bearbeiten Sie für die Rosner GmbH die Eingangsrechnung Nr. 1734 der Sportbekleidung Hinz e. K. vom 18. Dezember 20(0).

Vorschläge zur Vorgehensweise

1. Buchen Sie den Eingang der Rechnung im Grundbuch und im Hauptbuch am 19. Dezember 20(0). Führen Sie dazu die in der unten stehenden Summenliste genannten Konten mit den angegebenen Beständen.
2. Halten Sie im Grundbuch und im Hauptbuch die Bezahlung der Rechnung durch Banküberweisung unter Abzug von Skonto am 27. Dezember 20(0) fest.
3. Kalkulieren Sie den Bareinkaufspreis für ein Damen-Langarmshirt.

Summenliste

Kontennummern, siehe Informationshandbuch des 2. Ausbildungsjahres

Konto	Soll	Haben
6080 Aufwendungen für Waren	139.500,00 €	---
2600 Vorsteuer	1.250,00 €	----
2800 Bank	158.000,00 €	143.000,00 €
4400 Verbindlichkeiten	122.000,00 €	130.500,00 €
6082 Nachlässe		2.000,00 €

Grundbuch

Jahr 20(0)	Grundbuch					
Datum	Beleg	Buchungstext	Konten		Betrag	
			Soll	Haben	Soll	Haben
		Betragskontrolle				

Soll	6080 Aufwendungen für Waren				Haben
Datum	Text	€	Datum	Text	€

Soll	6082 Nachlässe				Haben
Datum	Text	€	Datum	Text	€

Soll	2600 Vorsteuer				Haben
Datum	Text	€	Datum	Text	€

Soll	2800 Bank				Haben
Datum	Text	€	Datum	Text	€

Soll	4400 Verbindlichkeiten				Haben
Datum	Text	€	Datum	Text	€

Kalkulation des Bareinkaufspreises		
	%	€
Listeneinkaufspreis		
– Liefererrabatt		
Zieleinkaufspreis		
– Liefererskonto		
Bareinkaufspreis		
+ Bezugskosten		
Bezugspreis		

Eingangsrechnung bearbeiten

Eingangsrechnung Sportbekleidung Hinz e. K.

„Alte“ Rechnung	
	3.000,00
10 % Rabatt	300,00
Nettobetrag	2.700,00
+ 19 % Umsatzsteuer	513,00
Bruttobetrag	3.213,00
– 3 % Skonto	
Überweisung	

Skonto

„Neue“ Rechnung (nach Skontoabzug)	
	3.000,00
10 % Rabatt	300,00
	2.700,00
– Skonto	
Nettobetrag	
+ 19 % USt.	
Bruttobetrag	

Kalkulation	**€**
Listeneinkaufspreis	
– Rabatt	
= Zieleinkaufspreis	
– Skonto	
= Bareinkaufspreis	

= 100 %

: 120 Stück = ______ €

Buchung im Grundbuch

Datum	Konten		€	
	Soll	Haben	Soll	Haben
18.12.	1. Rechnungseingang			
27.12.	2. Bezahlung der Rechnung			
		Betragskontrolle		

Aufgabe 1

Halten Sie die folgenden Geschäftsfälle im Grundbuch fest.

Geschäftsfälle		€
18.12.20(0)	Für eine Warenlieferung trifft die ER 12/488 ein; Nettobetrag. 19 % USt. Rechnungsbetrag	4.000,00 760,00 4.760,00
27.12.20(0)	Die ER 12/488 wird unter Abzug von 2 % Skonto durch Banküberweisung bezahlt	?

Aufgabe 2

a Bilden Sie die Buchungssätze.

Geschäftsfälle		€
13.04.20(0)	Einkauf von Waren lt. ER 233-9 Listeneinkaufspreis 20 % Rabatt Nettobetrag 19 % USt. Rechnungsbetrag	10.000,00 2.000,00 8.000,00 1.520,00 9.520,00
22.04.20(0)	Banküberweisung zum Ausgleich der ER 233-9 unter Abzug von 3 % Skonto	?

b Kalkulieren Sie den Bareinkaufspreis der Lieferung aus ER 233-9.

Aufgabe 3

Eine Ölmühle hat Ölsamen bezogen und nachfolgende Rechnung (Auszug) erhalten.

Menge	Artikel-Nr.	Bezeichnung	Einzelpreis/kg	Gesamtpreis
1.500 kg	127704	Ölsamen	1,90 €	2.850,00 €
		Rabatt 15 %		– 427,50 €
		Nettobetrag		2.422,50 €
		7 % Umsatzsteuer		
		Bruttobetrag		

Die Ölmühle kalkuliert in der Kalkulation des Bezugspreises mit folgendem Zahlungsziel:

30 Tagen nach Rechnungsdatum oder 2 % Skonto innerhalb von 10 Tagen.

a Berechnen Sie
- den Rechnungspreis,
- den Überweisungsbetrag (Skonto wird in Anspruch genommen).

b Kalkulieren Sie den Bareinkaufspreis für 1 kg Ölsamen.

Aufgabe 4

Der Rosner GmbH liegt folgende Eingangsrechnung vor.

Bürotechnik GmbH

Bürotechnik GmbH, 4128 Kassel, Leipziger Str. 134
Rosner GmbH
Rohrbergerstraße 56
4128 Kassel

Rechnung Nr. 1076			03.11.20(0)
Menge	Bezeichnung	Einzelpreis €	Gesamtpreis €
1	PC-Computer, Serie 10/S-6	4.500,00	4.500,00
	Umsatzsteuer 19 %		855,00
	Rechnungsbetrag		5.355,00

Zahlbar innerhalb von 10 Tagen mit 2 % Skonto, 30 Tage rein netto Kasse

Bankverbindung: Deutsche Bank Kassel BIC: DEUTDEFF520
IBAN: DE68520700240194915183

Zur Ausnutzung der Skontomöglichkeit müsste die Rosner GmbH für diese Zeit einen Kredit zu 15 % von ihrer Hausbank in Anspruch nehmen.

Entscheiden Sie, ob die Rosner GmbH die Rechnung vorzeitig bezahlen soll.

a Berechnen Sie den Eurobetrag des Skontoabzuges und die Zinsen für den Kredit.

b Berechnen Sie den Effektivzinssatz aufgrund der oben ermittelten Skontobedingung.

17 Rücksendungen und Gutschriften beim Wareneinkauf berücksichtigen

In der Rosner GmbH telefoniert Frau Abel, Leiterin der Abteilung Beschaffung, mit dem Vertriebsleiter der Santa FE Sportartikel, Herrn Schulz.

Frau Abel: „Mit zwei Artikeln aus Ihrer letzten Lieferung gab es einigen Ärger."

Herr Schulz: „Das tut mir leid. Worum handelt es sich im Einzelnen?"

Frau Abel: „Bei den Bike-Shorts müssen wir die gesamte Serie reklamieren, da die MP3-Tasche fehlte. In der Produktbeschreibung war auf diese Tasche aber besonders hingewiesen worden. Ich muss Ihnen die Partie zurückschicken."

Herr Schulz: „Das kann ich mir gar nicht erklären. Bisher hatten wir mit der Serie noch keinen Ärger. Senden Sie mir die Ware zurück, ich korrigiere Ihr Konto entsprechend."

Frau Abel: „Außerdem mussten wir feststellen, dass bei den T-Shirts „Island Fever" die Farben nicht ganz so gut hervorkommen wie bei dem von Ihnen vorgelegten Muster."

Herr Schulz: „Das können aber nur Nuancen sein. Nun gut, da Sie ein guter Kunde sind, könnte ich Ihnen einen Nachlass von 10 % gewähren."

Frau Abel: „Einverstanden. Wann bekomme ich von Ihnen die Gutschrift über den Preisnachlass?"

Herr Schulz: „Die geht noch heute heraus."

Nach dem Gespräch geht Frau Abel sofort in die Buchhaltung und lässt sich die Rechnung der Santa FE Sportartikel heraussuchen.

Santa FE Sportartikel GmbH				
Rosner GmbH Baaderstraße 120 80469 München			Oberstraße 17 40878 Ratingen Telefon: 02102 56742–0 Fax: 02102 56733 E-Mail: santafe@t-online.de	
Rechnung		**Nr. 11432**		**10.10.20(0)**
Kunden-Nr.: 1264		Auftrag vom: 15.09.20(0)	Versand: LKW frei Haus	Lieferung: 09.10.20(0)
Mengen/ Stück	Artikel-Nr.	Bezeichnung	Einzelpreis in €	Gesamtpreis in €
50	82732	Bike-Shorts EFX, black	40,00	2.000,00
50	25843	T-Shirt „Island Fever", kelly-green	20,00	1.000,00
200	52842	Flex-Cap, black	5,00	1.000,00
				4.000,00
			19 % USt.	760,00
				4.760,00
Zahlungsziel: 14 Tage mit 2 % Skonto oder in 60 Tagen netto Kasse Bankverbindung: SPKA Ratingen, IBAN: DE92301516604565051000, BIC: WELADED1RAT				

Arbeitsauftrag

Bearbeiten Sie für die Rosner GmbH den Einkauf bei der Santa FE Sportartikel GmbH und kalkulieren Sie den neuen Bezugspreis für ein T-Shirts „Island Fever".

Vorschläge zur Vorgehensweise:

1. Buchen Sie die unten genannten Geschäftsfälle im Grundbuch und auf den unten genannten Konten des Hauptbuches.
2. Kalkulieren Sie den Bezugspreis für ein T-Shirts „Island Fever".

Beachten Sie

- den Eingang der Rechnung Nr. 11432 vom 10. Oktober 20(0),
- die Rücksendung der Bike-Shorts EFX, black, am 15. Oktober 20(0),
- den Eingang der Gutschriftanzeige am 20. Oktober 20(0) für den Preisnachlass von 10 % auf die T-Shirts „Island Fever" und
- den Ausgleich der (korrigierten) Rechnung am 23. Oktober 20(0) unter Abzug von 2 % Skonto (Banküberweisung/Kontoauszug).

Gutschrift

Santa FE Sportartikel GmbH				
Rosner GmbH **Baaderstraße 120** **80469 München**			Oberstraße 17 40878 Ratingen Telefon: 02102 56742–0 Fax: 02102 56733 E-Mail: santafe@t-online.de	
Gutschrift		**Zu Rechnungsnr. 11432**		**20.10.20(0)**
Kunden-Nr.: 1264		Auftrag vom: 15.09.20(0)	Versand: LKW frei Haus	Lieferung: 09.10.20(0)
Mengen/ Stück	Artikel-Nr.	Bezeichnung	Einzelpreis in €	Gesamtpreis in €
50	25843	T-Shirt „Island Fever", kelly-green 10 % vom Listenpreis	2,00	100,00
				100,00
			19 % USt.	19,00
				119,00

Grundbuch

Jahr 20(0)	**Grundbuch**					
Datum	**Beleg**	**Buchungstext**	**Konten**		**Betrag**	
			Soll	**Haben**	**Soll**	**Haben**
	Rechnungseingang					
	Rücksendung					
	Gutschrift					
	Ausgleich der Rechnung					
		Betragskontrolle				

Hauptbuch

Vermögenskonten

Soll		2600 Vorsteuer			Haben
Datum	Text	€	Datum	Text	€
	< Summe>	7.000,00			

Soll		2800 Bank			Haben
Datum	Text	€	Datum	Text	€
	< Summe>	20.000,00			

Soll		4400 Verbindlichkeiten			Haben
Datum	Text	€	Datum	Text	€
				< Summe>	80.000,00

Erfolgskonten

Soll		6080 Aufwendungen für Waren			Haben
Datum	Text	€	Datum	Text	€
	< Summe>	350.000,00			

Soll		6082 Nachlässe			Haben
Datum	Text	€	Datum	Text	€
				<Summe>	10.000,00

Aufgabe 1

Buchen Sie die beiden folgenden Geschäftsfälle im Grundbuch:

Geschäftsfälle		€
15.10.20(0)	An den Lieferer Hubert Moser wird Ware wegen großer Verarbeitungsmängel zurückgeschickt; Nettobetrag. 19 % USt. Bruttobetrag	7.000,00 1.330,00 8.330,00
17.10.20(0)	Der Lieferer Eduard Willing erhält wegen kleinerer Mängel einen Preisnachlass. (10 % vom Nettobetrag in Höhe von 5 000,00 €) 19 % USt. Bruttobetrag	500,00 95,00 595,00

Aufgabe 2

Legen Sie das Konto 6080 „Aufwendungen für Waren" gemäß unten stehendem Muster an, und tragen Sie die folgenden Begriffe in das Konto ein.

Nachlässe – Rücksendungen – Wareneinsatz – Wareneinkäufe – Bestandsminderung (Lagerabbau) – Bestandsmehrung (Lageraufbau)

Soll	6080 Aufwendungen für Waren				Haben
Datum	Text	€	Datum	Text	€

Aufgabe 3

Führen Sie auf der Grundlage der folgenden Geschäftsfälle das Grundbuch für den Monat November 20(0) im Baumarkt Weber.

Geschäftsfälle		€
08.11.20(0)	ER 3940 der Firma Zander für Tapeten, Nettobetrag 19 % USt. Rechnungsbetrag	5.500,00 1.045,00 6.545,00
09.11.20(0)	Banküberweisung der Umsatzsteuer des Vormonats	3.700,00
10.11.20(0)	Waren aus der Warenlieferung (ER 3940 vom 08.11.20[0]) der Firma Zander werden von Herrn Weber wegen grober Verarbeitungsmängel zurückgeschickt, Nettobetrag 19 % USt. Bruttobetrag	1.000,00 190,00 1.190,00
11.11.20(0)	Eingangsrechnung Nr. 3942 der Metallwaren GmbH für Türbeschläge Serie „Habsburg", Nettobetrag 19 % USt. Rechnungsbetrag	4.800,00 912,00 5.712,00
11.11.20(0)	Die Paketgebühr (Porto) für eine Lieferung der Firma Zander wird bar bezahlt (USt. frei).	3,00
13.11.20(0)	Für eine Warensendung stellt der Lieferer dem Baumarkt Weber Frachtkosten in Rechnung, Nettobetrag 19 % USt. Rechnungsbetrag	100,00 19,00 119,00
14.11.20(0)	Gutschriftanzeige der Metallwaren GmbH wegen mangelhafter Ware aus ER 3942 vom 11.11.20(0), Nettobetrag 19 % USt. Gutschrift (brutto)	300,00 57,00 357,00
21.11.20(0)	Banküberweisung für ER 3940	Nutzen Sie die Berechnungstabelle.
29.11.20(0)	Banküberweisung für ER 3942	Nutzen Sie die Berechnungstabelle.

Geschäftsfälle		€
Umsätze im Monat November		
01.11.– 30.11.20(0)	**Barverkäufe**	
	Nettoumsätze 19 % USt. Bruttoumsätze	60.000,00 11.400,00 71.400,00
	Zielverkäufe	
	Nettoumsätze 19 % USt. Rechnungsbetrag	1.200.000,00 228.000,00 1.428.000,00
Zahlungen im Monat November		
01.11.– 30.11.20(0)	Bareinzahlungen auf das eigene Bankkonto Banküberweisung von verschiedenen Kunden	65.000,00 1.265.000,00

Berechnungstabelle

Berechnung des Überweisungsbetrages	ER 3940	ER 3942
Ursprünglicher Nettobetrag	5.500,00	4.900,00
– Rücksendung		
– Gutschrift		
Neuer Nettobetrag		
+ 19 % USt.		
Bruttobetrag		
– 2 % Skonto		
Überweisungsbetrag		

Aufgabe 4

Berechnen Sie in der nachfolgenden Tabelle jeweils den Wareneinsatz.

Jahr	1	2	3	4	5
	€	€	€	€	€
Eröffnungsbestand an Waren	50.000,00	65.000,00	36.000,00	84.000,00	
+ Wareneinkäufe	280.000,00	282.000,00	318.000,00	335.000,00	350.000,00
+ Bezugskosten	10.000,00	8.000,00		15.000,00	16.000,00
= Zugang an Waren			366.000,00		471.000,00
– Schlussbestand an Waren	65.000,00	36.000,00	84.000,00	105.000,00	75.000,00
– Nachlässe	5.000,00	4.000,00	6.000,00	15.000,00	13.000,00
= **Wareneinsatz**					

18 Kundenrabatte und Kundenskonti erfassen

Der Radsportclub MRC 90, Auenstraße 45, 80469 München ist schon lange Jahre ein guter und zufriedener Kunde der Rosner GmbH. Daher wundert sich Herr Rosner darüber, dass der Verkaufsleiter, Herr Enders, ihm mitteilt, der 1. Vorsitzenden des MRC 90, Herr Brandner, möchte ihn sehr dringend telefonisch sprechen.

Herr Rosner: „Guten Tag, Herr Brandner, ich hoffe, Sie rufen nicht an, weil Sie mit unserem Service nicht zufrieden sind?"

Herr Brandner: „Guten Tag, Herr Rosner. Nein, ganz im Gegenteil! Es geht um Folgendes: Wir möchten schon seit langer Zeit in unserer Jugendabteilung eine Triathlon-Mannschaft aufbauen. Das ist aber immer an den nötigen Mitteln gescheitert. Und heute kommt der Bescheid von der Stadt, dass über unseren Antrag auf Fördermittel über 7.000,00 € positiv entschieden wurde."

Herr Rosner: „Herzlichen Glückwunsch! Und was können wir für Sie tun?"

Herr Brandner: „Wir haben uns natürlich schon Gedanken darüber gemacht, welches Rad-Modell für unsere Jugendfahrer am besten geeignet ist. Unsere Wahl ist auf das Modell AERO Flyer – 3000 gefallen, das mit 2.618,00 € in Ihrem Katalog steht. Obwohl wir das günstigste Rad ausgesucht haben, kommen wir beim geplanten Kauf von drei Rädern mit unserem Budget nicht aus."

Herr Rosner: „Herr Brandner, wir können Ihnen als langjährigem Kunden im Preis entgegenkommen, sodass Sie mit Ihrem Budget auskommen. Darüber hinaus kann ich Ihnen anbieten, das Jugendteam mit einer Grundausstattung, Tri-Suits, Helme, Schuhe usw. auszurüsten, wenn Sie bereit sind, mit unserem Logo zu fahren."

Herr Brandner: „Das ist ja prima! Mit welchen Nachlässen können wir denn rechnen?"

Herr Rosner: „Sind Sie mit einem Rabatt von 10 % und einem Skontoabzug von 3 % einverstanden? Der Preis für ein Rad liegt dann bei ca. 2.285,00 €."

Herr Brandner: „Bei dem Preis kommen wir mit unserem Budget zurecht. Senden Sie uns doch bitte ein entsprechendes Angebot."

Auf das schriftliche Angebot der Rosner GmbH folgte unmittelbar die Bestellung des Radsportclubs MRC 90. Mit der Lieferung der drei Räder liegen nun die unten stehende Durchschrift der Rechnung an den Radsportclub und der Kontoauszug der Bank in der Finanzbuchhaltung zur weiteren Bearbeitung durch Frau Keller vor.

Arbeitsauftrag

Bearbeiten Sie für die Rosner GmbH die Ausgangsrechnung Nr. 1734 an den Kunden Radsportclub MRC 90, Auenstraße 45, 80469 München vom 18. Dezember 20(0) und buchen Sie die Ausgansrechnung und den Kontoauszug.

Vorschläge zur Vorgehensweise

1. **Prüfen Sie die Ausgangsrechnung auf Richtigkeit.**
2. **Buchen Sie die Ausgangsrechnung im Grundbuch und im Hauptbuch am 19. Dezember 20(0). Führen Sie dazu die in der unten stehenden Summenliste genannten Konten mit den angegebenen Beständen.**
3. **Halten Sie im Grundbuch und im Hauptbuch die Bezahlung der Rechnung durch Banküberweisung unter Abzug von Skonto am 27. Dezember 20(0) fest.**
4. **Kalkulieren Sie den Bareinkaufspreis für ein Triathlon-Rad AERO Flyer.**

Ausgangsrechnung an den Radsportclub MRC 90

Rosner GmbH

Rosner GmbH, Baaderstraße 120, 80469 München

Radsportclub MRC 90
Auenstraße 45
80469 München

Ihr Zeichen:
Ihre Nachricht:
Unser Zeichen: KEL
Unsere Nachricht:

Name: Thomas Enders
Telefon: 089 52067-537
Telefax: 089 50267-900
E-Mail: info@rosner.de

Datum: 18.12.20(0)

Rechnung		Nummer: 2156	Kunden-Nr.: D 24011	
Position	**Menge**	**Bezeichnung**	**Einzelpreis €**	**Gesamtpreis €**
01	3	AERO Flyer – 3000	2.200,00	6.600,00
		– Rabatt 10 %	220,00	660,00
			Nettobetrag	**5.940,00**
			19%	**1.128,60**
			Rechnungsbetrag	**7.068,60**

Zahlungsziel: 30 Tage ab Rechnungsdatum; innerhalb 10 Tagen mit 3 % Skonto

Geschäftsführer:
Heinz Rosner
HR: Amtsgericht München HRB 5646
USt-IdNr.: DE 953 736 836

Bankkonto: VB Bank München
IBAN: DE31 7022 0800 0305 6732 91
BIC: VBAGDEM1XXX

Kontoauszug vom 27. Dezember 20(0)

	BLZ	Konto-Nr.	erstellt am	Auszug	Blatt
VB Bank München	70220800	305673291	27.12.20(0)	12	1

BU-TAG	VORGANG			
		SALDO alt	81.900,00	+
27.12..20(0)	Banküberweisung			
	vom Kunden Radsportclub MRC 90		6.856,55	+
		SALDO neu	88.756,55	+

Rosner GmbH — BIC: VBAGDEM1XXX
Baaderstraße 120, 80469 München — IBAN: DE31702208000305673291

Kontennummern, siehe Informationshandbuch des 2. Ausbildungsjahres

Summenliste zum 18. Dezember 20(0)

Konto	Soll	Haben
2400 Forderungen	1.118.838,00	907.469,00
2800 Bank	224.900,00	143.000,00
4800 Umsatzsteuer	1.558,00	178.638,00
5100 Umsatzerlöse		940.200,00
5101 Erlösberichtigungen	8.200,00	

Grundbuch

Jahr 20(0)	Grundbuch					
Datum	Beleg	Buchungstext	Konten		Betrag	
			Soll	Haben	Soll	Haben
		Betragskontrolle				

Soll	2400 Forderungen				Haben
Datum	Text	€	Datum	Text	€

Soll	2800 Bank				Haben
Datum	Text	€	Datum	Text	€

Soll	4800 Umsatzsteuer				Haben
Datum	Text	€	Datum	Text	€

Soll	5100 Umsatzerlöse				Haben
Datum	Text	€	Datum	Text	€

Soll	5101 Erlösberichtigungen (Skonto)				Haben
Datum	Text	€	Datum	Text	€

Aufgabe 1

Halten Sie die folgenden Geschäftsfälle im Grundbuch fest.

Geschäftsfälle		€
18.12.20(0)	Ein Kunde erhält eine Warenlieferung. Mit der Lieferung erhält er die AR 12/488, Nettobetrag 19 % USt. Rechnungsbetrag	 4.000,00 760,00 4.760,00
27.12.20(0)	Die AR 12/488 wird unter Abzug von 2 % Skonto durch Banküberweisung bezahlt.	?

Aufgabe 2

a Erstellen Sie eine Rechnung an die Bauunternehmung Süthfels GmbH, Nordkanal Alle 7, 41564 Kaarst. Das Unternehmen hat fünf Stück der Stromerzeuger zu den folgenden Angebotsbedingungen bestellt und erhalten.

Angebot

Stromerzeuger GSE DB/A

Asynchron-Generator, 4000 VA, Drehzahl 3000/min, 1.-Zylinder-4-Takt-Motor 510 cm3, 9 kW/12 PS

12 Monate Garantie

Preis pro Stück: 3.018,25 €

Der Preis enthält keine Umsatzsteuer. Die Ware wird über unseren Lieferservice frei Haus geliefert.

Bei Abnahme bis zu 10 Stück gewähren wir einen Rabatt von 5 %, ab 11 Stück beträgt der Rabatt 10 %

Die Rechnung ist innerhalb von 30 Tagen ohne Abzug zu bezahlen.

Bei Bezahlung innerhalb von 10 Tagen erhalten Sie 2 % Skonto.

Beachten Sie den richtigen Rabattsatz.

Muster: Rechnungsformular

LuxElex GmbH
Heesenstr. 54
40549 Düsseldorf

Süthfels GmbH
Nordkanal Alle 7
41564 Kaarst

Rechnung Nr. 97324		Datum	
Menge	**Bezeichnung**	**Einzelpreis in €**	**Gesamtpreis in €**
		Nettobetrag	
		+ 19 % MwSt.	
		Rechnungsbetrag	

Zahlbar sofort und ohne Abzug – Düsseldorfer Volksbank, BIC: GENODED1DN – IBAN DE54 3061 0038 0036 5413 964

b Buchen Sie den Rechnungsausgang im Grundbuch, Datum: 27.04.20(0).

c Berechnen Sie den Überweisungsbetrag des Kunden, wenn er innerhalb von zehn Tagen unter Abzug von 2 % Skonto zahlt.

d Halten Sie den Zahlungseingang des Kunden (durch Banküberweisung) im Grundbuch fest.

Aufgabe 3

Buchen Sie folgende Geschäftsvorfälle im Grundbuch.

Geschäftsfälle		€
08.05.20(0)	Warenverkauf auf Ziel, AR 52871, Listenpreis – Rabatt Nettobetrag 19 % USt. Rechnungsbetrag	11.000,00 1.000,00 10.000,00 1.900,00 11.900,00
16.05.20(0)	Kunde begleicht die AR Nr. 52871 unter Abzug von 2 % Skonto durch Banküberweisung	11.662,00
17.05.20(0)	Eingang der Liefererrechnung ER 24111, Nettobetrag 19 % USt. Rechnungsbetrag	110.000,00 20.900,00 130.900,00
26.05.10(0)	Banküberweisung für ER 24111 unter Abzug von 2 % Skonto	128.282,00
30.05.10(0)	Kunde begleicht AR 52871 unter Abzug von 3 % Skonto; Rechnungsbetrag 22.610,00 €, Banküberweisung	21.931,70

Aufgabe 4

Richten Sie die nachfolgend aufgeführten Konten mit den genannten Beträgen ein, schließen Sie die Konten ab, und ermitteln Sie auf dem Konto „Unternehmensergebnis" (GuV-Konto) den Gewinn. Der Schlussbestand an Waren laut Inventur beträgt 290.000,00 €.

Konto	Soll	Haben
2280 Waren	310.000,00	
5100 Umsatzerlöse		2.441.800,00
5001 Erlösberichtigungen	36.500,00	
6080 Aufwendungen für Waren	1.172.000,00	
6082 Nachlässe		38.000,00
<Übrige Aufwendungen>	920.800,00	

19 Kundenreklamationen buchhalterisch bearbeiten

Verärgert betritt ein Kunde den Verkaufsbereich der Technikabteilung der Rosner GmbH und fährt den Verkaufssachbearbeiter, Herrn Moritz, lautstark an.

Kunde: „Dieser Bike & Body Controller, den Sie mir letzte Woche verkauft haben, ist gar nicht das neueste Modell. Stattdessen haben Sie mir dieses Auslaufmodell für 238,00 € verkauft. Das will ich auf keinen Fall haben. (Der Kunde legt das Gerät auf die Theke und lässt seiner Unzufriedenheit weiter freien Lauf.) Hier habe ich Ihren Hausprospekt, da steht es schwarz auf weiß, Sie haben mir ein altes Gerät verkauft."

Herr Moritz: „Kommen Sie doch bitte mit ins Büro, damit wir die Angelegenheit in Ruhe regeln können."

Im Büro gelingt es Herrn Moritz, den Kunden zu beruhigen, nachdem der erste Ärger verflogen ist. Herr Moritz muss – während er die Unterlagen des Kunden durchschaut – erkennen, dass der Kunde zu Recht reklamiert. Dem Kunden wurde bei der Warenabgabe das alte Modell eingepackt, weil sich die Auslieferung der neuen Modelle verzögert hatte.

Herr Moritz: „Sie haben völlig recht. Bitte entschuldigen Sie unser Versehen. Wenn Sie die Ware zurückgeben möchten, ist das kein Problem. Ich zahle Ihnen dann den Kaufpreis zurück."

Kunde (verunsichert) „Ja, ich weiß nicht. Der Bike & Body Controller ist ja durchaus leistungsstark, davon konnte ich mich überzeugen. Aber es ist eben ein Auslaufmodell, ich würde es behalten, wenn Sie mir etwas vom Kaufpreis herunterlassen."

Herr Moritz: „Der Bike & Body Controller hat vorher 238,00 € gekostet. Gut, Sie können das Gerät für 119,00 € haben. Wenn Sie damit einverstanden sind, kommen Sie bitte mit zur Kasse, damit ich Ihnen den zu viel gezahlten Betrag erstatten kann."

Arbeitsauftrag

Buchen Sie die Kundenreklamation im Grundbuch und im Hauptbuch der Rosner GmbH.

Vorschläge zur Vorgehensweise

Bearbeiten Sie beide Möglichkeiten:

- Möglichkeit 1: Kaufpreiserstattung von 238,00 € (Rückgabe des Gerätes)
- Möglichkeit 2: Kaufpreisminderung

Grundbuch (Möglichkeit 1)

Jahr 20(0)	Grundbuch					
Datum	Beleg	Buchungstext	Konten		Betrag	
			Soll	Haben	Soll	Haben
15.04.	BV	Barverkauf	2880 Kasse		238,00	
				5100 Umsatzerlöse		200,00
				4800 Umsatzsteuer		38,00
16.04.						

Hauptbuch (Möglichkeit 1)

Soll		2880 Kasse			Haben
Datum	Text	€	Datum	Text	€
15.04.	Barverkauf	238,00			

Soll		5100 Umsatzerlöse			Haben
Datum	Text	€	Datum	Text	€
			15.04.	Barverkauf	200,00

Soll		4800 Umsatzsteuer			Haben
Datum	Text	€	Datum	Text	€
			15.04.	Barverkauf	38,00

Grundbuch (Möglichkeit 2)

Jahr 20(0)	Grundbuch					
Datum	Beleg	Buchungstext	Konten		Betrag	
			Soll	Haben	Soll	Haben
15.04.	BV	Barverkauf	2880 Kasse		238,00	
				5100 Umsatzerlöse		200,00
				4800 Umsatzsteuer		38,00
16.04.						

Hauptbuch (Möglichkeit 2)

Soll		2880 Kasse			Haben
Datum	Text	€	Datum	Text	€
15.04.	Barverkauf	238,00			

Soll		5100 Umsatzerlöse			Haben
Datum	Text	€	Datum	Text	€
			15.04.	Barverkauf	200,00

Soll		5101 Erlösberichtigungen			Haben
Datum	Text	€	Datum	Text	€

Soll		4800 Umsatzsteuer			Haben
Datum	Text	€	Datum	Text	€
			15.04.	Barverkauf	38,00

Aufgabe 1

Überlegen Sie, welche Auswirkungen der Preisnachlass (Erlösberichtigung) auf den geplanten Gewinn hat. Welche Maßnahmen schlagen Sie vor, damit der geplante Gewinn auch nach Erlösberichtigungen in voller Höhe zur Verfügung steht?

Aufgabe 2

Die Großhandelsfirma Robert KG Eisenbedarf in Mainz belieferte die Stadtwerke Mainz (siehe Rechnung). Der Buchhalter der Firma Robert KG buchte die AR 1076. Die Stadtwerke reklamieren zu Recht die gelieferten Schrauben, weil sie unbrauchbar sind, und geben sie zurück. Da eine Ersatzlieferung aus Zeitgründen nicht möglich ist, wird den Stadtwerken der anteilsmäßige Rechnungsbetrag gutgeschrieben.

Buchen Sie für die Firma Robert die Gutschrift für die Stadtwerke Mainz.

R O B E R T K G **Eisenbedarf** **Industriehof 14, 55120 Mainz**			
Stadtwerke Mainz Am Innenring 12 55118 Mainz			
Rechnung Nr. 1076			19.07.20(0)
Menge	Bezeichnung	Einzelpreis in €	Gesamtpreis in €
30	Schrauben, Linksgewinde, 7″	3,23	96,90
100	Messingdübel, Sonderanfertigung 10 mm	35,60	3.560,00
25	Messingdübel, wie oben, 20 mm	45,90	1.147,50
			4.804,40
		19 % USt.	912,84
		Rechnungsbetrag	**5.717,24**
Zahlbar sofort Bankverbindung: VB Mainz, BIC: MVBM DE 55, IBAN:DE 82 55190000137000187			

Grundbuch

Jahr 20(0)	Grundbuch					
Datum	Beleg	Buchungstext	Konten		Betrag	
			Soll	Haben	Soll	Haben

Hauptbuch

Soll		2400 Forderungen			Haben
Datum	Text	€	Datum	Text	€
19.07.	AR Robert KG	5.717,24			

Soll		5100 Umsatzerlöse			Haben
Datum	Text	€	Datum	Text	€
			19.07.	AR Robert KG	4.804,40

Soll		4800 Umsatzsteuer			Haben
Datum	Text	€	Datum	Text	€
			19.07.	AR Robert KG	912,84

Aufgabe 3

Ein Kunde reklamiert fristgemäß einen defekten Hochdruckreiniger, worauf dieser gegen ein gleiches, funktionsfähiges Gerät umgetauscht wird. Entscheiden Sie, ob die Aussagen richtig (R) oder falsch (F) sind.

1. Durch den erneuten Warenabsatz erhöht sich die Soll-Seite auf dem Konto „Umsatzerlöse“ und dem Konto „Umsatzsteuer“. ◯
2. Durch die Rückgabe der defekten Ware vermindert sich die Haben-Seite auf den Konten „Umsatzerlöse“ und „Umsatzsteuer“. ◯
3. Ein Warenumtausch verursacht keine Buchung, da die Umsatzerlöse und die Umsatzsteuer nicht gemindert werden. ◯

Aufgabe 4

Bearbeiten Sie den unten abgebildeten Rechnungsausschnitt buchhalterisch für die Rudolf Meier GmbH.

a Buchen Sie den Rechnungsbetrag im Grundbuch.

b Berichtigen Sie die Rechnung aufgrund der unten aufgeführten Kundenreklamationen.

c Halten Sie die Rechnungskorrekturen im Grundbuch fest.

d Buchen Sie im Grundbuch den Zahlungseingang auf dem Bankkonto.

			Rudolf Meier GmbH
Menge	**Bezeichnung**	**Einzelpreis in €**	**Gesamtpreis in €**
20	Artikel Nr. 003-467/3	1.200,00	24.000,00
35	Artikel Nr. 147-1487	460,00	16.100,00
100	Artikel Nr. 525-467/4	150,00	15.000,00
10	Artikel Nr. 789-3012	900,00	9.000,00
50	Artikel Nr. 815-021/25	650,00	32.500,00
			96.600,00
		19 % USt.	18.354,00
Zahlung innerhalb von 30 Tagen rein netto		Rechnungsbetrag	114.954,00

Mitteilung des Kunden aufgrund der obigen Warensendung:

1. Artikel Nr. 003-467/3: Falschlieferung, die Artikel wurden nicht bestellt; Rücksendung der Ware wird veranlasst.
2. Artikel Nr. 525-467/4: zehn Stück müssen zurückgeschickt werden, da sie unbrauchbar sind; sofortige Neulieferung wird vereinbart.
3. Artikel Nr. 815-021/25: fünf Stück sind beschädigt, jedoch noch brauchbar. Es wird ein Preisnachlass von 30 % vereinbart.

Aufgabe 5

Führen Sie das Grundbuch.

Geschäftsfälle		€
01.10.20(0)	Warenverkauf auf Ziel, AR Nr. 52870, Nettobetrag 19 % USt. Bruttoverkaufspreis	8.000,00 1.520,00 9.520,00
01.10.20(0)	Warenverkauf auf Ziel, AR 52871, Nettobetrag 19 % USt. Rechnungsbetrag	10.000,00 1.900,00 11.900,00
03.10..20(0)	Barverkäufe des Tages an der Kasse, Nettobetrag 19 % USt. Bruttoverkaufspreis	14.000,00 2.600,00 16.600,00
07.10.20(0)	Preisnachlass für einen Kunden aufgrund einer Reklamation, bar, Nettobetrag 19 % USt. Bruttoverkaufspreis	250,00 47,50 297,50
07.10.20(0)	Einem Kunden wird nach einer Warenrückgabe der Kaufpreis erstattet, Nettobetrag 19 % USt. Bruttoverkaufspreis	80,00 15,20 95,20
10.10.20(0)	Kunde begleicht die AR Nr. 52871 unter Abzug von 2 % Skonto durch Banküberweisung	11.662,00

Aufgabe 6

Ermitteln Sie die Umsatzerlöse (netto):

Soll		5100 Umsatzerlöse			Haben
Datum	**Text**	**€**	**Datum**	**Text**	**€**
	Storno	5.600,00		<Summe>	198.360,00

Soll		5101 Erlösberichtigungen			Haben
Datum	**Text**	**€**	**Datum**	**Text**	**€**
	<Summe>	2.109,00			

a Schließen Sie die Konten ab.

b Wie hoch sind die Umsatzerlöse (netto) (Umsatzerlöse – Storno – Erlösberichtigungen)?

20 Den Werteverzehr von Anlagegütern in die Kalkulation einbeziehen

Seit die Rosner GmbH sich auf den Bau von maßgeschneiderten Rennsport-Fahrrädern spezialisiert und den Werkstattbereich ausgebaut hat, ist die Zusammenarbeit mit den lokalen Rennsportvereinen stetig gewachsen. Der Umsatz mit den Vereinen hat sich daher erfreulich verbessert und der Anteil am Gesamtumsatz liegt derzeit bei 25 %.

Daher ist es naheliegend, dass die Rosner GmbH die Vereine bei ihrer Werbung für Rennsportveranstaltungen finanziell unterstützt. Die Rennsportvereine sind zwar dankbar, dass sie diese Unterstützung erhalten, sie beklagen aber andererseits, dass eine technische Unterstützung bei den Rennen fehlt.

Herr Rosner hat die Klagen der Vereine aufgegriffen und in einem Gespräch mit Herrn Enders, Abteilungsleiter Verkauf, und der für Marketing zuständigen Abteilungsleiterin, Frau Abel, erörtert. Herr Rosner fasst das Ergebnis des Gesprächs folgendermaßen zusammen:

Herr Rosner: „Wir stellen den Rennsportvereinen für ihre Veranstaltungen ein Servicefahrzeug zur Verfügung, das mit einer Werkstatt ausgerüstet wird. Dieses Servicefahrzeug steht mit seiner technischen Ausrüstung den Fahrern, die mit unseren Rennrädern fahren, zur Seite, wenn technische Defekte bei den Rennen auftreten."

Frau Abel: „Aus der Sicht des Marketing kann ich diese Entscheidung nur befürworten! Allerdings gebe ich zu bedenken, dass wir ganz schön tief in unsere Tasche greifen müssen, um das Fahrzeug mit der Werkstattausstattung anzuschaffen. Außerdem sehe ich auch noch erhebliche Kosten auf uns zukommen: Fahrerlöhne, Kraftstoffkosten, Reparaturen und vor allem auch die Abschreibungen, die durch den Wertverlust bei der Nutzung der Fahrzeuge anfallen."

Herr Enders: „Wir können gar nicht anders handeln, wenn wir mit den Vereinen weiter gute Geschäfte machen wollen. Angesichts der Unzufriedenheit der Vereine haben wir eigentlich keine Alternative. Unsere Mitanbieter am Markt machen es uns vor."

Herr Rosner: „Ich werde mit Frau Abel eine Kosten-Nutzen-Analyse der Einführung des technischen Services für Rennsportveranstaltungen durchführen. Ausschlaggebend für die Einführung wird vor allem sein, dass durch den Zusatzservice die Kundenzufriedenheit steigt und die Umsätze soweit gesteigert werden können, dass sie die Mehrkosten decken können."

Ein paar Tage später erhält Frau Abel grünes Licht, den technischen Kundenservice für Rennsportveranstaltungen einzurichten. Zunächst kümmert sie sich um den Kauf des Servicefahrzeuges, die mit der entsprechenden Werkstatttechnik ausgestattet werden sollen. Der Kauf des Servicefahrzeugs erfolgte auf der Grundlage des Angebotes des Autohauses Niemeyer. Schon wenige Tage später steht das neue Servicefahrzeug einsatzbereit auf dem Gelände der Rosner GmbH.

Mit der Anlieferung des Servicefahrzeugs ging auch die folgende Rechnung in der Abteilung Rechnungswesen/Controlling ein.

Autohaus Niemeyer München

Autohaus Niemeyer, Aubinger Straße 51, 81243 München

Rosner GmbH
Baaderstraße 120
80469 München

Telefon: 089 8346598
Fax: 089 8346599
E-Mail: info@autohaus_niemeyer.de
Datum: 27.01.20(0)

Rechnung Nr. 1703/20(0)

Position	Bezeichnung	€	€
01	MB Sprinter, Fahrgestell mit Kastenaufbau, Typ: 315 CDI, Emissionsklasse Euro 6 Aufbau: Hochdach, 2 600 x 1 780 x 1 940 Gesamtgewicht: 7 500 kg Nutzlast: 3 500 kg Motorleistung: 120 KW/163 PS einschließlich Überführung/ abzüglich 5 % Rabatt	30.000,00 1.500,000	28.500,00
		Nettobetrag	28.500,00
		19 % USt.	5.415,00
		Rechnungsbetrag (brutto)	**33.915,00**

Zahlbar ohne Abzüge bis zum 02.02.20(0)
Bankverbindung: Vereinsbank München, BIC: VEDEMM23, IBAN: DE78 7002 0270 0000 0801 20

Frau Keller, Leiterin der Abteilung Rechnungswesen/Controlling, prüft die Rechnung auf Richtigkeit und stellt eine Liste auf, in der sie folgende weitere Ausgaben zusammenfasst, die im Zusammenhang mit der Anschaffung des Nahverkehrsfahrzeugs angefallen sind.

POS	Firma	Leistung	Betrag in €	
01	Autolackiererei Adams	ER Nr. K1327: Beschriftung des Koffers und des Fahrerhauses	Nettobetrag USt.	850,00 161,50
			Bruttobetrag	1.011,50
02	Quittung Zulassungsbehörde	Gebühren für Fahrzeugzulassung inklusive Umweltplakette		118,00
03	Quittung Schilder Kanders	Nummernschilder	Nettobetrag USt.	40,00 7,50
				47,50

Auch diese Ausgaben werden von Frau Keller im Grundbuch und im Hauptbuch (siehe Seite 188) gebucht. Schließlich überweist sie die noch unbezahlten Rechnungen des Autohauses Niemeyer und der Autolackiererei Adams. Grundlage für die Buchungen im Grundbuch und Hauptbuch sind die Überweisungsaufträge für die VB-Bank München und der Kontoauszug der Bank.

	BLZ	Konto-Nr.	erstellt am	Auszug	Blatt
VB Bank München	70220800	305673291	02.02..20(0)	10	1

BU-TAG	VORGANG			
		SALDO alt	142.993,00	+
02.02.20(0)	ER. Nr. 1703/20(0) Autohaus Niemeyer		33.915,00	–
02.02..20(0)	ER. Nr. K1327 Autolackiererei Adams		1.011,50	–
		SALDO neu	108.066,50	+
Rosner GmbH		BIC: VBAGDEM1XXX		
Baaderstraße 120, 80469 München		IBAN: DE31702208000305673291		

Nachdem Frau Keller alle Belege aus dem Kauf gebucht hat, muss sie das Fahrzeug noch in das Bestandsverzeichnis aufnehmen. Dazu berechnet sie die Anschaffungskosten (Anschaffungswert).

Anschaffungswert des Fahrzeugs			
01		Servicefahrzeug Sprinter (Listenpreis)	30.000,00
02			
03			
04			
05			
06			
07			
08			
09			
10			

Den Anschaffungswert trägt sie in das Bestandsverzeichnis ein. Er bildet die Basis für die Abschreibung.

					Aktuelles Jahr	
Nr.	**Bezeichnung des Gegenstandes**	**Anschaffungsdatum**	**Nutzungsdauer (Jahre)**	**Anschaffungswert in €**	**Wertminderung 20(0) in €**	**Inventurwert zum 31.12.20(0) in €**
					z. B.	
01	**MB Sprinter Kasten: M – HH 209**		**9**			

Für das neue Werkstattfahrzeug erstellt Frau Keller noch einen Abschreibungsplan, aus dem hervorgeht, in welcher Höhe die Abschreibungen in den Jahren der Nutzung des Fahrzeuges anfallen. Sie verwendet zur Berechnung der AfA die lineare Abschreibungsmethode.

Abschreibungsplan	
Gegenstand	**MB Sprinter Kasten: M – HH 209**
Anschaffungswert	
Anschaffungstag	
Nutzungsdauer	
Abschreibungssatz	
Abschreibungsmethode	linear
Anschaffungswert	
– AfA-Betrag 20(0)	
Buchwert Ende des 1. Jahres	
– AfA-Betrag 20(+1)	
Buchwert Ende des 2. Jahres	

Arbeitsauftrag

Erfassen Sie buchhalterisch die Anschaffung der neuen Fahrzeuge für den technischen Kundenservice der Rosner GmbH und führen Sie das Bestandsverzeichnis.

Vorschläge zur Vorgehensweise

1. Errechnen Sie den Anschaffungswert des Fahrzeugs.
2. Erstellen Sie einen Abschreibungsplan als Exceltabelle.
3. Tragen Sie das neue Servicefahrzeug in das Bestandsverzeichnis ein und errechnen Sie die Abschreibung für 20(0) sowie den Wert der Anlagegüter zum 31. Dezember 20(0).
4. Buchen Sie die Anschaffung des Fahrzeugs im Grundbuch und im Hauptbuch.
5. Buchen Sie die Abschreibungen für das Jahr 20(0) im Grundbuch und im Hauptbuch.
6. Schließen Sie das Konto „Fahrzeuge“ ab und vergleichen Sie es mit dem Bestandsverzeichnis.

Grundbuch

Jahr 20(0)	**Grundbuch**					
Datum	**Beleg**	**Buchungstext**	**Konten**		**Betrag**	
			Soll	**Haben**	**Soll**	**Haben**
	Kauf des Fahrzeugs:					
	Beschriftung:					
	Zulassung:					
	Kennzeichen:					
	Überweisungen:					

Jahr 20(0)	Grundbuch					
Datum	Beleg	Buchungstext	Konten		Betrag	
			Soll	Haben	Soll	Haben
	Abschreibung:					
		Betragskontrolle				

Hauptbuch

Bestandskonten

Soll			0840 Fuhrpark		Haben
Datum	Text	€	Datum	Text	€

Soll			2600 Vorsteuer		Haben
Datum	Text	€	Datum	Text	€

Soll			2800 Bank		Haben
Datum	Text	€	Datum	Text	€

Soll			2880 Kasse		Haben
Datum	Text	€	Datum	Text	€

Soll			4400 Verbindlichkeiten		Haben
Datum	Text	€	Datum	Text	€

Erfolgskonto

Soll		6500 Abschreibungen			Haben
Datum	**Text**	**€**	**Datum**	**Text**	**€**

Abschlusskonten

Soll		8020 Gewinn und Verlust ohne Servicefahrzeug			Haben
Datum	**Text**	**€**	**Datum**	**Text**	**€**
31.12.	Aufwendungen für Waren	536.640,00	31.12.	Umsatzerlöse	939.495,00
31.12.	Handlungskosten	317.512,00			
31.12.	Gewinn	85.343,00			
		939.495,00			939.495,00

Soll		8020 Gewinn und Verlust mit Servicefahrzeug			Haben
Datum	**Text**	**€**	**Datum**	**Text**	**€**
31.12.	Aufwendungen für Waren	536.640,00	31.12.	Umsatzerlöse	939.495,00
31.12.	Handlungskosten	317.512,00			
31.12.	Abschreibungen				
31.12.	Gewinn				

Aufgabe 1

Dem Versandhandel Ostermann GmbH liegen für die Anschaffung eines Transportsystems im Hochregallager folgende Angebote vor:

Transportsystem	A		B		C	
Listenpreis (netto)		135.170,41		142.191,65		106.093,44
– Rabatt	12,5 %		8,0 %		6,0 %	
Nettowert						
+ USt.	19 %		19 %		19 %	
Rechnungsbetrag (brutto)						

Einbaukosten u. Fracht	A		B		C	
Nettowert		1.725,89		1.183,68		1.022,17
+ USt.	19 %		19 %		19 %	
Rechnungsbetrag (brutto)						

a Entscheiden Sie sich für die günstigste Anlage.

b Berechnen Sie die Anschaffungskosten.

c Nehmen Sie die Transportanlage in das Bestandsverzeichnis auf.

Anschaffungskosten		A	B	C
01	Listenpreis (netto)			
02				
03				
04				
05				
06				

Bestandsverzeichnis						
Nr.	Bezeichnung des Gegenstandes	Anschaffungsdatum	Nutzungsdauer (Jahre)	Anschaffungswert in €	Wertminderung 20(0) in €	Inventurwert zum 31.12.20(0) in €
01	Transportsystem					
02						

Aufgabe 2

Welche Auswirkungen hat die Anschaffung der Transportanlage? Kreuzen Sie an.

	Zunahme	Abnahme
1. Liquidität des Unternehmens	○	○
2. Zinsen für die Finanzierung durch die Bank	○	○
3. Höhe des Vermögens	○	○
4. Handlungskostenzuschlag (HKZ)	○	○
5. Gewinn	○	○
6. Umsatz, wenn der gleiche Gewinn erzielt werden soll	○	○
7. Kundenzufriedenheit	○	○

Aufgabe 3

Die Rechtsanwaltssozietät Ebenholz kauft am 23. Mai 20(0) für die Dokumentenverwaltung ein Regalsystem für die Ablage.

a Berechnen Sie die Anschaffungskosten.

b Buchen Sie den Rechnungseingang und die Bezahlung durch Banküberweisung unter Abzug von 2 % Skonto im Grundbuch.

Rechnung Nr. 2436 Büro-Komplett	
Listenpreis	9.300,00 €
– 10 % Rabatt	930,00 €
Zwischensumme	8.370,00 €
+ Transportkosten	230,00 €
+ Montagekosten	200,00 €
Nettowert	8.800,00 €
+ 19 % USt.	1.672,00 €
Rechnungsbetrag	10.472,00 €

Anschaffungskosten des Regalsystems in €		
01		
02		

Aufgabe 4

Die Ostermann Handelsgesellschaft mbH erwarb am 1. April 20(0) ein unbebautes Grundstück für den Bau eines Hochregallagers.

Geschäftsfälle		€
01.04.20(0)	Aufnahme einer Hypothek zur Finanzierung des Grundstückes	400.000,00
06.04.20(0)	ER des Maklers über 3 % Maklerprovision, Nettobetrag 19 % USt. Rechnungsbetrag	12.000,00 2.280,00 14.280,00
10.04.20(0)	Zahlung der Grunderwerbssteuer (5,0 %) an das Finanzamt durch Banküberweisung	20.000,00
10.04.20(0)	ER des Notars über Beurkundungsgebühren, Nettobetrag 19 % USt. Rechnungsbetrag	2.000,00 380,00 2.380,00
01.05.20(0)	Zinszahlung für Monat April: 4 % p. a. vom Kaufpreis	?
15.05.20(0)	Barzahlung der Gerichtskosten für die Umschreibung im Grundbuch	520,00
15.05.20(0)	Banküberweisung des Kaufpreises und Aktivierung	400.000,00

a Buchen Sie die Geschäftsfälle im Grundbuch und im Hauptbuch.

b Ermitteln Sie die Anschaffungskosten des unbebauten Grundstücks.

Anschaffungskosten des Grundstücks in €		
01		
02		
03		
04		
05		
06		
07		
08		

Aufgabe 5

Die Firma Party-Rent erwarb am 11. Mai 20(0) einen Lkw über den örtlichen Handel. Die folgenden Positionen sind der Eingangsrechnung ER 2987 entnommen.

POS	Inhalt	Betrag in €	
Eingangsrechnung des Autohändlers			
01	Nettopreis des Lkw laut Preisliste	90.000,00	○
02	Kofferaufbau	10.000,00	○
03	Sonderlackierung/Werbeaufschrift	4.900,00	○
04	Sondereinrichtung (Flipboard)	2.800,00	○
05	Überführungskosten	1.500,00	○
06	Tankfüllung	600,00	○
07	Zulassungskosten	200,00	○
	Nettobetrag der Rechnung	110.000,00	○
	+ 19 % Umsatzsteuer	20.900,00	○
	Rechnungsbetrag	130.900,00	○
Weitere Zahlungen durch Banküberweisung			
08	Kraftfahrzeugsteuer	4.400,00	○
09	Kfz-Haftpflichtversicherung	5.100,00	○
	Abschreibungsbetrag im Anschaffungsjahr in €		

a Kreuzen Sie in der Liste die Positionen an, die Sie bei der Berechnung der Anschaffungskosten berücksichtigen.

b Bestimmen Sie den Anschaffungswert des Lkw.

c Buchen Sie die Anschaffung im Grundbuch.

d Wie lautet der Abschreibungsbetrag im Anschaffungsjahr bei linearer Abschreibung und einer Nutzungsdauer von 9 Jahren? Buchen Sie die Abschreibung.

Aufgabe 6

Erstellen Sie einen Abschreibungsplan (möglichst mit einem Tabellenkalkulationsprogramm) entsprechend dem unten stehenden Muster für die genannten Anlagegüter (die Beträge sind auf volle Euro zu runden).

Der Schreibtisch und der Schreibtischsessel werden am Ende der Nutzungsdauer weiter genutzt; das Telefaxgerät wird ausgemustert. Achten Sie auf den Anschaffungstag.

Angaben

	Anschaffungspreis	Anschaffungstag	Nutzungsdauer
Lagerregal	1.100,00 €	10.04.20(0)	10 Jahre
Farbdrucker	1.920,00 €	17.06.20(0)	3 Jahre
Schreibtisch	1.450,00 €	24.10.20(0)	8 Jahre

Abschreibungsplan

Abschreibungsplan			
Gegenstand	**Lagerregal**	**Farbdrucker**	**Schreibtisch**
Anschaffungswert			
Anschaffungstag			
Nutzungsdauer			
Abschreibungssatz			
Abschreibungsmethode	linear	linear	linear
Anschaffungswert			
– AfA-Betrag 20(0)			
Buchwert Ende des 1. Jahres			
– AfA-Betrag 20(+1)			
Buchwert Ende des 2. Jahres			

Aufgabe 7

Welche Aussagen sind richtig? Kreuzen Sie an.

1. Weil Abschreibungen den Gewinn verringern, vermindern sie auch die Steuern auf den Gewinn, z. B. Einkommensteuern. ○
2. In der Regel sind Unternehmen an hohen Abschreibungen interessiert. ○
3. Abschreibungen müssen an das Finanzamt gezahlt werden. ○
4. Abschreibungen vermindern den Wert des Anlagevermögens. ○
5. Abschreibungen gehen als betrieblicher Aufwand in die Kalkulation des Unternehmens ein. Auf diese Weise werden die Wertminderungen des Anlagevermögens über die Verkaufspreise für Waren und Dienstleistungen wieder erwirtschaftet und stehen für Neuanschaffungen zur Verfügung. ○

Abschlussaufgabe 1 in Lernfeld 6

Situation 1

Im Zweirad-Center Stadler wurde das Rohergebnis der Abteilung Mountainbike für die Monate Januar bis März 20(0) ermittelt. Im Anschluss daran möchte die Geschäftsleitung auch das Reinergebnis feststellen, das durch den Verkauf von Mountainbikes erzielt wird. Die Geschäftsleitung hat dazu den Monat April 20(0) ausgewählt.
Hannah ist Auszubildende zur Kauffrau für Büromanagement im zweiten Ausbildungsjahr Im Zweirad-Center Stadler in 81245 München, Peter-Anders-Straße 6. Von ihrer Ausbilderin hat sie den Auftrag erhalten, das Rohergebnis und den Reingewinn der Mountainbike-Abteilung des Zweirad-Centers für den Monat April zu ermitteln.

Soll		Eigenkapital			Haben
Datum	**Text**	**€**	**Datum**	**Text**	**€**
			01.04.	Eröffnungsbestand	20.000,00
			31.04.	Gewinn	?

Aufwandskosten

Soll	Aufwendungen für Waren Haben
Wareneinkäufe	Saldo

Soll	Gehälter Haben
Löhne und Gehälter	Saldo

Soll	Miete Haben
Mietzahlungen Büroräume u. Lager	Saldo

Soll	Werbung Haben
Anzeigen Prospekte	Saldo

Ertragskosten

Soll	Umsatzerlöse Haben
Saldo	Barverkäufe Verkäufe gegen Rechnung

Soll	Gewinn und Verlust Haben
Aufwendungen	Erträge
Gewinn	

1

Für die Bearbeitung des Auftrags muss Hannah zunächst die folgenden Konten einrichten.

Konten und Eröffnungsbestände

Vermögenskonten	€	Kapitalkonten	€
Waren	4.000,00	Umsatzsteuer	1.680,00
Bank	5.000,00	Eigenkapital	20.000,00
Geschäftsausstattung	12.000,00	Verbindlichkeiten	10.260,00
Vorsteuer		**Erfolgskonten**	
Kasse	500,00	Aufwendungen für Waren	
Forderungen	10.440,00	Umsatzerlöse	
		usw.	

a Erläutern Sie, welche der Konten Wertströme bzw. Leistungsströme aufnehmen.
b Die Konten sind ungeordnet. Ordnen Sie die Konten nach den Gliederungsvorschriften der Bilanz und richten Sie die Konten ein.
c Übertragen Sie die Eröffnungsbestände (Salden) auf die Konten.

2

Hannah findet die unten stehenden Geschäftsfälle für die Zeit vom 1. bis zum 30. April vor.

a Erläutern Sie, nach welchem Prinzip Hannah die Geschäftsfälle
- im Grundbuch und
- im Hauptbuch buchen wird.

b Beschreiben Sie die Wert- bzw. Leistungsströme, die durch die Geschäftsfälle am 1. April und am 29. April 20(0) verursacht werden.
c Buchen Sie für Hannah die Geschäftsfälle als laufende Buchungen zunächst im Grundbuch und dann im Hauptbuch.

Geschäftsfälle		€
01.04.20(0)	Einkauf von 12 Mountainbikes beim Lieferer gegen Rechnung, Nettopreis 19 % USt. Bruttobetrag	12.000,00 2.280,00 14.280,00
04.04.20(0)	Barverkauf eines Mountainbikes, Nettopreis 19 % USt. Bruttopreis	1.500,00 285,00 1.785,00
05.04.20(0)	Einkauf von Briefmarken für eine Werbeaktion bei der Post für 50,00 € (in bar)	50,00
10.04.20(0)	Verkauf von 3 Mountainbikes gegen Rechnung an einen Kunden, Rechnungs-Nr. 0160/20(0), Nettopreis 19 % USt. Bruttopreis	4.500,00 855,00 5.355,00
14.04.20(0)	Ein Kunde begleicht die Ausgangsrechnung Nr. 0157/20(0) durch Überweisung auf unser Bankkonto. Unsere Forderungen vermindern sich entsprechend.	8.700,00
18.04.20(0)	Barverkauf von 2 Mountainbikes, Nettopreis 19 % USt. Bruttopreis	3.000,00 570,00 3.457,00
22.04.20(0)	Verkauf von 5 Mountainbikes gegen Rechnung an einen Kunden, Rechnungs-Nr. 0161/20(0), Nettopreis 19 % USt. Bruttopreis	7.500,00 1.425,00 8.925,00
29.04.20(0)	Buchung aller Bareinzahlungen von der Kasse auf das Bankkonto (Kassenabschöpfungen)	5.000,00
30.04.20(0)	Bezahlung der Miete durch Banküberweisung	100,00
30.04.20(0)	Teilzeit-Mitarbeiter erhält sein Monatsgehalt durch Banküberweisung	600,00

3

Nachdem Hannah die laufenden Buchungen im Grundbuch und Hauptbuch erfasst hat, widmet sie sich den Abschlussbuchungen. Aus dem Warenwirtschaftssystem erfährt sie, dass der Warenschlussbestand zum 30. April 5.000,00 € beträgt.

a Legen Sie zuerst die Schritte fest, mit denen Hannah die Warenkonten abschließt.

Abschluss der Warenkonten	
1	
2	
3	
4	
5	

b Schließen Sie dann die Warenkonten im Hauptbuch ab. Verwenden Sie dazu auch die folgenden Abschlusskonten.

Soll		Gewinn und Verlust			Haben
Datum	**Text**	**€**	**Datum**	**Text**	**€**
30.04.	Aufwendungen für Waren				

Soll		Schlussbestandskonto			Haben
Datum	**Text**	**€**	**Datum**	**Text**	**€**
30.04.	Geschäftsausstattung				
30.04.	Waren				

c Im Rahmen der Abschlussbuchungen folgt Hannah den folgenden Schritten. Vervollständigen Sie die Tabelle.

6	Übrige Aufwandskonten zum GuV-Konto abschießen
7	Erfolgskonto Umsatzerlöse abschließen
8	
9	
10	
11	Kontrolle: Die Soll- und Haben-Seiten des Schlussbestandskontos müssen ausgeglichen sein.

d Ermitteln Sie zum Schluss das Rohergebnis (rechnerisch) und das Reinergebnis (aus dem GuV-Konto).

Situation 2

Die Großhandlung für mediterrane Produkte e. K. hat zum Jahreswechsel die Unternehmensform geändert. Ab dem 1. Januar 20(0) heißt die Firma Mediterrane Produkte GmbH.

Mit der Änderung der Unternehmensform wurde auch die Organisation des Unternehmens auf eine ERP-Software umgestellt. Alle Bereiche von der Auftragsabwicklung bis zur Personalverwaltung wurden schon umgestellt. Und nun soll auch die Finanzbuchhaltung von der manuellen Buchführung auf eine DV-gestützte Finanzbuchhaltung (Fibu) umgestellt werden.

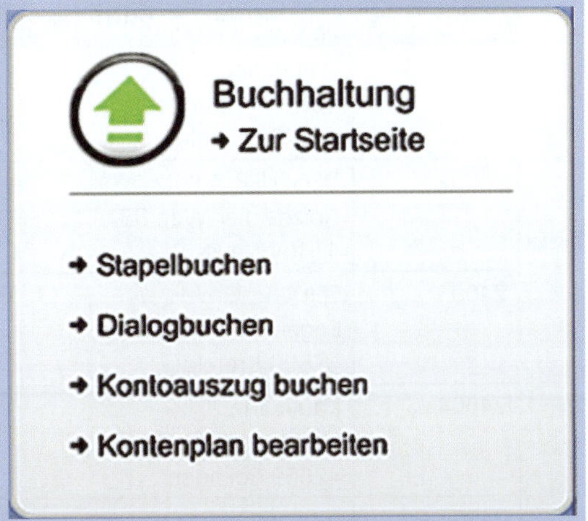

Im April wurden die Computer für die Abteilung Rechnungswesen/Controlling bestellt. Die Lieferung der Hardware und die Installation der Software erfolgte Anfang Mai. Nun muss noch die Software auf den Rechnern mit den Daten des Unternehmens eingerichtet werden.

Malte, Anna-Lisa und Simon sind Auszubildende zur Kauffrau/zum Kaufmann für Büromanagement im zweiten Ausbildungsjahr in der Mediterrane Produkte GmbH und sollen in die Einrichtung der EDV-Fibu eingebunden werden. Von ihrer Ausbilderin haben sie den Auftrag erhalten, die folgenden Aufträge durchzuführen.

Diese ERP-Anwendung ist für die Software „Lexware – Financial Office" ausgelegt. Die Aufgaben können auch als normaler Geschäftsgang bearbeitet werden.

1

Legen Sie zunächst einen Arbeitsplan für Ihr Vorgehen an. Folgende Arbeiten müssen unter anderem erledigt werden (ungeordnet):

- Sichtung des Kontenrahmens für Industrie IKR
- Bankkonten sowie die Debitoren- und Kreditorenkonten einrichten/anpassen
- Anfangsbestände auf die Bestandskonten sowie die Debitoren- und Kreditorenkonten übertragen
- Mandanten anlegen: Firmenstammdaten eingeben
- Quartalsabschluss
- Erfassung/Buchung der noch nicht gebuchten Belege
- Kontenplan erstellen bzw. ergänzen

2

Das Team der Auszubildenden hat damit begonnen, die Finanzbuchführung auf dem Computer einzurichten. Zunächst haben sie die Firma Mediterrane Produkte GmbH im Fibu-Programm angelegt und die Firmenstammdaten eingegeben. Nun wollen sie die Konten einrichten. Sie greifen bei dieser Arbeit auf den Kontenrahmen der Industrie (IKR) zurück, der Bestandteil der Software ist. Allerdings stellen sie schnell fest, dass sie den Kontenrahmen den Bedürfnissen der Mediterrane Produkte GmbH anpassen und einen eigenen Kontenplan für das Unternehmen einrichten müssen.

Legen Sie mit dem Kontenassistenten die unten angegebenen Konten an.

a Passen Sie die Bankkonten an.

Bankverbindungen Mediterrane Produkte GmbH	
COMBA Bank Düsseldorf BIC: COBADEFFXXX IBAN: DE02 3004 0000 4865 0510 00	SPAKA Bank Düsseldorf BIC: DUSSKADDXXX IBAN: DE36 3005 0110 0101 7369 49
DEUBA Bank Düsseldorf BIC: DEUTBADDXXX IBAN: DE64 3007 0010 0303 5441 13	BARCA Bank Düsseldorf BIC: BARCDED1XXX IBAN: DE50 2013 0600 0030 2104 00

Hinweis: Unter BuchPlusWeb finden Sie für die Arbeitsschritte 2 bis 4 Rücksicherungsdateien für Lexware - Financial Office

b Legen Sie die Debitoren und Kreditoren Konten an.

Debitoren Mediterrane Produkte GmbH		
24001	Wendering AG Aachener Straße 4 40223 Düsseldorf	BIC: WELADED1KSD IBAN: DE11 3015 0200 0000 2155 57 Telefon: 0211 43566798, Fax: 0211 43566722
24002	DEGENER & Lutz Holzheimer Weg 33 41464 Neuss	BIC: GENODED1NSS IBAN: DE60 3056 0090 0042 4180 33 Telefon: 02131 4435521, Fax: 02131 47743211
24003	SEIDLITZ GmbH Engerstraße 45 47800 Krefeld	BIC: SPKRDE33XXX IBAN: DE29 3205 0000 0008 8457 32 Telefon: 02151 65443, Fax: 02151 65432
24004	Kaulmann Bismarckstraße 18 42659 Solingen	BIC: COBADEFFXXX IBAN: DE98 3424 0050 0041 6788 04 Telefon: 0212 912567, Fax: 0212 43563
24005	Fahling OHG Kolgerstraße 17 40223 Düsseldorf	BIC: DUSSDEDDXXX IBAN: DE35 3005 0110 0128 3530 88 Telefon: 0211 4 534 98, Fax: 0211 4 534 63
24006	GIERMEX Ludwigstraße 24 41469 Neuss	BIC: ESSEDE5F300 IBAN: DE09 3001 0111 0221 7653 01 Telefon: 02131 14362, Fax: 02131 5467
24007	G. Werner Industriestraße 118 40822 Mettmann	BIC: COBADEDDXXX IBAN: DE96 3004 0000 0788 3541 63 Telefon: 02104 14537, Fax: 02104 14538
24008	WOLTERS GmbH Eichendorfstraße 18 40474 Düsseldorf	BIC: WELADED1KSD IBAN: DE10 3015 0200 0226 9743 18 Telefon: 0211 346717, Fax: 0211 346718
24099	Übrige Kunden	

Kreditoren Mediterrane Produkte GmbH		
44001	Feinkost Quinto GmbH Völklinger Straße 21 40221 Düsseldorf	BIC: GENODED1DNE IBAN: DE86 3016 0213 0724 5274 55 Telefon: 0211 533876, Fax: 0211 428443
44002	Apero Feinkosthandel GmbH Merowingerstraße 8 40223 Düsseldorf	BIC: ESSEDE5F300 IBAN: DE49 3001 0111 0423 3872 29 Telefon: 0211 87655, Fax: 0211 32198
44003	Silbersteig Käsereien GmbH Plockstraße 46 40221 Düsseldorf	BIC: WELADED1KSD IBAN: DE57 3015 0200 0000 9674 49 Telefon: 0211 238645, Fax: 0211 592371

3

Web

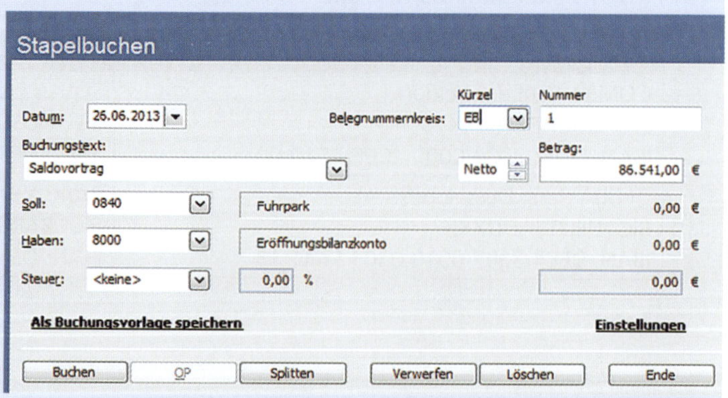

Nach der umfangreichen Einrichtung der Konten geht es in einem nächsten Schritt darum, die Anfangsbestände auf die Bestandskonten und die Debitoren- und Kreditorenkonten zu übertragen, bevor dann mit der Buchung der noch nicht gebuchten Belege des Monats Juni begonnen werden kann.
Die Buchung wird als Stapelbuchung angelegt, damit nach der Eingabe noch eventuell auftretende Fehler korrigiert werden können. Die Gegenbuchung für diese Saldenvorträge ist jeweils das Eröffnungsbilanzkonto (8000) bzw. sind die entsprechenden Saldovortragskonten.
Für die Eröffnungsbuchungen hat die Buchhalterin den Auszubildenden die Saldenbilanz zum 26. Juni 20(0) zur Verfügung gestellt.

Die Hauptbuchkonten der Finanzbuchhaltung der Mediterrane Produkte GmbH weisen zum 26. Juni 20(0) folgende Werte aus:

Saldenbilanz zum 26.06.20(0)		Salden	
Nr.	Konto	Soll	Haben
		€	€
0840	Fuhrpark	86.541,00	
0850	Geschäftsausstattung	130.828,00	
24000	Forderungen	73.192,00	
2600	Vorsteuer		
2801	COMBA Bank Düsseldorf	58.950,00	
2802	DEUBA Bank Düsseldorf		46.050,00
2803	SPAKA Bank Düsseldorf	4.792,00	
2804	BARCA Bank Düsseldorf	4.313,00	
2880	Kasse	4.460,00	
3000	Eigenkapital		89.551,00
4250	Darlehen		202.680,00
4400	Verbindlichkeiten		59.507,00
4800	Mehrwertsteuer		12.666,00
5100	Umsatzerlöse für Waren		510.775,00
6050	Energie	9.137,00	
6060	Reparaturen	2.080,00	
6080	Aufwendungen für Waren	301.909,00	
6200	Löhne und Sozialabgaben	78.258,00	
6300	Gehälter und Sozialabgaben	111.474,00	
6520	Abschreibungen auf Sachanlagen	4.204,00	
6700	Mieten	24.515,00	
6710	Mieten/Leasing	1.927,00	
6730	Gebühren, Beiträge	2.025,00	
6800	Büromaterial	1.007,00	
6820	Kommunikation	4.533,00	
6780	Werbung	3.750,00	
6900	Versicherungen	9.106,00	
7030	Kraftfahrzeugsteuer	4.228,00	
		921.229,00	921.229,00

Die Listen der offenen Posten der Debitoren und Kreditoren weisen folgende Werte aus:

Debitoren		Bestand 26.06.20(0) in €
24001	Wendering AG	11.984,00
24002	DEGENER & Lutz	11.288,00
24003	SEIDLITZ GmbH	13.318,00
24004	Kaulmann	12.854,00
24005	Fahling OHG	4.212,00
24006	GIERMEX	5.314,00
24007	G. Werner	4.838,00
24008	WOLTERS GmbH	1.892,00
24099	Übrige Kunden	7.492,00
	Forderungen gegenüber Kunden	**73.192,00**

Kreditoren		Bestand 26.06.20(0) in €
44001	Feinkost Quinto GmbH	17.216,00
44002	Apero Feinkosthandel GmbH	29.003,00
44003	Silbersteig Käsereien GmbH	13.288,00
	Verbindlichkeiten gegenüber Lieferanten	**59.507,00**

Die Ausbilderin weist Malte, Anna-Lisa und Simon auf eine Besonderheit der Fibu-Software hin: Die Konten „Forderungen" (2400) und „Verbindlichkeiten" (4400) dürfen nicht gebucht werden, wenn die Saldenvorträge der entsprechenden Debitoren- und Kreditorenkonten ebenfalls erfasst werden.

a Buchen Sie als Stapelbuchungen die Eröffnung
- der Konten des Hauptbuchs und
- die Debitoren- und Kreditorenkonten.

Web

b Überprüfen Sie die Buchungen auf Richtigkeit und übertragen Sie dann den Buchungsstapel mit dem entsprechenden Programmbefehl endgültig in das Journal der Finanzbuchhaltung.

4

Web

Die Abteilung Rechnungswesen/Controlling will in der ersten Juliwoche den Quartalsabschluss zum ersten Mal mit dem neuen Fibu-Programm durchführen. Um den Abschluss des 2. Quartals durchführen zu können, müssen die noch ausstehenden Belege gebucht werden.

Nachfolgend finden Sie die noch nicht gebuchten Belege des Monats Juni 20(0).

Belege des Monats Juni 20(0)

Autohaus Niemeyer Nutzfahrzeuge

Autohaus Niemeyer, Saarbrücker Straße 106, 40476 Düsseldorf

Mediterrane Produkte GmbH
Merkurstraße 14
40233 Düsseldorf

Telefon: 0211 953-687
Fax: 0211 953-673
E-Mail: info@autohaus_niemeyer.de
Datum: 27.06.20(0)

Rechnung Nr. 2703/20(0)

Anzahl	Bezeichnung	€	€
1	Nahverkehrsfahrzeug Fahrgestell mit Pritsche Typ: 1220 4X2, Emissionsklasse S2 Aufbau: Plane mit Spriegel Gesamtgewicht: 7 500 kg Nutzlast: 3 000 kg Motorleistung: 140 KW Ausstattung: Serienausstattung	28.340,00	28.340,00
6	Bereifung 1. Achse 2 x 285/70 R 19,5 2. Achse 4 x 285/70 R 19,5	210,00	1.260,00
		Nettobetrag	29.600,00
		19 % USt.	5.624,00
		Rechnungsbetrag (brutto)	35.224,00

Zahlungsbedingungen: Zahlung sofort netto Kasse

Bürocenter GmbH

Mediterrane Produkte GmbH
Merkurstraße 14
40223 Düsseldorf

Feuerbachstr. 210
40223 Düsseldorf
Telefon: 0211 533876
Fax: 0211 533843
27.06.20(0)

Bestelldatum	Versandart	Lieferbedingungen	Zahlungsbedingung
11.06.20(0)	Zustellung	frei Haus	netto Kasse

Menge	Einheit	Beschreibung	Preis/Einheit in €.	USt.	Betrag in €
1		Servicevertrag Juni	200,00	19 %	200,00
1	Paket	Tonerkartuschen 427639 41	40,00	19 %	40,00
10	Pakete	Kopierpapier 4N/638 57	16,00	19 %	160,00
				Netto	400,00
				USt.	76,00
				Rechnungsbetrag	476,00

Apero Feinkosthandel GmbH

Apero Feinkosthandel GmbH, Merowingerstraße 8, 40223 Düsseldorf
Mediterrane Produkte GmbH
Merkurstraße 14
40223 Düsseldorf

Telefon 0211 87655
Fax 0211 32198

Rechnung Nr. 443255/20(0)

Datum: 30.06.20(0)

Position	Text	€	€
01	Sammelrechnung: Monat Juni 20(0) lt. beigefügten Lieferscheinen		
	Rechnungsbetrag netto Umsatzsteuer 19 %		62.800,00 11.932,00
	Rechnungsbetrag brutto		74.732,00

Bankverbindung: IBAN DE86301602130724527455, BIC GENOD1DNE

FEINKOST QUINTO GMBH

Feinkost Quinto GmbH * Völklinger Straße 21 * 40221 Düsseldorf

Mediterrane Produkte GmbH
Merkurstraße 14
40223 Düsseldorf

Telefon: 0211 533876
FAX: 0211 428443
ID-Nr. DE 328 549 231
Datum: 30.06.20(0)

Rechnung Nr. 32155/20(0)

Position	Text	€	€
01	Sammelrechnung: Monat Juni 20(0) lt. beigefügten Lieferscheinen		
	Rechnungsbetrag netto Umsatzsteuer 19 %		51.600,00 9.804,00
	Rechnungsbetrag brutto		61.404,00

Bankverbindung: IBAN DE86301602130724527455, BIC GENODEDNE

Silbersteig Käsereien GmbH

Silbersteig Käsereien, Plockstraße 46 , 40221 Düsseldorf

Mediterrane Produkte GmbH
Merkurstraße 14
40223 Düsseldorf

Telefon: 0211 238645
Fax: 0211 592371
ID-Nr. DE 879 832 481
Datum: 30.06.20(0)

Rechnung Nr. 12255/20(0)

Position	Text	€	€
01	Sammelrechnung:		
	Monat Juni 20(0) lt. beigefügten Lieferscheinen		
	Rechnungsbetrag netto		37.100,00
	Umsatzsteuer 19 %		7.049,00
	Rechnungsbetrag brutto		44.149,00

Bankverbindung: IBAN DE57301502000000967449, BIC WELADED1 SD

Mediterrane Produkte GmbH

Mediterrane Produkte GmbH, Merkurstraße 14, 40223 Düsseldorf
Degener & Lutz
Holzheimer Weg 33
40233 Düsseldorf

Rechnung Nr. 3-142	Kundennummer 24002	Vom 01.06.–29.06.20(0)	Datum: 30.06.20(0)

Pos.-Nr.	Text	€	€
	Monatsabrechnung Juni		
	lt. beigefügter Lieferscheine		
	Nettobetrag		65.100,00
	+ 19 % USt.		12.369,00
	Bruttobetrag		77.469,00

Mediterrane Produkte GmbH, Merkurstraße 14, 40223 Düsseldorf
Kaulmann
Bismarckstraße 18
42659 Solingen

Rechnung Nr. 3-33	Kundennummer 24004	Vom 01.06.–29.06.20(0)	Datum: 30.06.20(0)

Pos.-Nr.	Text	€	€
	Monatsabrechnung Juni		
	lt. beigefügter Lieferscheine		
	Nettobetrag		48.100,00
	+ 19 % USt.		9.139,00
	Bruttobetrag		57.239,00

Mediterrane Produkte GmbH, Merkurstraße 14, 40223 Düsseldorf
Wendering AG
Aachener Straße 4
40233 Düsseldorf

Rechnung Nr. 3-72	Kundennummer 24001	Vom 01.06.–29.06.20(0)	Datum: 30.06.20(0)

Pos.-Nr.	Text	€	€
	Monatsabrechnung Juni		
	lt. beigefügter Lieferscheine		
	Nettobetrag		72.700,00
	+ 19 % USt.		13.813,00
	Bruttobetrag		86.513,00

Mediterrane Produkte GmbH, Merkurstraße 14, 40223 Düsseldorf
Seidlitz GmbH
Engerstraße 45
47800 Krefeld

Rechnung Nr. 3-52	Kundennummer 24003	Vom 01.06.–29.06.20(0)	Datum: 30.06.20(0)

Pos.-Nr.	Text	€	€
	Monatsabrechnung Juni		
	lt. beigefügter Lieferscheine		
	Nettobetrag		25.600,00
	+ 19 % USt.		4.864,00
	Bruttobetrag		30.464,00

Mediterrane Produkte GmbH, Merkurstraße 14, 40223 Düsseldorf
Wolters GmbH
Eichendorffstraße 18
40474 Düsseldorf

Rechnung Nr. 3-62	Kundennummer 24008	Vom 01.06.–29.06.20(0)	Datum: 30.06.20(0)

Pos.-Nr.	Text	€	€
	Monatsabrechnung Juni		
	lt. beigefügter Lieferscheine		
	Nettobetrag		43.600,00
	+ 19 % USt.		8.284,00
	Bruttobetrag		51.884,00

	Darlehen-Nr.	erstellt am	Auszug	Blatt
COMBA Bank Düsseldorf	486505/230	28.06.20(0)	6	1

BU-TAG	VORGANG			
BU-TAG	VORGANG	SALDO alt	202.680,00	S
22.06.	Darlehen 486505/230		24.336,00	S
		SALDO neu	227.016,00	S

Mediterrane Produkte GmbH — BIC: COBADEFFXXX
Merkurstraße 14, 40223 Düsseldorf — IBAN: DE02 3004 0000 4865 0510 00

	BIC	IBAN	erstellt am	Auszug	Blatt
COMBA Bank Düsseldorf	COBADEFFXXX	DE02 3004 0000 4865 0510 00	01.07.20(0)	24	1

BU-TAG	VORGANG			
		SALDO alt	52.628,00	H
02.06.	Dauerauftrag Miete Büro/Lager	3.875,00 S		
02.06.	Lastschrift Stadtwerke für Energie Juni + USt. 500,00 + USt. 95,00	595,00 S		
10.06.	Überweisung der USt.-Zahllast Mai	12.666,00 S		
27.06.	Bereitstellung Darlehen 486505/230	24.336,00 H		
22.06.	Lastschrift KFZ-Versicherung Juni	132,00 S		
30.06.	Zahlungsausgang ER. Niemeyer	35.224,00 S		
30.06.	Zahlungseingang Wendering	11.984,00 H		
30.06.	Zahlungseingang Seidlitz	12.229,00 H		
30.06.	Zahlungseingang Degener & Lutz	11.288,00 H		
30.06.	Zahlungseingang Giermex	3.562,00 H		
30.06.	Zahlungseingang Kaulmann	12.854,00 H		
30.06.	Zahlungseingang Wolters	1.892,00 H		
30.06.	Zahlungseingang Fahling OHG	3.229,00 H		
30.06.	Zahlungseingang Werner	3.946,00 H		
30.06.	Zahlungsausgang Feinkost Quinto GmbH	17.216,00 S		
30.06.	Zahlungsausgang Apero Feinkosthandel GmbH	29.003,00 S		
30.06.	Zahlungsausgang Silbersteig Käsereien GmbH	13.288,00 S		
30.06.	Lastschrift Telekom für Monat Juni Rechnungsdatum: 30.06.20(0)	1.309,00 S		
		SALDO neu	24.640,00	H
Mediterrane Produkte GmbH		BIC:	COBADEFFXXX	
Merkurstraße 14, 40223 Düsseldorf		IBAN:	DE02 3004 0000 4865 0510 00	

Deutsche Telekommunikation AG

DT AG Postfach 10 20 00, 80686 München
Mediterrane Produkte GmbH
Merkurstraße 14
40223 Düsseldorf

Rechnungsdatum: 30.06.20(0)
Rechnungsmonat: Juni 20(0)
Kundennummer: 181060165
Buchungskonto: 21100056742

Monatliche Beiträge	Menge bzw. Einheit	Nettoeinzelbetrag €	Nettogesamtbetrag €	USt. in %
Anschluss mit Nebenstellen	2	101,00	202,00	19
Beiträge für Verbindungen vom 01.06. bis 30.06.20(0)	16.944	0,053	898,00	19
Summe Entgelte			1.100,00	
Umsatzsteuer			209,00	
Rechnungsbetrag			1.309,00	

Der Betrag wird vom Ihrem Konto, IBAN: DE02 3004 0000 4865 0510 00, BIC: COBADEFFXXX abgebucht.

a Buchen Sie die Belege im Journal.
  aa Legen Sie für die Buchung der Geschäftsfälle einen neuen Buchungsstapel an. Die Buchung im Stapel erfolgt genauso, wie schon bei der Buchung der Saldenvorträge. Im Unterschied zu den Eröffnungsbuchungen ist bei den Geschäftsfällen auf die Mehrwertsteuer zu achten.
  ab Überprüfen Sie nach der Eingabe der Buchungen den Buchungsstapel. Drucken Sie dazu den Buchungsstapel aus und vergleichen Sie jede Buchung nochmals mit dem Beleg (und der sich darauf befindenden Vorkontierung).
  ac Übertragen Sie den Buchungsstapel nach der Überprüfung in das Journal.
b Erstellen Sie den Quartalsabschluss und werten Sie die Ergebnisse aus.

Web

Abschlussaufgabe 2 im Lernfeld 6

Kompetenzerwerb
Im Lehrplan für die Ausbildung von Kaufleuten für Büromanagement werden Ziele formuliert, die die Auszubildenden erreicht haben sollen, sobald sie jeweils ein Lernfeld bearbeitet haben.

In jedem Lernfeld wird zunächst die Kernkompetenz festgehalten, die übergreifend den angestrebten Kompetenzzuwachs des gesamten Lernfeldes beschreibt.

Auszug aus dem Rahmenlehrplan (Lernfeld 6)
Die Schülerinnen und Schüler besitzen die Kompetenz, Wertströme im Betrieb prozessbegleitend zu erfassen und ordnungsgemäß zu dokumentieren sowie die Auswirkungen auf den Betriebserfolg zu beurteilen.

In einem weiteren Schritt wird die Kernkompetenz in Teilkompetenzen untergliedert. Aus diesen Teilkompetenzen finden Sie nachfolgend Aussagen, die sich vorzugsweise darauf beziehen, wie Sie Ihren Lernprozess im Ausbildungsbetrieb und in der Berufsschule selbstständig organisieren und Ihren beruflichen und schulischen Alltag durchdacht beherrschen. Die Aussagen geben nicht allein den Originaltext wieder, sondern wandeln ihn ab und ergänzen ihn.

Beurteilen Sie Ihre Kompetenzzuwächse aus dem Lernfeld 6. Kreuzen Sie dazu das zutreffende Feld in der Skala von trifft „voll" bis trifft „gar nicht" zu an.

1

Die Auszubildenden sind in der Lage,
- Buchungsbelege zu sichten und verschiedene Arten (Eigen-/Fremdbelege, Eingangs-/Ausgangsrechnungen) zu unterscheiden,
- aus den Belegen abzuleiten, welche Wertströme angesprochen werden (Eingang/Ausgang von Gütern/Geld).

Trifft auf mich zu			
Voll	Weitgehend	Eher nicht	Gar nicht
○	○	○	○

2

Die Auszubildenden können sich über die rechtlichen Anforderungen an eine ordnungsgemäße Buchführung informieren, indem sie
- über geeignete Medien geltende Vorschriften für eine ordnungsmäßige Buchführung. (Buchführungspflicht, GoB), recherchieren,
- feststellen, welche betrieblichen Geschäftsvorfälle umsatz- steuerpflichtig sind (Inland, allgemeiner und ermäßigter Steuersatz),
- realisieren, welche Bedeutung die Einhaltung der rechtlichen Vorschriften für den Betrieb hat.

Trifft auf mich zu			
Voll	Weitgehend	Eher nicht	Gar nicht
○	○	○	○

3

Die Auszubildenden können die Abläufe der Belegbearbeitung planen. Sie sind in der Lage:
- Belege auf sachliche und rechnerische Richtigkeit zu überprüfen,
- Belege nach Belegarten oder anderen Kriterien (Debitoren, Kreditoren) zu sortieren,
- Belege vorzukontieren,
- Belege nach der Buchung im Grund- und Hauptbuch ordnungsgemäß zur Aufbewahrung abzulegen.

Trifft auf mich zu			
Voll	Weitgehend	Eher nicht	Gar nicht
○	○	○	○

4

Die Auszubildenden können das Grundbuch als die zeitliche Ordnung und das Hauptbuch als sachliche Ordnung von Belegbuchungen unterscheiden. Sie sind in der Lage, zwischen Kontenrahmen und Kontenplan als betriebliches Organisationsmittel bei der Dokumentation der Wert- und Leistungsströme im Betrieb zu differenzieren.

Trifft auf mich zu			
Voll	Weitgehend	Eher nicht	Gar nicht
○	○	○	○

5

Die Auszubildenden können im Grundbuch und im Hauptbuch buchen:

- Eingangsrechnungen aus dem Einkauf von
  - Dienstleistungen,
  - Anlagevermögen,
- Handelswaren (aufwandsrechnerisches Verfahren),
- Ausgangsrechnungen zum Verkauf von Handelswaren und
- Vorsteuer und Umsatzsteuer.

Trifft auf mich zu			
Voll	Weitgehend	Eher nicht	Gar nicht
○	○	○	○

6

Die Auszubildenden können im Grundbuch und Hauptbuch Zahlungseingänge und Zahlungsausgänge beim Wareneinkauf und Warenverkauf buchen unter Berücksichtigung von

- Rücksendungen,
- Preisnachlässen sowie
- Skonti.

Trifft auf mich zu			
Voll	Weitgehend	Eher nicht	Gar nicht
○	○	○	○

7

Die Auszubildenden sind in der Lage, anhand einer vorliegenden Inventurliste

- ein Inventar zu erstellen,
- die Schlussbestände der Bestandskonten zu ermitteln sowie die Ergebnisse mit den Inventurbeständen zu vergleichen sowie
- mögliche Fehlerquellen im Buchungsprozess kritisch zu reflektieren.

Trifft auf mich zu			
Voll	Weitgehend	Eher nicht	Gar nicht
○	○	○	○

8

Die Auszubildenden sind in der Lage, aus einer vorliegenden Gewinn- und Verlustrechnung den Erfolg des Betriebes und dessen Auswirkung auf das Eigenkapital zu beurteilen.

Trifft auf mich zu			
Voll	Weitgehend	Eher nicht	Gar nicht
○	○	○	○

9

Die Auszubildenden sind in der Lage, aus der Bilanz die Auswirkungen des Betriebserfolges auf die Kapitalstruktur des Betriebes abzuleiten. Sie sind ferner in der Lage,

- die Eigenkapitalrentabilität als Kennzahl für den Unternehmer zur Bewertung der Verzinsung des eingesetzten Kapitals zu errechnen,
- diese mit der Rentabilität anderer Kapitalanlagemöglichkeiten (ausschließlich Bankzinssatz) zu vergleichen,
- anhand der Höhe der betrieblichen Erträge und betrieblichen Aufwendungen die Wirtschaftlichkeit des Betriebes zu beurteilen.

Trifft auf mich zu			
Voll	Weitgehend	Eher nicht	Gar nicht
○	○	○	○

10

Betrachten Sie nun noch einmal die oben zitierte Kernkompetenz zum Lernfeld 6 und beurteilen Sie, ob Sie die geforderten Kompetenzzuwächse erreicht haben.

„Die Schülerinnen und Schüler besitzen die Kompetenz, Wertströme im Betrieb prozessbegleitend zu erfassen und ordnungsgemäß zu dokumentieren sowie die Auswirkungen auf den Betriebserfolg zu beurteilen."

Trifft auf mich zu			
Voll	Weitgehend	Eher nicht	Gar nicht
○	○	○	○

Lernfeld 7
Gesprächssituationen gestalten

1 Ein Mitarbeitergespräch vorbereiten und durchführen

Die Umsätze in der Rosner GmbH entwickeln sich gut, vor allem durch die rege Nachfrage nach E-Bikes. Alle Produkte, ob Fahrräder, E-Bikes, Radbekleidung oder Ersatzteile, haben einen hohen Beratungsaufwand. Es wird immer schwieriger, die vielen Kunden mit dem vorhandenen Personal zu bedienen. Man kann von einer Engpasssituation sprechen.

Leider ist es nicht einfach, gute Mitarbeiter für den Verkauf zu bekommen. Frau Abel, die u. a. für das Personal zuständig ist, möchte daher mit Frau Seidler über eine Verlängerung ihrer Arbeitszeit sprechen. Frau Seidler ist eine leistungsstarke Mitarbeiterin im Verkauf der Rosner GmbH. Allerdings will sie nur 20 Stunden in der Woche arbeiten, weil sie zwei Kinder zu betreuen hat.

Frau Abel hat allerdings gehört, dass die Tochter von Frau Seidler mittlerweile zur Schule geht – eine gute Gelegenheit, mit ihr über eine Verlängerung der Arbeitszeit zu sprechen.

Im Idealfall könnte sie (wie im Tarifvertrag vorgesehen) zukünftig 38,5 Stunden eingesetzt werden. Vermutlich wird Frau Seidler nur bereit sein, ihre Arbeitszeit schrittweise anzuheben, z. B. auf 30 Stunden. Für den Anfang wäre Frau Abel aber auch schon mit einer Aufstockung auf 25 Stunden zufrieden (pro Tag eine Stunde zusätzlich). Das wäre für das Unternehmen eine sehr positive Lösung.

Für Frau Seidler spricht, dass sie eine wertvolle Verkaufsmitarbeiterin ist; die Rückmeldungen der Kunden sind ausgezeichnet. Außerdem fügt sie sich hervorragend in das Verkaufsteam ein. Frau Abel schätzt Frau Seidler auch persönlich sehr. Es wäre ihr sehr angenehm, mehr mit ihr zusammenzuarbeiten.

Auch das Betriebsklima wird von Frau Seidler positiv beeinflusst, weil sie so gut mit ihren Kolleginnen und Kollegen umgeht. Frau Seidler ist in ihrem Auftreten sehr freundlich, aber bescheiden. Frau Abel vermutet, dass Frau Seidler die Situation nicht ausnutzen wird, um über die zusätzlichen Stunden hinaus, eine bessere Bezahlung zu erreichen.

Abbildung 1

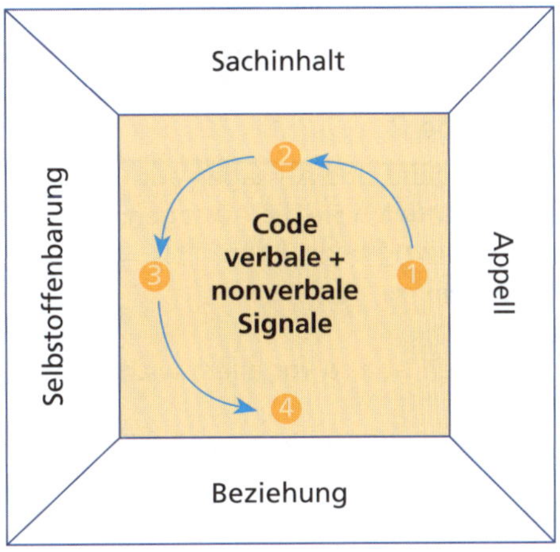

Abbildung 2

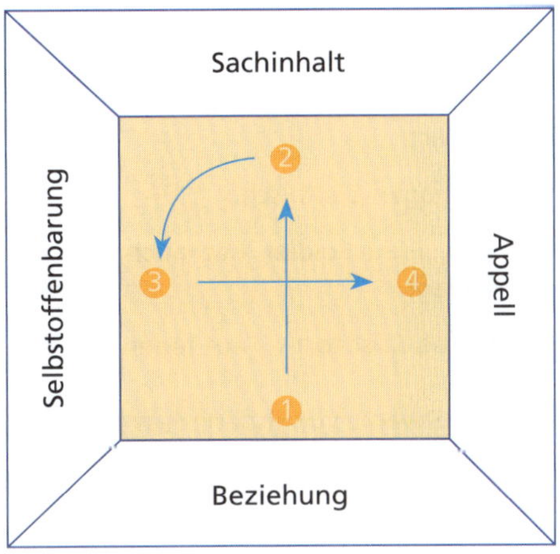

Es sieht also alles gut aus – nur ihre Zustimmung muss noch eingeholt werden. Ein Termin ist vereinbart. Frau Adler kann mit der Vorbereitung des Gesprächs beginnen.

Arbeitsauftrag
Bereiten Sie ein Mitarbeitergespräch mit Frau Seidler vor und führen Sie das Gespräch durch.

Vorschläge zur Vorgehensweise

1. Orientieren Sie sich bei der Gesprächsvorbereitung am Kommunikationsquadrat in der dargestellten Reihenfolge ① bis ④ in Abbildung 1.

   Beantworten Sie dazu folgende Fragen:
   - Was will ich mit dem Gespräch erreichen (Appell)?
   - Welche Themen will ich besprechen (Sachinhalt)?
   - Wie empfinde ich persönlich die Situation (Selbstoffenbarung)?
   - Wie wird die Gesprächspartnerin die Situation vermutlich erleben (Beziehung)?
2. Entwerfen Sie einen Beurteilungsbogen für die Auswertung des Gesprächs. Legen Sie die Beobachtungsmerkmale fest, die Ihnen wichtig erscheinen.
3. Führen Sie das Gespräch durch. Wählen Sie die Reihenfolge des Kommunikationsquadrats aus der Abbildung 2.
4. Werten Sie das Gespräch anhand des Beurteilungsbogens aus.

Aufgabe 1

Planen Sie ein Mitarbeitergespräch und führen Sie es durch.

a Wählen Sie ein Gesprächsthema aus Ihren betrieblichen Erfahrungen.

b Formulieren Sie für die Beteiligten am Gespräch die notwendigen Hintergrundinformationen.

c Entwerfen Sie einen Beurteilungsbogen oder verwenden Sie den Beurteilungsbogen aus dem Arbeitsauftrag.

d Entscheiden Sie, ob Sie für die Gesprächsplanung das Kommunikationsquadrat oder die Vier-Schritt-Methode verwenden wollen.

e Planen und gestalten Sie das Gespräch.

Vier-Schritt-Methode

Einleitung

Klärung

Argumentation

Vereinbarungen treffen

Aufgabe 2

Nachfolgend sind Aussagen aus Gesprächen aufgeführt, die den Gesprächsverlauf fördern oder stören können. Beurteilen Sie die Aussagen, indem Sie hinter den Aussagen die zutreffende Spalte ankreuzen und Ihre Entscheidung begründen.

Aussagen	Fördert	Stört	Begründung
1. Ihnen ist also vor allem wichtig …	○	○	
2. Dafür bin ich nicht zuständig.	○	○	
3. Warum regen Sie sich denn so auf?	○	○	
4. Ich kümmere mich sofort darum.	○	○	
5. Jetzt sind Sie enttäuscht.	○	○	
6. Das habe ich Ihnen doch schon einmal erklärt.	○	○	
7. Da liegen Sie falsch.	○	○	
8. Ach, Frau Seidler hat auch einen Vorschlag!	○	○	
9. Gerne … sofort … auf jeden Fall …	○	○	
10. Ich erwarte von Ihnen, dass Sie …	○	○	
11. Leider… eventuell … vielleicht … eigentlich…	○	○	

Aufgabe 3

Herr Kremer, Marketingleiter in der Bauer GmbH, ist auf seinem „Beziehungsohr" besonders empfindlich. Ständig fühlt er sich angegriffen. In einer Teamsitzung:

Teamleiter: „Ich höre, dass die Auftragseingänge noch zu wünschen übrig lassen, obwohl wir das Produkt massiv beworben haben."

Kremer: „Ich ackere Tag für Tag – und dann wird man hier auch noch beschuldigt."

Teamleiter: „…"

Finden Sie eine Formulierung, die das Gespräch wieder auf die Sachebene zurückführt.

Aufgabe 4

Wie so oft herrscht in der Werbeagentur KREATIV Terminnot. Druckvorlagen für einen Werbeprospekt müssen zur Druckerei geschickt werden. Die Vorlage, eine PDF-Datei, ist aber noch nicht fertig. Der Geschäftsführer wendet sich an seine Mitarbeiterin, Frau Meißner:

Geschäftsführer: (In ärgerlichem Tonfall:) „Frau Meißner, es ist bereits 17:00 Uhr. Die Mail mit der PDF-Datei muss noch heute zur Druckerei verschickt werden, damit die morgen früh sofort loslegen können. Schon wieder haben wir hier die große Hetze."

Versetzen Sie sich in die Situation von Frau Meißner und interpretieren Sie die Aussage des Geschäftsführers mit dem

a Sach-Ohr,

b Selbstoffenbarungs-Ohr,

c Beziehungs-Ohr,

d Appell-Ohr,

Aufgabe 5

Die nachfolgenden Formulierungen aus Vertragsverhandlungen sind negativ oder unklar formuliert. Verbessern Sie die Aussagen so, dass sie positiv bzw. klar verständlich sind.

Aussagen	Neuformulierung
1. Sie hatten an dieser Stelle sicherlich meine Kollegin, Frau Meffert, erwartet. Leider musste sie einen anderen dringenden Termin wahrnehmen.	
2. Ich will Sie jetzt mit den zahlreichen Vertragsdetails nicht langweilen.	
3. Sie werden es bestimmt nicht bereuen, wenn Sie diesen Vertrag unterschreiben.	
4. Im Grunde sind alle unsere Kunden mit den Vertragsbedingungen zufrieden.	
5. Wir wären für Sie mit Sicherheit ein zuverlässiger Partner.	
6. Wenn Sie uns beim Preis entgegenkämen, könnten wir Ihnen im Gegenzug günstigere Bezugsbedingungen bieten.	

Aufgabe 6

Beschreiben Sie, wie Sie folgende körpersprachlichen Signale deuten würden.

1. Stirn wird gerunzelt
2. Augen blicken zur Decke
3. Lautstärke steigt an
4. Zeigefinger vor den Lippen
5. Nase rümpfen
6. Oberkörper neigt sich zurück
7. Verschränkte Arme vor dem Oberkörper

Aufgabe 7

Es werden zwei Frageformen unterschieden: offene und geschlossene Fragen. Mit ihnen lassen sich Gespräche steuern. Wandeln Sie die nachfolgenden geschlossenen Fragen in offene Fragen um.

Geschlossene Frage	Offene Fragen
1. Läuft das Warenwirtschaftssystem wieder?	
2. Sind Sie mit Zusammenstellung der Daten für den Kunden Siebert fertig?	
3. Hat Ihnen die Fortbildung gefallen?	
4. Sind Sie sich im Team jetzt einig?	
5. Wird Herr Weber termingerecht fertig?	

Aufgabe 8

„Man“-Formulierungen werden als unverbindlich und distanziert empfunden. Wandeln Sie die nachfolgenden „Man“-Formulierungen in „Ich“-Formulierungen um.

a Man sollte nicht jedes Problem in dieser Abteilung dem Auszubildenden anlasten.

b Man sagt, dass Auszubildende einen Betrieb mehr kosten, als sie ihm einbringen.

Aufgabe 9

Im Energieunternehmen Grünstrom GmbH in Flensburg trifft eine Delegation skandinavischer Gäste ein. Die Gäste wollen das Unternehmen besichtigen, um die verschiedenen Formen alternativer Energieerzeugung der Grünstrom GmbH kennenzulernen. Die Gäste sprechen alle deutsch.

Sie haben die Aufgabe, die Gäste zu begrüßen. In Skandinavien ist es allerdings üblich, sich zu duzen.

a Formulieren Sie die ersten Begrüßungssätze.

b Ein Gast hat eine Frage:
Gast: „Ich bin noch nicht im Hotel angemeldet.“
Antworten Sie dem Gast (unmittelbar nach der Begrüßung besteht Gelegenheit, sich im Hotel anzumelden).

2 Kundenansprüche ermitteln

Kathrin Timmermann, Auszubildende in der Rosner GmbH, sieht von ihrem Platz im Geschäft, wie sich ein Kunde dem Geschäft nähert, sein Fahrrad vor dem Geschäft abstellt und den Geschäftsraum betritt.

Kathrin: „???"

Kathrin wird den Kunden freundlich begrüßen und zum Ausdruck bringen, dass sie ihn gerne beraten möchte.

Antwort des Kunden:

Kunde: „Guten Tag. Lange ging es gut, aber jetzt brauche ich wohl ein E-Bike."

Kathrin wird nun die Anspruchsermittlung mit den Schritten 2 und 3 fortsetzen

Kathrin: „???"

Im Verlauf des Gesprächs äußert sich der Kunde auch zu seinem Problem.

Kunde: „Nach einer Bypass-Operation muss ich leider etwas kürzer treten."

Kathrin: „???"

Nach dieser Aussage wird sich Kathrin bemühen, eine persönliche Verbindung zum Kunden aufzubauen.

Am Ende der Anspruchsermittlung wird sie durch das Vorstellen verschiedener E-Bikes wissen, ob der Kunde ein sportliches oder ein eher gemütliches City-E-Bike haben möchte. Außerdem wird sie vom Kunden erfahren haben, ob er als Rahmen ein Herren-, Damen- oder ein Unisex-Modell wünscht.

Rollenspiel, siehe Anhang im Informationshandbuch des 1. Ausbildungsjahrs.

Arbeitsauftrag

Ermitteln Sie die Ansprüche des Kunden im Dreischritt.

Vorschläge zur Vorgehensweise

1. Legen Sie die Beurteilungsmerkmale fest, auf die Sie bei der abschließenden Bewertung der Anspruchsermittlung achten wollen.
2. Beschreiben Sie den ersten optischen Eindruck, den Sie von dem Kunden gewinnen.
3. Begrüßen Sie den Kunden freundlich und bringen Sie zum Ausdruck, dass Sie ihn gerne beraten möchten.
4. Entwickeln Sie erste Vermutungen über die Ansprüche des Kunden, nachdem Sie das Äußere des Kunden wahrgenommen und seinen Wunsch von ihm erfahren haben.
5. Führen Sie die Anspruchsermittlung im Dreischritt fort (2. und 3. Schritt).
6. Antworten Sie auf die Aussage des Kunden zu seinem Gesundheitsproblem. Stellen Sie eine persönliche Verbindung zum Kunden her.
   Das Gespräch ist beendet, sobald Sie die grundlegenden Ansprüche des Kunden in Erfahrung gebracht haben.
7. Beurteilen Sie die Anspruchsermittlung nach den vorher festgelegten Beurteilungsmerkmalen.
8. Prüfen Sie Alternativen zur Vorgehensweise und erproben Sie sie gegebenenfalls.

Informationen zum Verkaufsgespräch

Vier E-Bike-Typen stehen beispielhaft zur Auswahl:

Sportlich	City	Damen	Unisex

Eigenschaften			
Durchzugstarker 400-Watt-Motor, sportliche Rahmengeometrie, spritzig, wendig	250-Watt-Motor, bequeme Rahmengeometrie, stabiles Fahrverhalten, hohe Reichweite, Rücktrittbremse	Besonders tiefer Einstieg, bequemes Anfahren, leichte Handhabung des Fahrrades	Oberrohr schafft zusätzliche Stabilität, gegenüber dem Herrenrahmen tieferer Einstieg, bequemeres Anfahren

Vorschläge zum Beurteilungsbogen (Stichpunkte)

Allgemein	Körperhaltung, Körperbewegung, Mimik, Gestik, Stimme usw.
Anspruchsermittlung	Offene Eröffnungsfrage, offene Zweckfrage, Produktvorführung zur Anspruchsermittlung, persönlicher Draht

Muster für den Beurteilungsbogen (Ausschnitt)

Web

Wie beurteilen Sie	+	o	–	Bemerkungen

Aufgabe 1

Newsletter, siehe Seite 42

Der Kunde aus der Einstiegssituation hat ein E-Bike gekauft. Nach 14 Tagen kommt er erneut ins Geschäft, um die kostenlose Erstinspektion durchführen zu lassen. Kathrin begrüßt den Kunden mit einem persönlichen Gesprächseröffner, indem sie auf das Gesundheitsproblem des Kunden eingeht. Bei der Ausstellung des Fahrrad-Passes für das E-Bike und weil sie den Kunden davon überzeugen konnte, sich regelmäßig die Newsletter zuschicken zu lassen, hat sie außerdem den Namen des Kunden erfahren (Herr Bergsdorf).

Entwerfen Sie anstelle von Kathrin eine geeignete Formulierung zur Ansprache des Kunden.

Aufgabe 2

Die Ansprüche von Kunden lassen sich allgemein mit den nebenstehenden Begriffen beschreiben. Betrachten Sie in diesem Sinne noch einmal das Gespräch der Auszubildenden mit dem Kunden in der Rosner GmbH (siehe oben).

Begründen Sie, welche der nebenstehenden allgemein formulierten Ansprüche für den Kunden besonders wichtig waren.

Ansprüche

1. Bequemlichkeit
2. Preiswürdigkeit
3. Zweckmäßigkeit
4. Sicherheit
5. Gestaltungsbedürfnis
6. Pflegebedürfnis
7. Schönheit

Aufgabe 3

Kathrin hätte den Kunden auch mit folgenden Eröffnungsfragen begrüßen können:

1. Kann ich Ihnen helfen?
2. Suchen Sie etwas Bestimmtes?

Begründen Sie, warum diese Eröffnungsfragen für eine Anspruchsermittlung ungünstig sind.

Aufgabe 4

In einem Textilunternehmen findet wöchentlich ein Werksverkauf statt. Eine Kundin, etwa 40 Jahre alt, schaut sich suchend bei den ausgestellten Waren um. Eine Mitarbeiterin spricht die Kundin an.

Mitarbeiterin: „Guten Tag. Wie kann ich Ihnen helfen?“
Kundin: „Guten Tag. Ich hätte gern Bettwäsche.“
Mitarbeiterin: „Sehr gern. Können Sie mir sagen, welche Farben in Ihrem Schlafzimmer vorhanden sind?“
Kundin: „Nun, wir haben eine helles Kiefernholz-Schlafzimmer, der Teppichboden ist blau und die Wände und die Vorhänge – ja, die sind weiß.“
Mitarbeiterin: „Dann wäre blau-weiß gemusterte Bettwäsche besonders schön. Da kann ich Ihnen zum Beispiel diese Wäsche mit den zarten blauen Blumen auf weißem Grund zeigen.“
Kundin „Nein, bloß nichts Geblümtes. Haben Sie in blau-weiß auch etwas Kariertes oder Gestreiftes?“
Mitarbeiterin: „Selbstverständlich. Sehr dekorativ ist dieses Karo in dem kräftigen Blau.“
Kundin: „Nein, nein, das ist mir zu dunkel. Das helle Blau von vorhin hat mir besser gefallen.“
Mitarbeiterin: „In hellem Blau kann ich Ihnen diese gestreifte Bettwäsche zeigen. (Kundin nickt) Diese Bettwäsche hat die Maße 135 mal 200 cm.“
Kundin: „155 mal 200 wäre richtig.“
Mitarbeiterin: „Diese Wäsche hat genau das Maß und ...“ usw.

a Stellen Sie die Anzahl der Fragen fest, die die Kundenberaterin stellt.

b Nennen Sie die Fachbezeichnungen für diese Fragen?

c Beschreiben Sie die Ansprüche der Kundin, die die Mitarbeiterin durch ihre Fragen und durch die Vorlage von Waren ermittelt hat.

d Nehmen Sie an, die Mitarbeiterin hätte folgende Alternativfrage gestellt: „Bevorzugen Sie eher ein geblümtes oder ein gestreiftes Muster?“
Begründen Sie, ob diese Alternativfrage eher eine offene oder eine geschlossene Frage darstellt.

Aufgabe 5

Im Textilunternehmen während des Werksverkaufs: Eine Auszubildende, die für den Werksverkauf eingeteilt wurde, spricht eine Kundin an.

Auszubildende: „Guten Tag. Bitte schön?"

Kundin: „Guten Tag. Ich suche eine Hose für meinen 9-jährigen Sohn."

Mitarbeiterin: „Welche Größe brauchen Sie da?"

Kundin: „Er trägt jetzt 134."

Mitarbeiterin: „In 134 kann ich Ihnen zum Beispiel diese Latzhose zeigen."

Kundin: „Nein, ich brauche eine Nummer größer. Sie glauben ja gar nicht, wie schnell Kinder wachsen."

Mitarbeiterin: „Diese Hose in hellem Popeline hat die Größe 140."

Kundin: „Die würde ihm wohl passen, aber der helle Popelinestoff ist viel zu empfindlich. Können Sie sich vorstellen, wie so eine Hose aussieht, wenn unser Sohn sie eine halbe Stunde getragen hat?"

Mitarbeiterin: „Wie gefällt Ihnen dann diese dunkelbraune Hose? Sie besteht aus 100 % reiner Schurwolle."

Kundin: „Schurwolle? Nein, mit so einer Hose wäre ich ja nur in der Reinigung. Eine Jungenhose muss man selbst waschen können. Das kostet sonst ein Vermögen. *(Die Kundin geht nun selbst die Auswahl in Größe 140 durch und entschließt sich zielstrebig für eine dunkelbraune Hose in Cord.)* So, die kriegt er nicht so schnell kaputt. *(zur Auszubildenden gewandt)* Wenn sie selbst mal Kinder haben, dann wissen Sie, welche Hosen 9-jährige Lausbuben brauchen."

a Beurteilen Sie die Anspruchsermittlung durch die Auszubildende.

b Begründen Sie, ob man wirklich erst eigene Kinder haben muss, um die Ansprüche an eine Hose für ein 9-jähriges Kind zu kennen.

Aufgabe 6

Zeigt man auch gegenüber der persönlichen Lebenssituation der Kunden Interesse, führt das in der Regel zu einer starken Kundenbindung. Viele Verkaufsverhandlungen werden zunächst mit Small Talk eingeleitet, die häufig private Dinge zum Gegenstand haben.

Entwerfen Sie eine Situation aus Ihrem Ausbildungsbetrieb, in der Sie einen „persönlichen Draht" zu einem Kunden aufbauen.

a Wählen Sie einen Anlass, bei dem der Kunde oder seine Angehörigen in besonderer Weise persönlich betroffen sind (Festlichkeiten [Hochzeit, Kindtaufe, Geburtstag usw.], Urlaub, Jubiläen, sportliche Wettkämpfe, nahe Feiertage, ein gemütlicher Abend o. Ä.).

b Versetzen Sie sich in die Situation des Kunden. Überlegen Sie, inwieweit der Kunde von dem Ereignis persönlich berührt ist.

c Finden Sie einen Ansatzpunkt für persönlich geprägte Anmerkungen, die eine Verbindung zur Gedankenwelt des Kunden knüpfen.

Aufgabe 7

„Frauen kaufen nach Gefühl, Männer nach Verstand." – Diese Auffassung ist weit verbreitet. In den nachfolgenden Texten wird das unterschiedliche Kaufverhalten von Männern und Frauen beschrieben.

Stellen Sie begründet fest, ob die Aussagen in den Texten mit Ihren Einkaufserfahrungen übereinstimmen.

Einkaufsverhalten von Frauen

Frauen betrachten das Einkaufen mit ihrem Partner oft als eine gemeinsame Unternehmung, die man wie ein Freizeitvergnügen genießen muss.

Aber auch wenn Frauen allein einkaufen, lieben sie es zu stöbern, anzuprobieren und ausgiebig zu vergleichen. Der Einkaufsbummel ist für Frauen ein wichtiges Erlebnis, bei dem sie wie Männer zielorientiert vorgehen. Allerdings haken sie nicht gerne Einkaufslisten ab, sondern lassen sich durch die Warenauswahl anregen. Aus dem geplanten Hosenanzug wird am Ende dann doch ein Rock mit schicker Bluse.

Frauen interessieren sich oft mehr für die optische Seite eines Produktes und weniger für das technische Innenleben.

Einkaufsverhalten von Männern

Alltägliche Einkäufe wollen viele Männer häufig schnell erledigen. Sie gehen daher sehr zielorientiert vor und entscheiden sich nach kurzer Auswahlzeit.

Beim Einkauf technischer Artikel (Handwerks-, Elektrogeräte, Computer, Autos) können sich Männer aber sehr wohl viel Zeit lassen. In Geschäften, die diese Produkte anbieten, halten sich viele Männer daher auch gerne und lange auf.

Häufig ist eine Vorliebe für die technische Ausstattung der Ware feststellbar, während die Optik als weniger wichtig angesehen wird.

Aufgabe 8

Durch Befragungen wird vielfach versucht, Käufer nach bestimmten Merkmalen einzuteilen, weil z. B. die Produzenten von modischen Artikeln Anhaltspunkte benötigen, für welche Zielgruppe sie ihre Produkte herstellen sollen. Nachfolgend werden zwei Kundentypen beschrieben.

① Die Sparsame

Zentrale Aussage: „Modische Trends mache ich nicht mit – das ist mir zu teuer."

Solche Kundinnen kleiden sich einfach und unauffällig. Die Bekleidung muss zu verschiedenen Gelegenheiten tragbar sein und darf nicht aus dem Rahmen fallen. Sie sind sehr preisbewusst und achten auf Sonderangebote.

② Die Individualistin

Zentrale Aussage: „Es gefällt mir, bei meiner Kleidung männliche und weibliche Elemente zu mischen."

Ihre unverwechselbare Persönlichkeit wollen diese Kundinnen durch ihre Kleidung zum Ausdruck bringen. Sie suchen Originelles und Ausgefallenes, stöbern auch gerne mal in Secondhand-Läden.

Die nachfolgende Übersicht zeigt, wie sich bestimmte Merkmale (eine Auswahl aus der Befragung) in Verhaltensweisen und Einstellungen niederschlagen.

Ordnen Sie die Verhaltensweisen/Einstellungen den passenden Kundentypen zu.

Merkmale	Verhaltensweisen/Einstellungen	Kundentyp (①/②)
Einstellung zur Mode	Überforderung durch schnellen modischen Wandel	
	Kleidung gibt Einblick in die Persönlichkeit der Kundin	
Kaufeinstellung	Oft unzufrieden mit dem Angebot des Handels	
	Misstrauen gegenüber Verkaufspersonal, Unsicherheit	
Markenorientierung	Festhalten am Althergebrachten, Bedürfnis nach Sicherheit	
	Die großen Marken werden abgelehnt (trägt jeder)	
Lebensstil	▪ Spontan, erlebnishungrig ▪ Unangepasst	
	▪ Anpassung und Sicherheitsstreben ▪ Traditionelle Moralvorstellungen	
Konsumorientierung	Eher zurückhaltend, fühlt sich durch die Angebotsfülle überfordert	
	Vielfältige Konsumwünsche, wegen Geldmangels aber sehr preisbewusst	

Aufgabe 9

Falls Sie direkten Kundentakt haben: Entwickeln Sie einen Ausschnitt aus einem Verkaufsgespräch, in dem Sie die Anspruchsermittlung im Dreischritt anwenden.

3 Mit Kundeneinwänden im Verkaufsgespräch umgehen

Siehe Lernsituation 2, Seite 213 Ansprüche des Kunden
- Schutz vor Überbelastung nach der Operation (Sicherheit)
- Bequemeres Fahren

Die Auszubildende Kathrin Timmermann berät in der Rosner GmbH einen Kunden, der aus gesundheitlichen Gründen (Bypass-Operation) ein E-Bike kaufen möchte. Die Ansprüche des Kunden hat Kathrin bereits ermittelt. Das nebenstehend abgebildete E-Bike (bequemes E-Bike als Damenversion der Marke IBIX) ist in die engere Wahl genommen worden. Kathrin beginnt mit der Verkaufsargumentation.

Kathrin: „Das Prinzip des E-Bikes besteht darin, dass die Pedalbewegung des Fahrers durch einen Elektromotor unterstützt wird. Das spüren Sie besonders auf ansteigenden Strecken oder bei Gegenwind. Im Grunde verhält sich ein E-Bike aber wie ein normales Fahrrad. Sie können also Ihre Fahrradtouren wie gewohnt durchführen – nur mit etwas Unterstützung in kritischen Situationen."

Kunde: „Aber besteht denn dadurch nicht die Gefahr, dass man gar nichts mehr macht und sich vom Motor ziehen oder schieben lässt?"

Kathrin: „???"

Verkaufsargumentation, siehe Seite 15

Kunde: „Wie sieht es eigentlich mit dem Werkstattservice für E-Bikes aus? Ich bin zwar bisher keine Kunde bei Ihnen, aber in meiner Wahrnehmung handelt es sich bei der Rosner GmbH um eine normale Fahrradwerkstatt. Für E-Bikes benötigen Sie doch sicherlich speziell qualifiziertes Personal."

Kathrin: „???"

Gegen Ende des Verkaufsgesprächs stellt der Kunde die Frage nach dem Preis.

Kunde: „Wie teuer ist denn eigentlich solch ein E-Bike?"

Kathrin wird den Preis nach der Sandwich-Methode nennen.

Kathrin: „???"

Kunde: „Ganz schön teuer!"

Kathrin wird die Bedenken des Kunden mit der Ja-aber-Methode ausräumen.

Kathrin: „???"

Leider ist der Kunde noch nicht vom Preis-Leistungsverhältnis überzeugt. Kathrin wird ihn daher noch auf die kostenlose Serviceleistung und das Ergänzungsangebot hinweisen.

Kunde: „Trotzdem – so viel Geld für ein Fahrrad?"

Kathrin: „???"

Arbeitsauftrag

Führen Sie das Verkaufsgespräch mit dem Kunden und gehen Sie auf die Einwände des Kunden verkaufswirksam ein.

Vorschläge zur Vorgehensweise

1. Legen Sie die Beurteilungsmerkmale fest, auf die Sie bei der abschließenden Bewertung des Verkaufsgesprächs achten wollen.
2. Antworten Sie auf die Einwände des Kunden und nennen Sie den Preis nach der Sandwich-Methode.
3. Weisen Sie den Kunden auf die Serviceleistung hin und unterbreiten Sie ihm ein Ergänzungsangebot.
4. Beurteilen Sie das Verkaufsgespräch nach den vorher festgelegten Beurteilungsmerkmalen.
5. Prüfen Sie Alternativen zur Vorgehensweise und erproben Sie sie gegebenenfalls.

Informationen für die Einwandbehandlung

Produkteigenschaften von E-Bikes (Auswahl)

Weitere Produkteigenschaften, siehe Seite 14

Gesundheitsförderung	Man erhält auf einem E-Bike nur Motorunterstützung, wenn man die Pedale tritt. E-Bike-Fahrer legen längere Wege zurück und fahren häufiger (z. B. auch dann, wenn starker Wind herrscht). Außerdem werden Auto, Bahn und Bus durch eigene Bewegungen ersetzt.
Größerer Aktionsradius	Fahrrädern wird heute ein Mobilitätsradius von 3 bis 5 km zugesprochen. Die Fahrzeit beträgt bei einer Durchschnittsgeschwindigkeit von 12 km/h 15 bis 25 Minuten. Mit einem E-Bike erreicht man eine Durchschnittsgeschwindigkeit von 20 km/h. In der gleichen Zeit von 15 bis 25 Minuten erweitert sich der Mobilitätsradius auf bis zu 8,3 km. Grob gerechnet verdoppelt ein E-Bike den Aktionsradius von 5 auf 10 km.

Kein Parkplatzproblem	Ein E-Bike benötigt weniger Platz als ein Pkw. Es ist auch nicht auf die Pkw-Parkflächen angewiesen, sondern kann vielfältige Abstellmöglichkeiten nutzen (z. B. auf dem Bürgersteig vor einem Geschäft).
Kein Verkehrsstau	Das E-Bike gilt trotz Motor als Fahrrad; es kann daher die reservierten Fahrradwege benutzen. Das macht das E-Bike unabhängig vom Straßenverkehr der Pkw.

Spezielle Produkteigenschaften des angebotenen E-Bikes IBIX

- Marken-Mittelmotor mit einer Leistung von 400 Wattstunden unterstützt sensibel, kraftvoll und zuverlässig
- Wartungsarme Nabenschaltung mit 11 Gängen
- Perfekte Abstimmung von Gangschaltung und Motor
- Hochwertige und leistungsstarke Bremsen
- Dank Speedlifter kann der Lenker mithilfe eines Schnellspanners auf die Sattelhöhe abgestimmt werden.
- Stabile Rahmenkonstruktion
- Reichweite bis zu 190 km

Informationen zur Werkstatt

Die Rosner GmbH hat drei Werkstattmitarbeiter. Davon sind zwei speziell für den Service rund um E-Bikes qualifiziert worden. Darüber hinaus besuchen beide Mitarbeiter regelmäßig Schulungen der E-Bike-Hersteller.

Preis des E-Bikes

Das angebotene Modell kostet 2.799,00 €. Die Rosner GmbH führt innerhalb der ersten sechs Wochen nach dem Kauf eine kostenloste Inspektion des E-Bikes durch.

Ergänzungsangebot

Mit einem Zweit-Akku lässt sich die Reichweite eines E-Bikes verdoppeln. Der Akku sorgt auch für mehr Sicherheit, falls der Haupt-Akku früher entleert ist als geplant. Beim Kauf eines E-Bikes wird ein Zweit-Akku mit einem Rabatt von 20 % angeboten. Der reguläre Preis beträgt 549,00 €.

Vorschläge zum Beurteilungsbogen (Stichpunkte)

Allgemein	Körperhaltung, Mimik, Gestik, Stimme usw.; Einfühlungsvermögen, Überzeugungskraft, Sprache
Verkaufsargumentation	Anspruchsgerechte Argumentation, Nutzen
Preisnennung und Einwandbehandlung	Sandwich-Methode, Ja-aber-Methode, ausgleichen oder ausräumen, Serviceleistungen, Ergänzungsangebote

Muster für den Beurteilungsbogen (Ausschnitt)

Web

Wie beurteilen Sie	+	o	–	Bemerkungen

Aufgabe 1

Betrachten Sie noch einmal die Einwände des Kunden und begründen Sie, wogegen sich seine Einwände richten.

Kundeneinwand	Zielrichtung
„Aber besteht denn dadurch nicht die Gefahr, dass man gar nichts mehr macht und sich vom Motor ziehen oder schieben lässt?"	
„Wie sieht es eigentlich mit dem Werkstattservice für E-Bikes aus? Ich bin zwar bisher keine Kunde bei Ihnen, aber in meiner Wahrnehmung handelt es sich bei der Rosner GmbH um eine normale Fahrradwerkstatt. Für E-Bikes benötigen Sie doch sicherlich speziell qualifiziertes Personal."	
„Ganz schön teuer!"	
„Trotzdem – so viel Geld für ein Fahrrad?"	

Aufgabe 2

Stellen Sie fest, welche der nachstehenden Preisnennungen in einer Sanitärhandlung der Sandwich-Methode entsprechen.

1. Diese Kopfbrause von ELMAS ist aus hochwertigem Edelstahl und kostet nur 245,00 €. ◯
2. Die Personenwaage kostet 99,00 €. Sie hat ein großes zweizeiliges LCD-Display und ist mit einer Überlastungsanzeige ausgestattet. ◯
3. Diese Spültischarmatur aus gebürstetem Edelstahl kostet 249,00 €. Die Armatur hat eine sehr weite Ausladung von 21,5 cm mit schwenk- und ausziehbarem Auslauf. ◯
4. Diese Badezimmergarnitur ist leider etwas teurer. Durch die aufwendige Einhebeltechnik kommt der Preis auf 449,00 €. Dafür haben Sie aber den höchsten Bedienungskomfort. ◯

Aufgabe 3

Entscheiden Sie, ob der Mitarbeiter eines Baumarktes in der nachstehenden Situation versuchen soll,

- den Preis des Produkts zu verteidigen,
  oder
- besser andere (preisgünstigere) Ware vorzulegen.

Mitarbeiter: „Diese Fassadenfarbe aus 100 % Acrylat ist besonders deckfähig. Sie brauchen daher Ihre Hauswand nur einmal zu streichen."

Kunde: (schaut auf das Preisetikett) „Was, 59,00 € für einen Eimer Farbe! Das ist mir zu teuer."

Mitarbeiter:

① „Ja, diese Sorte ist etwas teurer als die gewöhnlichen Fassadenfarben. Sie haben aber dafür den Vorteil, dass Sie Ihre Wände erst in 10 Jahren wieder nachstreichen müssen." ◯

② „Ich kann Ihnen auch eine preisgünstigere Sorte zeigen. Hier sehen Sie zum Beispiel eine Latexfarbe, die ebenfalls für den Außenanstrich geeignet ist. Den 16-Kilogramm-Eimer erhalten Sie für nur 19,50 €." ◯

Aufgabe 4

Im Verkaufsraum eines Büroausstatters: Aufgrund von Personalausfällen ist nur der Auszubildende anwesend.

Kunde: „Guten Tag, ich suche einen Bodenbelag für mein Arbeitszimmer. Ist Herr Kohlmeier nicht da?"

Auszubildender: „Mein Chef ist heute auf einer Messe. Vielleicht darf ich Ihnen helfen?"

Kunde: „Ja – ich weiß nicht – können Sie das überhaupt schon? Sie haben doch hier wohl gerade erst angefangen?"

Begründen Sie, welche der nachfolgenden Antworten Sie dem Auszubildenden empfehlen würden.

① „Bodenbeläge verkaufen ist ein Kinderspiel. Das kann man schon nach vier Wochen." ◯

② „Sie haben recht, viel Ahnung habe ich noch nicht. Aber Sie können es ja mit mir einmal versuchen." ◯

③ „Sie haben recht, ich bin hier der jüngste Mitarbeiter. Trotzdem fühlten sich meine Kunden bisher gut beraten." ◯

④ „Fragen Sie mal meinen Chef. Der kann Ihnen einiges über meine Qualitäten erzählen." ◯

⑤ „Ja, ich bin erst seit kurzer Zeit hier tätig. Aber ich hatte bereits Gelegenheit, mich ausgiebig mit unserem Sortiment an Bodenbelägen zu beschäftigen." ◯

Aufgabe 5

Im Werksverkauf eines Textilherstellers.

a Stellen Sie fest, wogegen sich die beiden untenstehenden Einwände richten.

b Begründen Sie, ob die Kundeneinwände ausgeräumt oder ausgeglichen werden.

Einwand 1

Kundin: „Die Bluse wird aber erheblich knittern."

Mitarbeiterin: „Ja, Sie haben recht, Leinen neigt immer etwas zum Knittern. Allerdings hebt Leinen mit seinen vielen hervorragenden Eigenschaften diesen kleinen Mangel wieder auf, zum Beispiel durch seine ausgezeichnete Feuchtigkeitsaufnahme. Sie werden sich also in dieser Bluse immer frisch fühlen. Außerdem ist Leinen sehr haltbar, was der Bluse eine hohe Lebensdauer verspricht."

Einwand 2

Kundin: „Verglichen mit einem Textilgeschäft haben Sie aber nur eine geringe Auswahl."

Mitarbeiterin: „Sie haben recht, unsere Auswahl ist auf unser Produktionsprogramm beschränkt. Dafür bieten wir Ihnen unsere Artikel am Ende der Saison aber zu unschlagbar günstigen Preisen."

Einwand 3

Kundin: „Aber diese Bluse ist doch nicht aus Leinen, das ist doch Baumwolle!"

Mitarbeiterin: „Ja, das Material fühlt sich wirklich sehr weich an. Aber das Leinenmaterial ist speziell ausgerüstet. Dadurch fühlt sich die Bluse wie ein Baumwollstoff an."

Aufgabe 6

Im Verkaufsshop eines Party-Service-Unternehmens: Aus Hygienegründen wird die Fleischtheke zweimal in der Woche sehr gründlich gereinigt. Eine Kundin, die gerade von einer Mitarbeiterin an der Käsetheke bedient wird, beobachtet die Reinigungsarbeiten und sagt zur Mitarbeiterin:

Kundin: „Ihre Kolleginnen hinter der Fleischtheke haben ja ganz schmutzige Kittel an."

a Stellen Sie fest, wogegen sich der Einwand der Kundin richtet.

b Antworten Sie der Kundin.

Aufgabe 7

Während eines Werksverkaufs eines Lederwarenherstellers unterhalten sich zwei Mitarbeiterinnen.

Frau Beyer: „Frau Ewald, wie machen Sie das eigentlich, wenn die Kunden den Preis beanstanden?"

Frau Ewald: „Ich meine, der Preiseinwand zeigt, dass der Kunde Interesse am Produkt hat. Ich nehme seinen Einwand daher sehr ernst. Genauer gesagt, ich gebe ihm zunächst einmal Recht.

Frau Beyer: „Sie schleimen sich ein."

Frau Ewald: „So würde ich das nicht nennen. Wir stehen doch dann zunächst einmal auf einer gemeinsamen Stufe. Nun beginne ich damit, den Preis zu begründen. Allerdings höre ich mir den Einwand des Kunden genau an. Wenn er z. B. sagt, der Preis sei unverschämt hoch, werde ich ihn darin nicht bestärken. Das wäre ja geradezu geschäftsschädigend. Ich mildere seinen Einwand etwas ab und sage zum Beispiel: ‚Ja, Sie haben recht, verglichen mit einzelnen Internetangeboten liegt unser Preisniveau vielleicht etwas höher'."

Frau Beyer: „Sie schleimen sich schon wieder ein!"

Frau Ewald: „Nein, nein, ich bin dabei, den Preis verständlich zu machen. Denn jetzt kommt eine ganze Reihe von Produktvorteilen, die den Kunden hoffentlich davon überzeugen, dass das Produkt seinen Preis wert ist."

Frau Beyer: „Und das funktioniert?"

Frau Ewald: „Ausprobieren, liebe Kollegin, ausprobieren!"

a Beurteilen Sie die Bedenken, die Frau Beyer gegen die Methode der Preiseinwandbehandlung äußert.

b Übertragen Sie die Situation auf Ihren Ausbildungsbetrieb.

- **Bestätigen Sie den Kundeneinwand.**
- **Mildern Sie den Einwand etwas ab und weisen Sie auf geeignete Produktvorteile hin.**

Aufgabe 8

Der Außendienstmitarbeiter der BüroKomplett GmbH, Herr Westermann, hat ein Gespräch mit einem Kunden, Herr Engeler von der der Spalthoff KG. Die Spalthoff KG hat ein zusätzliches Bürogebäude errichtet, für das die BüroKomplett GmbH die Büromöbel liefert. Herr Westermann weiß, dass die Spalthoff KG Kopierer der Marke SISTER verwendet. Herr Westermann würde gerne ein Angebot für Kopierer der Marke SAMSET abgeben. Deshalb spricht er das Thema im Gespräch an.

Westermann: „Falls Sie interessiert sind, könnte ich Ihnen auch ein Angebot für die Ausstattung Ihres Gebäudes mit Kopierern machen."

Engeler: „Ach, wissen Sie, wir sind mit unseren Kopierern ganz zufrieden."

Westermann: „SAMSET hat ganz aktuell eine neue Serien herausgebracht, die Sie vielleicht interessieren könnte."

Engeler: „Mir scheint, diese Kopierer sind doch irgendwie alle gleich."

Westermann: „???"

a Erläutern Sie das Problem, vor dem Herr Westermann in dem Gespräch steht.

b Formulieren Sie die Antwort von Herrn Westermann, mit der er in einen Vergleich der Kopierer-Marken kommen könnte.

Aufgabe 9

In einer Berufsschule: Nachdem die Lehrerin den Klassenraum betreten hat, meldet sich Annegret, Auszubildende in einem Elektrofachgeschäft, zu Wort:

Annegret: „Ich möchte einmal berichten, was mir gestern passiert ist. Und da das ständig vorkommt, sollten es auch die anderen in der Klasse wissen."

Lehrerin: „Bitte, Annegret."

Annegret: „Ich habe gestern einen Kunden ausführlich über ein Fernsehgerät beraten. Den Preis habe ich – so wie wir es gerade gelernt haben – sorgfältig ‚verpackt': ‚Dieses Markengerät kostet 590,00 €, es verfügt über...' usw. Sie wissen ja. Daraufhin sagte der Kunde, das gleiche Gerät könne er im City-Warenhaus für 499,00 € bekommen. Das sind fast 100,00 € weniger. Ich finde, so kleine Unternehmen wie mein Ausbildungsbetrieb haben keine Chance, wenn der Konkurrent um die Ecke mit solchen Preisen an den Markt geht. Meine Chefin hat gesagt, sie verdiene an einem solchen Gerät nur ein paar Euro, weil wir nicht genug Geräte beim Hersteller einkaufen und deshalb schlechte Bezugsbedingungen hätten. Aber die Kunden kommen ja nicht nur mit Vergleichspreisen des City-Warenhauses, sondern auch mit Preisen der Großunternehmen und Internetanbieter. Da können wir überhaupt nicht mithalten. Ich glaube, meinem Ausbildungsbetrieb geht es nicht besonders gut. Vielleicht stehe ich schon bald auf der Straße. Ich finde das ungerecht.

Lehrerin: Aber Sie haben doch mehr anzubieten als das Produkt. Sie haben doch z. B. eine eigene Werkstatt.

Annegret: Ja, in unserer Werkstatt sind wirklich ganz tolle Leute, die viel können und für jedes Kundenproblem eine Lösung finden. Die bringen dem Kunden sogar das Gerät in die Wohnung, schließen es an und geben eine erste Einweisung. Gibt es Probleme, fährt ein Mitarbeiter der Werkstatt zum Kunden, holt das Gerät ab – übrigens auch am Samstag – und lässt noch ein Ersatzgerät da. Das sind natürlich Kosten, die sich in einem höheren Preis niederschlagen.

Lehrerin: Das müsste man doch einem Kunden klarmachen können.

Annegret: Ich weiß nicht, ob das so einfach ist.

a **Beurteilen Sie die Chancen mittelständischer Unternehmen, sich gegen preisaggressive Mitbewerber durchzusetzen.**

b **Antworten Sie auf die Aussage des Kunden aus dem Einstiegsbeispiel: „Das gleiche Gerät bekomme ich im City-Warenhaus für 499,00 €."**

c **Übertragen Sie die Situation auf Ihren Ausbildungsbetrieb und entwickeln Sie eine ähnliche Lösung.**

d **Erstellen Sie eine Übersicht mit den Serviceleistungen Ihres Ausbildungsbetriebes, die Sie bei einer Einwandbehandlung verwenden können.**

4 Ein Verkaufsgespräch durchführen

Die Auszubildende Kathrin Timmermann berät in der Rosner GmbH einen Kunden, der aus gesundheitlichen Gründen (Bypass-Operation) ein E-Bike kaufen möchte. Ein bequemes E-Bike der Marke IBIX ist in die engere Wahl genommen worden und damit Gegenstand des Verkaufsgesprächs.

Im Verlauf des Gesprächs wird Kathrin dem Kunden aber auf seinen Wunsch hin auch ein preiswertes Alternativmodell vorstellen, das City-Komfort.

E-Bike IBIX

E-Bike City-Komfort

Ablauf des Verkaufsgesprächs

1. Mit dem Kunden Kontakt aufnehmen	Siehe Lernsituation 2, Seite 213
2. Die Kundenansprüche ermitteln	
3. Ware vorlegen	Überlegen Sie, wie Sie dem Kunden die beiden E-Bikes verkaufswirksam vorstellen.
4. Mit Produkteigenschaften argumentieren	Siehe Lernsituation 3, Seite 217
5. Kundeneinwände gegen Produkteigenschaften und das Unternehmen behandeln	
6. Den Preis der Ware nennen	
7. Kundeneinwände gegen den Preis klären	
8. Auf eine Serviceleistung und ein Ergänzungsangebot hinweisen	
9. Ein weiteres (preiswertes) Produkt vorstellen und mit Produktvorteilen argumentieren und den Preis nennen	E-Bike City-Komfort
10. Den Kaufabschluss beschleunigen	▮ Dem Kunden die Entscheidung zwischen IBIX und City-Komfort erleichtern ▮ Ansprüche des Kunden: Sicherheit, Bequemlichkeit ▮ Verwendungszwecke: „Alle Besorgungen, Touren mit meiner Frau und Freunden, auch schon mal etwas weitere Strecken."
11. Den Kaufabschluss bestätigen	Der Kunde hat sich zum Kauf entschieden. Sie bestärken seine Entscheidung.
12. Den Kunden verabschieden	Der Kunde verlässt das Geschäft. Sie verabschieden ihn freundlich und produktbezogen.

Arbeitsauftrag

Führen Sie das komplette Verkaufsgespräch über den Verkauf eines E-Bikes durch. Nutzen Sie dazu die in den Lernsituationen 2 und 3 erarbeiteten Teile.

Vorschläge zur Vorgehensweise

1. Informieren Sie sich über die bisher erarbeiteten Teile des Verkaufsgesprächs in den Lernsituationen 2 und 3 (siehe Seiten 213 und 217).
2. Legen Sie die Beurteilungsmerkmale fest, auf die Sie bei der abschließenden Bewertung des Verkaufsgesprächs achten wollen.
3. Planen Sie das Verkaufsgespräch für die Punkte 1 bis 12 aus der oben stehenden Tabelle.
4. Führen Sie das Verkaufsgespräch durch.
5. Beurteilen Sie das Verkaufsgespräch nach den vorher festgelegten Beurteilungsmerkmalen.
6. Prüfen Sie Alternativen zur Vorgehensweise und erproben Sie sie gegebenenfalls.

Informationen zu den beiden E-Bikes

Allgemeine Informationen zu den Eigenschaften von E-Bikes, siehe Lernsituation 3, Seite 14

Produkteigenschaften des E-Bikes IBIX	Produkteigenschaften des E-Bikes City-Komfort
▪ Hochwertiger Mittelmotor mit einer Leistung von 400 Wattstunden unterstützt sensibel, kraftvoll und zuverlässig ▪ Wartungsarme Nabenschaltung mit 11 Gängen ▪ Perfekte Abstimmung von Gangschaltung und Motor ▪ Hochwertige und leistungsstarke Bremsen ▪ Dank Speedlifter kann der Lenker mithilfe eines Schnellspanners auf die Sattelhöhe abgestimmt werden. ▪ Stabile Rahmenkonstruktion ▪ Insgesamt wurden besonders hochwertige Markenkomponenten verbaut. ▪ Reichweite bis zu 190 km ▪ Preis: 2.799,00 €	▪ Mittelmotor mit 250 Watt Leistung, komfortable Unterstützung ▪ Nabenschaltung mit 8 Gängen ▪ City-Modell, besonders gut für den Stadtverkehr geeignet ▪ Leistungsstarke Bremsen ▪ Dank Speedlifter kann der Lenker mithilfe eines Schnellspanners auf die Sattelhöhe abgestimmt werden. ▪ Stabile Rahmenkonstruktion ▪ Solide Markenkomponenten wurden verbaut. ▪ Reichweite bis zu 135 km ▪ Preis 2.099,00 €

Muster für den Beurteilungsbogen (Ausschnitt)

Wie beurteilen Sie	+	o	–	Bemerkungen

Web

Aufgabe 1

Mit einer Eröffnungsfrage sollen Kunden veranlasst werden, ihr Einkaufsproblem möglichst konkret zu beschreiben.

Prüfen Sie, ob die nachfolgenden Eröffnungsfragen den Kunden zu einer

① ablehnenden Antwort veranlassen

oder

② ob sie geeignet sind, ein Beratungsgespräch zu eröffnen.

Eröffnungsfragen

1. Suchen Sie etwas Bestimmtes? ◯
2. Bitte schön? ◯
3. Was darf ich Ihnen zeigen? ◯
4. Darf ich Ihnen helfen? ◯
5. Wie darf ich Ihnen helfen? ◯
6. Guten Tag!? (als Begrüßung und Eröffnungsfrage) ◯
7. Wofür interessieren Sie sich? ◯

Aufgabe 2

Verkaufsmitarbeiter gewinnen einen ersten Eindruck von einem Kunden, indem sie sein äußeres Erscheinungsbild betrachten. Wie sicher dieser erste Eindruck aufgrund von Äußerlichkeiten ist, ist strittig.

Markieren Sie aus den nachfolgenden Aussagen diejenige, mit der Sie sich am besten identifizieren können.

1. Ich sehe einem Kunden sofort an, was ich ihm vorlegen kann. Wenn ein Kunde elegant gekleidet hereinkommt, sucht er bestimmt keine preisgünstige Ware. ◯
2. Man kann sich bei Kunden auch ziemlich täuschen. Gerade die, die am wenigsten Wert auf Kleidung legen, geben eine Menge Geld für andere Dinge aus. ◯
3. Bei der Warenvorlage probiere ich es zuerst mit den teuersten Produkten. Wenn ich dann sehe, dass ein Kunde den hohen Preis nicht zahlen will, kann ich immer noch später die günstigeren Artikel vorlegen. ◯
4. Ich lege einem Kunden grundsätzlich alle Artikel vor, die infrage kommen. Ich zeige ihm so viel Ware wie möglich, damit sich hinterher keiner beschweren kann, ich hätte nicht genügend Ware angeboten. ◯

5. Heutzutage wissen Kunden doch sowieso alles besser. Warum soll ich denen denn eine große Auswahl vorlegen? Die Kunden sagen mir doch ganz genau, was sie haben wollen. ○
6. Zu Beginn des Verkaufsgesprächs ist es wichtig, so viele Fragen wie möglich zu stellen. Dann ist es später leichter, die richtigen Artikel vorzulegen. ○

Aufgabe 3

Factory-Outlet Center = Einkaufszentrum, in dem vorzugsweise Hersteller ihre Produkte anbieten; vorzugsweise Zweite-Wahl-Artikel, oder Produktionsüberhänge zu günstigen Preisen

In einem Factory-Outlet-Center: Eine Mitarbeiterin bedient einen ca. 40-jährigen Kunden, der hochwertige und bequeme Schuhe für seine Berufstätigkeit sucht.

Mitarbeiterin: „Ich kann Ihnen z. B. diesen Hochglanz-Slipper empfehlen. Der rotbraune Farbton passt gut zum dunkelblauen Anzug. Auch zu Grau sieht dieser Schuh nicht schlecht aus."

Kunde: „Ja, das entspricht schon meinen Vorstellungen."

Mitarbeiterin: „Das Obermaterial des Schuhs besteht aus hochwertigem Leder, das besonders flexibel ist. Sie bekommen daher auf keinen Fall Druckstellen an Ihren Füßen. Auch die Bildung von Schweißfüßen ist so gut wie ausgeschlossen, weil die Sohle ebenfalls aus dem besonders atmungsaktiven Naturmaterial Leder besteht."

Kunde: „Das könnte ich mir auch kaum erlauben, weil ich viel mit Kunden zu tun habe und mit ihnen auch ständig unterwegs bin."

Mitarbeiterin: „Dann wird der fußgerecht gearbeitete Innenschuh für Sie von besonderer Bedeutung sein. Die anatomisch geformte Innensohle gibt Ihrem Fuß Halt und stützt das Fußgewölbe. Sollten Sie unter einem Spreiz- oder Senkfuß leiden, ist dieser Schuh daher sehr empfehlenswert."

Kunde: „Mit diesen Problemen bin ich zum Glück nicht belastet."

Mitarbeiterin: „Umso besser. Wichtig ist dann aber, dass alle Nähte und Kanten im Innenschuh – wie Sie hier sehen – mit weichem Leder eingefasst sind. Das verhindert, dass Sie Ihre Füße bei starker Belastung wundlaufen. Die Lasche über der Frist, die mit einem elastischen Gummizug versehen ist, sorgt außerdem dafür, dass die Schuhe nicht ausleiern. Es könnte sonst passieren, dass Sie bei einem schnellen Schritt über Ihre eigenen Füße stolpern und auf die Nase fallen."

Kunde: „Ich wusste gar nicht, dass das Tragen von Schuhen mit solchen Gefahren verbunden ist."

Mitarbeiterin: „Nur schlechtes Schuhwerk schafft gesundheitliche Risiken. Dieser Schuh aus eigener Fertigung gehört zu den Spitzenprodukten unseres Sortiments."

Kunde: „Sind Sie sicher?"

a Markieren Sie alle negativen Ausdrücke in dem Verkaufsgespräch.

b Beschreiben Sie die Wirkung, die von den negativen Produktbeschreibungen auf den Kunden ausgeht.

Aufgabe 4

Häufig müssen Kunden am Ende des Verkaufsgesprächs in ihrer Kaufentscheidung unterstützt werden. Dazu müssen verschiedene Produkte, die dem Kunden vorgestellt worden sind, verglichen und anspruchsgerecht aussortiert werden. Das nachfolgende Verkaufsgespräch soll das Hauptproblem beim Vergleich von Produkten im Rahmen einer Kaufbeschleunigung deutlich machen.

Im gleichen Factory Outlet-Center: Eine Kundin – gut gekleidet, etwa 55 Jahre alt – hat sich schon zahlreiche Schuhmodelle zeigen lassen. Sie wünscht einen bequemen Schuh, den sie bei ihrer Berufstätigkeit anziehen kann, der aber auch elegant sein soll. Fünf Paar Schuhe hat sie nach den Anproben in die engere Wahl gezogen. Es fällt ihr aber schwer, sich für ein Paar zu entscheiden. Die Mitarbeiterin bemüht sich darum, der Kundin die Entscheidung zu erleichtern.

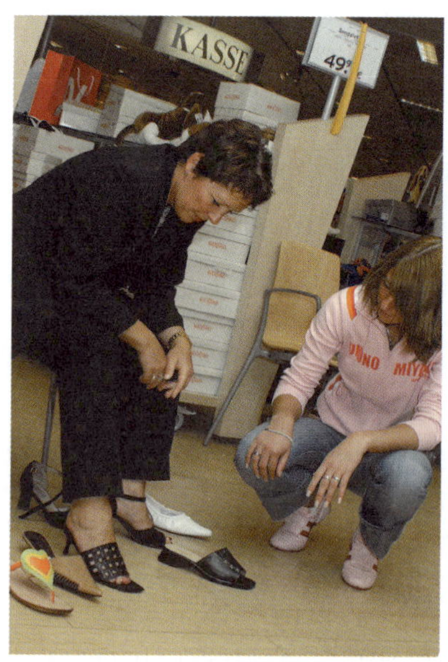

Kundin: „Welche soll ich denn nun nehmen? Eigentlich gefallen sie mir alle ganz gut."

Mitarbeiterin: „Diese Schuhe mit den hohen Absätzen sehen zwar elegant aus, aber wenn Sie den ganzen Tag darin laufen müssen, tun Ihnen am Abend bestimmt die Füße weh."

Kundin: „Sie haben recht, also die nehme ich auf keinen Fall."

Mitarbeiterin: „Diese Schuhe haben die gleiche Absatzhöhe, und beide sind mit einem Fußbett ausgestattet. Die VARIO-Schuhe wirken aber viel klobiger als die Schuhe aus der Lady-Reihe."

Kundin: „Tatsächlich, sehr klobige Schuhe. Dann stellen wir die VARIO-Schuhe auch einmal zur Seite."

Mitarbeiterin: „Sie sagten, dass Sie schon viele Schuhe in Bordeaux-Rot haben. Dieses Rot geht stark in den violetten Bereich, sodass Sie damit kaum eine größere Auswahl hätten."

Kundin: „Richtig, von dieser Farbe habe ich genug."

Mitarbeiterin: „Dann bleiben noch diese beiden übrig."

Kundin: „Wie teuer sind die denn?"

Mitarbeiterin: „Dieser Lady-Schuh kostet 149,00 €."

Kundin: „Oh, so viel wollte ich aber nicht anlegen. Und die anderen?"

Mitarbeiterin: „Die sind leider noch etwas teurer: 189,00 €. Vielleicht sollten Sie doch die eleganten mit den hohen Absätzen nehmen?"

Kundin: „Damit mir die Füße wehtun?"

Mitarbeiterin: „Oder die VARIO-Linie."

Kundin: „Die Klobigen?"

Mitarbeiterin: „Die roten Schuhe waren doch auch sehr schön."

Kundin: „Noch mehr Bordeaux-Rot?"

Mitarbeiterin: „Tja, ..."

Kundin: „Also, ich überlege mir das noch einmal. Vielen Dank und auf Wiedersehen."

a Beschreiben Sie die Vorgehensweise der Mitarbeiterin bei der Eingrenzung der Auswahl.

b Begründen Sie, warum die Kundin am Ende keinen der verbliebenen Schuhe kaufen möchte, die sie zu Beginn des Verkaufsgesprächs doch gut fand („Eigentlich gefallen sie mir alle ganz gut.").

c Finden Sie beispielhaft eine bessere Formulierung für die beiden Schuhe mit den unterschiedlichen Absätzen.

Aufgabe 5

In einem Elektrofachgeschäft: Frau Albers, eine Dame von 73 Jahren, ist Stammkundin des Elektrofachgeschäftes. Heute möchte sie eine Heizdecke für kalte Wintertage erwerben. Sie äußert allerdings Bedenken, weil sie sich Sorgen um ihre Sicherheit macht. Außerdem muss sie an ihre nicht allzu üppige Rente denken. Dem Mitarbeiter, Herr Thomas, gelingt es aber durch sorgfältige Beschreibung der Funktionsweise der Decke, die Bedenken der Kundin zu zerstreuen. Auch vom Preis her kann Herr Thomas – wegen kleiner Farbabweichungen – ein günstiges Angebot machen.

Frau Albers: „Gut, ich nehme die Decke."

Herr Thomas: „Da haben Sie eine schöne Decke erworben, an der Sie noch lange Freude haben werden. Wenn Sie bitte dort an der Kasse bezahlen möchten?"

Frau Albers: „Ja, gerne."

(An der Kasse trifft Frau Albers auf Frau Beyer, die heute ausnahmsweise an der Kasse aushilft, und man plaudert ein wenig miteinander.)

Frau Beyer: (als Herr Thomas die Decke bringt) „Oh, da haben Sie aber eine schöne Decke erworben. Die wird Ihnen noch lange Freude machen."

Während Frau Beyer kassiert, erscheint Frau Bauer, die Ehefrau des Inhabers des City-Warenhauses und seit Jahren bekannt mit Frau Albers. Als sie die Decke und Frau Albers. sieht:

Frau Bauer: „Guten Tag, Frau Albers. Wie geht es Ihnen?"

Frau Albers: „Danke, gut."

Frau Bauer: „Da haben Sie aber eine schöne Decke gekauft. Daran werden Sie noch lange Freude haben."

Wenn Herr Bauer im Verkaufsraum anwesend ist, lässt er es sich gewöhnlich nicht nehmen, ein paar Worte mit den Stammkunden des Hauses zu wechseln. Heute allerdings ist er ausschließlich in seinem Büro tätig.

a Überlegen Sie, was Herr Bauer wohl zu Frau Albers sagen würde, wenn er sie mit der Heizdecke gesehen hätte?

b Beschreiben Sie, wie die vielen Kaufbestätigungen der Mitarbeiter auf die Kundin wirken.

c Formulieren Sie die Kaufbestätigung von Herrn Thomas so um, dass die Ansprüche und/oder der Verwendungszweck für das Produkt aufgegriffen werden.

Aufgabe 6

Am Ende eines Verkaufsgespräches entschließt sich der Kunde nicht immer zum Kauf. Bemerkungen wie „Ich kann mich jetzt noch nicht entscheiden", „Da muss ich noch meine Frau fragen" oder „Das muss ich mir erst noch einmal überlegen" enttäuschen dann den Mitarbeiter.

Entscheiden Sie, welche der nachstehenden Antworten Sie in einem solchen Fall für gelungen erachten.

1. Morgen sind Sie auch nicht schlauer als heute. ◯
2. Lassen Sie sich ruhig Zeit. ◯
3. Ja, ja, das sagen alle, die nicht kaufen wollen. ◯
4. Gerne. Darf ich Ihnen noch diesen Prospekt mitgeben. Dort sind die wichtigsten Vorteile übersichtlich dargestellt. ◯
5. Gerne. Bringen Sie Ihren Mann doch einmal mit, dann kann er sich selbst von der Vorteilhaftigkeit der Ware überzeugen. ◯

Aufgabe 7

In einem Möbelmarkt: Ein Kunde wünscht eine Wohnungseinrichtung mit Möbeln von Siebermann, einem Hersteller, der Stilmöbel nach überlieferten Formen nachbaut. Aus den Kundenäußerungen ist zu entnehmen, dass der Kunde etwas Besonderes sucht. Da Produkte dieses Herstellers nicht geführt werden, bietet die Mitarbeiterin als Alternativangebot Stilmöbel von MervaKonzept an.

Ordnen Sie die nachfolgenden Aussagen der Mitarbeiterin zu einem sinnvollen Alternativangebot von ① bis ④.

a (auf dem Weg zur Stilmöbelabteilung) Hinter dem Namen „MervaKonzept" verbirgt sich ein Hersteller, der Möbel nach antiken Vorbildern stilecht nachbildet. MervaKonzept verwendet dazu nur edle Hölzer, die nach traditionellen Verfahren verarbeitet werden. Handarbeit spielt bei der Fertigung von MervaKonzept-Möbeln noch eine große Rolle. ◯

b Unser Haus präsentiert Ihnen auf einer ganzen Etage ein komplettes Stilmöbelprogramm unterschiedlicher Hersteller. Siebermann führen wir nicht. Für eine anspruchsvolle und stilgerechte Wohnungseinrichtung kann ich Ihnen zum Beispiel Möbel von MervaKonzept zeigen. Würden Sie mir bitte folgen? ◯

c Solche kunsthandwerklich gearbeiteten Möbel von MervaKonzept geben Ihrer Wohnung eine individuelle Note. ◯

d (vor einer Möbelgruppe von MervaKonzept) Dieser Schrank besteht zum Beispiel aus massiver Eiche. Die Oberfläche in gelaugter und gewachster Ausführung hat durch eine aufwändige Behandlung ein unübertroffenes Antik-Finish bekommen. Dazu passend sehen Sie hier die handgeschmiedeten Beschläge aus patiniertem Altmessing. ◯

Aufgabe 8

Ordnen Sie den Aussagen von Verkaufsmitarbeitern a bis i den typischen Ablauf eines Verkaufsgespräches zu. Tragen Sie dazu die passenden Zahlen ① bis ⑨ in die Kreise ein.

Typischer Ablauf eines Verkaufsgespräches

① Mit dem Kunden Kontakt aufnehmen.
② Die Kundenansprüche ermitteln.
③ Ware vorlegen.
④ Mit Produkteigenschaften argumentieren und dem Kunden den Produktnutzen verdeutlichen.
⑤ Den Preis der Ware nennen.
⑥ Kundeneinwände behandeln.
⑦ Den Kaufabschluss beschleunigen.
⑧ Die Kaufentscheidung des Kunden bestätigen.
⑨ Den Kunden verabschieden.

Aussagen von Verkaufsmitarbeitern

a Ihr Mann wird sich über dieses attraktive Geburtstagsgeschenk bestimmt sehr freuen. ◯

b Dieser leistungsstarke LED-Farbdrucker kostet 1.299,00 €. Sie können damit bis zu 35 Seiten pro Minuten drucken, auf Wunsch auch als Duplexdruck. ◯

c Beide Briefwaagen haben eine große LCD-Anzeige und einen Wiegeteller aus rostfreiem Edelstahl. Sie sagten, dass Sie häufig auch Postsendungen bis 5 kg auswiegen müssen. Ich stelle die WEKA-Waage mit der maximalen Wiegekraft von 2 kg deshalb einmal zur Seite. ◯

d Guten Tag, wie kann ich Ihnen helfen? ◯

e Vielen Dank für Ihren Besuch. Sie werden sehen, Ihre Mitarbeiter werden den Wasserspender gerne benutzen. ◯

f Ich kann Ihnen hier z. B. Drehstühle zeigen, die vor allem ergonomische Gesichtspunkte berücksichtigen. ◯

g Das Gerät besitzt ein Extra-Pulverkaffee-Fach. Dort könnten Sie entkoffeiniertes Kaffeepulver hineingeben. Das Gerät zieht das Pulver automatisch ein, wenn Sie es im Display entsprechend einstellen. Sie können also mit dem Automaten Ihren Kaffee und den Kaffee für Ihre Frau auf einfache Weise fast gleichzeitig herstellen. ◯

h Ja, dieser Aktenvernichter ist etwas teurer als das Modell von TERMINUS. Sie haben bei diesem Gerät aber den Vorteil, dass Sie auf die Schneidewalzen eine Garantie von 20 Jahren erhalten. ◯

i Wozu möchten Sie das Regalsystem verwenden? ◯

Aufgabe 9

Erstellen Sie eine Übersicht mit drei Artikeln aus Ihrem Ausbildungssortiment und jeweils einem Alternativprodukt, das Sie nicht führen, wonach Kunden aber fragen könnten.

Begründen Sie, warum Kunden Ihre Artikel jeweils als wirkliche Alternative empfinden würden.

5 Eine Kundenreklamation kundenorientiert abwickeln

In der Abteilung „Fahrrad-Bekleidung" der Rosner GmbH: Eine Kundin betritt das Geschäft und begibt sich zu Herrn Moritz.

Moritz: „Guten Tag. Was kann ich für Sie tun?"

Kundin: „Haben Sie mal eben Zeit für mich?"

Moritz: „Selbstverständlich."

Kundin: (während sie aus einer Tasche ein Bike-Shirt auspackt) „Ich habe vor Kurzem dieses Bike-Shirt bei Ihnen gekauft. Nach der fünften Wäsche ist es bereits total zerschlissen. Hier – sehen sie einmal den Kragen und die Ärmel."

Moritz: (betrachtet das Shirt, schaut es prüfend an, wendet es hin und her.) „Kann es sein, dass Sie das Shirt vielleicht zu heiß gewaschen haben?"

Kundin: „So etwas passiert mir nie. Ich bin da sehr sorgfältig."

Moritz: (schaut wieder mit misstrauischer Miene auf das Shirt und betrachtet die beanstandeten Stellen sehr genau.) „Haben Sie eventuell ein zu scharfes Waschmittel verwendet?"

Kundin: „Ich mache das nicht zum ersten Mal. Ich weiß, welches Waschmittel geeignet ist."

Moritz: „Solche Schäden entstehen oft, wenn die Schleuderzahl zu hoch gewählt wird."

Kundin: „In der Pflegeanleitung steht, dass man das Shirt schleudern darf. Also muss es das auch aushalten."

Moritz: „Haben Sie das Shirt vielleicht in den Trockner gegeben. Das ruiniert jedes Shirt nach kurzer Zeit."

Kundin: „Meine Shirts werden alle auf der Leine getrocknet."

Moritz: „Hm. Haben Sie das Shirt wirklich bei uns gekauft? Zeigen Sie mir doch mal Ihren Kassenbon."

Kundin: (holt den Kassenbon aus der Tasche.) „Hier, bitte schön."

Moritz: (prüft den Bon eingehend.) „Also, wir können da nichts machen, aber ich werde das Shirt zum Hersteller schicken. Mal sehen, ob der Ihnen entgegenkommen kann. Wir benachrichtigen Sie, sobald wir mehr wissen. Es kann aber rund vier Wochen dauern."

Kundin: „Vier Wochen!?"

Moritz: „Tja, bei solchen Verschleißschäden ist kein Hersteller großzügig."

Arbeitsauftrag

Entwerfen Sie eine kundenorientierte Reklamationsbehandlung.

Vorschläge zur Vorgehensweise

1. Beurteilen Sie das Reklamationsgespräch von Herrn Moritz.
2. Entwickeln Sie eine Reklamationssituation aus der Sicht Ihres Ausbildungsbetriebes.
3. Setzen Sie die Kundenzufriedenheit an die erste Stelle.
4. Geben Sie dem Kunden Gelegenheit, seine Reklamation in Ruhe vorzutragen.
5. Äußern Sie Verständnis für die Situation des Kunden.
6. Machen Sie dem Kunden einen Lösungsvorschlag.
7. Prüfen Sie erst jetzt die Berechtigung der Reklamation.

Aufgabe 1

In einem Fachgeschäft für Kfz-Zubehör: Ein Kunde kommt schnellen Schrittes in das Geschäft, geht auf den ersten freien Mitarbeiter zu und ruft laut:

Kunde: „Was ist das für ein altes Gerät, das Sie meiner Frau verkauft haben? Mit der können Sie das vielleicht machen, aber mit mir nicht. Schauen Sie sich mal das Autoradio in meinem Auto an. Schund ist der einzige Ausdruck, der ..."

Mitarbeiter: (hatte den Kunden von oben bis unten gemustert, stemmt nun die Arme in die Hüften und sagt mit scharfer Stimme) „Moment mal, mein Herr. Ich soll Ihrer Frau einen Autoradio verkauft haben?"

Kunde: „Ja, vorgestern war meine Frau hier im Geschäft ..."

Mitarbeiter: „Da befinden Sie sich schon im Irrtum. Bis gestern war ich nämlich auf einem Seminar für Verkaufspsychologie."

Kunde: „Was interessiert mich Ihre Verkaufspsychologie. Ich will ein neues Gerät, und zwar sofort. Aber mit Ihnen kann man ja gar nicht reden. Holen Sie mir den Geschäftsführer."

Mitarbeiter: „Das ist leider nicht möglich. Unser Geschäftsführer besucht einen Kunden, einen guten Kunden. Also wird es einige Zeit dauern. Vielleicht nutzen Sie die Zeit für eine kleine Spazierfahrt, um sich etwas abzukühlen."

Kunde: (zornbebend) „Ich lasse mich doch nicht beleidigen! Mein Anwalt wird sich in Kürze bei Ihnen melden. Dann werden wir ja sehen, wer hier recht bekommt." (verlässt mit hochrotem Kopf das Geschäft, der Verkäufer lächelt ihm spöttisch hinterher)

Ein geschickter Mitarbeiter hätte das Reklamationsgespräch sicherlich in entspannterer Atmosphäre geführt. Beschreiben Sie Möglichkeiten, die Diskussion zu entschärfen.

Aufgabe 2

Nicht immer können Reklamationen anerkannt werden. Kreuzen Sie nachstehend diejenigen Verhaltensweisen an, die Sie in einem solchen Fall für sinnvoll halten.

a Sie weisen das Ansinnen des Kunden mit Bestimmtheit zurück, sonst hält er das für Schwäche und beharrt auf seiner Meinung. ○

b Sie begründen höflich, warum Sie die Reklamation nicht akzeptieren können. ○

c Sie prüfen, ob eine Lösung auf dem Kulanzweg erreicht werden kann. ○

Aufgabe 3

Am Ende eines Reklamationsgesprächs sollte sich der Mitarbeiter um einen angemessenen Abschluss bemühen. Markieren Sie die Aussagen, die Sie in den beiden Situationen jeweils für angemessen ansehen.

a Die Beanstandung des Kunden wurde anerkannt:

1. Heute konnten wir Ihnen noch einmal entgegenkommen. ○
2. Fehler sind nie ganz auszuschließen. Ich hoffe, Ihre Meinung über unser Haus bleibt aber trotzdem positiv. ○

b Nach einer Ablehnung:

1. Da haben Sie leider Pech gehabt. ○
2. Ich konnte Ihnen leider nicht entgegenkommen. Trotzdem hoffe ich, Sie weiterhin als unseren Kunden betrachten zu dürfen. ○

Aufgabe 4

Stellen Sie begründet fest, wie Sie anstelle der Auszubildenden jeweils reagieren würden.

a Stefan ist Auszubildender in einem Baumarkt und zurzeit im Servicebereich für Holzzuschnitte tätig. Nach den Maßangaben der Kunden schneidet er Regalböden, Arbeitsplatten für Küchen u. Ä. zu. Ein Schild weist die Kunden darauf hin, dass solche Holzzuschnitte grundsätzlich vom Umtausch ausgeschlossen sind. Dennoch äußert ein Kunde einen Umtauschwunsch.

Kunde: „Entschuldigung, junger Mann. Ich habe bei Ihnen gestern diese Arbeitsplatte anfertigen lassen. Doch die Platte ist zehn Zentimeter zu kurz."

Stefan: „Das ist wirklich ärgerlich. Haben Sie noch den Auftragszettel?"

Kunde: (holt einen Zettel hervor) „Sehen Sie, hier steht es: 2,65 m x 0,50 m."

Stefan: „Augenblick bitte! (misst die Arbeitsplatte nach). Die Platte hat genau diese Maße."

Kunde: „Oh je, da habe ich mich wohl um zehn Zentimeter vertan. Mit dieser Platte kann ich aber nichts anfangen. ... Tauschen Sie mir die Platte wohl gegen eine andere um?"

Stefan: „???"

b Es ist der erste Werktag nach Weihnachten in einer Parfümerie. Wie jedes Jahr bitten zahlreiche Kunden um einen Umtausch. Aus diesem Grund wird auch gerade eine Auszubildende von einer Kundin angesprochen.

Kundin: „Guten Morgen, ich möchte etwas umtauschen."

Auszubildende: „Guten Morgen, was möchten Sie denn umtauschen?"

Kundin: „Ich habe von meinem Mann zu Weihnachten dieses Parfum bekommen, aber das ist gar nicht meine Richtung."

Auszubildende: „Das ist kein Problem, wir finden bestimmt einen angenehmen Duft für Sie. Geben Sie mir doch schon mal den Kassenbon."

Kundin: „Nun, den hat mein Mann bereits weggeworfen. Doch er hat das Parfum mit Sicherheit hier gekauft. Schließlich kaufen wir immer hier!"

Auszubildende: „???"

Aufgabe 5

Nennen Sie die Rechte, die ein Kunde bei mangelhafter Lieferung geltend machen kann.

Aufgabe 6

Unterscheiden Sie Gewährleistung, Garantie und Umtausch.

6 Ein Beschwerdekonzept entwickeln und anwenden

Herr Rosner, der Geschäftsführer der Rosner GmbH, im Gespräch mit Frau Abel, zuständig für Marketing, Beschaffung und Personal.

Herr Rosner: „Gestern habe ich einen Beschwerdebrief erhalten, von einem unserer besten Kunden. Mich wundert, dass ich von diesen Terminüberschreitungen bisher nie etwas gehört habe."

Frau Abel: „Die Ursache des Problems liegt in der Werkstatt. Dort werden Termine für Reparaturen genannt, die dann nicht eingehalten werden können. Im Verkauf werden die Kunden vertröstet."

Herr Rosner: „Das heißt, es gab vermutlich in der Vergangenheit bereits eine große Zahl von Beschwerden, die aber auf der Ebene Werkstatt/Verkauf verblieben sind. Und es ist ja auch wohl nichts unternommen worden, um das Problem zu beseitigen."

Frau Abel: „Leider nein."

Herr Rosner: „Wie sollen betriebliche Abläufe verbessert werden, wenn wir über die Problemstellen nichts erfahren? Hier muss sich etwas Grundlegendes ändern. Zunächst müssen wir es unseren Kunden leicht machen, ihren Unmut zu äußern. Wer schreibt schon einen Brief! – Da muss der Ärger doch sehr groß sein. Dann gehören alle Beschwerden auf Ihren und auf meinen Schreibtisch. Wir klären dann, wie Beschwerden hier im Hause mit den Betroffenen diskutiert werden und wie wir den Kunden über den Stand seiner Beschwerde informieren. Schließlich müssen wir die beanstandeten Sachverhalte organisatorisch in den Griff bekommen, damit sich die Beschwerden nicht wiederholen."

Frau Abel: „Ja, ich denke auch, wir müssen ein Beschwerdemanagement einführen."

Herr Rosner: „Und zwar sofort!"

MRC 90
Radsportclub
Auenstraße 45
80469 München

Rosner GmbH
Baaderstraße 120
80469 München

München, 28. Mai 20(0)
Telefon: 089 80108
Telefax: 089 8017507

Beschwerde

Lieber Herr Rosner,

auf unserer letzten Mitgliederversammlung bin ich aufgefordert worden, Ihnen eine Beschwerde über die Terminzusagen Ihres Unternehmens zu übermitteln.

Unser Fahrradverleih hat regelmäßig Reparaturaufträgen für Ihre Werkstatt zur Folge. Wenn wir die Fahrräder bei Ihnen zur Reparatur abliefern, erhalten wir einen Fertigstellungstermin, der für uns gleichzeitig der Abholtermin darstellt. Zunehmend werden die zugesagten Termine von Ihren Mitarbeitern aber nicht eingehalten. Das ist sehr ärgerlich für diejenigen, die die Fahrräder abholen wollen. Gleichzeitig haben wir Schwierigkeiten, zugesagte Verleihtermine sicherzustellen, weil Fahrräder nicht einsatzbereit sind. Es muss sich also etwas ändern.

Ich bitte Sie daher dringend, für größere Terminsicherheit zu sorgen, weil wir andernfalls eine andere Werkstatt beauftragen müssen.

Mit freundlichen Grüßen

Achim Dicks

– Vorsitzender –

Arbeitsauftrag

Entwickeln Sie ein Konzept für ein kundenorientiertes Beschwerdemanagement für die Rosner GmbH.

Vorschläge zur Vorgehensweise

1. Berücksichtigen Sie folgende Teilaspekte eines Beschwerdemanagements:
   - Beschwerdeanregung — Welche Beschwerdewege werden den Kunden angeboten?
   - Beschwerdeannahme — Wie werden Beschwerden angenommen? In welcher Form werden diese Informationen erfasst?

- Beschwerdebearbeitung und -reaktion — Welche Grundsätze (z. B. hinsichtlich Ansprechpartner, Bearbeiter, Fristen) sind zu beachten?
- Beschwerdeauswertung — Wie können Beschwerden für Verbesserungen genutzt werden?

2. Erläutern Sie Ihr Konzept am Beispiel der Beschwerde des Radsportclubs.

Aufgabe 1

Um eine Beurteilung der Leistungen aus Kundensicht zu erhalten und den Kunden gleichzeitig ihre Meinungsabgabe zu erleichtern, halten viele Unternehmen sogenannte Meinungskarten bereit.

a Entwerfen Sie eine Meinungskarte für die Rosner GmbH.

b Entwickeln Sie für Ihre Meinungskarte eine englischsprachige Version.

c Verschaffen Sie sich einen Überblick über die Meinungskarten der Ausbildungsbetriebe Ihrer Klasse. Prüfen Sie, inwieweit diese tatsächlich geeignet sind, Informationen über die Kundenmeinungen zu erhalten.

Aufgabe 2

In der Telefonzentrale des Küchenmöbel-Herstellers STADER GmbH. Die Auszubildende Petra Kastner, die heute zur Vertretung in der Telefonzentrale eingesetzt ist, nimmt den Anruf entgegen.

Petra: „STADER GmbH, guten Tag. Sie sprechen mit Frau Kastner. Was kann ich für Sie tun?"

Anruferin: (wütend) „Guten Tag, junge Frau! Müller mein Name. Sie haben mir heute meine neue Küchenzeile geliefert und aufgebaut. Und was sehe ich, als Ihre Kollegen weg sind? – Nur jeweils drei Einlegeböden in meinen Schränken. Dabei habe ich doch ausdrücklich für jeden Schrank einen zusätzlichen Boden bestellt. Das steht so auf der Bestellung und auch auf meiner Rechnung. Da haben Sie die natürlich nicht vergessen! Aber in meinem Schrank fehlen die drei zusätzlichen Böden."

Petra: „Ich verstehe, dass Sie verärgert sind. Nennen Sie mir doch bitte Ihre Kundennummer, die auf der Rechnung abgedruckt ist. Dann werde ich mich sofort über Ihre Bestellung informieren."

Anruferin: „Die Kundennummer? Moment ... hier steht sie. Sie lautet 880 546 778."

Petra gibt die Kundennummer in den Computer ein und die Kundendaten erscheinen auf dem Bildschirm:

STADER GmbH

Datei | Bearbeiten | Ansicht | Datensatz | Sortierfolge | Ausführen | Abfragen | Bericht | Hilfe

Arbeitsmappe / Derzeit geöffnet	Kundendatei

Kundennummer: 880 546 778

Kundendaten

Name:	Müller	Vorname:	Karin
Straße:	Veilchenweg 12	PLZ/Ort:	40878 Ratingen
Telefon:	02102 43329	E-Mail:	

Bestellung

Bestelldatum	Anzahl	Artikelbezeichnung	Bearbeitungsstatus
08.03.20(0)	1	Standard-Küchenzeile „JULIA" inkl. Lieferung und Montage	Lieferung und Montage am 25.04.20(0)
	3	Extra-Einlegeböden	

Petra: „Vielen Dank, Frau Müller. Ich erkundige mich sofort und rufe Sie innerhalb der nächsten Stunde zurück. Wenn die Einlegeböden in unserem Lager sind, können wir sie Ihnen sicherlich heute noch nachliefern und montieren."

Anruferin: „Das hoffe ich für Sie. Ich möchte die Böden so schnell wie möglich haben, denn ein Teil meiner Küchenausrüstung steht noch draußen herum. Aber ich kann nicht jeden Tag darauf warten – schließlich bin ich berufstätig und morgens schon früh weg und nie vor 19:00 Uhr zu Hause. Heute habe ich mir deshalb extra frei genommen."

Petra: „Ich notiere mir dies schon mal und melde mich dann innerhalb der nächsten Stunde bei Ihnen. Dann weiß ich sicherlich, wo sich die Schrankböden befinden und wir vereinbaren einen passenden Liefertermin."

Anruferin: „Ich hoffe, ich kann mich darauf verlassen. Auf Wiederhören."

Petra: „Auf Wiederhören, Frau Müller und entschuldigen Sie bitte diese Unannehmlichkeiten."

a Vervollständigen Sie das unten stehende Formular der STADER GmbH zur Beschwerdeerfassung.

Beschwerdeerfassungsformular

Web

Beschwerdeannahme

Name des Mitarbeiters: ____________ Eingangsdatum: ____________

Beschwerdeweg:

☐ telefonisch ☐ schriftlich ☐ persönlich ☐ ____________

Daten des Beschwerdeführers

☐ Herr ☐ Frau

Name: ____________

Vorname: ____________

Straße: ____________

PLZ/Ort: ____________

Telefon: ____________

E-Mail: ____________

Angaben zum Betroffenen

☐ Beschwerdeführer selbst

☐ Ehe-/Lebenspartner

☐ Kinder

☐ ____________

Grad der Verärgerung (sofern bestimmbar)

☐ gering ☐ ☐ ☐ ☐ sehr groß

Beschwerdegegenstand

☐ Produkt ☐ Personal ☐ Preis ☐ Serviceangebot

Ort des Problemauftritts (z. B. Abteilung): ____________

Datum u. ggf. Uhrzeit des Problemauftritts: ____________

Fallbeschreibung:

____

____

____

____

Beschwerdelösung

Vom Kunden gewünschte Problemlösung:

____

____

Zusagen an den Kunden:

____

____

Terminzusagen:

☐ sofort gelöst

☐ Zwischenbescheid/Rückmeldung bis zum ____________

☐ Problemlösung/Wiedergutmachung bis zum ____________

Tatsächlich realisierte Problemlösung:

____

Beschwerdebearbeitung			
Bearbeitet von:	______________	am:	______________
Bemerkungen:			
______________			
______________			
Bearbeitet von:	______________	am:	______________
Bemerkungen:			
______________			

b Petra hat erfahren, dass sich die Schrankböden noch beim Lieferanten befinden und deshalb erst in zwei Tagen an Frau Müller ausgeliefert werden könne. Entwickeln Sie ein Telefongespräch, in dem Sie Frau Müller einen kundenorientierten Lösungsvorschlag anbieten.

Aufgabe 4

Herr Kramer, Geschäftsführer eines Baumarktes, erhält den folgenden Text als Antwortbrief auf eine Kundenbeschwerde zur Unterschrift vorgelegt:

Frankfurt, 21. November 20(0)

Beschwerde vom 23. Oktober 20(0)

Sehr geehrte(r) Herr/Frau Wolf,

hiermit bestätigen wir den Eingang Ihres Beschwerdeschreibens vom 23. Oktober 20(0), in dem Sie behaupten, dass das bei uns erworbene Außenthermometer defekt sei.

Wir sind sehr enttäuscht von Ihrer Reklamation, da wir von anderen Kunden so gut wie nie Klagen bei diesem Artikel haben. In solchen Fällen wurde dann in der Regel der Artikel ohne vorheriges Lesen der Gebrauchsanweisung in Betrieb genommen. Andererseits ist es auch möglich, dass ein Fertigungsfehler vorliegt. Deshalb bitten wir Sie, den Artikel in der Originalverpackung innerhalb von vier Tagen nach Erhalt dieses Schreiben an uns zurückzusenden.

Wir hoffen, dass wir Ihnen eine positive Rückmeldung geben können, sobald wir den Artikel erhalten und die Ursache des Problems ermittelt haben.

Mit freundlichen Grüßen

a Nehmen Sie begründet Stellung, aus welchen Gründen Herr Kramer diesen Brief für ungeeignet hält.

b Prüfen Sie die Rechtslage und formulieren Sie einen verbesserten Antwortbrief.

Aufgabe 5

Beschreiben Sie, wie in Ihrem Ausbildungsbetrieb mit Beschwerden umgegangen wird.

7 Telefonisch mit einem Lieferanten verhandeln

Siehe Lernsituation 6 in Lernfeld 5, Seite 30 (Die Preispolitik zur Marktprofilierung nutzen)

Die Rosner GmbH hat ein erfolgreiches Einsteiger-Modell für E-Bikes im Sortiment, das Modell E-City von Campus. Allerdings war der besonders günstige Preis von 1.799,00 € dadurch zustande gekommen, dass in den Preis kein Gewinn einkalkuliert worden war. Das als vorübergehend gedachte Sonderangebot hat leider ein Eigenleben entwickelt, weil Kunden immer wieder nach diesem besonders preisgünstigen Modell fragten.

Herr Rosner möchte daher aus dem Sonderpreis einen regulären Preis machen. Allerdings kann sein Unternehmen auf Dauer nicht ohne Gewinn überleben. Deshalb soll nun mit dem Lieferanten über die Einkaufskonditionen verhandelt werden.

Die nebenstehende Kalkulation zeigt unter „normal" die Kalkulation des E-Bikes zu den regulären Konditionen, unter anderem mit einem Gewinnzuschlag von 15 %. Der Verzicht auf diesen Gewinnzuschlag führte zu einem Bruttoverkaufspreis von 1.801,37 € (Spalte „ohne Gewinn"), der für den Sonderpreis noch einmal auf 1.799,00 € heruntergesetzt wurde.

Die Überlegung von Herrn Rosner lautet: Wenn es gelänge, den Lieferanten dazu zu bewegen, den Listeneinkaufspreis auf 900,00 € zu senken, erhielte man einen Bezugspreis von 813,80 €. Auf diesen Preis könnte man den normalen Handlungskosten- und Gewinnzuschlag aufschlagen und käme auf einen kalkulierten Bruttoverkaufspreis, der nahe an 1.799,00 € läge.

Nur, wie kann man den Hersteller dazu bringen, diese deutliche Senkung des Listeneinkaufspreises zu akzeptieren?

Die Absatzzahlen aus dem Vorjahr sind in dem unten stehenden Auszug aus dem Warenwirtschaftssystem abgebildet.

Eingabeteil	normal	ohne Gewinn	Ziel
Listeneinkaufspreis in €	1.050,00	1.050,00	900,00
Stückzahl	1,00	1,00	1,00
Rabatt in %	10,00	10,00	10,00
Skonto in %	2,00	2,00	2,00
Bezugskosten in €	20,00	20,00	20,00
HKZ in %	60,00	60,00	60,00
GZ in %	15,00	0,00	15,00
USt in %	19,00	19,00	19,00

Ausgabeteil	€		€
Listeneinkaufspreis	1.050,00	1.050,00	900,00
– Rabatt	105,00	105,00	90,00
= Zieleinkaufspreis	945,00	945,00	810,00
– Skonto	18,90	18,90	16,20
= Bareinkaufspreis	926,10	926,10	793,80
+ Bezugskosten	20,00	20,00	20,00
= Bezugspreis	946,10	946,10	813,80
+ Handlungskostenzuschlag	567,66	567,66	488,28
= Selbstkostenpreis	1.513,76	1.513,76	1.302,08
+ Gewinnzuschlag	227,06	0,00	195,31
= Nettoverkaufspreis	1.740,82	1.513,76	1.497,39
+ Umsatzsteuer	330,76	287,61	284,50
= Bruttoverkaufspreis	2.071,58	1.801,37	1.781,90
Bruttoverkaufspreis		**1.799,00**	**1.799,00**

	A	B	C	D	E	F	G	H
1	Bericht: Absatz/Umsatz		Warengruppe E-Bike		Zeit: 20(-1) Jan - Dez.			
2	Artikelnummer	Typ	Absatz	Bezugspreis	Einkaufswert	Verkaufspreis	Verkaufspreis	Umsatz
3			Stück	netto/€	€	brutto/€	netto/€	netto/€
4	...							
5	10445	Campus	17	946,10	16.083,70	1.799,00	1.511,76	25.700,00
6		Modell E-City						
7	...							

Siehe Lernsituationen 2 und 3 im Lernfeld 5, Seite 11 und 18

Im 1. Quartal des laufenden Jahres sind bereits acht Stück des Modells E-City verkauft worden. Das deutet auf gute Verkaufszahlen auch für das laufende Jahr hin. Die Zukunftsaussichten für den Absatz von E-Bikes sind generell hervorragend.

Campus, Modell E-City

Listeneinkaufspreis: 1.050,00 €, ab eine Bestellmenge von 5 Stück, 10 % Rabatt, zahlbar innerhalb von 30 Tagen, bei Zahlung innerhalb von 10 Tagen 2 % Skonto, Versandkostenpauschale pro E-Bike von 20,00 €

Für die Verkaufskalkulation gelten in der Rosner GmbH folgende Bedingungen:

- Handlungskostenzuschlag 60 %
- Gewinnzuschlag 15 %
- Umsatzsteuer 19 %

Bei den Verhandlungen über die Einkaufskonditionen können auch die Lieferungs- und Zahlungsbedingungen angesprochen werden. Um den Verhandlungsspielraum auszuloten, will Herr Rosner die Excel-Kalkulation (siehe oben) nutzen, um die Auswirkungen von Veränderungen bei den Bezugsbedingungen zu erkennen.

Web

Arbeitsauftrag

Verhandeln Sie telefonisch mit dem Lieferanten Campus über die Einkaufskonditionen für das E-Bike-Modell E-City mit dem Ziel, einen Bezugspreis von ca. 814,00 € zu erreichen.

Vorschläge zur Vorgehensweise

1. Bereiten Sie das Gespräch vor, indem Sie sich an den nachfolgend dargestellten „Ablaufschritten Telefongespräch" orientieren.
2. Loten Sie den Verhandlungsspielraum mithilfe des Tabellenkalkulationsprogramms aus.
3. Legen Sie die Bewertungskriterien für das Telefongespräch fest. Für die Bewertung der eingesetzten sprachlichen Mittel befindet sich unten ein Vorschlag.
4. Führen Sie das Gespräch durch. Setzen Sie dabei auch sprachliche Mittel ein, um ihr Gesprächsziel besser zu erreichen.
5. Bewerten Sie das Telefongespräch.

Kommunikationsdaten

Campus GmbH – Fahrradmanufaktur, Hunsrückstraße 64, 65929 Frankfurt, Telefon: 069 3042244

Ansprechpartner: Herr Sievers (aus verschiedenen Telefonaten bekannt)

Ablaufschritte Telefongespräch

1. Vorbereitung:
   - Unterlagen bereithalten (Kalkulationszahlen, Absatzzahlen, Absatzperspektive)
   - Struktur des Gespräches festlegen
   - Notizmöglichkeiten zurechtlegen
2. Begrüßungsritual überlegen
3. Gesprächseröffnung planen
4. Argumentation vorbereiten
5. Gesprächsende überlegen
   Dabei ist auch zu planen, wie Vereinbarungen rechtssicher gemacht werden können.

Bewertungsbogen für den Einsatz sprachlicher Mittel (Vorschlag)

Sprachmittel	Bewertung					
Lautstärke	laut		mittel		leise	
Sprechgeschwindigkeit	schnell		mittel		langsam	
Tonlage	hoch		mittel		tief	
Aussprache	deutlich		mittel		undeutlich	
bevorzugte Redewendungen	positiv		negativ			
Sprechwirkung (gesamt)	positiv		mittel		negativ	

Aufgabe 1

Die Auszubildende Kathrin Timmermann soll Frau Abel in der Verwaltung der Rosner GmbH unterstützen. Gerade als Frau Abel beginnen will, Kathrin eine Aufgabe zu erklären, klingelt das Telefon. Herr Rosner möchte Frau Abel unbedingt sprechen.

Frau Abel: „Ich muss eben zum Chef. Ich bin gleich wieder da."

Kathrin: „Okay, ich warte so lange."

In diesem Augenblick klingelt das Telefon erneut.

Frau Abel: „Nehmen Sie doch bitte das Gespräch an. Ich habe jetzt keine Zeit."

Kathrin: (greift zum Hörer) „Timmermann?"

Anrufer: „Oh, Entschuldigung, ich dachte ich sei mit der Rosner GmbH verbunden."

Petra: „Sind Sie auch!"

Anrufer: „Dann geben Sie mir bitte Frau Abel."

Kathrin: „Die ist leider nicht da."

Anrufer: „Schade, dann versuche ich es später noch einmal. Auf Wiederhören."

Kathrin: „Gerne. Auf Wiederhören."

Nachdem Frau Abel vom Gespräch mit Herrn Rosner zurückgekommen ist:

Frau Abel: „Wer war vorhin am Telefon?"

Kathrin: „Er hat seinen Namen nicht genannt."

Frau Abel: „Und worum ging es?"

Kathrin: „Hat er auch nicht gesagt."

Frau Abel: „Na ja, er wird wohl wieder anrufen."

a Erläutern Sie, wie Kathrin sich am Telefon melden sollte, wenn im Büro von Frau Abel die Telefongespräche von außerhalb angenommen werden.

b Geben Sie ein Beispiel, wie man den Namen des Anrufers in Erfahrung bringen kann.

c Formulieren Sie einen Satz, mit dem man den Gesprächsanlass erfährt.

Aufgabe 2

Eingehende Telefongespräche müssen häufig an Mitarbeiter weitergeleitet werden. Entwerfen Sie ein Telefongespräch in folgenden Teilschritten:

1. Sie nehmen das Gespräch eines Kunden an.
2. Der Anrufer möchte einen Mitarbeiter sprechen.
3. Sie rufen den Mitarbeiter an und informieren ihn über den Anrufer.
4. Sie stellen das Gespräch weiter.
5. Der Mitarbeiter begrüßt den Kunden am Telefon und eröffnet das Gespräch.

Aufgabe 3

Bei eingehenden Telefongesprächen hat sich ein Gesprächsritual in vier Teilschritten durchgesetzt: Gruß, Firma, Name des Mitarbeiters, Dienstbereitschaft anzeigen.

a Berichten Sie aus Ihren Erfahrungen mit dieser Technik zur telefonischen Begrüßung.

b Nehmen Sie an, Sie könnten bestimmen, wie sich Mitarbeiter bei eingehenden Telefongesprächen melden sollen. Entwickeln Sie einen Vorschlag.

Aufgabe 4

Telefonische (und auch jede andere Art der Kommunikation) gelingt besser, wenn die Gesprächspartner positive Formulierungen wählen und negative Ausdrücke (Problemwörter) vermeiden.

Formulieren Sie zu den negativen Ausdrücken positive Entsprechungen, indem Sie sie in die rechte Spalte eintragen.

Formulierungen mit Problemwörtern	Positive Ausdrucksweise
Meine Kollegin ist leider erst in einer Stunde wieder an ihrem Platz.	
Da müsste ich Sie mit meinem Kollegen verbinden.	
Tut mir leid, das müsste ich erst klären.	
Das kann ich erst klären, sobald ich die Unterlagen habe.	
Da haben Sie mich leider falsch verstanden.	

Aufgabe 5

Die Stimme eines Sprechers erzeugt beim Zuhörer bestimmte Wirkungen. Beschreiben Sie die Wirkung, die vom Sprecher in den nachfolgend beschriebenen Situationen ausgeht.

Situationen	Stimmwirkung
Der Anrufer spricht sehr leise.	
Man muss den Hörer etwas vom Ohr entfernen, weil der Anrufer so laut spricht.	
Der Anrufer spricht sehr monoton.	
Die Sätze des Anrufers sind abgehackt; er wirkt gehetzt.	
Die Stimmlage ist sehr hoch.	
Der Anrufer spricht ruhig und klar.	
Die Sprache ist sehr lebhaft mit abwechslungsreicher Sprechgeschwindigkeit sowie mit unterschiedlichen Betonungen und Lautstärken.	

Aufgabe 6

Die Rosner GmbH möchte mit einem wichtigen japanischen Lieferanten, der seinen Sitz in Tokyo hat, Informationen per Videokonferenz austauschen, und zwar über Skype (= Webkonferenz).

Zeitverschiebung, siehe http://www.weltzeituhr.com/start.shtml

- **a** Erläutern Sie jeweils zwei Vorteile und zwei Nachteile von Videokonferenzen (als Webkonferenzen) mit japanischen Partnern.
- **b** Stellen Sie die aktuelle Zeitdifferenz zwischen Deutschland und Japan (Tokyo) fest. Beachten Sie dabei die Sommer- bzw. Winterzeit.

> UTC = Universal Time Coordinated (Koordinierte Weltzeit)
> UTC = Greenwich Mean-Time (GMT): gültig für Großbritannien, Irland, Island und Portugal
> Deutschland (und die meisten mitteleuropäischen Staaten): UTC + 1 Stunde, wenn die Sommerzeit gilt: + 2 Stunden

Aufgabe 7

Die interkulturellen Besonderheiten von Japanern lassen sich wie folgt beschreiben:

> Japanischen Geschäftspartnern ist offene Kritik und direkte Konfrontation fremd. Betriebliche Hierarchien müssen unbedingt beachtet werden. Es ist nicht ungewöhnlich, längere Redepausen einzulegen, um Zeit zum Nachdenken zu haben. Respektlose Situationen sind auf alle Fälle zu vermeiden. Dazu gehört auch, dem Gesprächspartner niemals ins Wort zu fallen. Pünktlichkeit ist in Japan sehr wichtig.

Beschreiben Sie zwei Verhaltensweisen, mit denen Sie sich auf die interkulturellen Besonderheiten von Japanern bei einer Videokonferenz der Rosner GmbH (siehe Aufgabe 6) einstellen würden.

Gesprächstellnehmer:

Auf deutscher Seite: Frau Abel und Herr Rosner

Auf japanischer Seite: Ein Abteilungsleiter des Unternehmens und ein Ingenieur

8 Ein Konfliktgespräch führen

Hans Frechen ist Mitarbeiter in der Werkstatt der Rosner GmbH. Er hat im Unternehmen seine Ausbildung zum Mechatroniker für Zweiräder absolviert und ist nach Abschluss der Ausbildung von der Rosner GmbH übernommen worden.

Leider gibt es mit ihm ein Problem: Seine Fehlzeiten nehmen zu. Eine einwöchige Auszeit wurde durch ärztliches Attest nachgewiesen; schon zum dritten Mal war er allerdings montags krank, und zwar ohne ärztlichen Nachweis. Seine Fehlzeiten führen in der Werkstatt zu Mehrbelastungen der übrigen Mitarbeiter – entsprechend schlecht ist man auf Hans Frechen im Moment zu sprechen.

Frau Abel, u. a. zuständig für das Personal in der Rosner GmbH, sieht sich gezwungen einzugreifen. Dazu will sie ein Gespräch mit Herrn Frechen führen. Mithilfe seiner Personalakte hat sie sich noch einige wichtige Daten über ihn in Erinnerung gerufen.

Daten zu Hans Frechen

- 25 Jahre, ledig
- Nach Abschluss der Ausbildung (Abschlussnote 2,3) ist er seit sechs Jahren im Unternehmen beschäftigt.
- Zusatzausbildung für E-Bikes (Zertifikat eines Herstellers)
- Die innerbetrieblichen Beurteilungen sind immer gut ausgefallen.
- Rückmeldungen von Mitarbeitern und auch von Kunden waren stets positiv.
- Fehlzeiten bis vor ca. drei Wochen: sehr gering (im Vorjahr vier Tage).
- Die letzte Fehlzeit war gestern, Montag, 14.04.20(0); heute, am 15.04.20(0) ist Herr Frechen wieder anwesend.
- Bedeutung des Mitarbeiters für das Unternehmen: Aufgrund seiner Ausbildung und seines Zertifikats ist er mit moderner Fahrradtechnik bestens vertraut. Seine Fachkenntnisse und sein Engagement haben ihn zu einem unentbehrlichen Mitarbeiter gemacht, insbesondere mit Blick auf die hohen Verkaufszahlen im Bereich E-Bikes.

Aus Gesprächen mit Mitarbeitern ist Frau Abel aber zu Ohren gekommen, dass Herr Frechen wohl ein Beziehungsproblem mit seiner Partnerin hat. Auch scheint das Verhältnis zum Werkstattleiter, Herrn Kosthorst, in letzter Zeit belastet zu sein. Die Ursache ist Frau Abel aber nicht bekannt.

Frau Abel wird ein Gespräch mit Herrn Frechen führen mit dem Ziel, die Fehlzeiten zu reduzieren. Das Gespräch wird sie nach dem Eisberg-Modell aufbauen, mit dem sie in Personalfragen bisher immer gute Erfahrungen gemacht hat.

Arbeitsauftrag

Führen Sie das Konfliktgespräch mit Hans Frechen mit dem Ziel, dessen Fehlzeiten zu verringern.

Vorschläge zur Vorgehensweise

1. Bereiten Sie das Gespräch vor. Hinweise zur Gesprächsvorbereitung und -durchführung finden Sie unten.
2. Legen Sie die Bewertungskriterien für das Gespräch fest.
3. Führen Sie das Gespräch durch.
4. Bewerten Sie das Gespräch.

Fragen zur Gesprächsvorbereitung

- Zu welchem Termin soll das Gespräch stattfinden?
- Soll das Gespräch gemeinsam vereinbart oder einseitig anberaumt werden?
- Wie soll die Gesprächsatmosphäre gestaltet werden?
- Wie lautet das Gesprächsziel?

Gesprächsablauf nach dem Eisberg-Modell

1. Persönliche Einschätzung
2. Position der Beteiligten hinterfragen
3. Konfliktlösung auf der richtigen Ebene

Aufgabe 1

Es gibt unterschiedliche Arten und Erscheinungsformen von Konflikten. Betrachten Sie noch einmal die Situation im Arbeitsauftrag und lösen Sie die nachfolgenden Teilaufgaben.

a Stellen Sie begründet fest, um welche Konfliktart es sich beim Fehlverhalten von Herrn Frechen handelt.

b Beurteilen Sie den Konflikt zwischen Herrn Frechen und Herrn Kosthorst nach seiner Erscheinungsform (offener oder versteckter Konflikt).

Aufgabe 2

In der Sonnberger KG, einem Hersteller von Elektromotoren, haben die unten aufgeführten Gespräche zwischen dem Personalchef, Herrn Willbrad, und Mitarbeitern stattgefunden.

Beurteilen Sie die Gesprächssituationen mit Blick auf die Wirkung auf den jeweiligen Mitarbeiter.

a Die Sachbearbeiterin für den Einkauf, Frau Kramer, führt ein Gespräch mit einem Lieferanten, als Herr Willbrad das Büro betritt.

Willbrad: „Frau Kramer, ich habe heute Morgen diesen Brief erhalten."

Kramer: „Worum geht es?

Willbrad: „Ein Beschwerdebrief von einem Kunden – der zweite in diesem Monat. Langsam reicht es!"

Lieferant: „Soll ich Sie solange allein lassen?"

Willbrad: „Nein, nein, ich bin schon fertig. – Frau Kramer, ich erwarte Sie gleich in meinem Büro!"

b Frau Ross ist seit fast drei Monaten im Verkauf tätig. Auf dem Weg in die Mittagspause trifft sie in Begleitung ihrer Kollegin Frau Haarbeck auf Herrn Willbrad.

Willbrad: „Na, Frau Ross, wie gefällt es Ihnen denn bei uns?"

Ross: „Danke, Herr Willbrad, es gefällt mir sehr gut."

Willbrad: „Das höre ich gern. Übrigens, wir müssen auch einmal über Ihre Probezeit sprechen."

Ross: (stutzt) „Was? Aber…"

Willbrad: „Keine Sorge, Frau Ross, ich höre ja nur Gutes über Sie. Machen Sie ruhig so weiter. Von mir aus können Sie gerne bleiben. Ich wünsche Ihnen beiden eine schöne Mittagspause."

c Herr Willbrad ist nervös und wütend zugleich. Ihm ist zu Ohren gekommen, dass es in der Serviceabteilung Probleme zwischen Frau Kasper und Frau Bertin gibt. Herr Willbrad hat Frau Bertin zu einem Gespräch in sein Büro eingeladen.

Willbrad: „Ach, Frau Bertin, gut, dass Sie da sind. Setzen Sie sich doch. Kaffee? Milch? Zucker? Na, was machen denn Ihre Kinder? Bestimmt läuft es in der Schule recht gut, oder?"

Bertin: „Hm. Ja, Kaffee hätte ich sehr gerne. Schwarz bitte. Wie es meinen Kindern geht? Ja, recht gut. Aber wieso fragen Sie?"

Willbrad: „Kommen wir direkt zur Sache: Frau Bertin, ich habe gehört, es gäbe Streit zwischen Ihnen und Frau Kasper. Das dulde ich nicht. Ich will es kurz machen: Höre ich noch einmal von solchen Streitigkeiten, müssen Sie mit Konsequenzen rechnen. Verstanden?"

Aufgabe 3

In einem Gespräch zwischen dem Personalchef und einem Mitarbeiter beschwert sich der Mitarbeiter über eine Arbeitskollegin.

Mitarbeiter: „Wir beide haben den Auftrag erhalten, die Projektausschreibung mit Sorgfalt zu erstellen und am 15. Mai dem Kunden zu präsentieren. Von Anfang an liegt die Arbeit aber ausschließlich bei mir. Frau Kerber liefert zugesagte Arbeiten nicht ab, und wenn ich ihr Vorwürfe mache, war sie am nächsten Tag krank."

Personalchef: (Er hat aufmerksam zugehört und den Mitarbeiter mit Aufmerksamkeitslauten wie „aha" und freundlichem Nicken ermuntert, seine Klagen vorzutragen.) „Wenn ich Sie richtig verstanden habe, ist aus dem gemeinsamen Projekt nun ein Einzelprojekt in ausschließlich Ihrer Verantwortung geworden und darüber ärgern Sie sich sehr."

Mitarbeiter: „Genau, das ist nämlich nicht das erste Mal. Deshalb muss jetzt etwas passieren."

In diesem Gesprächsausschnitt wird die Technik des aktiven Zuhörens verwendet.

a Erläutern Sie die Technik des aktiven Zuhörens.

b Machen Sie die Technik an dem Gesprächsausschnitt deutlich.

Aufgabe 4

Konstruktive Kritik muss Einfühlungsvermögen gegenüber dem Gesprächspartner zum Ausdruck bringen. Dies geschieht, indem anstelle von Du-Botschaften Ich-Botschaften eingesetzt werden.

a Erläutern Sie den Begriff „Du-Botschaft"

b Beschreiben Sie die drei Teile einer Ich-Botschaft.

c Formulieren Sie die nachfolgenden Du-Botschaften in Ich-Botschaften um.

Du-Botschaft	Ich-Botschaft
Ein Mitarbeiter sagt zu seinem Kollegen: „Ich finde es nicht in Ordnung, dass Sie mir die gesamte Arbeit im Team überlassen. Etwas mehr Engagement könnt Ihnen nicht schaden."	
Auf einer gemeinsamen Fahrt zu einem Kunden sagt die Kollegin zum Kollegen am Steuer: „Fahren Sie nicht so schnell!"	
Die Sitzungsvorlage ist von einem Mitarbeiter immer noch nicht fertiggestellt. Abgabetermin war gestern; die Sitzung ist morgen: „Sie halten mit Ihrer Trödelei den ganzen Laden auf."	
Ein Mitarbeiter will eine umfangreiche Berechnung mit einem Taschenrechner lösen und die Daten in eine Word-Datei eintippen. „Sie haben wohl keine Ahnung von Excel."	
Auf einer Sitzung der Jugend- und Auszubildendenvertretung sagt ein Teilnehmer: „Diese Sitzungen bringen nichts, weil ihr euch nicht traut, euren Mund aufzumachen. Was soll ich denn dann in der Betriebsratssitzung sagen?"	
In einer Teambesprechung: Ein Mitarbeiter bringt einen Vorschlag ein. Reaktion eines Teammitglieds: „Ihr Vorschlag ist doch nicht zu gebrauchen. Der lässt sich niemals umsetzen."	

Aufgabe 5

Beschreiben Sie eine selbst erlebte Konfliktsituation aus Ihrem Ausbildungsbetrieb und organisieren Sie ein Konfliktgespräch. So sollten Sie vorgehen:

- **Rollenspieler bestimmen**
- **Rollenkarten mit Handlungsanweisungen erstellen**
- **Rollenspiel durchführen**
- **Rollenspiel bewerten (Bewertungskriterien aus dem Arbeitsauftrag oder ein neu erstellter Beurteilungsbogen)**

Abschlussaufgabe 1 in Lernfeld 7

Situation 1

In der STADE GmbH findet halbjährlich ein Feedbackgespräch der Ausbilderin Frau Ahlers mit der Auszubildenden Jessica Täuber statt. Ziel des Gespräches ist es, den Ausbildungsstand zu besprechen und Probleme in der Ausbildung zu diskutieren.
Im Verlauf des Gesprächs sagt Frau Ahlers (in sachlichem Tonfall):

Ahlers: „Ich weiß, dass Sie mit Herrn Templin nicht gut auskommen. Er ist aber halt Ihr Vorgesetzter. In vier Wochen wechseln Sie ja ohnehin die Abteilung."

Jessica: „Ich wäre froh, die vier Wochen wären schon vorbei."

1

a Ermitteln Sie aus der Aussage von Frau Ahlers die vier Seiten einer Nachricht (Kommunikationsquadrat), die die Ausbilderin an Jessica übermittelt:
- Sachinformation
- Selbstoffenbarung
- Beziehung
- Appell

b Versetzen Sie sich in die Situation von Jessica und entschlüsseln Sie die Nachricht von Frau Ahlers mithilfe des Kommunikationsquadrats.

2

Jessica hat auch deshalb ein Problem mit ihrem Vorgesetzten, weil sie das Gefühl hat, dass er ihr immer zu nahe kommt, was ihr sehr unangenehm ist. In Gesprächen tritt er oft ganz nah an sie heran, legt auch schon mal seine Hand auf ihre Schulter. Sie hat nicht den Eindruck, dass er sie wie eine erwachsene Auszubildende von 18 Jahren behandelt (in spöttischem Tonfall und leichtem Grinsen: „So Mädchen, nun mal fix an die Arbeit.").

a Nennen Sie den körperlichen Abstand (Distanzzone), der mindestens eingehalten werden muss, damit man nicht das Gefühl von Aufdringlichkeit hat.

b Körperliche Distanz, Tonfall und Mimik des Vorgesetzten könnten auch als väterliche Fürsorge angesehen werden. Beurteilen Sie diese Aussage aus Sicht von Jessica.

3

Frau Ahlers hat Jessicas Problem mit ihrem Vorgesetzten sachlich, fast teilnahmslos beschrieben. Erläutern Sie, durch welche Verhaltensweisen Frau Ahlers Einfühlungsvermögen gegenüber Jessica sichtbar gemacht haben könnte.

4

Der Vorgesetzte von Jessica, Herr Templin, wird seine Verhaltensweisen vermutlich nicht ohne Weiteres verändern, es sei denn, ein Anstoß von außen würde einen Prozess der Selbstreflexion und Veränderungsbereitschaft in Gang setzen.

a Erläutern Sie, wie Frau Ahlers einen solchen Anstoß herbeiführen könnte.

b Beschreiben Sie drei Eigenschaften, die die Fähigkeit zur Selbstreflexion und die Veränderungsbereitschaft eines Menschen ausmachen.

c Nehmen Sie an, Frau Ahlers hat Herrn Templin zu einem Gespräch gebeten. Formulieren Sie einen Text, der das Beziehungsproblem zwischen Herrn Templin und der Auszubildenden zum Ausdruck bringt. Der Text soll aber gleichzeitig einen wertschätzenden Ton gegenüber Herrn Templin verdeutlichen.

Situation 2

In der Partyservice Elkmer GmbH bedient die Auszubildende Saskia Miller das Kundendienst-Telefon. Es klingelt.

1. Saskia begrüßt den Kunden.

Kunde: „Guten Tag, Waldner mein Name, ich brauche ein kaltes Büfett."

2. Saskia ermittelt den Verwendungszweck.

Kunde: „Wir haben eine kleine Betriebsfeier für ca. 20 Personen."

3. Saskia macht zwei Vorschläge (Nr. 2 und 3 unten); sie verweist auch auf die allgemeinen Leistungen des Partyservice (sorgt für einen stressfreien Ablauf der Veranstaltung, Komplettservice).

Kunde: „Wie teuer ist das Fingerfood-Büfett?"

4. Saskia nennt den Preis (Sandwich-Methode).

Kunde: „Oh, ich glaube, so viel will mein Chef nicht anlegen."

5. Saskia begründet den Preis und versucht, den Kunden auch über die Serviceleistungen zu überzeugen.

Kunde: „Nein, das ist uns zu teuer."

6. Saskia empfiehlt dem Kunden das Kalte Büfett (Nr. 1) und hebt den Preis zum Schluss besonders hervor.

Kunde: „Ja, ich denke, das passt für uns."

7. Saskia fragt, ob sie auch den Getränkeservice übernehmen sollen.

Kunde: „Danke, das ist bereits geklärt."

Beide klären nun noch die technischen Details wie Termin, Adresse, Anlieferung, Abholung der Servierplatten usw.

Kunde: „Sehr schön."

8. Saskia bestätigt die Entscheidung des Kunden, bietet den Dienst des Unternehmens an, falls sich Änderungen ergeben sollten und verabschiedet sich.

Angebot an kaltem Büfett des Unternehmens		
Vorschlag 1	**Vorschlag 2**	**Vorschlag 3**
Kaltes Büfett (ab 10 Personen) ▪ Brothäppchen mit Räucherlachs, Geflügelsalami und Brie ▪ Gefüllte Blätterteigtaschen ▪ Frühlingsröllchen ▪ Tomaten-Mozzarella-Spieße ▪ Mini-Pfannkuchen Service: Bring- und Abholservice (Servierplatten), Teller und Besteck (Plastik) Populäre Zusammenstellung/ klassische Gerichte Preis: 15,00 € pro Person	**Kaltes/warmes Büfett (ab 20 Personen)** Kalt: ▪ Mini-Bouletten mit feinem Senf ▪ Käsevariation vom Holzbrett ▪ Frischer Schweinebraten mit Kruste ▪ Aufschnittplatte ▪ Kartoffelsalat ▪ Spreewälder Gurkentopf ▪ Eiersalat ▪ Ofenfrische Brotauswahl Warm: ▪ Kartoffelsuppe mit Wiener Würstchen ▪ Kassler im Blätterteigmantel Dessert: ▪ Rote Grütze mit Vanillesauce ▪ Karamellpudding mit Mandeln Service: Bring- und Abholservice, Porzellanteller und Besteck Preis: 16,50 € pro Person	**Fingerfood-Büfett (ab 20 Personen)** ▪ Thunfischtatar mit Ingwer ▪ Salat von der Ente mit Minze ▪ Kalbsboulette mit Kartoffel-Gurkensalat ▪ Toskanischer Salat ▪ Serrano Schinken mit Pumpernickel ▪ Mandelcreme mit Schattenmorellen ▪ Topfenmousse im Crepe-Mantel Sehr bequem für die Gäste und den Gastgeber; besonders hochwertige Zutaten Service: Bring- und Abholservice, Teller Preis: 18,00 € pro Person

5

Versetzen Sie sich in die Situation von Saskia und entwerfen Sie ein Verkaufsgespräch, das die Punkte 1. bis 8. klärt.

6

Die Betriebsfeier ist erfolgreich verlaufen, der Partyservice hat für eine reibungslose Bewirtung gesorgt. Allerdings ist Herr Waldner am folgenden Tag erneut am Telefon:

Waldner: „Frau Miller, wir waren mit dem Service Ihres Hauses im Prinzip zufrieden. Leider mussten wir aber feststellen, dass die Frühlingsröllchen auf dem Büfett fehlten und statt der Tomaten-Mozzarella-Spieße gab es Paprika-Mozzarella-Spieße, was nicht jeder mochte."

a Prüfen Sie zunächst die Rechtslage und stellen Sie fest, welche Rechte der Kunde in diesem Fall geltend machen kann.

b Versetzen Sie sich in Saskia und antworten Sie dem Kunden, indem Sie einen Lösungsvorschlag entwickeln.

c Nehmen Sie an, das Büfett sei in der angebotenen Form geliefert worden, der Kunde hätte aber beanstandet, dass es „einigen Teilnehmern der Betriebsfeier nicht geschmeckt hat." Saskia weiß aber von vielen Kundenrückmeldungen, dass das Büffet immer gut ankommt und vielfach gelobt wird.
Entwickeln Sie an Saskias Stelle einen Lösungsvorschlag für den Kunden.

d Eine Lösung, die einem Kunden im Reklamationsfall angeboten wird, kann der inneren Einstellung eines Mitarbeiters stark widersprechen, weil er diese Lösung (z. B. ein sehr starkes Entgegenkommen) als ungerecht empfindet. Beschreiben Sie, wie man als betroffener Mitarbeiter damit umgeht.

7

In der Partyservice Elkmer GmbH gibt es ein Beschwerdemanagement mit genau festgelegten Prozessschritten.

a Kennzeichnen Sie die nachfolgend beschriebenen Prozessschritte mit den richtigen Bezeichnungen und bringen Sie die Schritte in die richtige Reihenfolge, indem Sie sie mit den Ziffern ① bis ④ kennzeichnen.

Beschreibung	Prozessschritt	Nr.
Für die Mitarbeiter gibt es klare Anweisungen, wie sie mit Kundenbeschwerden umzugehen haben. Zunächst sind Beschwerden in einer Datei zu erfassen, damit keine Beschwerde verloren geht und der Bearbeitungsprozess immer gut nachverfolgt werden kann. Die Datei ermöglicht auch eine bessere Auswertung der Beschwerden.		◯
Mit der Anlieferung der Speisen wird dem Kunden eine Meinungskarte übergeben, auf der er die Speisen und den Service bewerten kann. Auf der Webseite des Unternehmens besteht zudem die Möglichkeit, sich mit Beschwerden an das Unternehmen zu wenden.		◯
Die Geschäftsführer der GmbH analysieren die Beschwerden in regelmäßigen Abständen unter quantitativen und qualitativen Gesichtspunkten.		◯
Eingehende Beschwerden werden innerhalb des Betriebes an die Verantwortlichen (z. B. Küche oder Verwaltung) weitergleitet mit der Aufforderung, Stellung zu nehmen. Der Kunde erhält zunächst sofort nach Eingang der Beschwerde eine Bestätigungsnachricht, z. B. per Mail. Innerhalb von zwei Tagen ist dem Kunden ein Lösungsvorschlag zu unterbreiten oder er erhält in schwierigen Fällen einen Zwischenbescheid. Im Mittelpunkt steht immer der zufriedene Kunde. Beschwerden sind großzügig zu bearbeiten. In Zweifelsfällen ist der Kulanzweg zu beschreiten.		◯

b Unterscheiden Sie Reklamation und Beschwerde anhand folgender Situationen:

1. Ein Kunde bemängelt, dass die angelieferten Speisen unvollständig sind und nicht dem Angebot entsprechen.
2. Der Service des Unternehmens entsprach nicht den Erwartungen des Kunden, weil die Speisen sehr spät angeliefert worden sind und dadurch den offiziellen Teil der Betriebsfeier störten.

Situation 3

Das Callcenter E-Service GmbH hat die Hotline für ein Telekommunikationsunternehmen übernommen und gibt Auskünfte in technischen Fragen und nimmt Beschwerden entgegen.

8

Für die Mitarbeiter, die umfangreich geschult worden sind, gibt es eine Fülle von Anweisungen für das Verhalten am Telefon.

a Begründen Sie, warum sich die Mitarbeiter wie folgt verhalten sollen:
- Bevor ein Anruf angenommen wird: tief durchatmen.
- Erst nach dem zweiten Signalton das Gespräch annehmen.
- Es sind bevorzugt Begriffe wie „sofort", „schnell", „gerne", „selbstverständlich", „zuverlässig" zu verwenden.
- Füllwörter wie „äh" und „hm" sind zu vermeiden.

b Die Anrufer lassen sich in unterschiedliche Gesprächstypen einteilen, z. B.
① Vielredner
② Schüchterne
③ Schweiger
④ schwer Verständliche
⑤ Aggressive

Ordnen Sie diese Gesprächstypen folgenden Verhaltensanweisungen zu, indem Sie die Ziffern 1 bis 5 hinter die Texte setzen.

Empfohlene Verhaltensweisen	
Besonders freundlich sein, sehr aufmerksam zuhören	○
Wörter wie „nein", „nicht", „nur" und „leider" vermeiden	○
Offene Fragen verwenden, Geduld aufbringen	○
Redefluss z. B. durch ein Lob unterbrechen, geschlossene Fragen verwenden	○
Regelmäßig höflich nachfragen	○

c Die Mitarbeiter des Callcenters sind auch darüber aufgeklärt worden, dass es kulturelle Unterschiede in der Kommunikation gibt.
- Gegenüber einem deutschen Anrufer kann man sagen: „Ich kümmere mich darum."
- Wenn ein Amerikaner ein Anliegen vorbringt, das man lösen wird, soll man sagen: „Ich werde persönlich dafür sorgen, dass Ihr Problem sofort von unserem technischen Kundendienst gelöst wird."

Begründen Sie den Unterschied.

Situation 4

Im Feedbackgespräch zwischen Frau Ahlers und Jessica Täuber (siehe Situation 1) gab es noch einen unangenehmen Punkt zu besprechen: Auf dem Ausbildersprechtag in der Berufsschule war Frau Ahlers mitgeteilt worden, dass sich die Leistungen von Jessica in den letzten Wochen stark verschlechtert haben. Die guten und sehr guten Noten waren vorzugsweise auf ein befriedigendes Niveau abgerutscht. Im Betrieb hatte man davon nichts mitbekommen. Dort wurden die Leistungen weiterhin mit gut bis sehr gut bewertet.

9

a Versetzen Sie sich in die Situation von Frau Ahlers und leiten Sie im Gespräch zum Thema „schulische Leistungen" mit einer Ich-Botschaft über.
Jessica antwortet auf Ihre Ich-Botschaft wie folgt:
Jessica: „In der Schule gefällt es mir gar nicht mehr. Ich werde seit einigen Wochen gemobbt. Es ist kaum auszuhalten."

Man könnte die Hintergründe zum Mobbing durch aktives Zuhören weiter beleuchten.

b Veranlassen Sie Jessica mit der Methode des aktiven Zuhörens, sich näher zum Mobbing in der Schule zu äußern.
Daraufhin antwortet Jessica:
Jessica: „Ich hatte immer gute Noten und war sehr interessiert. Darum habe ich mich mehrmals für Sonderaufgaben gemeldet. Seither gelte ich als Streberin und werde ständig lächerlich gemacht. Aber das ist es wohl nicht allein."

10

Die beiden Gesprächstechniken „Ich-Botschaft" und „aktives Zuhören" sind als Dreischritte aufgebaut.

a Machen Sie diesen Dreischritt jeweils an Ihren Lösungen zu Aufgabe 9a und 9b deutlich.
b Erläutern Sie die Wirkung einer Ich-Botschaft auf den Gesprächspartner.
c Beschreiben Sie, wie aktives Zuhören auf einen Gesprächspartner wirkt.

Abschlussaufgabe 2 in Lernfeld 7

Kompetenzerwerb

Im Lehrplan für die Ausbildung von Kaufleuten für Büromanagement werden Ziele formuliert, die die Auszubildenden erreicht haben sollen, sobald sie jeweils ein Lernfeld bearbeitet haben.
In jedem Lernfeld wird zunächst die Kernkompetenz festgehalten, die übergreifend den angestrebten Kompetenzzuwachs des gesamten Lernfeldes beschreibt:

Auszug aus dem Rahmenlehrplan (Lernfeld 7)

Die Schülerinnen und Schüler besitzen die Kompetenz, in Gesprächssituationen mit Geschäftspartnern angemessen und sachgerecht zu handeln.

In einem weiteren Schritt wird die Kernkompetenz in Teilkompetenzen untergliedert. Aus diesen Teilkompetenzen finden Sie nachfolgend Aussagen, die sich vorzugsweise darauf beziehen, wie Sie Ihren Lernprozess im Ausbildungsbetrieb und in der Berufsschule selbstständig organisieren und Ihren beruflichen und schulischen Alltag durchdacht beherrschen. Die Aussagen geben nicht allein den Originaltext wieder, sondern wandeln ihn ab und ergänzen ihn.
Beurteilen Sie Ihre Kompetenzzuwächse aus dem Lernfeld 7. Kreuzen Sie dazu das zutreffende Feld in der Skala von trifft „voll" bis trifft „gar nicht" zu an.

1

Die Auszubildenden können die unterschiedlichen Anforderungen in Gesprächssituationen (Beratung, Beschwerde, Reklamation) erfassen und diese Gespräche engagiert und verantwortungsbewusst führen, indem sie

- offen sind für diese unterschiedlichen Kommunikationssituationen,
- Verantwortung für ihren Aufgabenbereich zeigen und dabei
- Erfahrungen und Kenntnisse auch aus anderen Lebensbereichen anwenden.

Trifft auf mich zu			
Voll	Weitgehend	Eher nicht	Gar nicht
○	○	○	○

2

Die Auszubildenden sind in der Lage, mögliche Konflikte und deren Ursachen in Gesprächssituationen zu erkennen, indem sie unterschiedliches Gesprächsverhalten, z. B. von Besserwissern, Vielrednern, Aggressiven und Schweigern an ihren Merkmalen identifizieren.

Trifft auf mich zu			
Voll	Weitgehend	Eher nicht	Gar nicht
○	○	○	○

3

Die Auszubildenden sind in der Lage, die Kommunikation mit Anwesenden von der fernmündlichen Kommunikation (Telefongespräch, Videokonferenz) zu unterscheiden und sich entsprechend der Kommunikationsform zu verhalten.

Trifft auf mich zu			
Voll	Weitgehend	Eher nicht	Gar nicht
○	○	○	○

4

Die Auszubildenden können Wünsche, Emotionen und Interessen der Geschäftspartner durch aktives Zuhören und gezielte Fragestellung sowie durch die Analyse von Äußerungen und Verhalten ermitteln und situationsgerecht anwenden. Zugleich nutzen sie ihre Kenntnisse über die nonverbale Kommunikation.

Trifft auf mich zu			
Voll	Weitgehend	Eher nicht	Gar nicht
○	○	○	○

5

Die Auszubildenden können die situationsbezogenen Gesprächsziele definieren und Argumente für die Gespräche sammeln. Dabei achten sie auf eine positive Gesprächsatmosphäre zur Umsetzung ihrer Ziele. Sie sind in der Lage, die Sach- und Beziehungsebene in Gesprächen zu unterscheiden und können sachbezogen und/ oder emotional auf der Beziehungsebene argumentieren.

Trifft auf mich zu			
Voll	Weitgehend	Eher nicht	Gar nicht
◯	◯	◯	◯

6

Die Auszubildenden können die Interessen des Betriebes vertreten und sich dabei verantwortungsvoll den Geschäftspartnern und sich selbst gegenüber verhalten, indem sie

- die Interessen des Betriebes identifizieren,
- diese Interessen bei der Gesprächsführung berücksichtigen,
- festlegen, welche Verhaltensweise und Wortwahl angemessen und notwendig sind, um diesen Interessen gerecht zu werden,
- die Bedürfnisse, Ziele und Emotionslagen der Geschäftspartner und ihre eigenen realisieren und für eine Win-Win-Situation sorgen.

Trifft auf mich zu			
Voll	Weitgehend	Eher nicht	Gar nicht
◯	◯	◯	◯

7

Die Auszubildenden können Sachverhalte verständlich artikulieren und auf verbale und nonverbale Äußerungen der Geschäftspartner angemessen reagieren, indem sie

- auf ihre Ausdrucksweise (Fachtermini, Wortwahl, Sprechtempo) achten,
- eine strukturierte Darstellung wählen,
- eine abwechslungsreiche Stimm-Modulation anwenden,
- eine angemessene (deutliche) Aussprache verwenden,
- Geschäftspartner nicht nur aufgrund von deren Äußerungen bewerten,
- abwägen, welches „Ohr" (Selbstoffenbarungs-Ohr, Sach-Ohr) für eine Situation angemessen ist,
- sich ihre Gefühle/Emotionen (positiv und negativ) bewusst machen und diese in die richtige Richtung lenken,
- eine authentische Körperhaltung einnehmen,
- ein Gespür für nonverbale Äußerungen (z. B. verschränkte Arme, Abweisung, herablassender Blick, Distanzverletzungen, Unsicherheit, Arroganz) entwickeln.

Trifft auf mich zu			
Voll	Weitgehend	Eher nicht	Gar nicht
◯	◯	◯	◯

8

Die Auszubildenden können Gesprächsregeln einhalten und die Wirkung ihrer eigenen Persönlichkeit berücksichtigen, indem sie

- Gesprächsregeln (aktives Zuhören, Nachfragen, Feedback, Wertschätzung dem Gesprächspartner gegenüber usw.) einsetzen,
- die Reaktion der Geschäftspartner auf das eigene Verhalten beobachten und prüfen, inwiefern dies zielführend für das Gespräch ist.

Trifft auf mich zu			
Voll	Weitgehend	Eher nicht	Gar nicht
◯	◯	◯	◯

9

Die Auszubildenden können ein Gespür für die emotionale Lage des Gesprächspartners entwickeln und Techniken anwenden, wie sie mit ihren Emotionen sinnvoll umgehen, ohne sich und anderen zu schaden, indem sie

- beobachten, wie sich Gefühle äußern (z. B. Wut, Angst, Freude, Trauer, Einfühlungsvermögen),
- Verständnis und Anteilnahme zeigen, Distanz bewahren und über sich selbst reflektieren,
- abwägen, ob ihre Emotionen für die Zielerreichung förderlich oder hinderlich sind.

Trifft auf mich zu			
Voll	Weitgehend	Eher nicht	Gar nicht
◯	◯	◯	◯

10

Die Auszubildenden sind in der Lage, die Interessen des Betriebes und die Bedürfnisse der Geschäftspartner bei Reklamationen gegeneinander abzuwägen, indem sie

- die Interessen der Geschäftspartner (Lieferanten und Kunden) feststellen und die Beweggründe der Reklamation (z. B. Machtstreben, Streitsucht, Kostenersparnis, berechtigter Beweggrund) filtern,
- Lösungsmöglichkeiten suchen, um sowohl die betrieblichen Interessen als auch die der Geschäftspartner zufriedenzustellen (z. B. durch Kulanz),
- ausgeglichen bleiben auch in den Situationen, in denen ihr subjektives Rechtsempfinden im Gegensatz zur betrieblichen Anweisung steht, z. B. bei unberechtigten Reklamationen.

Trifft auf mich zu			
Voll	Weitgehend	Eher nicht	Gar nicht
◯	◯	◯	◯

11

Die Auszubildenden sind in der Lage, ein Vertrauensverhältnis zu Geschäftspartnern aufzubauen, Einfühlungsvermögen zu zeigen und selbstbewusst zu agieren, indem sie

- eine positive Atmosphäre durch aufmerksames und sensibles Zuhören (z. B. Nachfragen zur privaten Situation) erzeugen,
- Mitgefühl und Betroffenheit für die persönliche Situation der Geschäftspartner zeigen,
- eigene persönliche Belange ins Gespräch einfließen lassen,
- sich ihrer Stärken und Schwächen im Gespräch bewusst sind,
- bei Kritik auf der Sachebene bleiben und Kritik nicht persönlich nehmen,
- ihre Einstellungen auch bei Widerständen während des Gesprächs vertreten,
- eine selbstbewusste Körperhaltung einnehmen.

Trifft auf mich zu			
Voll	Weitgehend	Eher nicht	Gar nicht
◯	◯	◯	◯

12

Die Auszubildenden können Strategien zur Lösung von möglichen Konflikten in Gesprächssituationen anwenden, das Beschwerdemanagement als Instrument der Kundenbindung nutzen und im Umgang mit in- und ausländischen Kunden Einfühlungsvermögen für kulturbedingte Besonderheiten zeigen, indem sie

- einen innerbetrieblichen Leitfaden (Konzept) für den Umgang mit Kunden in Konfliktsituationen im Rahmen des Beschwerdemanagements entwickeln,
- auch kulturbedingte Besonderheiten beim Umgang mit ausländischen Kunden in diesen Leitfaden aufnehmen.

Trifft auf mich zu			
Voll	Weitgehend	Eher nicht	Gar nicht
◯	◯	◯	◯

13

Die Auszubildenden können den Ablauf ihrer geführten Gespräche anhand des Kriterienkatalogs auswerten und Rückmeldungen konstruktiv annehmen. Sie sind in der Lage, Verbesserungsmöglichkeiten für zukünftige Gesprächssituationen zu formulieren.

Trifft auf mich zu			
Voll	Weitgehend	Eher nicht	Gar nicht
◯	◯	◯	◯

14

Die Auszubildenden sind in der Lage, ihr Verhalten in Gesprächssituationen selbstkritisch zu reflektieren und Konsequenzen daraus für sich abzuleiten, indem sie

- ihr Verhalten aufgrund von Feedback-Äußerungen und aus eigener Rollendistanz bewerten,
- Verbesserungsmöglichkeiten für zukünftige Gesprächssituationen formulieren,
- angemessen (aus Käufer- und Verkäufersicht) und zielorientiert auf die verschiedenen Gesprächspartner reagieren.

Trifft auf mich zu			
Voll	Weitgehend	Eher nicht	Gar nicht
◯	◯	◯	◯

15

Betrachten Sie nun noch einmal die oben zitierte Kernkompetenz zum Lernfeld 7 und beurteilen Sie, ob Sie die geforderten Kompetenzzuwächse erreicht haben.

„Die Schülerinnen und Schüler besitzen die Kompetenz, in Gesprächssituationen mit Geschäftspartnern angemessen und sachgerecht zu handeln."

Trifft auf mich zu			
Voll	Weitgehend	Eher nicht	Gar nicht
◯	◯	◯	◯

Lernfeld 8
Personalwirtschaftliche Aufgaben wahrnehmen

1 Aufgaben und Ziele der Personalwirtschaft definieren

Die Verwaltungsleiterin der Rosner GmbH, Frau Abel, hatte den Auftrag erhalten, sich Gedanken über die personalpolitischen Ziele des Unternehmens zu machen. Herr Rosner war nämlich der Meinung, dass Frau Abels Personalpolitik zu einseitig, also zu wenig wirtschaftlich sei. Herr Rosner ist zwar auch der Meinung, dass ein modernes Unternehmen mehr denn je die Belange der Mitarbeiter berücksichtigen sollte, aber dies dürfe nicht zulasten der Wirtschaftlichkeit geschehen. Nun liegen Frau Abels Ideen zu den Zielen der Personalpolitik vor Herrn Rosner auf dem Schreibtisch:

Zielvorschläge von Frau Abel

- Es sollte nur kooperativ geführt werden, z. B. indem Entscheidungen immer im Teamgespräch getroffen werden.
- Es sollten Mitarbeiter aus den eigenen Reihen gefördert und befördert werden.
- Das Budget für Fördermaßnahmen sollte erhöht werden.
- Ein Tätigkeitswechsel innerhalb des Hauses würde die Motivation der Mitarbeiter steigern.
- Mitarbeiter sollen die Gelegenheit haben, sich regelmäßig bei Verkaufsschulungen weiterzubilden.
- Die Steigerung der Plan-Stundenleistungen soll mit dem Personal gemeinsam als Ziel erarbeitet werden.
- Die Einführung einer Gleitzeit zur Förderung der Work-Life-Balance und zur Steigerung der Motivation.
- Vorgesetzte sollen mit Mitarbeitern, die ihre Ziele nicht erfüllt haben, ein Gespräch unter vier Augen führen.
- Die Zielerreichung bei der Stundenleistung wird gemeinsam mit den Mitarbeitern besprochen.
- Der diesjährige Betriebsausflug beinhaltet eine Ballonfahrt mit anschließendem gemütlichem Zusammensein.
- Einführung eines detaillierten Prämiensystems für die Mitarbeiter, um die Verkaufszahlen zu erhöhen.

Herr Rosner: „So, Frau Abel, ich habe mir ihre Vorschläge angeschaut. Ich muss feststellen, dass Ihr primäres Ziel die Förderung der Mitarbeiter ist. Ich sehe hier leider fast nur soziale Ziele. Was aber ist mit den wirtschaftlichen Zielen? Sie haben natürlich recht, dass wir unsere Mitarbeiter fördern müssen. Die Mitarbeiterzufriedenheit ist auch mein Ziel. Aber Sie dürfen doch nicht die wirtschaftlichen Ziele vergessen. Wenn wir die aus den Augen verlieren, dann brauchen wir uns zukünftig auch keine Gedanken mehr über unsere Mitarbeiter zu machen. Dann sind wir nämlich ganz schnell vom Markt verschwunden!"

Frau Abel: „Da haben Sie natürlich recht, aber ich sehe den zufriedenen Mitarbeiter als wesentliches Kapital Ihres Unternehmens!"

Herr Rosner: „Da stimme ich Ihnen selbstverständlich zu, Frau Abel, aber mir fehlt da eine gesunde wirtschaftliche Ausgewogenheit zwischen diesen Zielen. Ich werde mir im Laufe des Tages mal ein paar Gedanken zu den Zielen der Rosner GmbH machen, und zwar zu den sozialen und wirtschaftlichen Zielen. Dann werden wir uns morgen noch einmal zusammensetzen."

Einen Tag später liegen Herr Rosners Zielvorschläge vor:

Zielvorschläge von Herrn Rosner

- Die Mitarbeiterleistung soll um mindestens 5 % gesteigert werden.
- Die Personalkosten sollen um mindestens 6 % gesenkt werden.
- Das Budget für Fördermaßnahmen beschränkt sich auf die Verkaufsschulungen.
- Die Mitarbeiter müssen alle Produkte des Sortiments kennen.
- Der Marktanteil muss in den nächsten drei Jahren um mindestens 8 % gesteigert werden.
- Vorgesetzte sollen mit Mitarbeitern, die ihre Ziele nicht erfüllt haben, ein Gespräch unter vier Augen führen.
- Die Zielerreichung bei der Stundenleistung wird den Mitarbeitern in einem persönlichen Gespräch mitgeteilt.
- Entscheidungen werden von den Vorgesetzten getroffen.
- Prämien werden nicht nur von den Verkaufszahlen der Mitarbeiter abhängig gemacht, sondern auch von den Fehlzeiten.

Arbeitsauftrag

Formulieren Sie einen ausgewogenen personalpolitischen Zielkatalog, der die wirtschaftlichen Interessen des Betriebes und die sozialen Interessen der Mitarbeiter berücksichtigt.

Vorschläge zur Vorgehensweise

1. Betrachten Sie die Zielvorschläge von Herrn Rosner und von Frau Abel kritisch und stellen Sie fest, inwieweit Ziele sich decken oder völlig gegensätzlich sind.
2. Versuchen Sie, einen Kompromiss zwischen beiden Zielvorstellungen zu entwickeln, der die Interessen beider zusammenführt.

Aufgabe 1

Betrachten Sie die folgenden Zielpaare. Begründen Sie, ob es sich um komplementäre, indifferente oder um konkurrierende Ziele handelt.

	Ziel 1	Ziel 2
a	Steigerung der Mitarbeitermotivation	Einführen des Betriebssports
b	Lohnsteigerung um 6 %	Senkung der Personalkosten
c	Förderung des ökologischen Handelns	Den vorhandenen Maschinenpark (der bereits 20 Jahre alt ist) noch weitere 20 Jahre nutzen können
d	Steigerung der Leistung der Mitarbeiter in der Produktion	Einführung eines neuen Kopierers für die Verwaltung
e	Erhöhung des Marktanteils	Auslastung der Produktionskapazitäten von 80 % auf 60 % reduzieren
f	Verbesserung der Qualität der Arbeitsleistung	Streichen aller Weiter- und Fortbildungsmöglichkeiten für die Arbeitnehmer
g	Ergonomische Ausstattung des Arbeitsplatzes nach den neuesten wissenschaftlichen Erkenntnissen	Senkung der Kosten für Ausfallzeiten durch Erkrankungen
h	Erweiterung des Sortiments	Beschaffung eines Kaffeevollautomaten für den Pausenraum der Mitarbeiter

Aufgabe 2

Die Auszubildenden unterhalten sich über die Ziele ihres Ausbildungsbetriebes.

Kathrin: „In der Schule haben wir heute gelernt, dass die Zielsetzung eines Unternehmens abhängt von der konjunkturellen Lage!"

Gül: „Das kann man aber nicht verallgemeinern! Das gilt nicht in jedem Fall!"

Kathrin: „Natürlich kann man das verallgemeinern. Schau mal: Geht es der Wirtschaft schlecht, kaufen die Leute einfach weniger. Das heißt, der Unternehmer kann nicht mehr so viel verkaufen. Also muss der Unternehmer in Zeiten schlechter Konjunktur weniger produzieren!"

Gül: „Das gilt vielleicht für Autos, aber nicht für Brot!"

Kathrin: „Das gilt genauso für Brot!"

a Hat Kathrin recht? Gilt das für jeden Unternehmer, dass in der Depression oder auch schon in der Rezession die Produktion eingeschränkt werden muss? Begründen Sie Ihre Antwort.

b Sie meinen, Kathrin hat nicht recht? Dann erläutern Sie mögliche Beispiele, mit denen die Unabhängigkeit der Ziele von der Konjunktur deutlich wird.

Aufgabe 3

Versuchen Sie, ein Leitbild für die Rosner GmbH zu entwickeln. Verwenden Sie dafür den von Ihnen erstellten Zielkatalog aus dem Arbeitsauftrag.

Regeln für die Erstellung des Leitbildes

- Die Ziele des Leitbilds müssen realisierbar, also umsetzbar sein.
- Die einzelnen Ziele dürfen sich nicht widersprechen, ansonsten können sie nicht umgesetzt werden.
- Die Leitsätze müssen eindeutig und verständlich formuliert sein, damit sie von jedem verstanden und umgesetzt werden können.

Aufgabe 4

Beschreiben Sie das Sachziel Ihres Ausbildungsbetriebes.

Aufgabe 5

Nennen Sie soziale Ziele und soziale Einrichtungen Ihres Ausbildungsbetriebes.

Aufgabe 6

Der Gesetzgeber hat dem Arbeitgeber eine soziale Fürsorge auferlegt. Das Ziel eines Arbeitgebers sollte also sein, diese soziale Fürsorge, die sich beispielsweise in der Gesundheitsfürsorge ausdrückt, den Mindestanforderungen entsprechend zu leisten.

Nennen Sie Gesetze, Verordnungen und Normen, die diese Fürsorge fordern.

2 Den zukünftigen Personalbedarf planen

Die Umsätze in der Rosner GmbH entwickeln sich gut. Der Fahrradsport ist weiterhin sehr populär und sorgt für steigende Nachfrage. Vor allem aber sind es die E-Bikes, die offensichtlich immer mehr Menschen in ihre Einkaufsplanung einbeziehen, durchaus auch von jüngeren Kunden.

Am Ende des Jahres 20(0) plant Herr Rosner daher für das folgende Geschäftsjahr einen deutlichen Umsatzzuwachs. Das aber wirft die Frage auf, ob das vorhandene Personal ausreicht, diese Umsatzerhöhung auch zu bewältigen.

Ein Blick in den aktuellen Stellenplan zeigt folgendes Bild:

Stellenplan der Rosner GmbH

Zahl der Stellen	Bezeichnung der Stelle	Tatsächlich besetzte Stellen
1	Geschäftsführer	1
3	Abteilungsleiter	3
2	Werkstatt	2
2	Verkauf	2
0,5	Rechnungswesen/Controlling	0,5
1	Lager	1
0,5	Auszubildende	0,5
Summe 10		Summe 10

Erläuterungen zum Stellenplan:

- Frau Tschern und Frau Seidler haben eine Teilzeitstelle, die jeweils mit einer halben Stelle (0,5) angesetzt wird.
- Frau Keller aus dem Rechnungswesen/Controlling ist ebenfalls nur halbtags beschäftigt.
- Die beiden Auszubildenden werden mit jeweils einer Viertel Stelle (je 0,25) in der Statistik geführt.

Aus dem **Rechnungswesen** kann Herr Rosner den Umsatz für das gerade abgelaufene Jahr entnehmen:

- Nettoumsatzerlöse 20(0): 755.000,00 €

Für das Jahr 20(+1) plant Herr Rosner mit folgenden Daten:

- Er geht von einer Umsatzsteigerung von 15 % gegenüber dem Vorjahresumsatz aus.
- Herr Moritz aus dem Verkauf wird im Laufe des Jahres in den Ruhestand gehen.
- Gül Ekici beendet im Sommer seine Ausbildung. Er wird in ein Beschäftigungsverhältnis mit voller Stelle übernommen.
  Die Werkstatt ist damit sehr gut mit Personal ausgestattet.
- Frau Seidler wird mit hoher Wahrscheinlichkeit ihre Teilzeitstelle (0,5) auf eine Dreiviertelstelle (0,75) aufstocken.

Auszug aus dem Organigramm

1. Heinz Rosner, Geschäftsführer
2. Maren Abel, Beschaffung, Marketing, Personal, Abteilungsleitung
3. Lena Keller, Rechnungswesen/Controlling
4. Ludwig Kosthorst, Werkstatt/Montage, Abteilungsleitung
5. Frederic Schmitz, Werkstatt/Montage
6. Hans Frechen, Werkstatt/Montage
7. Thomas Enders, Verkaufsleitung
8. Doris Tschern, Verkaufsmitarbeiterin (Teilzeit)
9. Anna Seidler, Verkaufsmitarbeiterin (Teilzeit)
10. Karsten Moritz, Verkaufsmitarbeiter
11. Marvin Scholz, Lager/Logistik

Auszubildende

12. Kathrin Timmermann, Verkauf, 2. Ausbildungsjahr
13. Gül Ekici, Werkstatt, 3. Ausbildungsjahr

Nach der mathematischen Berechnung des Personalbedarfs wird Herr Rosner weitere interne und externe Faktoren berücksichtigen, um den endgültigen Personalbedarf festzulegen.

Interne Faktoren

- **Absatzprogramm**: Der Absatz von E-Bikes wird mit hoher Wahrscheinlichkeit stark zunehmen (siehe auch den externen Faktor „Technologiewandel"). Im Verkauf werden daher verstärkt Mitarbeiter mit Spezialkenntnissen über E-Bikes vorhanden sein.

- Die **Altersstruktur** der Mitarbeiter ist ausgewogen. Die Übernahme von Gül Ekici wird den Altersdurchschnitt verbessern. Sollte sich ein Einstellungsbedarf ergeben, sind trotzdem jüngere Bewerber vorzuziehen.
- Bei einer **Eigenkapitalquote** von fast 51 % ist die Rosner GmbH solide finanziert. Die Kreditwürdigkeit bei der Hausbank ist ausgezeichnet.

Externe Faktoren

- Die aktuelle **konjunkturelle Lage** wird Herr Rosner in die Planungsentscheidung einfließen lassen.
- **Technologiewandel**: Die E-Bikes werden immer komfortabler. Das lässt hohe Stückzahlen bei tendenziell sinkenden Preisen erwarten. Die Leichtbauweise bei Rennrädern setzt sich immer stärker durch (Carbon-Rahmen). Dies wird für zusätzliche Kaufimpulse sorgen.
- **Demografischer Wandel**: Rennsporträder werden vorzugsweise von Kunden im Alter von 18 bis 50 Jahren gekauft; die Hauptkunden bei E-Bikes stellt die „Generation 50 plus".

Arbeitsauftrag
Führen Sie die Personalbedarfsplanung für das Jahr 20(+1) durch.

Vorschläge zur Vorgehensweise

1. Berechnen Sie den Bruttopersonalbedarf mithilfe der Kennzahlenmethode (Umsatz pro Mitarbeiter).
2. Ermitteln Sie den Nettopersonalbedarf durch Berücksichtigung der Zu- und Abgänge im Laufe des Jahres 20(+1). Verwenden Sie dazu das unten stehende Formular.
3. Berücksichtigen Sie bei der endgültigen Festlegung des Personalbedarfs auch weitere interne und externe Faktoren und treffen Sie dann eine Entscheidung über den Personalbedarf für das Jahr 20(+1).
4. Erstellen Sie eine Stellenbeschreibung für einen Mitarbeiter im Verkauf (siehe Muster-Formular unten).
5. Fertigen Sie ein Anforderungsprofil für einen Verkaufsmitarbeiter an (qualitative Anforderungen; siehe Formular unten).

Web

Formular zur Berechnung des Personalbedarfs		
Bestand/Veränderungen	**Anzahl**	**Erläuterungen**
Ist-Bestand (aktuell)		
Abgänge		
Zugänge		
Zukünftiger Bestand		
Bruttopersonalbedarf		Berechnungsbasis: Umsatz pro Mitarbeiter
Nettopersonalbedarf (Neubedarf)		
▪ davon Ersatzbedarf		
▪ davon Zusatzbedarf		

Stellenbeschreibung für einen Verkaufsmitarbeiter

Frau Abel hatte wegen der Stellenbeschreibung noch einmal mit Herrn Enders, dem Abteilungsleiter im Verkauf, gesprochen:

Herr Enders: „Liebe Maren, welche Aufgaben ein Verkaufsmitarbeiter hat, weißt du selbst. Ich lege zusätzlich Wert darauf, dass er bestimmte Befugnisse bekommt: Kundenbestellungen bis 2.000,00 € soll er selbstständig abwickeln und er soll Kundenreklamationen annehmen und bearbeiten. Ach ja – und um die Auszubildenden soll er sich kümmern – falls wir welche haben."

Muster

Stellenbeschreibung	
Stellenbezeichnung:	**Verkaufsmitarbeiter/-in**
Abteilung:	
Sachgebiet:	Fahrräder und Zubehör
Zeichnungsvollmacht:	
Ziel der Stelle:	
Organisatorische Eingliederung	
▪ unmittelbarer Vorgesetzter:	
▪ unmittelbar untergeordnete Stellen:	
Stellenvertretung	
▪ wird vertreten von:	
▪ vertritt:	
Aufgaben:	
Befugnisse und Verantwortung:	
Anforderungen an den/die Stelleninhaber/-in	
▪ Vorbildung:	
▪ persönliche Eigenschaften:	

Zeichnungsvollmacht: i. A., i. V., ppa, siehe Informationshandbuch des 1. Ausbildungsjahres, Seite 40

Anforderungsprofil für einen Verkaufsmitarbeiter

Anforderungsprofil				
Stelle/Funktion	**Verkaufsmitarbeiter/-in**			
		muss	soll	gewünscht
Berufliches Anforderungsprofil				
Aus- und Weiterbildung				
Berufserfahrung				
Persönliche Kompetenzen				
Geistige Anforderungen				
Körperliche Anforderungen				
Arbeitsverhalten				
Spezial- und Zusatzkenntnisse				
Erscheinen und Auftreten				
Sonstiges				

Aufgabe 1

Die Albrecht & Dörner KG plant den Personalbedarf für das Jahr 20(+1) aufgrund folgender Zahlen.

- Nettoumsatzerlöse 20(0): 4.500.000,00 €
- Geplante Umsatzsteigerung im Jahr 20(+1): 6 %
- Im Jahr 20(0) waren 40 Mitarbeiter im Unternehmen beschäftigt.
- Im Jahr 20(+1) erwartet das Unternehmen folgende Personalveränderungen:
  - Abgänge: 4 Mitarbeiter
  - Zugänge: 2 Mitarbeiter

a Berechnen Sie den Bruttopersonalbedarf mithilfe der Kennzahlenmethode (Umsatz pro Mitarbeiter).

b Ermitteln Sie den Nettopersonalbedarf durch Berücksichtigung der Zu- und Abgänge im Laufe des Jahres 20(+1). Verwenden Sie dazu das nebenstehende Formular.

Formular zur Berechnung des Personalbedarfs	
Bestand/Veränderungen	**Anzahl**
Ist-Bestand (aktuell)	
Abgänge	
Zugänge	
Zukünftiger Bestand	
Bruttopersonalbedarf	
Nettopersonalbedarf (Neubedarf)	
▪ davon Ersatzbedarf	
▪ davon Zusatzbedarf	

Aufgabe 2

Die Fehlzeitenstatistik der Morböck GmbH zeigt im Jahresvergleich das unten stehende Bild. Die Zahl der Mitarbeiter ist von 20(-1) auf 20(0) um 3 % gestiegen.

Web

a Berechnen Sie die Prozentsätze für das Jahr 20(0)

b Suchen Sie drei auffällige Abweichungen aus der Statistik und beurteilen Sie diese Zahlen.

Fehlzeitenstatistik – Mörbock GmbH					
		20(-1)	**20(-1)**	**20(0)**	**20(0)**
Fehlzeiten		**Stunden**	**Prozentanteil**	**Stunden**	**Prozentanteil**
Urlaub		**21 232**	**69,97**	**22 058**	
davon	bezahlter Urlaub	21 118	69,60	21 963	
	unbezahlter Urlaub	114	0,38	95	
Krankheit		**3 027**	**9,98**	**3 228**	
davon	krank bis 6 Wochen	2 352	7,75	2 446	
	krank über 6 Wochen	675	2,22	782	
Sonstige		**6 085**	**20,05**	**6 043**	
Feiertage		4 885	16,10	5 080	
Betriebsrat		124	0,41	129	
Betriebsversammlung		396	1,31	412	
Betriebsbedingte Fehlzeiten		79	0,26	82	
Unentschuldigte Fehlzeiten		89	0,29	108	
Fort- und Weiterbildung		512	1,69	232	
Summe		**30 344**	**100,00**	**31 329**	

Aufgabe 3

Der Auszubildende Gül Ekici der Rosner GmbH wird im Sommer seine Ausbildung beenden. Das Unternehmen hat ihm die Übernahme angeboten, weil er sowohl im Betrieb als auch in der Berufsschule sehr gute Leistungen erbringt.

Bei der Einstellung des Auszubildenden gab es nur ihn als Bewerber. Nehmen Sie an, es hätte damals folgende Bewerbersituation bestanden:

- Bewerber Nr. 1: Gül Ekici, mittlerer Bildungsabschluss mit guten Noten
- Bewerber Nr. 2: Christian Baumgarten, mittlerer Bildungsabschluss mit guten Noten

Im Vorstellungsgespräch habe beide einen guten Eindruck hinterlassen. Ein einwöchiges Praktikum haben beide zur Zufriedenheit aller Werkstattmitglieder absolviert.

Begründen Sie, wer nach Ihrer Meinung den Ausbildungsvertrag unter diesen Umständen bekommen hätte.

3 Die Stelle eines Verkaufsmitarbeiters ausschreiben

Frau Abel und Herr Rosner sind sich einig, dass die Rosner GmbH möglichst schnell eine Stelle für einen Verkaufsmitarbeiter ausschreiben soll.

Herr Rosner: „Also, mir wäre natürlich ein junger Mann am liebsten. Da haben wir eine große Sicherheit, dass er sich auch mit der Technik auskennt."

Frau Abel: „Darf ich darauf aufmerksam machen, dass wir zwei engagierte Damen im Verkaufsteam haben, die in Sachen Fahrradtechnik topfit sind?"

In Betrieben mit 5 bis 20 Arbeitnehmern besteht der Betriebsrat aus einer Person.

Herr Rosner: „Ja, Sie haben natürlich recht. Wir dürfen ja auch gar nicht gezielt nach einem männlichen Bewerber suchen. Müssen wir unser Betriebsratsmitglied, Herrn Scholz, noch einbinden?"

Frau Abel: „Da hier nur eine externe Ausschreibung sinnvoll ist, brauchen wir das nicht. Wir sollten ihn aber informieren, das ist gut für das Betriebsklima."

Herr Rosner: „Ja, machen Sie das. – Die Stellenbeschreibung liegt vor. Dann könnten Sie auf dieser Basis ja die Anzeige entwerfen."

Frau Abel: „Was bieten wir an?"

Herr Rosner: „Das Übliche: leistungsgerechte Vergütung, langfristige Zusammenarbeit, Mitarbeit in einem dynamischen Team usw."

Frau Abel: „Sollen wir wieder die Stadtteilzeitung Isar-Kurier nehmen oder die Münchener Allgemeine Zeitung? Dann melden sich vielleicht mehr Bewerber? Und: farbig oder schwarz-weiß, zweispaltig oder dreispaltig?"

Herr Rosner: „Vergleichen Sie bitte die Kosten. Dann entscheiden wir."

Siehe Lernsituation 2, Seite 252

Stellenbeschreibung	
Stellenbezeichnung:	**Verkaufsmitarbeiter/-in**
Abteilung:	Verkauf
Sachgebiet:	Fahrräder und Zubehör
Zeichnungsvollmacht:	i. A.
Ziel der Stelle:	Kundenberatung
Organisatorische Eingliederung	
▮ unmittelbarer Vorgesetzter:	Abteilungsleiter Verkauf
▮ unmittelbar untergeordnete Stellen:	Keine
Stellenvertretung	
▮ wird vertreten von:	Verkaufsmitarbeitern
▮ vertritt:	Verkaufsmitarbeiter
Aufgaben:	▮ Beratung von Kunden ▮ Erfassung von Kundenaufträgen und Reklamationen ▮ Warenpflege (Waren nachräumen, dekorieren) ▮ Teilnahme an Verkaufsförderungsmaßnahmen ▮ Arbeiten an der Kasse
Befugnisse und Verantwortung:	▮ Kundenbestellungen bis 2.000,00 € abwickeln ▮ Reklamationen kundenorientiert bearbeiten ▮ Auszubildende betreuen
Anforderungen an den/die Stelleninhaber/-in	
▮ Vorbildung:	▮ Mittlerer Bildungsabschluss ▮ Kaufmännische Ausbildung ▮ Gute Warenkenntnisse (Fahrräder, E-Bikes, Zubehör, Bekleidung) ▮ Vertiefte Kenntnisse über E-Bikes ▮ Verkaufskenntnisse
▮ persönliche Eigenschaften:	▮ Freundlichkeit ▮ Selbstbewusstsein ▮ Teamfähigkeit ▮ Kritikfähigkeit ▮ Selbstständiges Arbeiten

Arbeitsauftrag
Entwerfen Sie eine Stellenanzeige für einen Verkaufsmitarbeiter/eine Verlaufsmitarbeiterin.

Vorschläge zur Vorgehensweise
1. Berechnen Sie die Kosten für die Anzeige in unterschiedlichen Formaten, Farben und jeweils für die beiden Werbeträger. Gehen Sie zunächst von einer **Anzeigenhöhe** von 150 mm aus.
2. Entscheiden Sie über das Format, die Anzahl der Farben für die Anzeige und den Werbeträger.
3. Gestalten Sie den Text für die Anzeige. Verwenden Sie für die Grundschrift Arial in einer Größe von 8 pt.
4. Überprüfen Sie die Höhe Ihrer Anzeige und ermitteln Sie die endgültigen Kosten.

Informationen zur Anzeige

	Isar-Kurier	Münchener Allgemeine
Format	2 Spalten = 90 mm 3 Spalten = 136,5 mm	2 Spalten = 90 mm 3 Spalten = 136,5 mm
Millimeter-Preis (Grundpreis schwarz/weiß)	1,40 €	8,10 €
Zuschlag für eine weitere Farbe (zusätzlich zum Grundpreis)	1 Zusatzfarbe: 1,75 €	1 Zusatzfarbe: 10,50 €

Faustregel aus der Praxis: Für eine Stellenanzeige wird maximal ein Monatsgehalt für die ausgeschriebene Stelle aufgewandt.

Aufgabe 1

Frau Abel hat im Gespräch mit Herrn Rosner darauf hinwiesen, dass im vorliegenden Fall, in dem ein zusätzlicher Mitarbeiter eingestellt werden soll, nur eine externe Ausschreibung sinnvoll sei.

Theoretisch hätte der Betriebsrat in der Person von Herrn Scholz aber auf sein Recht nach § 93 Betriebsverfassungsgesetz hinweisen können.

§ 93 BetrVG Ausschreibung von Arbeitsplätzen

Der Betriebsrat kann verlangen, dass Arbeitsplätze, die besetzt werden sollen, allgemein oder für bestimmte Arten von Tätigkeiten vor ihrer Besetzung innerhalb des Betriebs ausgeschrieben werden.

Prüfen Sie, ob es eventuell doch sinnvoll sein könnte, dass Herr Scholz eine interne Ausschreibung der Stelle verlangt.

Aufgabe 2

Die Robert Schuster GmbH ist ein Maschinenbauunternehmen mit rund 450 Mitarbeitern. Mit der nachfolgenden Anzeige (Auszug) sucht das Unternehmen einen Fertigungsleiter/eine Fertigungsleiterin.

Zum nächstmöglichen Zeitpunkt suchen wir für unsere Sparte Blechtechnik eine/-n

Fertigungsleiter/-in

Wünschenswert ist ein erfolgreich abgeschlossenes Ingenieurstudium mit mehrjähriger Berufserfahrung. Fundierte Kenntnisse im Bereich der Blech- und Schweißtechnik sind von Vorteil aber nicht unbedingte Voraussetzung.

Sie haben direkte Personalverantwortung für ca. 40 Personen und sind verantwortlich für Technologien, Instandhaltung und Pflege der Werkstatteinrichtungen sowie für die kontinuierliche Verbesserung der Produktionsabläufe. Zu Ihrem Aufgabengebiet gehört auch die Kapazitäts- und Personalplanung.

Wir suchen eine Führungspersönlichkeit mit Flexibilität, Engagement, Durchsetzungskraft, Empathie und sozialer Kompetenz. Wenn Sie gern zu unserem motivierten Team gehören möchten, freuen wir uns auf Ihre Bewerbung.

Bitte senden Sie uns Ihre aussagekräftigen Unterlagen mit Gehaltsvorstellung.

a Stelle Sie eine begründete Vermutung darüber an, ob dieser externen Ausschreibung eine interne Ausschreibung vorausgegangen ist.

b Erläutern Sie jeweils zwei **Vorteile** für eine **interne** Ausschreibung, die Ihnen für die ausgeschriebene Stelle besonders wichtig erscheinen.

c Erläutern Sie jeweils zwei **Nachteile** für eine **externe** Ausschreibung bezogen auf die Stelle zum/zur Fertigungsleiter/-in.

Aufgabe 3

Prüfen Sie, ob es sich in den nachfolgend genannten Fällen um eine interne Beschaffungsmaßnahme (I) oder um eine externe Beschaffungsmaßnahme (E) handelt.

a Übernahme eines Auszubildenden in ein Beschäftigungsverhältnis ○

b Ein Personalberater („Headhunter") wirbt einen Mitarbeiter aus einem fremden Unternehmen ab und vermittelt ihn an ein Unternehmen, das eine freie Stelle anzubieten hat. ○

c Eine Mitarbeiterin erhöht ihre Stundenzahl von einer halben auf eine ganze Stelle. ○

Aufgabe 4

Um möglichst viele potenzielle Bewerben anzusprechen, will die Robert Schuster GmbH Anzeigen für bestimmte Stellen in einfacher Sprache verfassen.

Überprüfen Sie, ob der nachfolgende Text (Auszug aus einer Anzeige) leicht verständlich ist. Korrigieren Sie gegebenenfalls die Stellen, die Ihnen zu kompliziert erscheinen oder verfassen Sie eine neue Anzeige.

> Zum nächstmöglichen Zeitpunkt suchen wir für unsere wachsende Sparte Blechtechnik mehrere
>
> **Schweißer/-innen**
>
> Voraussetzung sind eine erfolgreich abgeschlossene Berufsausbildung, vorzugsweise mit Schwerpunkt Feinblechtechnik sowie mindestens drei bis vier Jahre Berufserfahrung und Kenntnisse in den gängigen Schweißverfahren, v. a. WIG-Impulsschweißtechnik.
>
> Wir erwarten, dass Sie in der Lage sind, komplexe technische Zeichnungen korrekt zu lesen und adäquat umzusetzen.
>
> Ihre Tätigkeit ist gekennzeichnet durch Abwechslung und hohe Ansprüche an Ihre Leistungen.
>
> Falls Sie interessiert sind, senden Sie uns gern Ihre aussagekräftigen Bewerbungsunterlagen zu.

Aufgabe 5

Stellen Sie begründet fest, ob die nachfolgenden Texte aus Stellenzeigen eventuell gegen das Allgemeine Gleichbehandlungsgesetz verstoßen.

a „Ihre Muttersprache ist Deutsch."

b „Übersenden Sie uns bitte Ihre vollständigen Bewerbungsunterlagen einschließlich Foto."

c „Wir sind ein junges, aufstrebendes und dynamisches Team."

d „Sie sollten über langjährige Berufserfahrung verfügen."

e „Es erwartet Sie ein männlich geprägtes Arbeitsumfeld."

f „Sie sind den hohen Belastungen der Position uneingeschränkt gewachsen."

4 Eingegangene Bewerbungen prüfen

Aufgrund der Stellenanzeige sind in der Rosner GmbH drei Bewerbungen eingegangen. Frau Abel hat nun die Bewerbermappen auf ihrem Schreibtisch liegen.

Als Erstes wird sie allen Bewerbern eine Eingangsbestätigung übersenden.

Die Vorprüfung ergibt, dass jeder der Bewerber für die Stelle infrage kommen könnte: Die Unterlagen sind vollständig, und die formalen Anforderungen an Bewerbungen, wie sie in der Rosner GmbH gelten, sind erfüllt.

Nun beginnt sie mit der sorgfältigen Analyse der Unterlagen eines jeden Bewerbers. Die Stellenbeschreibung wird sie dabei als Basis für ihre Analyse verwenden.

Stellenbeschreibung (Auszug)

Stellenbeschreibung, siehe auch Seite 256

Stellenanzeige, siehe Ergebnis aus dem Arbeitsauftrag in Lernsituation 3, Seite 257

Stellenbezeichnung:	**Verkaufsmitarbeiter/-in**
Abteilung:	Verkauf
Sachgebiet:	Fahrräder und Zubehör
Aufgaben:	▪ Beratung von Kunden ▪ Erfassung von Kundenaufträgen und Reklamationen ▪ Warenpflege (Waren nachräumen, dekorieren) ▪ Teilnahme an Verkaufsförderungsmaßnahmen ▪ Arbeiten an der Kasse
Befugnisse und Verantwortung:	▪ Kundenbestellungen bis 2.000,00 € abwickeln ▪ Reklamationen kundenorientiert bearbeiten ▪ Auszubildende betreuen
Anforderungen an den/die Stelleninhaber/-in	
▪ Vorbildung:	▪ Mittlerer Bildungsabschluss ▪ Kaufmännische Ausbildung ▪ Gute Warenkenntnisse (Fahrräder, E-Bikes, Zubehör, Bekleidung) ▪ Vertiefte Kenntnisse über E-Bikes ▪ Verkaufskenntnisse
▪ persönliche Eigenschaften:	▪ Freundlichkeit ▪ Selbstbewusstsein ▪ Teamfähigkeit ▪ Kritikfähigkeit ▪ Selbstständiges Arbeiten

Anschreiben

Hier prüft sie folgende Punkte:

- Vergleich der Leistungen des Kandidaten (siehe die drei Anschreiben unten) mit dem Stellenprofil (siehe Auszug aus der Stellenbeschreibung oben).
- Erfüllt das Schreiben die formalen Anforderungen (Rechtschreibnormen, DIN 5008)?

Lebenslauf

Beim Lebenslauf sind ihr folgende Punkte wichtig:

- Äußere Form
- Zeitlicher Verlauf (Lücken im Lebenslauf, Dauer der Ausbildung, Arbeitsstellenwechsel)
- Karriereweg (Wie entwickelten sich Aufgabenfelder und Anforderungen? Beruflicher Aufstieg? Welche Berufserfahrungen?)

Zeugnisse

Die Zeugnisauswertung ist bereits erledigt. Frau Abel hat das Ergebnis ihrer Auswertung in der nachfolgenden Tabelle als Zeugnisprofil zusammengestellt.

Zeugnisprofil

	Fellerhoff		Kaub		Ergün
Schulzeugnisse					
Durchschnittsnote in den berufsrelevanten Fächern	3		2		2
Arbeitszeugnisse					
1. Leistungsbereitschaft	2		2		1
2. Leistungsfähigkeit	2		3		2
3. Arbeitsweise	2		3		2
4. Arbeitsergebnisse	2		3		1
5. Verhalten	3		3		1
6. **Gesamtbeurteilung**	2		3		1

Zeugniscode zu 6. Gesamtbeurteilung

Ausführlich zum Thema „Beurteilung", siehe Lernsituation 10, Seite 305

Er/sie hat die ihm/ihr übertragenen Arbeiten…
- 1 = **sehr gut** = stets zu unserer vollsten Zufriedenheit …
- 2 = **gut** = stets zu unserer vollen Zufriedenheit …
- 3 = **befriedigend** = zu unserer vollen Zufriedenheit …
- 4 = **ausreichend** = zu unserer Zufriedenheit …
- 5 = **mangelhaft** = im Großen und Ganzen zu unserer Zufriedenheit erledigt.
- 6 = **ungenügend** = Er/sie hat sich bemüht, den Anforderungen gerecht zu werden.

Nun wird Frau Abel die Auswertungsergebnisse aller Bewerbungsunterlagen in einer Nutzwertanalyse zusammenstellen, um mithilfe der Analyse eine Entscheidung über den besten Bewerber zu treffen.

Nutzwertanalyse

	Gewichtung	Fellerhoff		Kaub		Ergün	
	%	Bewertung (1-10 Punkte)	Bewertung x Gewichtung	Bewertung (1-10 Punkte)	Bewertung x Gewichtung	Bewertung (1-10 Punkte)	Bewertung x Gewichtung
Bewerbungsunterlagen							
Anschreiben							
Lebenslauf							
Zeugnisse							
Schulzeugnisse							
Arbeitszeugnisse							
Anforderungen an den Stelleninhaber							
Vorbildung							
Kaufmännische Ausbildung							
Warenkenntnisse							
Vertiefte E-Bike-Kenntnisse							
Verkaufskenntnisse							
Summe							

Nachdem der am besten geeignete Bewerber ausgesucht worden ist, verfasst Frau Abel das Einladungsschreiben für ein Vorstellungsgespräch. Gleichzeitig formuliert sie die Ablehnungsschreiben für die ausgeschiedenen Bewerber. Ihr ist dabei bewusst, dass sie das Image des Unternehmens nicht beschädigen darf.

Anschließend bereitet sie das Vorstellungsgespräch vor, indem sie jeweils zwei Fragen zu den einzelnen Phasen des Gesprächs formuliert.

Phasen	Beispielfragen
1. Phase: Die Begrüßung	
2. Phase: Der Arbeitgeber	
3. Phase: Die Situation des Bewerbers	
4. Phase: Die neue Stelle des Bewerbers	
5. Phase: Persönliches zum Bewerber	
6. Phase: Der Abschluss	

Arbeitsauftrag

Erledigen Sie die Arbeiten, die mit der Auswahl der Bewerber auf die ausgeschriebene Stelle verbunden sind.

Vorschläge zur Vorgehensweise

1. Entwerfen Sie den Text für ein Bestätigungsschreiben über den Eingang der Bewerbungsunterlagen.
2. Werten Sie die Bewerbungsunterlagen mithilfe einer Nutzwertanalyse aus.
3. Formulieren Sie den Text für ein Einladungsschreiben zum Bewerbungsgespräch.
4. Bereiten Sie das Bewerbungsgespräch vor, indem Sie zu den Phasen des Gesprächs jeweils zwei Fragen entwerfen.
5. Entwerfen Sie den Text für das Ablehnungsschreiben.

Thomas Fellerhoff
Postillonstraße 97
80637 München
Tel.: 089 843328
E-Mail: thfellerhoff@net.de

Rosner GmbH
Frau Abel
Baaderstraße 120
80469 München

02.07.20(0)

Bewerbung als Verkaufsmitarbeiter

Hallo Frau Abel.

Hiermit bewerbe ich mich um die ausgeschriebene Stelle als Verkaufsmitarbeiter.
Meine Qualifikationen entsprechen genau Ihren Anforderungen. Durch meine Tätigkeiten in verschiedenen Zweiradunternehmen, konnte ich das notwendige technische und verkäuferische Wissen erwerben, um Kunden beim Kauf von Motorrädern, Fahrrädern und E-Bikes zuverlässig zu beraten. Meine Erfahrungen aus meinem Freizeitsport (Motocross-Fahren) sind mir in Beratungssituationen sehr behilflich. Außerdem habe ich großen Spass am Umgang mit Kunden.
Zu dem genannten Einstellungstermin könnte ich bei Ihnen beginnen.
Über ein persönliches Gespräch in dem Sie sich von meinen Stärken überzeugen könnten würde ich mich sehr freuen.

Es grüßt Sie herzlich Ihr

Thomas Fellerhoff

Anlagen

Lebenslauf

Persönliche Daten

Name:	Thomas Fellerhoff
Anschrift:	Postillonstraße 97, 80637 München
Geburtsdatum /-ort:	12.04.1983 in München
Telefon:	089 843328
E-Mail:	thfellerhoff@net.de
Familienstand:	verheiratet

Schulausbildung

1989 – 1993	Astrid-Lindgren-Grundschule, München
1993 – 1999	Robert-Bosch-Realschule, München Abschluss: Fachoberschulreife

Berufsausbildung

08/1999 – 07/2002	Ausbildung zum Bürokaufmann in der Tauber Racing GmbH - Zweiradhandel, München

Berufspraxis

07/2002 – 12/2008	Kaufmännischer Angestellter in der Verkaufsabteilung der Tauber Racing GmbH
03/2009 – 12/2012	Verkaufsmitarbeiter in der Motorrad-Center Wallenberg GmbH, Nürnberg,
seit 01/2013	Zweirad-Center Borgmann KG, München, Schwerpunkte Einkauf und Verkauf

Sonstiges

Fremdsprachenkenntnisse	Englisch (Grundkenntnisse)
EDV-Kenntnisse	MS-WORD, MS-Excel

Freizeit

Hobbys	Motocross-Fahren, Deutscher Jugendmeister 2000

München, 02.07.20(0)

Thomas Fellerhoff

Sebastian Kaub
Blumenstraße 44
94036 Passau

Tel.: 0851 164498
E-Mail: s.kaub@webnet.de

Rosner GmbH
Frau Abel
Baaderstraße 120
80469 München

04.07.20(0)

Bewerbung als Verkaufsmitarbeiter

Sehr geehrte Frau Abel,

ich war sehr erfreut Ihre Stellenanzeige im Isar-Kurier zu lesen. Aus persönlichen Gründen möchte ich nämlich meinen Wohnsitz nach München verlegen. In Ihrem Hause könnte ich meine Arbeit im E-Bike-Center Hanser in Nürnberg, in dem ich zurzeit tätig bin, nahtlos fortsetzen.

Aus meinem Lebenslauf können Sie ersehen, dass meine beruflichen Tätigkeiten fast ausschließlich auf E-Bikes bezogen waren, sodass ich mir im Laufe der letzten Jahre ein hohes Spezialwissen auf diesem Gebiet aneignen konnte.

Aufgrund meiner bisherigen Tätigkeiten und meinen weltläufigen Erfahrungen besitze ich eine ausgeprägte Kommunikations- und Teamfähigkeit. Ich gehe aktiv auf Menschen zu; auch bereitet mir der Kontakt mit Kunden sehr große Freude. Selbstständiges Arbeiten, Verantwortungsbewusstsein, Zuverlässigkeit, Leistungsbereitschaft und Flexibilität können Sie bei mir ebenso voraussetzen wie ein freundliches und gepflegtes Auftreten.

Ich könnte sofort bei Ihnen beginnen.

Über eine Einladung zu einem persönlichen Gespräch freue ich mich sehr.

Mit freundlichen Grüßen

gez. Sebastian Kaub

Anlagen

Lebenslauf

Persönliche Daten

Name:	Sebastian Kaub
Anschrift:	Blumenstraße 44, 94036 Passau
Geburtsdatum /-ort:	17.06.1975 in Passau
Telefon:	0851 164498
E-Mail:	s.kaub@webnet.de
Familienstand:	verheiratet, 2 Kinder

Schulausbildung

1981 – 1985	Maurus-Grundschule, Passau
1985 – 1994	Heinrich-Schliemann-Gymnasium Passau
	Abschluss: Allgemeine Hochschulreife
1994 – 1995	Erkundung fremder Kulturen

Berufsausbildung

1995 – 1997	Entwicklungshelfer der Welthungerhilfe in Tansania
08/1997 – 06/2000	Ausbildung zum Bürokaufmann in der E-Bike-System GmbH, Nürnberg

Berufspraxis/Praktika

07/2000 – 12/2006	Kaufmännischer Angestellter in der Elektrorad-Manufaktur Günther GmbH, Nürnberg, Schwerpunkt Verkauf
01/2007 – 12/2009	Kaufmännischer Angestellter der Stadtwerke Nürnberg
03/2010 – 8/2012	Kaufmännischer Angestellter in der Fahrrad-Vertriebs GmbH, Nürnberg, Schwerpunkt Verkauf von Fahrrädern und E-Bikes
seit 01/2013	E-Bike-Center Hanser GmbH, Nürnberg, Schwerpunkt Verkauf

Sonstige Kenntnisse

Fremdsprachenkenntnisse	Englisch (in Wort und Schrift)
	Französisch (in Wort und Schrift)
EDV-Kenntnisse	Microsoft Office

Freizeitinteressen

Hobbys	Tennis, Radfahren

Nürnberg, 04.07.20(0)

Sebastian Kaub

Ayla Ergün
Truhenseeweg 88
82319 Starnberg

Tel.: 08151 152345
E-Mail: ayla-93@online.de

Rosner GmbH
Frau Abel
Baaderstraße 120
80469 München

05.07.20(0)

Bewerbung als Verkaufsmitarbeiterin

Sehr geehrte Frau Abel,

Ihre Stellenanzeige im Isar-Kurier für eine Verkaufsmitarbeiterin habe ich mit großem Interesse gelesen. Gerne würde ich die beschriebenen Aufgaben in Ihrem Hause übernehmen und Ihre Kunden beim Kauf von Fahrrädern und E-Bikes überzeugend beraten.

Zurzeit bin ich als Kundenberaterin in der Fahrradhandlung Clemens Büscher e. K. in Starnberg tätig. Seit meiner Ausbildung arbeite ich dort selbstständig im Verkauf und erledige alle Aufgaben, die mit Warenpflege und verkaufswirksamer Warenpräsentation sowie Kassierarbeiten zusammenhängen.

Meine technischen Kenntnisse über E-Bikes habe ich in mehreren Schulungen von namhaften E-Bike-Herstellern ausbauen können, sodass ich auch bei diesem anspruchsvollen Produkt Kunden kompetent beraten kann.

Ich bin aktuell in ungekündigter Stellung. Ihren gewünschten Einstellungstermin könnte ich wahrnehmen.

Gerne würde ich den ersten Eindruck, den Sie aus meinen Bewerbungsunterlagen gewinnen, in einem Vorstellungsgespräch vertiefen.

Mit freundlichen Grüßen

Ayla Ergün

Anlagen

Lebenslauf

Persönliche Daten

Name:	Ayla Ergün
Anschrift:	Truhenseeweg 88, 82319 Starnberg
Geburtsdatum /-ort:	14.03.1993 in München
Telefon:	08151 152345
E-Mail:	ayla-93@online.de
Familienstand:	ledig

Schulausbildung

1999 – 2003	Hildegard-Grundschule, München
2003 – 2009	Andreas-Bauer-Realschule, München
	Abschluss: Fachoberschulreife

Berufsausbildung

8/2009 – 1/2012	Ausbildung zur Kauffrau im Einzelhandel in der Fahrradhandlung Clemens Büscher e. K., Starnberg

Berufspraxis/Praktika

seit 02/2012	Kaufmännische Angestellte in der Fahrradhandlung Clemens Büscher e. K, Starnberg, Schwerpunkt Kundenberatung

Sonstige Kenntnisse

Fremdsprachenkenntnisse:	Englisch (auf mittlerem Niveau)
	Türkisch (muttersprachlich)
Sonstiges:	Herstellerschulungen in E-Bike-Technik, Mountainbike
EDV-Kenntnisse:	Microsoft Office

Freizeitinteressen

Hobbys	Radsport (Mountainbike, Trekking)

Starnberg, 05.07.20(0)

Ayla Ergün

Aufgabe 1

In der Situation oben hat eine Bewerberin einen Migrationshintergrund.

a Prüfen Sie im Nachhinein, inwieweit dieser Sachverhalt Ihre Entscheidungen zur Bewerberauswahl möglicherweise beeinflusst hat.

b Nehmen Sie an, Herr Rosner hätte sofort beim Eingang alle Bewerbungsunterlagen „neutralisiert", indem er die Namen, die Passfotos und alles, was irgendwie Rückschlüsse auf nicht stellenbezogene Herkunftsmerkmale zuließe, unkenntlich gemacht oder entfernt. Anschließend hätte Frau Abel die Personalentscheidung zu treffen.
Begründen Sie, ob diese Handlungen nach Ihrer Meinung Einfluss auf das Einstellungsverfahren gehabt hätten.

c Prüfen Sie, ob dieses Verfahren (siehe **b**) in Ihrem Ausbildungsbetrieb sinnvoll einzusetzen wäre.

Aufgabe 2

Nehmen Sie an, nach der Analyse der Bewerbungsunterlagen wären zunächst zwei Bewerber in die engere Wahl genommen worden, um sie anschließend einem Eignungstest in Form von Multiple-Choice-Aufgaben zu unterziehen.

a Geben Sie zwei Informationen an, die die Rosner GmbH mit diesem Test gewinnen könnte.

b Formulieren Sie den Text für das Einladungsschreiben für diesen Eignungstest.

Aufgabe 3

Nehmen Sie an, die zwei verbleibenden Bewerber würden von der Rosner GmbH zu einem Assessment-Center eingeladen.

a Erläutern Sie, was Sie unter einem Assessment-Center verstehen.

b In der Veranstaltung sind im Laufe eines Tages folgende Aufgaben von den Teilnehmern zu erledigen:

1. In einer Gruppendiskussion wird über das Thema „Kundengruppe 50plus – Chancen oder Probleme für die Rosner GmbH?" diskutiert. Teilnehmer: Die beiden Kandidaten, Frau Abel und Herr Rosner.
2. In zwei Rollenspielen werden Verkaufsszenen dargestellt.
   Thema 1: Ein Ehepaar im Alter von ca. 65 Jahren ist unschlüssig, ob es vom Fahrrad auf ein E-Bike umsteigen soll.
   Thema 2: Reklamationsgespräch
3. Postkorbübung
4. Beide Kandidaten erhalten jeweils ein Thema, über das sie nach 30 Minuten Vorbereitungszeit frei referieren sollen.
   Thema 1: „Wie könnte sich die Rosner GmbH positiv in der Öffentlichkeit darstellen?"
   Thema 2: „Warum sind Warenkenntnisse so wichtig für den erfolgreichen Verkauf?"

Erläutern Sie, welche Ziele die Rosner GmbH durch die vier Aufgaben erreichen kann.

Aufgabe 4

Stellen Sie fest, an welcher Stelle des Auswahlverfahrens der Betriebsrat eingebunden werden muss.

Aufgabe 5

Stellen Sie fest, ob folgende Fragen oder Impulse, die zu einer Antwort auffordern, in einem Bewerbergespräch zulässig sind.

a „... freut mich sehr, dass Ihr Partner auch hier in der Stadt einen Arbeitsplatz hat. Dann wird unsere Freud- und Leidkasse ja bald ein Geschenk finanzieren dürfen."

b „... hoffe ich sehr, dass Sie ihre Krankheit vollständig und ohne Nachwirkungen überwunden haben."

c „Sind in Ihrer Familie chronische Krankheiten typisch?"

d „... wenn Sie so lange verheiratet sind, wird doch sicherlich bald eine richtige Familie daraus."

e Ein zukünftiger Mitarbeiter soll an der Kasse des Verkaufsshops eines Handwerksbetriebes eingesetzt werden: „Ich muss Sie wegen der Kassiertätigkeit leider noch fragen, ob Sie vorbestraft sind."

f „Ach ja, bevor ich das vergesse: Wir haben keinen speziellen Raucherraum, falls Sie so etwas benötigen."

g „Übrigens, unser Betriebsrat wird in Kürze neu gewählt. Haben Sie zufällig Erfahrungen auf diesem Gebiet? Das wäre sehr nützlich."

h „Zum Schluss noch eine Pflichtfrage: Ich hoffe, dass ich nicht schon im nächsten Monat Ihre Gehaltspfändung auf meinen Schreibtisch liegen habe."

5 Einen Arbeitsvertrag entwerfen

Die Rosner GmbH hat sich bei der Personalauswahl (siehe Lernsituation 4) für Frau Ergün entschieden. Der Betriebsrat hat der Einstellung zugestimmt. Frau Abel hat Frau Ergün die Entscheidung mitgeteilt und mit ihr einen Termin vereinbart, zu dem der Arbeitsvertrag unterschrieben und weitere Einstellungsdetails geklärt werden sollen.

Frau Abel wird für den Termin den Arbeitsvertrag unterschriftsreif entwerfen. Dazu hat sie die erforderlichen Unterlagen zusammengetragen.

Informationen zum Arbeitsvertrag

Anschrift von Frau Ergün: Ayla Ergün, Truhenseeweg 88, 82319 Starnberg

Als Arbeitsbeginn wurde der 1. August 20(0) vereinbart.

Der Arbeitsvertrag ist unbefristet. Die Probezeit richtet sich nach dem Manteltarifvertrag für den Einzelhandel. Für eine längere Probezeit, als im Manteltarifvertrag vorgesehen ist, besteht kein Anlass.

Frau Ergün wird am Firmensitz der Rosner GmbH als Verkaufsmitarbeiterin für Fahrräder, E-Bikes, Fahrradzubehör und Fahrradbekleidung eingesetzt.

Der Urlaubsanspruch von Frau Ergün beträgt 34 Werktage (§ 15 Manteltarifvertrag).

Es gelten der Gehalts- und der Manteltarifvertrag für den Einzelhandel. Mit Frau Ergün hatte man sich auf die Gehaltsgruppe I und das 4. Berufsjahr sowie eine freiwillige übertariflichen Zahlung von monatlich 150,00 € geeinigt. Das Gehalt wird zum 1. des Folgemonats fällig.

Die Kündigungsfrist richtet sich für beide Seiten nach den gesetzlichen Vorschriften.

Für die Arbeitszeit gilt der Manteltarifvertrag. Bei Arbeitsversäumnissen ist der Arbeitgeber zu informieren. Die Details richten sich nach dem Manteltarifvertrag.

Auszug aus dem Mantel-Tarifvertrag

§ 12

Probezeit

(1) Wird eine Probezeit vereinbart, darf sie in der Regel drei Monate nicht überschreiten. Während einer vereinbarten Probezeit gilt eine Kündigungsfrist von zwei Wochen...

Auszug aus dem Tarifvertrag

Gehaltsgruppe I

Angestellte mit abgeschlossener kaufmännischer Ausbildung.

1. Berufsjahr	1.538,00 €
2. Berufsjahr	1.582,00 €
3. Berufsjahr	1.765,00 €
4. Berufsjahr	1.807,00 €
5. Berufsjahr	1.983,00 €
6. Berufsjahr	2.248,00 €

Auszug aus dem Mantel-Tarifvertrag

§ 2

Arbeitszeit

(1) Die regelmäßige wöchentliche Arbeitszeit beträgt 38,5 Stunden von montags bis samstags ausschließlich Pausen.

(...)

§ 18

Arbeitsausfall und Arbeitsversäumnisse

(1) Kann der Arbeitnehmer durch unvorhergesehene Ereignisse seine Arbeitsleistung nicht erbringen, so hat er dem Arbeitgeber unverzüglich Mitteilung zu machen und dabei die Gründe seiner Verhinderung bekanntzugeben.

(2) Ist die Arbeitsverhinderung durch Krankheit verursacht und dauert sie länger als drei Werktage, so ist vor Ablauf des vierten Werktages ab Beginn der Arbeitsunfähigkeit eine ärztliche Bescheinigung über die Arbeitsunfähigkeit und deren voraussichtliche Dauer vorzulegen.

(...).

Neben den beiden Tarifverträgen gilt auch die Betriebsvereinbarung der Rosner GmbH mit dem Betriebsrat über die Urlaubsverteilung.

Arbeitsauftrag

Entwerfen Sie einen unterschriftsreifen Arbeitsvertrag. Stellen Sie sicher, dass die Forderungen des Nachweisgesetzes erfüllt werden.

Vorschläge zur Vorgehensweise

1. Erstellen Sie den Vertrag aufgrund der oben stehenden Informationen nach unten stehendem Muster.
2. Stellen Sie fest, ob der Vertrag dem Nachweisgesetz (NachwG) entspricht.

§ 2 Abs. 1 NachwG – Nachweispflicht

(1) Der Arbeitgeber hat spätestens einen Monat nach dem vereinbarten Beginn des Arbeitsverhältnisses die wesentlichen Vertragsbedingungen schriftlich niederzulegen, die Niederschrift zu unterzeichnen und dem Arbeitnehmer auszuhändigen. In die Niederschrift sind mindestens aufzunehmen:

1. der Name und die Anschrift der Vertragsparteien,
2. der Zeitpunkt des Beginns des Arbeitsverhältnisses,
3. bei befristeten Arbeitsverhältnissen: die vorhersehbare Dauer des Arbeitsverhältnisses,
4. der Arbeitsort oder, falls der Arbeitnehmer nicht nur an einem bestimmten Arbeitsort tätig sein soll, ein Hinweis darauf, dass der Arbeitnehmer an verschiedenen Orten beschäftigt werden kann,
5. eine kurze Charakterisierung oder Beschreibung der vom Arbeitnehmer zu leistenden Tätigkeit,
6. die Zusammensetzung und die Höhe des Arbeitsentgelts einschließlich der Zuschläge, der Zulagen, Prämien und Sonderzahlungen sowie anderer Bestandteile des Arbeitsentgelts und deren Fälligkeit,
7. die vereinbarte Arbeitszeit,
8. die Dauer des jährlichen Erholungsurlaubs,
9. die Fristen für die Kündigung des Arbeitsverhältnisses,
10. ein in allgemeiner Form gehaltener Hinweis auf die Tarifverträge, Betriebs- oder Dienstvereinbarungen, die auf das Arbeitsverhältnis anzuwenden sind.

Muster eines Angestelltenvertrages der Rosner GmbH

Web

Rosner GmbH

Baaderstraße 120, 80469 München

Arbeitsvertrag

zwischen ______________________ und der ______________________

wird folgender Angestelltenvertrag geschlossen:

§ 1 Vertragsbeginn

…

§ 2 Arbeitsort

…

§ 3 Dauer des Arbeitsverhältnisses

…

§ 4

….

Ort, Datum, Unterschriften

…

Aufgabe 1

Frau Ergün erhält ein Monatsentgelt in Höhe von 1.807,00 € (Gehaltsgruppe 1, 4. Berufsjahr) nach dem Tarifvertrag für den Einzelhandel. Gleichzeitig erhält sie eine übertarifliche Zahlung in Höhe von monatlich 150,00 €.

Nach dem Arbeitsrecht hat der Tarifvertrag Vorrang vor dem Arbeitsvertrag (Rangfolgeprinzip).

Begründen Sie, warum die übertarifliche Zahlung trotzdem rechtswirksam ist.

Aufgabe 2

In der Thierse GmbH erhält die 22-jährige Mitarbeiterin Stefanie Senn laut Arbeitsvertrag 34 Tage Urlaub.

a Stellen Sie fest, welche Rangfolge für den Arbeitsvertrag, den Mantel-Tarifvertrag und das Bundesurlaubsgesetz (BUrlG) gilt.

b Begründen Sie mithilfe des Rangfolge- und des Günstigkeitsprinzips, welche Regelung für Stefanie Senn zutrifft.

Auszug aus dem anzuwendenden Mantel-Tarifvertrag

§ 15 Urlaub

(...)
(3) Der Urlaub beträgt je Kalenderjahr

bis zum vollendeten 20. Lebensjahr	30 Werktage
nach dem vollendeten 20. Lebensjahr	32 Werktage
nach dem vollendeten 23. Lebensjahr	34 Werktage
nach dem vollendeten 30. Lebensjahr	36 Werktage

(...)

§ 3 BUrlG – Dauer des Urlaubs

(1) Der Urlaub beträgt jährlich mindestens 24 Werktage.

(2) Als Werktage gelten alle Kalendertage, die nicht Sonn- oder gesetzliche Feiertage sind.

Aufgabe 3

Nehmen Sie an, die Rosner GmbH hätte mit Frau Ergün keine Probezeit von drei Monaten vereinbart, sondern ein Probearbeitsverhältnis nach dem Gesetz über Teilzeitarbeit und befristete Arbeitsverträge (TzBfG).

Erläutern Sie den Unterschied aus Sicht der Rosner GmbH.

Aufgabe 4

Nach einem Jahr in der Rosner GmbH möchte Frau Ergün ihre Arbeitszeit reduzieren, weil sie einen Familienangehörigen pflegen muss. Es ist aber absehbar, dass sie bald durch die Inanspruchnahme eines Pflegedienstes entlastet wird.

Nach ihrer Planung wäre ihr folgende Regelung zur Arbeitszeit am liebsten:

1. Zunächst für drei Monate einen Minijob.
2. Anschließend für drei Monate einen Midijob.
3. Teilzeitbeschäftigung mit 20 Stunden.

a Geben Sie Frau Ergün Auskunft über die jeweiligen Verdienstmöglichkeiten.

b Erläutern Sie ihr für die Fälle 1. bis 3. die Auswirkungen auf ihre spätere Rentenhöhe.

Aufgabe 5

Eine Mitarbeiterin erhält als geringfügig Beschäftigte monatlich 380,00 €. Im Juni und im November erhält sie zusätzlich Einmalzahlungen in Höhe von 100,00 € (Urlaubsgeld) und 150,00 € (Weihnachtsgeld). Stellen Sie fest, ob trotzdem eine Entgelt-geringfügige Beschäftigung vorliegt.

Aufgabe 6

In der Thierse GmbH hat der Betriebsrat einem befristeten Arbeitsverhältnis zugestimmt. Nun soll das befristete Arbeitsverhältnis in ein unbefristetes umgewandelt werden. Prüfen Sie, ob der Betriebsrat der Umwandlung zustimmen muss.

Aufgabe 7

Der Personalleiterin in der Intersped GmbH liegt der nachfolgende Arbeitsvertrag als Entwurf vor. Sie möchte noch einmal überprüfen, ob der Vertrag die Anforderungen des Nachweisgesetzes erfüllt.

Versetzen Sie sich in die Situation der Personalleiterin und überprüfen Sie den Vertrag.

Anstellungsvertrag

zwischen der INTERSPED GmbH, Merkurstraße 14, 40223 Düsseldorf – im folgenden Arbeitgeber genannt – und Markus Anders – im folgenden Arbeitnehmer genannt – wird nachfolgender Arbeitsvertrag mit folgendem Inhalt geschlossen:

§ 1 Beginn des Arbeitsverhältnisses

(1) Es wird mit Wirkung vom 1. Februar 20(0) ein unbefristetes Arbeitsverhältnis vereinbart. Die ersten drei Monate gelten als Probezeit. Während dieser Zeit kann der Arbeitnehmer das Arbeitsverhältnis ohne Angaben von Gründen jederzeit fristlos kündigen.

(2) Der Arbeitnehmer ist verpflichtet, dem Arbeitgeber spätestens bei Dienstantritt die notwendigen Arbeitspapiere auszuhändigen. Erfüllt der Arbeitnehmer diese Verpflichtung nicht, so ist der Arbeitgeber zur außerordentlichen und fristlosen Kündigung berechtigt.

§ 2 Inhalt des Arbeitsverhältnisses

(1) Der Arbeitnehmer wird als Sachbearbeiter eingestellt.

(2) Der Arbeitgeber behält sich vor, dem Arbeitnehmer eine andere seiner Ausbildung und Qualifikation entsprechende Tätigkeit und in dringenden Fällen aus betrieblichen Gründen auch eine davon abweichende Tätigkeit zuzuweisen.

§ 3 Arbeitszeit

Die durchschnittliche Arbeitszeit richtet sich nach dem Manteltarifvertrag für die kaufmännischen und technischen Angestellten in der Speditions-, Logistik- und Transportwirtschaft und beträgt zurzeit 40 Stunden wöchentlich. Zugrunde gelegt wird eine 5-Tage-Woche. Beginn und Ende der täglichen Arbeitszeit und der Pausen richten sich nach den betrieblichen Erfordernissen und bleiben dem Weisungsrecht des Arbeitgebers vorbehalten.

§ 4 Vergütung

(1) Der Arbeitnehmer erhält ein monatliches Bruttogehalt nach dem Gehaltstarifvertrag für die kaufmännischen und technischen Angestellten im privaten Güterverkehrsgewerbe (Gehaltsgruppe V) in Höhe von z. Zt. 2.549,00 € zuzüglich einer übertariflichen Zulage von 500,00 €. Die Vergütung ist jeweils am 1. des Folgemonats fällig.

(2) Der Anspruch auf Urlaubsgeld und der Jahressonderzahlung richtet sich nach dem Manteltarifvertrag für die kaufmännischen und technischen Angestellten in der Speditions-, Logistik- und Transportwirtschaft.

§ 5 Urlaub

Der Arbeitnehmer wird Urlaub nach den Bestimmungen des Manteltarifvertrags für die kaufmännischen und technischen Angestellten in der Speditions-, Logistik- und Transportwirtschaft gewährt. Er beträgt derzeit jährlich 20 Urlaubstage.

§ 6 Arbeitsverhinderung und Krankheit

(1) Der Arbeitnehmer hat bei einer Erkrankung, die ihn an der Wahrnehmung des Dienstes hindert oder voraussichtlich hindern wird, oder bei einer sonstigen Arbeitsverhinderung den Arbeitgeber unverzüglich hiervon zu unterrichten.

(2) Im Falle der Erkrankung ist der Arbeitnehmer verpflichtet, vom 3. Tag der Arbeitsunfähigkeit an eine ärztliche Bescheinigung über die Arbeitsunfähigkeit sowie deren voraussichtliche Dauer vorzulegen. Dauert die Arbeitsunfähigkeit länger als in der Bescheinigung angegeben, so ist der Arbeitnehmer ebenfalls verpflichtet, vom 1. Tag der Fortdauer der Krankheit an eine neue ärztliche Bescheinigung einzureichen.

§ 7 Beendigung des Arbeitsverhältnisses

(1) Das Arbeitsverhältnis kann unabhängig von einer etwaigen Befristung innerhalb der gesetzlichen Kündigungsfristen gekündigt werden. Unberührt bleibt das Recht zur außerordentlichen Kündigung.

(2) Der Arbeitgeber ist berechtigt, den/die Arbeitnehmer/-in während der Kündigungsfrist von der Arbeit freizustellen.

(3) Sofern dieser Vertrag nicht vorher gekündigt oder in beiderseitigem Einvernehmen aufgelöst wird, endet das Vertragsverhältnis zum Ende des Monats, in dem der Arbeitnehmer die Rente eines gesetzlichen Versicherungsträgers erstmalig erhält.

§ 8 Schlussbestimmungen

Auf diesen Arbeitsvertrag finden im Übrigen die Vorschriften der geltenden Tarifverträge für die kaufmännischen und technischen Angestellten in der Speditions-, Logistik- und Transportwirtschaft und die zwischen Betriebsrat und Geschäftsleitung geschlossenen Betriebsvereinbarungen Anwendung.

Unterschrift Arbeitgeber/Arbeitnehmer

6 Ein Gehalt berechnen

Frau Ergün hat den Arbeitsvertrag unterschrieben und am 1. August die Arbeit in der Rosner GmbH begonnen.

Für den 1. September ist damit die erste Gehaltszahlung fällig. Dem nebenstehenden Auszug aus dem Arbeitsvertrag und dem Tarifvertrag (siehe Ausschnitt unten) sind die grundlegenden Informationen für die Berechnung ihres Gehaltes zu entnehmen.

> **Rosner GmbH**
>
> Baaderstraße 120, 80469 München
>
> **Arbeitsvertrag**
>
> zwischen Frau Ayla Ergün, Truhenseeweg 88, 82319 Starnberg, und der Rosner GmbH wird folgender Angestelltenvertrag geschlossen:
>
> **§ 6 Arbeitsentgelt**
>
> Das Arbeitsentgelt richtet sich nach dem Tarif für den Einzelhandel, Gehaltsgruppe I, 4. Berufsjahr. Zusätzlich wird eine übertarifliche Zahlung von monatlich 150,00 € geleistet. Das Gehalt ist jeweils zum 1. des Folgemonats fällig.

Frau Abel wird die Gehaltsabrechnung erstellen und dafür sorgen, dass die jeweiligen Beträge für Frau Ergün, für das Finanzamt und für die Krankenkasse rechtzeitig überwiesen werden. Dazu wird sie auch den Arbeitgeberanteil zur Sozialversicherung errechnen und in einer Tabelle den Arbeitnehmerbeiträgen gegenüberstellen (siehe Seite 275).

Zusatzinformationen

Frau Ergün ist unverheiratet und hat keine Kinder. Sie ist bei der AOK krankenversichert. Die AOK erhebt für Frau Ergün keinen Zusatzbeitrag. Die Religionsgemeinschaft, der sie angehört, lässt keine Kirchensteuer einziehen. Das Bundeszentralamt für Steuern hat nach Übersendung der Steuer-ID für Frau Ergün deren elektronischen Lohnsteuerabzugsmerkmale übermittelt. Danach gilt für die Arbeitnehmerin die Steuerklasse I; ein Lohnsteuerfreibetrag ist nicht beantragt worden; Kinderfreibeträge existieren nicht.

Für die Pflegeversicherung ist zu beachten, dass Frau Ergün das 23. Lebensjahr vollendet hat.

Auszug aus dem Tarifvertrag

Gehaltsgruppe I Angestellte mit abgeschlossener kaufmännischer Ausbildung	
1. Berufsjahr	1.538,00 €
2. Berufsjahr	1.582,00 €
3. Berufsjahr	1.765,00 €
4. Berufsjahr	1.807,00 €
5. Berufsjahr	1.983,00 €
6. Berufsjahr	2.248,00 €

Schließlich wird Frau Abel noch die Personalkosten ermitteln, die sich aus der Gehaltsabrechnung von Frau Ergün für die Rosner GmbH ergeben.

Lohnsteuertabelle (Auszug)

Lohn/Gehalt		Ohne Kinderfreibetrag			Kinderfreibetrag 0,5		Kinderfreibetrag 1,0	
bis €	**StKL**	**LSt**	**KiSt 9 %**	**SolZ**	**KiSt 9 %**	**SolZ**	**KiSt 9 %**	**SolZ**
1.950,00	**I**	**198,00**	17,82	10,89	11,06	6,76	4,84	-
	II	**169,41**	-	-	8,64	3,01	2,99	-
	III	**19,66**	1,77	-	-	-	-	-
	IV	**198,00**	17,82	10,89	14,39	8,79	11,06	6,76
	V	**420,66**	37,86	23,13	-	-	-	-
	VI	**451,50**	40,63	24,83	-	-	-	-
1.975,00	**I**	**203,66**	18,33	11,20	11,54	7,05	5,25	-
	II	**175,00**	-	-	9,12	4,06	3,25	-
	III	**23,00**	2,07	-	-	-	-	-
	IV	**203,66**	18,33	11,20	14,88	9,09	11,54	7,05
	V	**428,16**	38,53	23,54	-	-	-	-
	VI	**459,33**	41,34	25,26	-	-	-	-
2.000,00	**I**	**209,41**	18,84	11,51	12,03	7,35	5,67	-
	II	**180,58**	-	-	9,59	5,11	3,63	-
	III	**26,33**	2,37	-	-	-	-	-
	IV	**209,41**	18,84	11,51	15,38	9,40	12,03	7,35
	V	**435,83**	39,22	23,97	-	-	-	-
	VI	**467,00**	42,03	25,68	-	-	-	-

Arbeitsauftrag

Erstellen Sie die Gehaltsabrechnung für Frau Ergün und ermitteln Sie, welche Beträge zu welchen Terminen aufgrund der Gehaltsabrechnung zu überweisen sind.

Vorschläge zur Vorgehensweise

1. Erstellen Sie die Gehaltsabrechnung mithilfe eines Tabellenkalkulationsprogramms (Muster, siehe unten).
2. Berechnen Sie die Arbeitgeberanteile zur Sozialversicherung und vergleichen Sie sie mit den Arbeitnehmerbeiträgen (siehe Tabelle unten).
3. Ergänzen Sie die unten stehende Tabelle mit den Zahlungsempfängern, den entsprechenden Beträgen und Zahlungsterminen (siehe Tabelle auf Seite 276).
4. Berechnen Sie die Personalkosten, die der Rosner GmbH durch die Gehaltszahlung an Frau Ergün entstehen.

Web

Gehaltsabrechnung

Name:		
Lohnsteuerklasse:		
Kinderfreibetrag:		
Konfession:		
	€	€
1. **Bruttogehalt**		
2. + Vermögenswirksame Leistungen		
3. + Steuer- und sozialversicherungspflichtige Zulagen		
4. **= Sozialversicherungspflichtiges Gehalt**		
5. – Lohnsteuerfreibetrag		
6. **= Steuerpflichtiges Gehalt**		
7. **Sozialversicherungspflichtiges Gehalt**		
8. – Lohnsteuer		
9. – Kirchensteuer		
10. – Solidaritätszuschlag		
11. – Krankenversicherung		
12. – Rentenversicherung		
13. – Arbeitslosenversicherung		
14. – Pflegeversicherung		
15. **= Nettogehalt**		
16. – Abzüge (Vermögensbildung/Vorschuss)		
17. **= Auszahlung**		

Abzuführende Sozialversicherungsbeiträge für Frau Ergün					
	Arbeitnehmer		Arbeitgeber		
Versicherung	**%**	**Betrag**	**%**	**Betrag**	**Gesamt**
Summe					

Beträge – Zahlungsempfänger – Fristen			
Art	Betrag	Empfänger	Fristen
Summe			

Personalkosten Frau Ergün	
	€
Summe	

Aufgabe 1

Das Gehalt von Susanne Gottschalk, beschäftigt in der Verwaltung des Städtischen Krankenhauses Rostock, ist neu zu berechnen, weil sie eine neue Position mit einem höheren Gehalt übernimmt. Ihr Tarifgehalt beträgt 2.620,00 €; zusätzlich erhält sie eine übertarifliche Stellenzulage von 200,00 €. Darüber hinaus gewährt der Arbeitgeber eine vermögenswirksame Leistung von 26,00 €. Frau Gottschalk lässt monatlich 40,00 € auf ihren Bausparvertrag überweisen. Auf Antrag ist ihr ein Lohnsteuerfreibetrag von 150,00 € gewährt worden. Die Arbeitnehmerin ist in Steuerklasse III mit einem Kinderfreibetrag. Für die Finanzierung eines Umzugs hat sie von ihrem Arbeitgeber einen Vorschuss in Höhe von 2.000,00 € erhalten, den sie nun monatlich mit 200,00 € zurückbezahlt. Frau Gottschalk ist evangelisch. Ihre Krankenkasse verlangt einen Zusatzbeitrag in Höhe von 0,9 %.

a Berechnen Sie das neue Gehalt. Verwenden Sie den Auszug aus der Lohnsteuertabelle auf Seite 276.

b Der Ehepartner von Frau Gottschalk hat sein Ingenieurstudium abgeschlossen und eine gut bezahlte Position in einem Maschinenbauunternehmen übernommen. Er verdient mehr als seine Partnerin. Das Ehepaar hat daher die Steuerklassenkombination V/III gewählt. Der Kinderfreibetrag wird vom Ehemann geltend gemacht.
Berechnen Sie das Gehalt von Frau Gottschalk unter den veränderten Bedingungen.

c Erläutern Sie, unter welchen Bedingungen das Ehepaar Gottschalk die Steuerklassenkombination IV/IV gewählt hätte.

d Vergleichen Sie die steuerlichen Abzüge von Frau Gottschalk in den Steuerklassen V und IV. Gehen Sie davon aus, dass das Ehepaar den Kinderfreibetrag in Steuerklasse IV aufteilt (je 0,5).

e Erläutern Sie das Ziel der Steuerklassenwahl.

Lohnsteuertabelle (Auszug)

Lohn/Gehalt		Ohne Kinderfreibetrag			Kinderfreibetrag 0,5		Kinderfreibetrag 1,0	
bis €	StKL	LSt	KiSt 9 %	SolZ	KiSt 9 %	SolZ	KiSt 9 %	SolZ
2.675,00	I	373,50	33,61	20,54	25,96	15,86	18,72	11,44
	II	341,25	-	-	23,21	14,18	16,14	9,86
	III	150,50	13,54	-	7,83	-	3,03	-
	IV	373,50	33,61	20,54	29,73	18,17	25,96	15,86
	V	661,00	59,49	36,35	-	-	-	-
	VI	697,25	62,75	38,34	-	-	-	-
2.700,00	I	380,00	34,20	20,90	26,51	16,20	19,24	11,76
	II	347,50	-	-	23,75	14,51	16,64	10,17
	III	156,00	14,04	-	8,26	-	3,39	-
	IV	380,00	34,20	20,90	30,30	18,51	26,51	16,20
	V	670,00	60,30	36,85	-	-	-	-
	VI	706,25	63,56	38,84	-	-	-	-
2.725,00	I	386,41	34,77	21,25	27,06	16,53	19,76	12,07
	II	353,91	-	-	24,29	14,84	17,15	10,48
	III	161,66	14,55	-	8,70	-	3,75	-
	IV	386,41	34,77	21,25	30,87	18,86	27,06	16,53
	V	679,08	61,11	37,34	-	-	-	-
	VI	715,33	64,38	39,34	-	-	-	-

Web

Gehaltsabrechnung

Name:		
Lohnsteuerklasse:		
Kinderfreibetrag:		
Konfession:		
	€	€
1. **Bruttogehalt**		
2. + Vermögenswirksame Leistungen		
3. + Steuer- und sozialversicherungspflichtige Zulagen		
4. **= Sozialversicherungspflichtiges Gehalt**		
5. – Lohnsteuerfreibetrag		
6. **= Steuerpflichtiges Gehalt**		
7. **Sozialversicherungspflichtiges Gehalt**		
8. – Lohnsteuer		
9. – Kirchensteuer		
10. – Solidaritätszuschlag		
11. – Krankenversicherung		
12. – Rentenversicherung		
13. – Arbeitslosenversicherung		
14. – Pflegeversicherung		
15. **= Nettogehalt**		
16. – Abzüge (Vermögensbildung/Vorschuss)		
17. **= Auszahlung**		

Aufgabe 2

Eine Gehaltsabrechnung (siehe Seite 276) lässt sich einfacher erstellen, wenn man für die Werte, die in die Tabelle einzutragen sind, eine Eingabemaske anfertigt. Verlinkt man die Felder der Eingabemaske mit den entsprechenden Feldern der Gehaltsabrechnung, wird die Gehaltsabrechnung automatisch sichtbar, sobald die Werte in die Eingabemaske eingegeben worden sind.

a Fertigen Sie eine Eingabemaske zur Gehaltsabrechnung an und verlinken Sie die Felder so, dass die Gehaltsabrechnung automatisch errechnet wird.

Web

Muster Eingabemaske

Eingabe	
Bruttogehalt	
Vermögenswirksame Leistungen des Arbeitgebers €	
usw.	

b Testen Sie die Eingabemaske mit den Daten zur Gehaltsabrechnung in Aufgabe 1 a.

Aufgabe 3

Frau Ergün prüft, ob sie beim Finanzamt einen Lohnsteuerfreibetrag beantragen kann. Dazu hat sie verschiedene Belege und Informationen über entstandene Kosten zusammengetragen.

Stellen Sie fest, welche dieser Kosten für einen Lohnsteuerfreibetrag geltend gemacht werden können:

1. Rechnung über den Kauf eines Fahrrads, damit sie einfacher von ihrer Wohnung zu ihrer neuen Arbeitsstätte gelangen kann ○
2. Die Entfernung zwischen ihrer Wohnung und ihrer Arbeitsstätte (5 Kilometer) ○
3. Rechnung über das Jahresabonnement einer Fachzeitschrift zu E-Bikes ○
4. Quittung über eine Spende an das Rote Kreuz ○
5. Rechnung über den Kauf einer sportlichen Jacke, die sie vorzugsweise während ihrer Arbeit bei der Rosner GmbH tragen möchte ○

Aufgabe 4

Gerd Messmer wird als leitender Mitarbeiter in der Sendwig Microelektronic GmbH in Dresden außertariflich bezahlt. Sein Bruttogehalt beträgt aufgrund vertraglicher Vereinbarung 5.400,00 €, verheiratet, Steuerklasse IV, Kinderfreibetragszahl 0,5, evangelisch, Krankenkasse AOK mit 0,8 % Zusatzbeitrag.

Herr Messmer hat über das ganze Jahr das vereinbarte Bruttoarbeitsentgelt erhalten.

a Erstellen Sie die Gehaltsabrechnung für Herrn Messmer, beachten Sie die Beitragsbemessungsgrenzen. Der Auszug aus der Steuertabelle befindet sich unten.

b Begründen Sie, ob Herr Messmer in eine private Krankenversicherung wechseln kann.

Vorschlag: Verwenden Sie die Gehaltsabrechnung mit Eingabemaske aus Aufgabe 2, ergänzt um die Beitragsbemessungsgrenzen.

Lohn/Gehalt		Ohne Kinderfreibetrag			Kinderfreibetrag 0,5		Kinderfreibetrag 1,0	
bis €	StKL	LSt	KiSt 9 %	SolZ	KiSt 9 %	SolZ	KiSt 9 %	SolZ
5.400,00	**I**	**1.274,41**	114,69	70,09	103,66	63,35	92,88	56,76
	II	**1.228,66**	-	-	99,58	60,85	88,96	54,36
	III	**823,50**	74,11	45,29	66,18	40,44	58,44	35,71
	IV	**1.274,41**	114,69	70,09	109,17	66,71	103,66	63,35
	V	**1.694,58**	152,51	93,20	-	-	-	-
	VI	**1.730,83**	155,77	95,19	-	-	-	-

Aufgabe 5

Andrea Seifert und Ute Schmitz sind gute Freundinnen. Beide erlernen sie den Beruf „Kauffrau für Büromanagement“, beide sind im 2. Ausbildungsjahr und beide sind 19 Jahre alt.

Allerdings ist Andrea in einem Handelsunternehmen beschäftigt, während Ute ihre Ausbildung in einem Handwerksbetrieb absolviert. Ein weiterer Unterschied wird sichtbar, wenn sie in ihre monatliche Gehaltsabrechnung schauen.

Lohn- und Gehaltsabrechnung
Monat: Oktober 20(0)

	Personalnummer	Kinderfreibetrag	Konfession
Frau	44	0	ev
Andrea Seifert	Steuerklasse	Krankenkasse	
Auf der Haigst 112	1	BKK	
70597 Stuttgart			

Bezeichnung						Brutto (EUR)
Ausbildungsvergütung						651,00
						Gesamt-Brutto
						651,00
Steuer/Sozialversicherung						
Steuer brutto	Lohnsteuer	Kirchensteuer	SolZ			steuerl. Abzüge
651,00	0,00	0,00	0,00			0,00
KV/PV-Brutto	RV/AV-Brutto	KV-Beitrag	PV-Beitrag	RV-Beitrag	AV-Beitrag	SV-Abzüge
651,00	651,00	47,52	7,65	60,87	9,77	125,81
						Netto-Verdienst
						525,19
						Auszahlung
						525,19

Lohn- und Gehaltsabrechnung
Monat: Oktober 20(0)

	Personalnummer	Kinderfreibetrag	Konfession
Frau	27	0	rk
Ute Schmitz	Steuerklasse	Krankenkasse	
Filderstraße 78	1	AOK	
70180 Stuttgart			

Bezeichnung						Brutto (EUR)
Ausbildungsvergütung						859,00
						Gesamt-Brutto
						859,00
Steuer/Sozialversicherung						
Steuer brutto	Lohnsteuer	Kirchensteuer	SolZ			steuerl. Abzüge
859,00	0,00	0,00	0,00			0,00
KV/PV-Brutto	RV/AV-Brutto	KV-Beitrag	PV-Beitrag	RV-Beitrag	AV-Beitrag	SV-Abzüge
859,00	859,00	62,71	10,09	80,32	12,89	166,00
						Netto-Verdienst
						693,00
						Auszahlung
						693,00

Die Unterschiede in der Höhe der Ausbildungsvergütung finden Andrea und Ute erstaunlich. Sie wollen nun überprüfen, ob die Sozialversicherungsbeiträge korrekt berechnet worden sind.

a Begründen Sie, wie es zu derart unterschiedlichen Ausbildungsvergütungen kommen kann.

b Erläutern Sie die Abkürzungen in den Gehaltsabrechnungen.

c Überprüfen Sie die Sozialversicherungsbeiträge in beiden Gehaltsabrechnungen (BBK und AOK erheben keine Zusatzbeiträge).
Ergänzen Sie dazu die unten stehende Vergleichstabelle.

Web d Überprüfen Sie mithilfe der Tabelle, ob die Sozialversicherungsbeiträge in Ihrer eigenen Gehaltsabrechnung korrekt berechnet worden sind.

- Geben Sie die Beitragssätze zur Sozialversicherung in die Tabelle ein.
- Verlinken Sie die Felder mit den Beitragssätzen und die Betragsfelder in der Gehaltsabrechnung.

Vergleichstabelle

	Beiträge Andrea		Beiträge Ute	
	in €	in % vom Gesamt-Brutto	in €	in % vom Gesamt-Brutto
Krankenversicherung				
Pflegeversicherung*)				
Rentenversicherung				
Arbeitslosenversicherung				
Summe				

**) 3 Nachkommastellen beim Prozentsatz*

Aufgabe 6

Im Dachdeckerunternehmen Meermann GmbH sind die Monatslöhne für drei Mitarbeiter zu berechnen.

	Stundenlohn	Arbeitsstunden
Frank Theißen	14,50 €	20 Tage zu je 8 Stunden
Steffen Jellinek	12,80 €	19 Tage zu je 8 Stunden
Achim Wagner	11,60 €	20 Tage zu je 8 Stunden plus 6 Überstunden mit 25 % Zuschlag

Berechnen Sie für jeden Mitarbeiter den Brutto-Monatslohn.

Aufgabe 7

In der Textil-Service KG werden in Asien hergestellte Textilien für den Verkauf in den Einzelhandelsgeschäften aufbereitet, vorzugsweise gebügelt. Die Mitarbeiterinnen in der Produktion werden nach Akkord bezahlt. In der Abteilung T4 werden Blusen gebügelt. Für die Mitarbeiterinnen gelten die nachfolgenden Bedingungen.

Bedingungen

Mindestlohn: 10,50 € pro Stunde
Akkordzuschlag: 15 %
Normalleistung: 30 Blusen pro Stunde

Nehmen Sie an, die Mitarbeiterin Theresa Breuer hat folgende Leistungsmengen pro Stunde erbracht:

1. 35 Blusen
2. 28 Blusen

Berechnen Sie jeweils den Akkordstundensatz für die Mitarbeiterin.

Aufgabe 8

Betrachtet man die gesamte Leistung der Mitarbeiterin Theresa Breuer im Monat September ergibt sich folgendes Bild:

Akkordnachweis September (Auszug)

Datum	1	2	3	4	5	6	7	8	9	10	11	12	13	14	15	Summe
	Mo	Di	Mi	Do	Fr	Sa	So	Mo	Di	Mi	Do	Fr	Sa	So	Mo	
Std.	8	8	8	8	8			8	8	8	8	8			6	86
Stück	232	265	264	272	241	0	0	216	281	289	272	249	0	0	161	2.742

Datum	16	17	18	19	20	21	22	23	24	25	26	27	28	29	30	Summe
	Di	Mi	Do	Fr	Sa	So	Mo	Di	Mi	Do	Fr	Sa	So	Mo	Di	
Std.	8	8	8	7			6	8	8	8	8			8	8	85
Stück	240	271	272	223	0	0	210	282	288	287	264	0	0	263	285	2.885

a Berechnen Sie den Akkord-Stundenlohn für die Mitarbeiterin. Beachten Sie, dass Sie noch die durchschnittliche Leistungsmenge (Stückzahl) pro Tag errechnen müssen.

b Ermitteln Sie den Monatslohn für die Mitarbeiterin Theresa Breuer auf der Grundlage des Akkordnachweises für den Monat September.

Aufgabe 9

Die Hassenberg Fliesenverlegung GmbH entlohnt ihre Mitarbeiter bisher mit einem Monatslohn auf der Basis der geleisteten Arbeitsstunden (Zeitentgelt). Der Inhaber des Unternehmens, Herr Hassenberg, ist der Meinung, dass in seinem Unternehmen der Akkordlohn eingeführt werden könnte, weil

- die Mitarbeiter auf die Leistungsmenge Einfluss nehmen können, indem sie schneller oder langsamer arbeiten,
- im Regelfall gleichförmige Arbeiten vorliegen, vor allem, wenn größere Flächen zu fliesen sind und
- die Leistung sehr einfach durch die verlegten Quadratmeter gemessen werden kann.

Herr Hassenberg verspricht sich vom Akkordlohn eine bessere Motivation der Mitarbeiter und eine Verlagerung des Risikos von Minderleistungen auf die Arbeitnehmer.

Der Vorarbeiter im Betrieb, Herr Schaub, ist allerdings skeptisch und sieht eher die Nachteile des Akkordlohns.

a Erläutern Sie die Aussage, dass beim Akkordlohn das Risiko von Minderleistungen vom Arbeitnehmer getragen wird.

b Beschreiben Sie zwei Nachteile des Akkordlohns.

Aufgabe 10

Die ISO-Bau GmbH stellt Dämmstoffe für den Hochbau her. Der Außendienstmitarbeiter Rainer Geest erhält als Entlohnung ein Fixum in Höhe von 1.800,00 € und eine Umsatzprovision von sechs Promille.

Im Monat Februar hat er einen Umsatz von 250.000,00 € erzielt.

Berechnen Sie sein Gehalt für den Monat Februar.

7 Personaldaten verwalten

Frau Abel hat den Arbeitsvertrag für Frau Ergün abgeschlossen und ihr Gehalt berechnet. Nun sind noch einige Arbeiten für die Verwaltung der Personaldaten zu erledigen.

Zunächst hat Frau Abel die Daten aus dem Personalfragebogen in das Personalstammblatt zu übertragen. Frau Ergün hat den Personalfragebogen an dem Tag ausgefüllt, als sie den Arbeitsvertrag unterschrieb.

Personalfragebogen			
Angaben zur Person			
Name:	Ergün	Vorname:	Ayla
Geburtsdatum:	14.03.1993	Geburtsort:	München
Familienstand:	ledig	Religion:	is
Adresse:	Truhenseeweg 88, 82319 Starnberg		
Telefon:	08151 164498	E-Mail:	ayla-93@online.de
Ausbildung:	Kauffrau im Einzelhandel	Staatsangehörigkeit	deutsch
Schulabschluss:	Fachoberschulreife		
Versicherungen und Steuern			
Steuer-ID:	64 451 783 981	Krankenkasse:	AOK
Steuerklasse:	I	SV-Nummer:	25453916L540
Anzahl der Kinder:	keine	Kinderfreibetrag:	-
Bankverbindung			
IBAN:	DE97 7009 3200 0044 4180 00	BIC:	GENODEH3STH
Name der Bank:	Genossenschaftssparbank Starnberg		
Arbeitsvertrag			
vom:	20.07.20(0)	Tätigkeit:	Verkaufsmitarbeiterin
Eintrittsdatum:	01.08.20(0)		
Befristung:	~~ja~~/nein	Gehaltsgruppe:	I/4. Berufsjahr
Sonstiges			
Vermögensbildung:	~~ja~~/nein	Führerschein:	ja/~~nein~~

Erklärung des Arbeitnehmers:
Ich versichere, dass die vorstehenden Angaben der Wahrheit entsprechen. Ich verpflichte mich, meinem Arbeitgeber alle Änderungen, insbesondere in Bezug auf weitere Beschäftigungen unverzüglich mitzuteilen.

München, 23.07.20(0) — **Ayla Ergün**

Ort, Datum — Unterschrift

Damit liegen fast alle Daten vor, die für das Personalstammblatt benötigt werden. Lediglich einige Felder (im Formular, siehe Seite 282, grün unterlegt) müssen noch ergänzt werden.

Staatsangehörigkeitsschlüssel:

Der Schlüssel wird im Personalstammblatt erfasst, weil er für die Meldung an die Krankenkasse benötigt wird (siehe Formular, Seite 282).

Beispiele: Staatsangehörigkeitsschlüssel

deutsch	*000*
amerikanisch	*368*
belgisch	*124*
britisch	*168*
dänisch	*126 usw.*

Beitragssatz der Krankenversicherung

Regulärer Beitrag ohne Zuschlag. Siehe Lernsituation 6, Seite 273 (Arbeitnehmer)

Tätigkeitsschlüssel

Auch dieser Schlüssel ist für die Meldung an die Krankenversicherung erforderlich. Jeder Arbeitgeber ist verpflichtet, Angaben über die Tätigkeit eines versicherungspflichtig Beschäftigten zu melden. Der Code hat neun Stellen und informiert über folgende Sachverhalte:

- Ausgeübte Tätigkeit: Stellen 1–5 (nach einem Schlüsselverzeichnis der Bundesagentur für Arbeit)
- Höchster allgemeinbildender Schulabschluss: Stelle 6 (siehe Codierung unten)
- Höchster beruflicher Ausbildungsabschluss: Stelle 7 (siehe Codierung unten)
- Zeitarbeitsverhältnis (Stelle 8)
- Vertragsform (Stelle 9)

Siehe Bundesagentur für Arbeit, Schlüsselverzeichnis für die Angaben zur Tätigkeit in den Meldungen zur Sozialversicherung – Ausgabe 2010 – Stand: Juli 2014, unter: www.arbeitsagentur.de

Stellen 1–5 *(Beispiele)*	Stelle 6	Stelle 7
Fachverkäuferin Zweiradhandel: 62272 Kauffrau für Büromanagement: 71402	1 = Ohne Schulabschluss 2 = Hauptschulabschluss 3 = Mittlere Reife 4 = Abitur/Fachabitur 9 = Abschluss unbekannt	1 = Ohne beruflichen Abschluss 2 = Abschluss einer anerkannten Berufsausbildung 3 = Meister-/Techniker oder gleichwertiger Fachschulabschluss 4 = Bachelor 5 = Diplom/Magister/Master/Staatsexamen 6 = Promotion 9 = Abschluss unbekannt

Stelle 8	Stelle 9
Besteht ein Zeitarbeitsvertrag? 1 = nein 2 = ja	1 = Vollzeit, unbefristet 2 = Teilzeit, unbefristet 3 = Vollzeit, befristet 4 = Teilzeit, befristet

Wochenarbeitszeit

Siehe nachfolgenden Auszug aus dem Manteltarifvertrag

Siehe auch Arbeitsvertrag aus Lernsituation 5

Urlaubsanspruch

Siehe nachfolgenden Auszug aus dem Manteltarifvertrag

Auszug aus dem Mantel-Tarifvertrag

§ 2
Arbeitszeit

(1) Die regelmäßige wöchentliche Arbeitszeit beträgt 38,5 Stunden von montags bis samstags ausschließlich Pausen.

(...)

§ 15
Urlaub

(...)

(4) Der Urlaub beträgt je Kalenderjahr

bis zum vollendeten 20. Lebensjahr	30 Werktage
nach dem vollendeten 20. Lebensjahr	32 Werktage
nach dem vollendeten 23. Lebensjahr	34 Werktage
nach dem vollendeten 30. Lebensjahr	36 Werktage

Werktage: alle Kalendertage, die nicht Sonn- oder gesetzliche Feiertage sind (§ 3 BUrlG)

Personalstammblatt			
Angaben zur Person			
Name:	Ergün	Vorname:	Ayla
Geburtsdatum:	14.03.1993	Geburtsort:	München
Familienstand:	ledig	Religion:	is
Adresse:	Truhenseeweg 88, 82319 Starnberg		
Telefon:	08151 164498	E-Mail:	ayla-93@online.de
Ausbildung:	Kauffrau im Einzelhandel	Staatsangehörigkeit:	deutsch
Schulabschluss:	Fachoberschulreife	Staatsangehörigkeitsschlüssel:	
Versicherungen und Steuern			
Steuer-ID:	64 451 783 981	Krankenkasse:	AOK
Steuerklasse:	I	SV-Nummer:	25453916L540
Anzahl der Kinder:	keine	Beitragssatz (AN):	
Kinderfreibetrag:	-		
Bankverbindung			
IBAN:	DE97 7009 3200 0044 4180 00	BIC:	GENODEH3STH
Name der Bank:	Genossenschaftssparbank Starnberg		
Arbeitsvertrag			
vom:	20.07.20(0)	Tätigkeit:	Verkaufsmitarbeiterin
Eintrittsdatum:	01.08.20(0)	Tätigkeitsschlüssel:	
Befristung:	~~ja~~/nein	Gehaltsgruppe:	I/4. Berufsjahr
Wochenarbeitszeit:		Urlaubsanspruch:	
Sonstiges			
Vermögensbildung:	~~ja~~/nein	Führerschein:	ja/~~nein~~
Empfänger Vermögensbildung			
IBAN:		BIC:	
Vertrag Vermögensbildung:	Nr.	Betrag/Monat:	Art:
Arbeitgeberanteil (VL)/Monat:			
Bemerkungen:			

In das Personalstammblatt wird der regelmäßige Urlaubsanspruch von Frau Ergün eingetragen. Für das Jahr ihrer Einstellung in der Rosner GmbH ist jedoch noch der Resturlaub für das laufende Jahr zu berechnen. Dazu hat Frau Ergün eine Urlaubsbescheinigung ihrer alten Arbeitgebers vorgelegt.

Urlaubsbescheinigung zur Vorlage beim neuen Arbeitgeber

Frau Ayla Ergün, geb. am 14.03.1993 in München, wohnhaft in Truhenseeweg 88, 82319 Starnberg, war im Kalenderjahr 20(0) vom 1. Januar bis zum 31. Juli bei uns in der Fahrradhandlung Clemens Büscher e. K. beschäftigt.
Für das Kalenderjahr 20(0) wurden 20 Werktage abgegolten.

Starnberg, 30.07.20(0) Büscher

Ort, Datum, Unterschrift

Die Meldung an die Sozialversicherung läuft über die Einzugsstelle der Krankenversicherung. Frau Abel verwendet dazu das Onlineformular der Krankenkasse (siehe nachfolgenden Auszug).

Informationen zum Anmeldeverfahren, siehe z. B. www.aokbusiness.de

Meldung zur Sozialversicherung (gekürzt)

Wichtiger Hinweis bei der erstmaligen Erhebung von Daten:
Die hiermit angeforderten personenbezogenen Daten werden unter Beachtung des Bundesdatenschutzgesetzes erhoben; ihre Kenntnis ist zur Durchführung des Meldeverfahrens nach Maßgabe des Vierten Buches Sozialgesetzbuch sowie der Datenerfassungs- und -übermittlungsverordnung erforderlich.

Versicherungsnummer | Personalnummer (freiwillige Angabe)

Name | Vorname

Straße und Hausnummer

(Land) | Postleitzahl | Wohnort

Grund der Abgabe* | Entgelt in der Gleitzone* | Namensänderung | Änderung der Staatsangehörigkeit

Beschäftigungszeit von | bis | Betriebsnummer des Arbeitgebers | Personengruppe* | Mehrfachbeschäftigung | Betriebsstätte Ost | West

Beitragsgruppen* KV | RV | ALV | PV | Angaben zur Tätigkeit | Schlüssel zur Staatsangehörigkeit*

Beitragspflichtiges Arbeitsentgelt € | Statuskennzeichnung*

Name der Einzugsstelle (Geschäftsstelle)
AOK BKK IKK EK LKK See-KK BKN

Datum, Name, Anschrift des Arbeitgebers
(Firmenstempel)

* Codierung beachten

Codierungen für die Meldung zur Sozialversicherung

Grund der Abgabe	**Anmeldungen** 10 Anmeldung wegen Beginn einer Beschäftigung 11 Anmeldung wegen Krankenkassenwechsel 12 Anmeldung wegen Beitragsgruppenwechsel 13 Anmeldung wegen sonstiger Gründe
Entgelt in der Gleitzone	Wird bei dieser Anmeldung nicht benötigt.
Personengruppe	101 Sozialversicherungspflichtig Beschäftigte ohne besondere Merkmale 102 Auszubildende 103 Beschäftigte in Altersteilzeit … 105 Praktikanten … 109 Geringfügig entlohnte Menschen …

Beispiel: halber Beitrag Beschäftigung von nicht mehr sozialversicherungspflichtigen Rentnern; nur der Arbeitgeber zahlt den halben Sozialversicherungsbeitrag.

<table>
<tr><td rowspan="2">Beitragsgruppen</td><td>Krankenversicherung (KV)
0 Kein Beitrag
1 Allgemeiner Beitrag
2 Erhöhter Beitrag
3 Ermäßigter Beitrag
...
6 Pauschalbeitrag für geringfügig Beschäftigte</td><td>Rentenversicherung (RV)
0 Kein Beitrag
1 Voller Beitrag
2 Halber Beitrag
3 Pauschalbeitrag für geringfügig Beschäftigte</td></tr>
<tr><td>Arbeitslosenversicherung (ALV)
0 Kein Beitrag
1 Voller Beitrag
2 Halber Beitrag</td><td>Pflegeversicherung (PV)
0 Kein Beitrag
1 Voller Beitrag
2 Halber Beitrag</td></tr>
<tr><td>Staatsangehörigkeitsschlüssel</td><td colspan="2">Siehe Personalstammblatt</td></tr>
<tr><td>Statuskennzeichen</td><td colspan="2">1 Ehegatte/Lebenspartner/Abkömmling des Arbeitgebers
2 Geschäftsführender Gesellschafter einer GmbH</td></tr>
</table>

Weitere Ausfüllhinweise

- **Personalnummer**: In der Rosner GmbH wird Frau Ergün unter der internen Personalnummer V18 geführt.
- **Land**: nur auszufüllen bei einer ausländischen Anschrift.
- **Beschäftigungszeit**: Bei einer Anmeldung wird nur der Beginn der Beschäftigung eingetragen.
- **Betriebsnummer**: Die Agentur für Arbeit teilt jedem Betrieb, der mindestens eine sozialversicherungspflichtige Person beschäftigt, eine achtstellige Betriebsnummer zu. Sie dient u. Aa. zur Identifikation des Arbeitgebers bei der Sozialversicherung. Die Betriebsnummer der Rosner GmbH lautet **86422373.**
- **Angaben zur Tätigkeit**: siehe Personalstammblatt
- **Beitragspflichtiges Bruttoarbeitsentgelt**: siehe Ergebnis des Arbeitsauftrages aus Lernsituation 4.

Frau Abel wird für die neue Mitarbeiterin, Frau Ergün, auch eine **Personalakte** anlegen. Anhand der Gliederung, die sie für jede Personalakte anwendet, kann sie nun erkennen, welche Unterlagen bereits vorhanden sind. Sie nutzt die Gliederung wie eine Checkliste. Eventuell müssen fehlende Unterlagen noch angefordert werden (siehe dazu auch die Lernsituationen 4 bis 6).

Gliederung der Personalakte

Inhalte der Personalakte	Vorhanden (ja/nein)? Anzufordern?
Bewerbungsunterlagen	
Arbeitsvertrag	
Steuerrelevante Unterlagen (z. B. Steuermerkmale)	
Sozialversicherungsrelevante Unterlagen (Anmeldungen, Jahresmeldungen, Unterbrechungsmeldungen etc.)	
Zahlungsrelevante Unterlagen (Bankverbindungen, Vermögensbildungsverträge etc.)	
Beurteilungen und Zeugnisse	
Aus- und Weiterbildungsunterlagen	
Bescheinigungen	
Sonstiges (beispielsweise Schwerbehindertenausweis, Mutterschutz, Elternzeit, Urlaubszeiten etc.)	

Bisher hat Frau Abel neue Mitarbeiterinnen und Mitarbeiter mündlich über den Schutz ihrer persönlichen Daten informiert. Zukünftig will sie das durch einen schriftlichen Text erledigen, der jedem neuen Mitarbeiter/jeder neuen Mitarbeiterin ausgehändigt wird. Der Text soll enthalten:

- das Einsichtsrecht der Mitarbeiter in ihre Personalakte,
- Pflichten des Arbeitgebers im Umgang mit personenbezogenen Daten.

Arbeitsauftrag
Erledigen Sie die Arbeiten zur Verwaltung der Personaldaten von Frau Ergün.

Vorschläge zur Vorgehensweise
1. Ergänzen Sie das Personalstammblatt um die fehlenden Angaben (grün unterlegte Felder).
2. Berechnen Sie den Resturlaub für das laufende Jahr.
3. Füllen Sie die Meldung zur Sozialversicherung aus.
4. Überprüfen Sie den Inhalt der Personalakte auf Vollständigkeit.
5. Formulieren Sie einen Text zum Schutz persönlicher Daten, den Sie jedem neuen Mitarbeiter aushändigen können.

Aufgabe 1
Bei der Einstellung eines neuen Mitarbeiters sind im Regelfall folgende Unterlagen erforderlich:

1. Personalfragebogen ○
2. Sozialversicherungsausweis ○
3. Steueridentifikationsnummer ○
4. Mitgliedsbescheinigung der Krankenkasse ○
5. Urlaubsbescheinigung des vorherigen Arbeitgebers ○
6. Geburtsurkunde für Kinder (falls gegeben) ○
7. Bescheinigung über das Vorliegen eines Vertrages zur Vermögensbildung (falls gegeben) ○

Stellen Sie fest, ob diese Unterlagen für Frau Ergün vorliegen.

Aufgabe 2
Nehmen Sie an, Frau Ergün hätte mit ihrer Bank einen Sparvertrag nach dem Vermögensbildungsgesetz abgeschlossen. Dazu legt sie folgende Daten bei ihrer Einstellung vor:

Sparvertrag mit der Genossenschaftssparbank Starnberg
IBAN: DE97 7009 3200 0044 4180 00, BIC: GENODEH3STH
Vertrag Nr. S4454
Sparbetrag monatlich 40,00 €

Die Rosner GmbH hat sich im Arbeitsvertrag verpflichtet, die Sparbemühungen ihrer Mitarbeiterin mit monatlich 26,00 € zu unterstützen.

Ergänzen Sie den unten stehenden Auszug aus dem Personalstammblatt von Frau Ergün mit den entsprechenden Daten.

Auszug aus dem Personalstammblatt

Sonstiges					
Vermögensbildung:	ja/nein		Führerschein:	ja/nein	
Empfänger Vermögensbildung					
IBAN:				BIC:	
Vertrag Vermögensbildung:	Nr.	Betrag/Monat:		Art:	
Arbeitgeberanteil (VL)/Monat:					

Aufgabe 3
Nehmen Sie an, Frau Ergün hätte die nachfolgende Mitgliedsbescheinigung der AOK (Auszug) vorgelegt:

Mitgliedsbescheinigung (Auszug)

AOK München

Mitgliedsbescheinigung

Herr/Frau/Name/Vorname	geboren am	Mitgliedsnummer
Frau Ayla Ergün	14.03.1993	2247866

ist Mitglied der AOK München seit 01.08.2011

Der monatliche Beitrag beträgt zurzeit 15,5 % einschließlich 0,9 % Arbeitnehmer-Zusatzbeitrag.

Gehaltsabrechnung Frau Ergün (Auszug)

	neu		alt	
Sozialversicherungspflichtiges Gehalt		1.957,00		1.957,00
– Krankenversicherung			142,86	
– Rentenversicherung			182,98	
– Arbeitslosenversicherung			29,36	
– Pflegeversicherung			27,89	383,08

a Berechnen Sie die Summe der Sozialversicherungsbeiträge für Frau Ergün. Beachten Sie bei der Pflegeversicherung, dass Frau Ergün über 23 Jahre alt ist und keine Kinder hat.

b Beurteilen Sie die finanzielle Auswirkung des Zusatzbeitrages für die Mitarbeiterin, indem Sie die Sozialversicherungsbeiträge nach alter und neuer Rechnung vergleichen.

c Erstellen Sie eine neue Gehaltsabrechnung für Frau Ergün, die den monatlichen Sparbetrag (siehe Aufgabe 2) und den Zusatzbeitrag der AOK berücksichtigt.

Verwenden Sie das nachfolgende Formular oder die Excel-Datei, die Sie in Lernsituation 6 für die Gehaltsabrechnung entwickelt haben.

Alte Daten zur Gehaltsabrechnung von Frau Ergün (siehe Lernsituation 6): Steuerklasse I, keine Kinder, über 23 Jahre alt, keine Kirchensteuer, Bruttogehalt 1.807,00 €, Gehaltszulage 150,00 €.

Lohnsteuertabelle (Auszug)

Lohn/Gehalt		Ohne Kinderfreibetrag			Kinderfreibetrag 0,5		Kinderfreibetrag 1,0	
bis €	StKL	LSt	KiSt 9 %	SolZ	KiSt 9 %	SolZ	KiSt 9 %	SolZ
1.975,00	**I**	**203,66**	18,33	11,20	11,54	7,05	5,25	–
	II	**175,00**	–	–	9,12	4,06	3,25	–
	III	**23,00**	2,07	–	–	–	–	–
	IV	**203,66**	18,33	11,20	14,88	9,09	11,54	7,05
	V	**428,16**	38,53	23,54	–	–	–	–
	VI	**459,33**	41,34	25,26	–	–	–	–
2.000,00	**I**	**209,41**	18,84	11,51	12,03	7,35	5,67	–
	II	**180,58**	–	–	9,59	5,11	3,63	–
	III	**26,33**	2,37	–	–	–	–	–
	IV	**209,41**	18,84	11,51	15,38	9,40	12,03	7,35
	V	**435,83**	39,22	23,97	–	–	–	–
	VI	**467,00**	42,03	25,68	–	–	–	–

Web

Gehaltsabrechnung

Name:		
Lohnsteuerklasse:		
Kinderfreibetrag:		
Konfession:		
	€	€
1. **Bruttogehalt**		
2. + Vermögenswirksame Leistungen		
3. + Steuer- und sozialversicherungspflichtige Zulagen		
4. **= Sozialversicherungspflichtiges Gehalt**		
5. – Lohnsteuerfreibetrag		
6. **= Steuerpflichtiges Gehalt**		
7. **Sozialversicherungspflichtiges Gehalt**		
8. – Lohnsteuer		
9. – Kirchensteuer		
10. – Solidaritätszuschlag		
11. – Krankenversicherung		

12. – Rentenversicherung		
13. – Arbeitslosenversicherung		
14. – Pflegeversicherung		
15. **= Nettogehalt**		
16. – Abzüge (Vermögensbildung/Vorschuss)		
17. **= Auszahlung**		

Aufgabe 4

In der Meldung zur Sozialversicherung (siehe Formular, Seite 283) befindet sich der nebenstehende Hinweis.

> **Wichtiger Hinweis bei der erstmaligen Erhebung von Daten:**
> Die hiermit angeforderten personenbezogenen Daten werden unter Beachtung des Bundesdatenschutzgesetzes erhoben; ihre Kenntnis ist zur Durchführung des Meldeverfahrens nach Maßgabe des Vierten Buches Sozialgesetzbuch sowie der Datenerfassungs- und -übermittlungsverordnung erforderlich.

a Definieren Sie personenbezogene Daten.

b Geben Sie vier Beispiele für personenbezogene Daten, die sich in der ausgefüllten Meldung zur Sozialversicherung befinden.

Aufgabe 5

Jeder Arbeitgeber hat die Pflicht, für seine Mitarbeiter eine Unfallversicherung abzuschließen, z. B. bei der Berufsgenossenschaft für Holz und Metall. Auch Schüler sind z. B. durch die Gemeindeunfallversicherung versichert.

a In einer Schreinerei kommt es zu einem Unfall an einer holzverarbeitenden Maschine. Der Sachverständige stellt fest, dass der Arbeitgeber wesentliche Sicherheitsbestimmungen nicht beachtet hat. Der geschädigte Mitarbeiter verklagt daraufhin seinen Arbeitgeber auf Schadenersatz.

Tatsächlich kann der Arbeitgeber aber auf die bestehende Unfallversicherung verweisen und bleibt von einem Schadenersatz befreit.

Begründen Sie diese Lösung des Sachverhalts.

b In der Schreinerei wird auch ein Auszubildender als Kaufmann für Büromanagement ausgebildet. Er erleidet beim Sportunterricht in der Berufsschule einen Sportunfall.

Begründen Sie, ob die Berufsgenossenschaft für Holz und Metall oder die Gemeindeunfallversicherung für die Unfallfolgen einstehen muss.

8 Einen Personaleinsatzplan erstellen

Als Leiterin der Personalabteilung hat Frau Abel regelmäßig die Personaleinsatzpläne für den Verkauf zu erstellen. Die Einsatzpläne für die Werkstatt werden vom Werkstattleiter, Herrn Kosthorst, gemacht.

Grundlage der Personaleinsatzplanung sind Pläne für jeden Wochentag, weil die einzelnen Wochentage unterschiedlich verkaufsstark sind und daher einen angepassten Personaleinsatz verlangen. Neben den erwarteten Umsätzen eines Tages hat Frau Abel bei ihren Überlegungen zahlreiche Rahmenbedingungen zu beachten.

P	**ersonal**
E	**insatz**
P	**lanung**

Rahmenbedingungen für die Personaleinsatzplanung

Geschäftszeiten der Rosner GmbH: montags bis freitags von 09:00 bis 19:00 Uhr
samstags von 09:00 bis 16:00 Uhr

Wöchentliche Arbeitszeit: siehe nachfolgende Übersicht

Mitarbeiter/-in	Vollzeit (VZ)/Teilzeit (TZ)	Regelmäßige Arbeitszeit (Std.)
Thomas Enders	Vollzeit	38,5
Karsten Moritz	Vollzeit	38,5
Ayla Ergün	Vollzeit	38,5
Anna Seidler	Teilzeit	30
Doris Tschern	Teilzeit	18
Hans Frechen	Teilzeit (aus der Werkstatt)	18 (Einsatz im Verkauf)
Kathrin Timmermann	Vollzeit (Auszubildende, 19 Jahre)	29,25 (= 29 Stunden, 15 Minuten)

Vollzeitkräfte: Sie sind bevorzugt in der Personaleinsatzplanung zu berücksichtigen.
Ihre tägliche Arbeitszeit soll acht Stunden nicht überschreiten.

Teilzeitkräfte: Sie sind nach Absprache mit dem Betriebsrat jeweils mindestens mit drei zusammenhängenden Stunden einzuplanen.

Herr Frechen: Herr Frechen hat als Mitarbeiter der Werkstatt eine Verkaufsschulung absolviert und kann auch stundenweise im Verkauf eingesetzt werden (siehe Seite 300).

Herr Enders: Er sollte als Abteilungsleiter morgens ab 9:00 Uhr im Betrieb anwesend sein.

Herr Moritz: Er hat immer freitags seinen freien Nachmittag (ab 13:00 Uhr).

Frau Ergün: Sie hat in Absprache mit Frau Abel einen Arzttermin, der voraussichtlich bis 10:30 Uhr dauert, sodass sie ab 11:00 Uhr eingesetzt werden kann.

Frau Seidler: Sie kann flexibel eingeplant werden.

Frau Tschern: Mit ihr wurde vereinbart, dass sie nur nachmittags (ab 14:00 Uhr) eingesetzt wird, weil sie dann eine Betreuung für ihr Kind hat.

Frau Timmermann: Die Auszubildende hat dienstags von 8:00 bis 13:00 Uhr und freitags von 8:00 bis 12:15 Uhr Berufsschulunterricht. Ab 13:00 Uhr kann sie im Betrieb eingeplant werden (30 Minuten Wegezeit von der Berufsschule zum Betrieb). Die wöchentliche Beschäftigungszeit beträgt ebenfalls 38,5 Stunden.

Pausen: Die Pausenregelungen des Arbeitszeitgesetzes sind zu beachten. Frau Abel setzt Pausen aber immer mit einer Stunde an.

Mindestbesetzung: In Abhängigkeit von der gewöhnlich zu erwartenden Kundenzahl wird im Verlauf des Tages folgende Mindestbesetzung angestrebt:

Zeit	Mitarbeiterzahl	Zeit	Mitarbeiterzahl
09:00–10:00	2	14:00–15:00	3
10:00–11:00	2	15:00–16:00	3
11:00–12:00	3	16:00–17:00	4
12:00–13:00	3	17:00–18:00	4
13:00–14:00	2	18:00–19:00	3

Frau Abel hat auf ihrem Computer eine Excel-Tabelle für Freitag, den 6. März 20(0) geöffnet, um für diesen Tag den Personaleinsatz zu planen.

Arbeitsauftrag
Erstellen Sie den Personaleinsatzplan für Freitag, den 6. März 20(0).

Vorschläge zur Vorgehensweise
1. Übernehmen Sie die Daten zur Mindestbesetzung aus der oben stehenden Tabelle und tragen Sie sie in die nachfolgende Tabelle ein.
2. Planen Sie die Einsatzstunden der Mitarbeiter/-innen („1“ = 1 Stunde).
3. Prüfen Sie, ob die geplante Mindestbesetzung in jeder Stunde erreicht wird.

Web

Personaleinsatzplan
Freitag, 06.03.20(0) **Zeit**

Name	Pause (Std.)	9-10	10-11	11-12	12-13	13-14	14-15	15-16	16-17	17-18	18-19	Summe
Enders												
Moritz												
Ergün												
Seidler												
Tschern												
Timmermann												
Frechen												
Mitarbeiterzahl												
Mindestbesetzung												

Aufgabe 1
Begründen Sie rechnerisch die Einsatzzeit von 29,25 Stunden für die Auszubildende Kathrin Timmermann.

Aufgabe 2
Frau Abel setzt Pausen immer mit einer Länge von 1 Stunde an.

Stellen Sie fest, wie lang die Pausen in Ihrer Personaleinsatzplanung des Arbeitsauftrages nach dem Arbeitszeitgesetz sein müssten.

Aufgabe 3
Nehmen Sie an, dass sich die Rahmenbedingungen zum Arbeitsauftrag wie folgt ändern:

a Frau Ergün hatte geglaubt, nach dem Arztbesuch wieder arbeiten zu können. Um 15:00 Uhr geht es ihr aber so schlecht, dass sie sich arbeitsunfähig abmeldet. Stellen Sie Ihren Plan aus dem Arbeitsauftrag so um, dass die geplante Mindestanzahl von Mitarbeitern im Geschäft vorhanden ist.

b Der Wetterbericht sagt für den 6. März ein ungewöhnlich warmes und frühlingshaftes Wetter voraus. Erfahrungsgemäß führt das zu vermehrten Verkäufen von Fahrrädern und E-Bikes. Frau Abel will daher die Mindestbesetzung ab 15:00 Uhr um jeweils eine Person erhöhen. Der Arztbesuch und die Erkrankung von Frau Ergün gelten weiterhin. Passen Sie Ihren Plan aus dem Arbeitsauftrag entsprechend an.

Aufgabe 4
Herr Jörg Nolte, Gruppenleiter Einkauf Bürotechnik der Weber GmbH, plant für die 3. Januarwoche 20(0) den Personaleinsatz. Es stehen ihm folgende Mitarbeiter zur Verfügung:

- 3 Vollzeitkräfte: Herr Buderbach, Herr Cremer, Herr Ost
- 1 Teilzeitkraft, Frau Rost
- 1 Auszubildender, Richard Dirks, 17 Jahre alt

Zum Zeitpunkt der Aufstellung des Personaleinsatzplanes stehen bereits die folgenden Abwesenheitszeiten fest:

- Herr Nolte besucht am Mittwoch ganztägig die Messe Orgatec in Köln. Dafür werden ihm acht Stunden Arbeitszeit angerechnet.
- Herr Buderbach hat am Donnerstag und Freitag Urlaub.
- Der Auszubildende hat am Montag von 8:00 bis 13:30 Uhr (sechs Unterrichtsstunden) und am Donnerstag von 8:00 bis 11:15 Uhr Berufsschule. Die Wegezeit von der Berufsschule bis zum Betrieb beträgt 15 Minuten.
- Herr Cremer hat Montag einen Arzttermin von 8:00 bis ca. 10:15 Uhr. Er benötigt 15 Minuten, um wieder im Betrieb zu sein.

- Am Mittwoch ist der Auszubildende von 13:00 bis 17:00 Uhr auf einer Fortbildung. Er ist bis 12:30 Uhr im Betrieb.
- Am Freitag muss Herr Ost zu einem Verkaufstraining. Das Training findet von 12:30 bis 15:30 Uhr statt. Er wird gegen 12:00 Uhr den Betrieb verlassen.

Die tarifliche Arbeitszeit beträgt 38,5 Wochenstunden; Teilzeitarbeitskräfte arbeiten insgesamt 19,5 Wochenstunden.

Es sollen von 10:00 bis 16:00 Uhr bzw. freitags bis 15:30 Uhr immer mindestens vier Mitarbeiter (einschließlich Auszubildender) anwesend sein. Die üblichen Arbeitszeiten lauten:

- Montags bis donnerstags 8:00 bis 17:00 Uhr
- Freitags 8:00 bis 15:30 Uhr
- Pro Tag steht den Mitarbeitern eine Stunde Pause zu.

a Vervollständigen Sie den nachfolgenden Personaleinsatzplan aufgrund der oben genannten Angaben, indem Sie
  - die Art des Personaleinsatzes durch das entsprechende Kürzel (siehe Erläuterungen unterhalb der Tabelle) eintragen,
  - die Anwesenheit (Arbeitszeit und Pause) in Stunden („h") ergänzen (siehe Muster am Montag) und
  - gegebenenfalls „vormittags" oder „nachmittags" hinzufügen.

Personaleinsatzplan Einkauf Bürotechnik/-einrichtung					3. Woche/20(0)
Name	Montag	Dienstag	Mittwoch	Donnerstag	Freitag
Nolte	A (9 h)				
Buderbach					
Ost					
Cremer					
Rost					
Dirks					

Erläuterungen zu den Abkürzungen

AW = dienstliche Abwesenheit (Seminar etc.)
U = Urlaub
B = Berufsschulunterricht
K = krankheitsbedingte Abwesenheit
F = Fortbildung
A = Anwesend

b Berechnen Sie die wöchentliche Arbeitszeit von Herrn Nolte.

c Herr Cremer meldet sich am Montagvormittag nach seinem Arztbesuch für den Rest der Woche krank. Erstellen Sie einen neuen Personaleinsatzplan aufgrund dieser Situation. Berücksichtigen Sie, dass Frau Rost flexibel einsetzbar ist und dass zumindest vormittags bis 12 Uhr jeweils vier Mitarbeiter anwesend sein sollen.

Web

Personaleinsatzplan Einkauf Bürotechnik/-einrichtung					3. Woche/20(0)
Name	Montag	Dienstag	Mittwoch	Donnerstag	Freitag
Nolte	A (9 h)				
Buderbach					
Ost					
Cremer					
Rost					
Dirks					

Aufgabe 5

Zu Beginn eines jeden Jahres sammelt Frau Abel, die Personalleiterin der Rosner GmbH, die Urlaubswünsche der Mitarbeiter ein, getrennt nach Werkstatt/Montage und Verkauf. Zu ihrem Leidwesen haben sich für den Monat August wieder viel zu viele Mitarbeiter aus dem Verkauf mit ihren Urlaubswünschen eingetragen. Da Herr Frechen neben seiner Arbeit in der Werkstatt auch im Verkauf eingesetzt wird, ist er bei der Urlaubsplanung des Verkaufs mit zu berücksichtigen.

August

Woche	Mo	Di	Mi	Do	Fr	Sa	So
31						1	2
32	3	4	5	6	7	8	9
33	10	11	12	13	14	15	16
34	17	18	19	20	21	22	23
35	24	25	26	27	28	29	30
36	31						

September

Woche	Mo	Di	Mi	Do	Fr	Sa	So
36		1	2	3	4	5	6
37	7	8	9	10	11	12	13
38	14	15	16	17	18	19	20
39	21	22	23	24	25	26	27
40	28	29	30				

Ferien

Name	Urlaubswünsche August 20(0)
Thomas Enders	17.08 bis 05.09.20(0)
Karsten Moritz	03.08 bis 15.08.20/0)
Ayla Ergün	10.08 bis 29.08.20(0)
Anna Seidler	03.08 bis 22.08.20(0)
Doris Tschern	03.08 bis 29.08.20(0)
Hans Frechen	17.08 bis 29.08.20(0)
Kathrin Timmermann	24.08. bis 07.09.20(0)

Mitarbeiter	Familiäre Situation
Thomas Enders	verheiratet, erwachsene Kinder, Ehefrau ist nicht berufstätig
Karsten Moritz	ledig, keine Kinder
Ayla Ergün	ledig, keine Kinder
Anna Seidler	verheiratet, Mutter von zwei schulpflichtigen Kindern, Ehepartner ist berufstätig und hat zur gleichen Zeit Urlaub beantragt
Doris Tschern	verheiratet, Mutter eines Kindes von einem Jahr, Partner berufstätig und hat zur gleichen Zeit Urlaub beantragt
Hans Frechen	verheiratet, ein Kind von 8 Monaten, Partnerin ist nicht berufstätig
Kathrin Timmermann	Auszubildende, ledig, keine Kinder

Betriebsvereinbarung zur Urlaubsplanung (Auszug)

- Jeder Mitarbeiter muss seine Urlaubswünsche bis zum 17. Dezember des Vorjahres bei der Geschäftsführung anmelden.
- Die Wünsche der Mitarbeiter sind bei der zeitlichen Festlegung des Urlaubs zu berücksichtigen.
- Der Urlaub muss im laufenden Jahr genommen werden. Eine Übertragung von Urlaubsansprüchen auf das nächste Kalenderjahr ist nur aus dringenden betrieblichen Gründen bis Ende März des Folgejahres zulässig.
- Beschäftigte, die schulpflichtige Kinder haben, erhalten ihren Urlaub vorzugsweise während der Schulferien.
- Beschäftigte, deren Partner ebenfalls berufstätig ist, erhalten ihren Urlaub so, dass ein gemeinsamer Urlaub möglich ist.
- Auszubildende müssen ihren Urlaub während der Schulferien nehmen.

Frau Abel hat bei ihrer Entscheidung über die Urlaubswünsche der Mitarbeiter folgende Gesichtspunkte zu beachten:

1. Die gültige Betriebsvereinbarung zur Urlaubsplanung (siehe oben).
2. Die Interessen des Betriebes, die in der Verkaufsabteilung eine Verfügbarkeit über drei Mitarbeiter erfordern. Denn auch in der Ferienzeit können Mitarbeiter krank werden, und die Teilzeitkräfte sind nur begrenzt einsetzbar.

Erstellen Sie einen Urlaubsplan für den Monat August auf der Basis der Betriebsvereinbarung und unter Berücksichtigung der Betriebsinteressen. In der Rosner GmbH gilt die 6-Tage-Woche. Verwenden Sie dazu die nachfolgende Tabelle.

Urlaubsplanung

August

Name	1	2	3	4	5	6	7	8	9	10	11	12	13	14	15	16	17	18	19	20	21	22	23	24	25	26	27	28	29	30	31
Enders																															
Moritz																															
Ergün																															
Seidler																															
Tschern																															
Frechen																															
Timmermann																															

September

Name	1	2	3	4	5	6	7	8	9	10	11	12	13	14	15	16	17	18	19	20	21	22	23	24	25	26	27	28	29	30
Enders																														
Moritz																														
Ergün																														
Seidler																														
Tschern																														
Frechen																														
Timmermann																														

Ferien

Aufgabe 6

Dominique Häuser hat am 1. April 20(0) seine neue Stelle in der Sauter Kaminbau GmbH angetreten. Sein Urlaubsanspruch bei seinem bisherigen Arbeitgeber richtete sich nach dem Bundesurlaubsgesetz. Von seinem Urlaubsanspruch hat er beim alten Arbeitgeber fünf Tage Urlaub genommen (durch eine Urlaubsbescheinigung belegt). Der Betrieb hatte eine 5-Tage-Woche.

§ 5 BUrlG – Teilurlaub

(1) Anspruch auf ein Zwölftel des Jahresurlaubs für jeden vollen Monat des Bestehens des Arbeitsverhältnisses hat der Arbeitnehmer
a) für Zeiten eines Kalenderjahres, für die er wegen Nichterfüllung der Wartezeit in diesem Kalenderjahr keinen vollen Urlaubsanspruch erwirbt;
(...)
(2) Bruchteile von Urlaubstagen, die mindestens einen halben Tag ergeben, sind auf volle Urlaubstage aufzurunden.
(...)

a Berechnen Sie den Urlaubsanspruch des neuen Mitarbeiters in der Sauter Kaminbau GmbH, wenn sich auch in diesem Unternehmen die Dauer des Urlaubs nach dem Bundesurlaubsgesetz richtet und eine 5-Tage-Woche besteht.

b Herr Häuser beantragt bereits am 10. Juli 20(0) eine Woche Urlaub, um an der Hochzeit seiner Schwester teilnehmen zu können, die in Italien stattfindet. Prüfen Sie, ob Herr Häuser bereits einen Urlaubsanspruch erworben hat.

c Berechnen Sie anhand des Auszuges aus dem Bundesurlaubsgesetz einen eventuell bestehenden Urlaubsanspruch.

d Nehmen Sie an:

da Herr Häuser habe eine Woche Urlaub erhalten.
Begründen Sie, wie viele Urlaubstage für diese Woche angerechnet werden.

db Herr Häuser ist während des Urlaubs erkrankt. Er hat diese Erkrankung durch ärztliches Attest für zwei Tage nachgewiesen. Stellen Sie fest, wie viele Urlaubstage für ihn anzurechnen sind.

Aufgabe 7

In der Sauter Kaminbau GmbH sollen die Urlaubsansprüche der Mitarbeiter mithilfe einer Excel-Tabelle überwacht werden. Frau König, die im Unternehmen für die Personalverwaltung zuständig ist, hat zu diesem Zweck die nachfolgende Excel-Tabelle entworfen. Nun sind die bisher aufgelaufenen Daten für jeden Mitarbeiter in einer solchen Tabelle zu erfassen.

Übernehmen Sie beispielhaft die Daten eines Mitarbeiters in die Tabelle (siehe Seite 294) und berechnen Sie den verbleibenden Urlaub für das Jahr 20(0).

Web

Daten
Andrea Gosen
Personalnummer V412
Telefon 040 1245621
Geburtsdatum 22.04.1978
Eintrittsdatum 01.01.2010
Keine Schwerbehinderung

Frau Gosen hatte noch einen Resturlaub aus dem Vorjahr, den sie aber vom 7. bis zum 9. Januar und am 12. und 13. Februar beansprucht hat. Ihr Jahresurlaub beträgt 30 Tage. Aufgrund eines Sterbefalls in der Familie erhält sie einen Tag Sonderurlaub. Von ihrem Jahresurlaub hat sie bisher zwei Wochen Urlaub in Anspruch genommen (6. bis 10. und 13. bis 17. Juli).

Urlaubsdatei

Personalnummer:	
Name:	
Telefon:	
Geburtsdatum:	
Eintritt:	
Austritt:	
Mutterschaft:	
Schwerbehinderung:	

	Tage
Resturlaub 20(-1)	
Jahresurlaub 20(0)	
Sonderurlaub 20(0)	
Gesamturlaub 20(0)	
beansprucht	
verbleibend	

August

Monat	1	2	3	4	5	6	7	8	9	10	11	12	13	14	15	16	17	18	19	20	21	22	23	24	25	26	27	28	29	30	31	Summe
Jan																																
Feb																																
Mrz																																
Apr																																
Mai																																
Jun																																
Jul																																
Aug																																
Sep																																
Okt																																
Nov																																
Dez																																

1 = 1 Urlaubstag

Aufgabe 8

Die Arbeitszeiten der Lagermitarbeiter in der Max Huber Vertrieb GmbH werden jeweils in einer Excel-Datei erfasst und überwacht. Frau Agiulo, die Personalsachbearbeiterin, hat die Stundenzettel des Mitarbeiters Karl-Heinz Wienand bereits in eine Tabelle übertragen (siehe Tabelle, Seite 296). Die Arbeitsstunden sind noch zu berechnen und die Höhe des aktuellen Zeitkontos ist zu ermitteln.

Daten zum Mitarbeiter

Name: Karl-Heinz Wienand

Abrechnungsmonat: Februar 20(0)

Tägliche Arbeitszeit: 8 Stunden; Wochenarbeitszeit: 38 Stunden, Sollstunden im Monat: 168

Aus dem Vormonat besteht ein Plus-Saldo von 6:30 Stunden.

Stundenberechnung in Excel

Die Spalten „Beginn", „Ende", „Pausen" und „Arbeitsstunden" müssen auf das Format „Uhrzeit" formatiert werden:

Felder mit der rechten Maustaste anklicken – Zellen formatieren – Uhrzeit – 13:30

Im unteren Bereich der Tabelle (ab „Summe Arbeitsstunden" ist folgendes Format zu wählen: „Benutzerdefiniert" – hh:mm

Danach müssen im Ergebnisfenster („Typ") die Platzhalter für Stunden in eckige Klammern eingeschlossen werden:

[hh]:mm

Dadurch sind auch dreistellige Stundenzahlen möglich.

Urlaub und Tage der Krankheit werden mit der bezahlten Regelarbeitszeit von acht Stunden angesetzt.

a Ermitteln Sie die Summe der Arbeitsstunden und das aktuelle Zeitkonto am Ende des Monats Februar, indem Sie die die unten stehende Tabelle entsprechend ergänzen (siehe Seite 296). Web

b Begründen Sie, warum der Urlaubstag am 17. Februar und der Krankheitstag am 23. Februar mit acht Stunden Arbeitszeit anzusetzen sind.

c Begründen Sie ferner, wie mit gesetzlichen Feiertagen zu verfahren ist.

d Damit ein Großauftrag pünktlich erledigt werden konnte, hat Herr Wienand am 12. Februar von 13:00 bis 22:00 Uhr gearbeitet. Prüfen Sie, ob Herr Wienand nach den Bestimmungen des Arbeitszeitgesetzes am nächsten Morgen bereits wieder um 9:00 Uhr mit der Arbeit beginnen durfte.

e Am 18. Februar hat Herr Wienand um 12:00 Uhr eine Pause von 30 Minuten eingelegt und danach bis 17:00 Uhr gearbeitet. Begründen Sie, ob die Dauer der Pause nach dem Arbeitszeitgesetz ausreichend war.

f Auch für die Auszubildenden der Max Huber Vertrieb GmbH werden Arbeitszeitnachweise geführt. Stellen Sie fest, mit welcher Arbeitszeit die Berufsschulzeiten eines 17-jährigen Auszubildenden in folgenden Situationen angesetzt werden müssen:

fa Dienstag: Unterricht von 8:00 bis 13:00 Uhr

fb Donnerstag: Unterricht von 8:00 bis 12:15 Uhr

Zeiterfassung

Name:	Wienand	Vorname:	Karl-Heinz
Monat:	Februar	Jahr:	20(0)

K = Krankheit
U = Urlaub
F = Feiertag
S = Sonstiges

Tag	Beginn	Ende	Pausen	Arbeitsstunden	Fehlzeiten
01					
02	8:00	17:00	1:00		
03	8:15	17:30	1:00		
04	8:00	17:00	0:45		
05	7:30	18:00	1:00		
06	8:00	16:00	0:30		
07					
08					
09	8:00	17:00	1:00		
10	8:30	17:30	0:45		
11	8:00	17:00	1:00		
12	13:00	22:00	1:00		
13	9:00	18:00	1:00		
14					
15					
16	8:00	17:00	1:00		
17					U
18	7:00	17:30	0:30		
19	8:00	17:00	1:00		
20	8:00	16:00	0:45		
21					
22					
23					K
24	8:00	17:00	1:00		
25	8:30	18:00	0:30		
26	8:00	16:30	1:00		
27	8:00	16:00	1:00		
28					
29					
30					
31					

Summe Arbeitsstunden	
– Sollstunden Monat	
+/– Saldo Vormonat	
Aktuelles Zeitkonto	

Aufgabe 9

In einem Arbeitszeitnachweis sollen die Zeiten als Dezimaleinheiten angegeben werden. Ein Mitarbeiter hat seine Zeitangaben in Stunden und Minuten notiert:

Rechnen Sie die Minutenangaben in Dezimalminuten um.

	Zeitangabe des Mitarbeiters	Dezimalminuten
Montag	8 Stunden und 15 Minuten	
Dienstag	8 Stunden und 35 Minuten	
Mittwoch	8 Stunden und 10 Minuten	
Donnerstag	7 Stunden und 50 Minuten	
Freitag	8 Stunden und 25 Minuten	

Aufgabe 10

Ellen Steiner meldet ihrem Arbeitgeber, der Klaus Elster Sanitär GmbH, dass sie schwanger ist. Der voraussichtliche Geburtstermin ist der 28. Juli 20(0). Die Bescheinigung ihrer Ärztin wird sie in Kürze nachreichen.

a Die Personalsachbearbeiterin Frau Meerbusch informiert sich deshalb über die besonderen Rechte von Schwangeren. Drei Punkte hat sie aus ihren Personalunterlagen zusammengestellt:

Siehe Informationshandbuch des 2. Ausbildungsjahres, Kapitel 11.7

1.	Arbeitnehmerinnen sind unkündbar während der Schwangerschaft und bis zum Ablauf des vierten Monats nach der Schwangerschaft.
2.	
3.	

Ergänzen Sie die Punkte 2. und 3.

b Frau Meerbusch wird aufgrund des erwarteten Geburtstermins bereits die Mutterschutzfrist für Frau Steiner berechnen, bevor die ärztliche Bescheinigung mit den genauen Daten eintrifft.

Ermitteln Sie anstelle von Frau Meerbusch den kalendermäßig genauen Beginn und das Ende der Mutterschutzfrist für Frau Steiner.

c Frau Steiner teilt der Personalsachbearbeiterin mit, dass sie bis zum Geburtstermin arbeiten möchte und auch nach der Geburt sofort wieder die Arbeit aufnehmen will, soweit es ihr Zustand zulässt. Begründen Sie, ob Frau Meerbusch den Wunsch von Frau Steiner erfüllen kann.

Aufgabe 11

Nach einer schweren Erkrankung wird ein Mitarbeiter der Klaus Elster Sanitär GmbH als Schwerbehinderter eingestuft. Auch hier informiert sich Frau Meerbusch über die Besonderheiten des Arbeitsrechts, die für Schwerbehinderte gelten.

a Klären Sie anstelle von Frau Meerbusch die speziellen Regelungen für Schwerbehinderte in folgenden Punkten:

1. Arbeitseinsatz
2. Urlaub
3. Kündigung: Siehe Auszug aus dem Sozialgesetzbuch und im Informationshandbuch, Kapitel 11.

§ 85 SGB IX – Erfordernis der Zustimmung

Die Kündigung des Arbeitsverhältnisses eines schwerbehinderten Menschen durch den Arbeitgeber bedarf der vorherigen Zustimmung des Integrationsamtes.

Integrationsämter sind Behörden, die auf kommunaler oder Landesebene für Aufgaben nach dem Schwerbehindertenrecht (Teil 2 SGB IX) zuständig sind.

b Der Gesetzgeber macht Vorgaben für die Behandlung von schwerbehinderten Menschen im Arbeitsleben. Ob sich ein Schwerbehinderter an seinem Arbeitsplatz wohlfühlt, hängt aber in hohem Maße von der Geschäftsleitung und den Mitarbeitern ab.

Beschreiben Sie Maßnahmen/Verhaltensweisen, die die Integration von Schwerbehinderten (Inklusion) im Arbeitsleben fördern.

Inklusion, siehe auch im Informationshandbuch des 2. Ausbildungsjahres, Kapitel 2

Inklusion: Die sogenannte soziale Inklusion wird als eine besondere Form des gesellschaftlichen Zusammenlebens verstanden, die sich dadurch auszeichnet, dass jeder Mensch als Individuum anerkannt ist. Die Unterschiede zwischen den Individuen werden bewusst wahrgenommen, sind aber nicht von Bedeutung. Jeder Mensch ist gleichwertig, egal, ob er behindert, Rentner, Migrant, Kind, Jugendlicher, Christ, Moslem etc. ist.

Aufgabe 12

Die Geschäftsleitung der Max Huber Vertrieb GmbH möchte die tägliche Arbeitszeit von montags bis donnerstags von 8 auf 8 ½ Stunden verlängern und dafür die Arbeitszeit am Freitag entsprechend kürzen. Sie will auf diese Weise mehr Präsenz gegenüber den Kunden erreichen, die Freitagnachmittag oft schon im Wochenende sind. Der Betriebsrat ist allerdings gegen diese Änderung der Arbeitszeiten.

Prüfen Sie anhand der Auszüge aus den §§ 87 und 76 des Betriebsverfassungsgesetzes, ob die Änderung gegen den Willen des Betriebsrates durchgesetzt werden kann.

Auszüge aus dem Betriebsverfassungsgesetz (BetrVG)

Der Vorsitzende der Einigungsstelle ist in der Praxis im Regelfall ein Arbeitsrichter.

§ 76 BetrVG – Einigungsstelle

(1) Zur Beilegung von Meinungsverschiedenheiten zwischen Arbeitgeber und Betriebsrat (...) ist bei Bedarf eine Einigungsstelle zu bilden. (...)

(2) Die Einigungsstelle besteht aus einer gleichen Anzahl von Beisitzern, die vom Arbeitgeber und Betriebsrat bestellt werden, und einem unparteiischen Vorsitzenden, auf dessen Person sich beide Seiten einigen müssen (...).

§ 87 BetrVG – Mitbestimmungsrechte

(1) Der Betriebsrat hat, soweit eine gesetzliche oder tarifliche Regelung nicht besteht, in folgenden Angelegenheiten mitzubestimmen:

1. Fragen der Ordnung des Betriebs und des Verhaltens der Arbeitnehmer im Betrieb;
2. Beginn und Ende der täglichen Arbeitszeit einschließlich der Pausen sowie Verteilung der Arbeitszeit auf die einzelnen Wochentage;
3. vorübergehende Verkürzung oder Verlängerung der betriebsüblichen Arbeitszeit;

(...)

5. Aufstellung allgemeiner Urlaubsgrundsätze und des Urlaubsplans sowie die Festsetzung der zeitlichen Lage des Urlaubs für einzelne Arbeitnehmer, wenn zwischen dem Arbeitgeber und den beteiligten Arbeitnehmern kein Einverständnis erzielt wird;

(...)

(2) Kommt eine Einigung über eine Angelegenheit nach Absatz 1 nicht zustande, so entscheidet die Einigungsstelle. Der Spruch der Einigungsstelle ersetzt die Einigung zwischen Arbeitgeber und Betriebsrat.

Aufgabe 13

Kitesurfen = Surfen mit einem Lenkdrachen

Jonas Hansen betreibt seit fünf Jahren einen Internetshop für alle Artikel rund um das Kitesurfen. Die Bestellungen über Boards, Schirme (Kites), Leinen und andere Ausrüstungsgegenstände liefen zunächst zögerlich an, nahmen dann aber Ausmaße an, die die Einstellung von Mitarbeitern notwendig machte. Um die Risiken überschaubar zu halten, hatte sich Jonas Folgendes überlegt:

1. Er will einen Mitarbeiter für den Versand einstellen, der aber nur einen befristeten Arbeitsvertrag über sechs Monate erhält. Nach Ablauf der Befristung möchte er einen neuen Vertrag wieder mit sechsmonatiger Laufzeit abschließen usw.
2. Zu Saisonbeginn im Mai möchte er einen Mitarbeiter für die Bestellabwicklung einstellen, der einen Arbeitsvertrag mit einer Laufzeit von vier Monaten bis zum Ende der Saison erhält. Das plant er für jedes Jahr.

a Prüfen Sie, ob Jonas die Arbeitsverträge nach dem Teilzeit- und Befristungsgesetz (TzBfG) rechtswirksam abschließen kann.

b Nehmen Sie an, Jonas hätte seinen Shop erst vor zwei Jahren gegründet. Beachten Sie dazu den untenstehenden Auszug aus dem Teilzeit- und Befristungsgesetz.

§ 14 Abs. 2a TzBfG – Zulässigkeit der Befristung

In den ersten vier Jahren nach der Gründung eines Unternehmens ist die kalendermäßige Befristung eines Arbeitsvertrages ohne Vorliegen eines sachlichen Grundes bis zur Dauer von vier Jahren zulässig; bis zu dieser Gesamtdauer von vier Jahren ist auch die mehrfache Verlängerung eines kalendermäßig befristeten Arbeitsvertrages zulässig.

Aufgabe 14

In der Konzept Werbeagentur GmbH sind vorzugsweise weibliche Mitarbeiterinnen beschäftigt (Kauffrauen für Büromanagement, Mediengestalterinnen, Webdesignerinnen u. a.). Im Unternehmen gilt ein System fester Arbeitszeiten, und zwar von 8:00 bis 17:00 Uhr, freitags bei 15:00 Uhr mit einstündiger Mittagspause. Die tarifliche Wochenarbeitszeit beträgt 38 Stunden.

Viele Mitarbeiterinnen haben sich nun an den Betriebsrat gewandt, damit er mit der Geschäftsleitung ein Gleitzeitmodell aushandelt. Der Betriebsrat wird dem Wunsch der Mitarbeiterinnen Folge leisten und ein Positionspapier für die Verhandlungen mit der Geschäftsleitung entwerfen. Folgende Inhalte sollten in diesem Positionspapier angesprochen werden:

Gründe für eine Änderung des bestehenden Arbeitszeitmodells	Begründung aus Sicht der Arbeitnehmer/-innen
Rahmenarbeitszeit	Frühester Arbeitsbeginn, spätestes Arbeitsende
Kernarbeitszeit	Anwesenheitspflicht für alle Mitarbeiter
Gleitzeiten	Variable Arbeitszeiten
Erfassung der individuellen Arbeitszeit	Vorschlag entwickeln
Maximale Plus-Stunden	Arbeitsstunden, die maximal „angespart" werden können
Maximale Minus-Stunden	Zeitschulden des Arbeitnehmers
Vorteile	▪ Mindestens zwei Vorteile für das Unternehmen ▪ Mindestens zwei Vorteile aus Sicht der Arbeitnehmer/-innen
Rechtlicher Rahmen	Form, in der die Vereinbarung über das Gleitzeitmodell festgehalten werden soll.

Entwerfen Sie das Positionspapier für den Betriebsrat.

9 Den Fortbildungsbedarf für Werkstattmitarbeiter planen

In der Rosner GmbH stellt man fest, dass der Verkauf von E-Bikes immer bedeutsamer für den Geschäftserfolg wird. Folglich spielt die Technik der Elektrofahrräder in den Verkaufsgesprächen eine immer bedeutendere Rolle.

Herr Rosner überlegt zusammen mit seiner Personalleiterin, Frau Abel, wie das Unternehmen auf diesen Trend reagieren soll. Zwei Überlegungen stehen im Vordergrund:

1. Die Verkaufsmitarbeiter werden in E-Bike-Technik noch intensiver geschult, als das bisher geschehen ist.
2. Die Werkstattmitarbeiter, die bereits über ein hervorragendes Technikwissen verfügen, werden verstärkt im Verkauf eingesetzt, vorzugsweise beim Verkauf von E-Bikes.

Das Problem der zweiten Überlegung besteht darin, dass die Werkstattmitarbeiter in ihrer Ausbildung zum Zweiradmechatroniker zwar in geringem Umfang das Fach „Beratung und Verkauf" sowie „Wirtschafts- und Sozialkunde" kennengelernt haben, die aktuellen Kenntnisse der Werkstattmitarbeiter reichen aber für eine Verkaufstätigkeit nicht aus.

Nach intensiver Diskussion haben sich Herr Rosner und Frau Abel entschieden, Werkstattmitarbeiter für den Verkauf fit zu machen. Infrage kommen Herr Frechen und der Leiter der Werkstatt, Herr Kosthorst. Allerdings soll zunächst nur ein Mitarbeiter ausgewählt werden.

Zur Ermittlung des Fortbildungsbedarfs und für die Auswahlentscheidung wird man in vier Schritten vorgehen:

1. Schritt	Erstellung des Anforderungsprofils
2. Schritt	Durchführung einer Leistungsbeurteilung für beide Kandidaten; Entscheidung für einen Mitarbeiter durch Vergleich von Anforderungsprofil und Leistungsbeurteilung
3. Schritt	Der ausgewählte Mitarbeiter wird in die Überlegungen einbezogen.
4. Schritt	Durch den Vergleich von Leistungsbeurteilung und Anforderungsprofil wird festgelegt, welcher Fortbildungsbedarf tatsächlich existiert. Anschließend werden die Fortbildungsmaßnahmen bestimmt.

1. Schritt

Frau Abel hat das Anforderungsprofil für Verkaufsmitarbeiter erstellt:

Anforderungsprofil für Verkaufsmitarbeiter

	++	+	0	-	--
I. Arbeitsverhalten					
Arbeitstempo		x			
Qualität der Arbeit		x			
Belastbarkeit	x				
Produktkenntnisse	x				
Verkaufskenntnisse	x				
Betriebswirtschaftliche Kenntnisse		x			
II. Sozialverhalten – intern					
Verhalten gegenüber Vorgesetzten		x			
Verhalten gegenüber Kollegen		x			
Höflichkeit/Wertschätzung		x			
Hilfsbereitschaft		x			
Teamfähigkeit	x				
III. Sozialverhalten – gegenüber Kunden					
Kontaktfähigkeit	x				
Auftreten	x				
Freundlichkeit	x				
Kommunikation	x				
Kundenorientierung	x				
IV. Geistige Anlagen					
Kreativität		x			
Lernfähigkeit		x			
Auffassungsgabe		x			
Kritikfähigkeit		x			

2. Schritt

Anschließend hat Frau Abel für beide Mitarbeiter die Personalakten ausgewertet und die Ergebnisse in zwei Übersichten dargestellt. Aufgrund dieser Informationen wird sie eine Leistungsbeurteilung nach den Merkmalen des Anforderungsprofils erstellen. Danach wird entschieden, wer für die Fortbildung infrage kommt.

Auswertung der Personalakten

Auswertung Personalakte Herr Kosthorst

Herr Kosthorst, geboren am 16.03.1969, ist seit dem 03.08.1990 in der Werkstatt beschäftigt. Er arbeitet stets sehr schnell und gut, und er ist hoch belastbar. Herr Kosthorst verfügt über ausgezeichnete fachliche Kenntnisse, sowohl im Zweiradbereich als auch bei E-Bikes. Er hat gelegentlich im Verkauf ausgeholfen, wenn er wegen technischer Fragen zurate gezogen wurde. Selbstständige Verkäufe hat er nur ausnahmsweise durchgeführt; sie verliefen eher unbefriedigend. Kaufmännische Kenntnisse sind nicht vorhanden.

Das Verhalten von Herrn Kosthorst gegenüber Vorgesetzten ist einwandfrei. Er ist recht beliebt bei seinen Kollegen und pflegt einen freundlichen, aber auch klaren Umgang mit den Mitarbeitern in der Werkstatt. Seine Position als Werkstattleiter macht er regelmäßig deutlich. Als Vorgesetzter hat er für seine Mitarbeiter stets ein offenes Ohr und ist in Problemsituationen behilflich. Grundsätzlich kann er gut im Team arbeiten, seine Stärke ist aber die Lösung schwieriger technischer Probleme unter Rückgriff auf sein Fachwissen.

Prüfungszeugnis

Zweiradmechaniker

	Noten
1. Praktische Prüfung	2
2. Technologie	2
3. Arbeitsplanung	2
4. Technische Mathematik	2
5. Wirtschafts- und Sozialkunde	4

Besuchte Seminare

1. Diagnostizieren von Fehlern und Störungen
2. Messen und Prüfen an Systemen
3. Fahrradelektronik
4. Diagnose- und Wartungsprogramm E-Bike

Es fällt Herrn Kosthorst schwer, ungezwungen auf Kunden zuzugehen. Er fühlt sich offensichtlich in der Werkstatt wohler als im Verkauf. Im Gespräch mit Kunden tritt er zwar weitgehend freundlich auf, kann sich aber nur schwer in die Situation von Kunden versetzen, insbesondere bei Kunden mit geringen technischen Kenntnissen. Herr Kosthorst ist stets in der Lage, auch schwierige technische Probleme kreativ anzugehen und zu lösen. Er zeigt großes Interesse für neue technische Entwicklungen und kann sie aufgrund seiner hohen Auffassungsgabe schnell in der täglichen Arbeit umsetzen. Gegenüber Kritik an seiner Person ist er sehr empfindlich und fühlt sich schnell angegriffen.

Auswertung Personalakte Herr Frechen

Herr Frechen, geboren am 20.04.1992, ist seit dem 01.08.2013 in der Werkstatt beschäftigt. Er arbeitet schnell und gut, und er ist relativ belastbar. Herr Frechen verfügt über gute fachliche Kenntnisse im Zweiradbereich und sehr gutes Fachwissen bei E-Bikes. Er hat mehrfach Verkaufsgespräche mit befriedigendem Erfolg durchgeführt. Kaufmännische Kenntnisse sind in Ansätzen vorhanden.

Bei den Kollegen ist Herr Frechen äußerst beliebt, bei Vorgesetzten eckt er manchmal an. Dennoch ist er sehr aufgeschlossen und hilfsbereit und kann gut mit seinen Kollegen zusammenarbeiten.

Herr Frechen kommt schnell mit Menschen in Kontakt. Er ist dabei sehr liebenswürdig, freundlich und den Kunden zugewandt. Er kann sich einfühlsam in die Problemlage von Kunden versetzen und durch Freundlichkeit und Sachverstand überzeugen.

Kreativität und Lernfähigkeit sind gut ausgeprägt. Seine Auffassungsgabe ist ebenfalls gut. Gegenüber Kritik ist er offen, ändert kritisierte Verhaltensweisen aber nur zögerlich.

Prüfungszeugnis

Zweiradmechatroniker
Fachrichtung Zweirad

	Noten
1. Arbeitsauftrag (praktische und schriftliche Prüfung)	3
2. Kundenauftrag	2
3. Beratung und Verkauf	3
4. Diagnose und Instandsetzungstechnik	2
5. Wirtschafts- und Sozialkunde	3

Besuchte Seminare

1. Fahrradelektronik
2. Diagnose- und Wartungsprogramm E-Bike

3. Schritt

Vorbereitung eines Gesprächs mit dem ausgewählten Kandidaten. Dazu sollten folgende Gesprächsthemen geplant werden.

- Einleitung
- Klärung
- Argumentation
- Vereinbarungen treffen

Zur Gesprächsplanung siehe Informationshandbuch, Lernfeld 7, Kapitel 1, Seite 209

4. Schritt

Festlegung des Fortbildungsbedarfs und Entscheidung für konkrete Fortbildungsmaßnahmen. Frau Abel hat verschiedene Fortbildungsveranstaltungen recherchiert und für die Entscheidung vorbereitet.

Mögliche Fördermaßnahmen als interne oder externe Veranstaltung

- **Verkaufstraining**
  - **Intern** durch den Leiter des Verkaufs, Herrn Enders oder durch einen Verkaufstrainer, der dazu beauftragt wird. Denkbar sind vier Tagesveranstaltungen in den Räumen der Rosner GmbH.
  - **Extern:** Angebot eines Verkaufstrainers, Seminar über vier Tage in einem Hotel in Augsburg
  - Alternative: Angebot der örtlichen IHK: Verkaufstraining, 2 x samstags von 9:00 bis 17:00 Uhr
- **Betriebswirtschaftliche und rechtliche Kenntnisse**

  Extern: Angebot der Handwerkskammer München, Kurs über Vertragswesen und Reklamation, sechs Abende von 18:00 bis 21:00 Uhr oder zwei Tagesveranstaltungen, jeweils in den Räumen der Kammer
- **Technik**

  Extern: Fortbildungskurse verschiedener Hersteller von E-Bikes und Elektromotoren
  - Elektromotor: Fehlerdiagnose und Wartung
  - Fahrrad-Elektronik

Arbeitsauftrag

Planen Sie den Fortbildungsbedarf eines Werkstattmitarbeiters für den Einsatz im Verkauf.

Vorschläge zur Vorgehensweise

1. Beurteilen Sie Herrn Kosthorst und Herrn Frechen nach den Merkmalen des Anforderungsprofils für Verkaufsmitarbeiter.
2. Entscheiden Sie, wer von den beiden Mitarbeitern für den Verkauf fortgebildet werden soll.
3. Planen Sie ein Gespräch mit dem Kandidaten, das ihn in die Fortbildungsüberlegungen einbezieht.
4. Legen Sie den Fortbildungsbedarf fest und entscheiden Sie sich für konkrete Fortbildungsmaßnahmen.

Beurteilung für Herrn Kosthorst

	++	+	0	-	--
I. Arbeitsverhalten					
Arbeitstempo					
Qualität der Arbeit					
Belastbarkeit					
Produktkenntnisse					
Verkaufskenntnisse					
Betriebswirtschaftliche Kenntnisse					
II. Sozialverhalten – intern					
Verhalten gegenüber Vorgesetzten					
Verhalten gegenüber Kollegen					
Höflichkeit/Wertschätzung					
Hilfsbereitschaft					
Teamfähigkeit					
III. Sozialverhalten – gegenüber Kunden					
Kontaktfähigkeit					
Auftreten					
Freundlichkeit					
Kommunikation					
Kundenorientierung					
IV. Geistige Anlagen					
Kreativität					
Lernfähigkeit					
Auffassungsgabe					
Kritikfähigkeit					

Beurteilung für Herrn Frechen

	++	+	0	–	–
I. Arbeitsverhalten					
Arbeitstempo					
Qualität der Arbeit					
Belastbarkeit					
Produktkenntnisse					
Verkaufskenntnisse					
Betriebswirtschaftliche Kenntnisse					
II. Sozialverhalten – intern					
Verhalten gegenüber Vorgesetzten					
Verhalten gegenüber Kollegen					
Höflichkeit/Wertschätzung					
Hilfsbereitschaft					
Teamfähigkeit					
III. Sozialverhalten – gegenüber Kunden					
Kontaktfähigkeit					
Auftreten					
Freundlichkeit					
Kommunikation					
Kundenorientierung					
IV. Geistige Anlagen					
Kreativität					
Lernfähigkeit					
Auffassungsgabe					
Kritikfähigkeit					

Aufgabe 1

Betrachten Sie die Situation oben und die Ergebnisse Ihres Arbeitsauftrages und versetzen Sie sich in die Situation des betroffenen Mitarbeiters aus der Werkstatt der Rosner GmbH.

a Stellen Sie begründet fest, ob es sich für den Mitarbeiter durch den Einsatz im Verkauf um

- Jobenlargement,
- Jobenrichment oder um
- Jobrotation handelt.

b Stellen Sie Vermutungen darüber an, ob der Werkstattmitarbeiter die neue Tätigkeit als Bereicherung oder als zusätzliche Belastung empfinden wird.

Aufgabe 2

Nehmen Sie an, der Werkstattmitarbeiter hat sich nur widerwillig bereit erklärt, den Einsatz im Verkauf zu akzeptieren.

Machen Sie je zwei Vorschläge für Maßnahmen, durch die die Akzeptanz des Mitarbeiters (seine Motivation) gesteigert werden kann und zwar durch

a materielle Anreize,

b nichtmaterielle Anreize.

Aufgabe 3

Betrachten Sie das Beispiel im Informationshandbuch des 2. Ausbildungsjahres, Lernfeld 8, Kapitel 9.4, zur Besetzung einer Stelle in der Bereichsleitung der InterSolar Handelsgesellschaft mbH durch Herrn Hoffmeister. Für die Personalförderung von Herrn Hoffmeister stehen folgende Maßnahmen zur Verfügung:

- Trainee-Ausbildung
- Coaching
- Mentoring

a Geben Sie eine begründete Empfehlung, wie die InterSolar Handelsgesellschaft mbH die Personalförderung von Herrn Hoffmeister durchführen soll.

b Beurteilen Sie folgende Idee des Personalleiters der InterSolar: Um die Führungsqualitäten von Herrn Hoffmeister zu stärken, soll er an einem Outdoor-Training teilnehmen, bei dem die Teilnehmer für die Dauer von drei Tagen ein Überlebenstraining in einem abgelegenen Waldgebiet absolvieren.

Aufgabe 4

Geben Sie Beispiele aus Ihrem Ausbildungsbetrieb, wie man den Tätigkeitsumfang von Mitarbeitern durch Jobenlargement, Jobenrichment oder Jobrotation motivierender gestalten kann.

Aufgabe 5

In der Stadtwerke GmbH ist die Betreuung von Schülergruppen, die sich über alternative Energiegewinnung informieren wollen, in die Hände der Auszubildenden gelegt worden. In einer Zielvereinbarung wurde festgelegt, dass die Auszubildenden die Besichtigungstermine selbstständig vorbereiten, durchführen und auswerten.

Damit handeln die Auszubildenden als teilautonome Arbeitsgruppe, wobei die Zielvereinbarung den Auszubildenden eine sehr weitgehende Autonomie einräumt.

a Versetzten Sie sich in die Situation der Geschäftsleitung der Stadtwerke GmbH. Das Unternehmen möchte keine Risiken eingehen und die Autonomie der Gruppe einschränken.
Entwickeln Sie ein Modell, das die Autonomie der Gruppe reduziert.

b Vergleichen Sie die ursprüngliche Zielvereinbarung mit dem erarbeiteten einschränkenden Modell aus Teilaufgabe **a** und geben Sie jeweils zwei Vorteile des umfassenden und des reduzierten Modells an.

10 Mitarbeiter beurteilen

Frau Tschern, Verkaufsmitarbeiterin in der Rosner GmbH wird das Unternehmen zum 31. Oktober 20(0) verlassen, um sich nach der Geburt ihres zweiten Kindes ausschließlich um ihre Kinder zu kümmern. Frau Abel, die Personalleiterin hat die Arbeitspapiere zusammengestellt, um sie der Mitarbeiterin auszuhändigen. Nur das qualifizierte Zeugnis fehlt noch.

Für die Personalbeurteilung verwendet Frau Abel einen Beurteilungsbogen mit festgelegten Leistungsmerkmalen.

Regelmäßig macht sich Frau Abel Notizen zum Leistungsstand der Mitarbeiterinnen und Mitarbeiter. Sie fragt aber auch die Abteilungsleiter um ihre Einschätzung. Aus beiden Quellen entsteht dann ein Leistungsbild, das sie für die Zeugnisformulierung verwendet.

Zusätzlich nutzt sie den Text der Stellenbeschreibung für die Darstellung des Verantwortungsbereichs im Zeugnis.

Beurteilungsformular

Leistungsmerkmal	Gewichtung in %	Beurteilung – Genügt den Anforderungen					Gewichtete Beurteilung
		nicht immer	fast immer	in vollem Umfang	mehr als verlangt	in besonderem Maße	
		1	2	3	4	5	
Leistungsbereitschaft							
Leistungsfähigkeit							
Arbeitsweise							
Arbeitsergebnisse							
Verhalten							
Summe							

Aufzeichnungen zu den Leistungsmerkmalen von Frau Tschern

Leistungsmerkmal	Beobachtungen	
Leistungsbereitschaft	Herr Enders	Frau Tschern war immer eine fleißige Mitarbeiterin. Sie hat sich intensiv um jeden einzelnen Kunden gekümmert; man musste ihr das gar nicht sagen, sie war immer zur Stelle.
	Eigene Aufzeichnungen	Stets hohe Leistungsbereitschaft, zeigt große Eigeninitiative, sehr zielstrebig
Leistungsfähigkeit	Herr Enders	Obwohl die Kollegin ein Kind zu betreuen hatte, war sie im Verkauf immer topfit. Auch wenn viele Kunden im Geschäft waren, wurde sie nie nervös.
	Eigene Aufzeichnungen	Kann sehr flexibel auf Kundenwünsche eingehen, gute Belastbarkeit
Arbeitsweise	Herr Enders	Die Kundenberatungen laufen völlig selbstständig, nur manchmal holt sie sich technischen Rat bei den Werkstattmitarbeitern – kommt aber selten vor.
	Eigene Aufzeichnungen	Arbeitet selbstständig, kann den Kunden auch schwierige technische Zusammenhänge erklären, zeigt große Sorgfalt, hält Zusagen stets ein
Arbeitsergebnisse	Herr Enders	Bei den Tagesauswertungen liegen ihre Umsätze immer im Durchschnitt aller Verkaufsmitarbeiter.
	Eigene Aufzeichnungen	Gute langfristige Umsatzzahlen, stabile Zahlenwerte, ausschließlich saisonale Schwankungen, Umsätze entsprechen den Zielvorgaben der Abteilung, viele positive Kundenrückmeldungen
Verhalten	Herr Enders	Es ist wirklich schade, dass uns Doris verlässt, sie ist immer so nett – nicht nur zu den Kunden, auch zu ihren Mitarbeitern. Wir verstehen uns auch blendend, obwohl sie manchmal unbedingt ihre Vorstellungen durchsetzen will. Hat mir aber nichts ausgemacht.
	Eigene Aufzeichnungen	**Intern**: sehr hohe Teamfähigkeit, kooperiert hervorragend mit Mitarbeitern, ist bei Mitarbeitern äußerst beliebt, stets einwandfreies, aber auch selbstbewusstes Verhalten gegenüber Vorgesetzten **Extern**: äußerst freundlicher Umgang mit Kunden, sicheres, den Kunden zugewandtes Auftreten, sehr gelungene Verkaufsgespräche, wird von allen Kunden als Beraterin sehr geschätzt

Arbeitsauftrag

Erstellen Sie ein qualifiziertes Arbeitszeugnis für Frau Tschern.

Vorschläge zur Vorgehensweise

1. Ordnen Sie die Aufzeichnungen von Frau Abel über Frau Tschern den Merkmalen im Beobachtungsformular zu, indem Sie Punkte 1 bis 5 verteilen.
2. Gewichten Sie die Merkmale, sodass sie in der Summe 100 % ergeben.
3. Ermitteln Sie die Gesamtpunktzahl durch die Gewichtung der Merkmale und drücken Sie das Ergebnis in einer Schulnote aus.
4. Verwenden Sie zur Erstellung des Zeugnisses das Beurteilungsformular und die Stellenbeschreibung.

Persönliche Daten

Name: Doris Tschern

Geburtsdatum: 12.04.1986

Eintritt in die Rosner GmbH: 01.09.2006

Position im Unternehmen: Verkaufsmitarbeiterin seit Einstellungsbeginn

Stellenbeschreibung	
Stellenbezeichnung:	**Verkaufsmitarbeiter/-in**
Abteilung:	Verkauf
Sachgebiet:	Fahrräder und Zubehör
Zeichnungsvollmacht:	i. A.
Ziel der Stelle:	Kundenberatung
Organisatorische Eingliederung	
▪ unmittelbarer Vorgesetzter:	Abteilungsleiter Verkauf
▪ unmittelbar untergeordnete Stellen:	keine
Stellenvertretung	
▪ wird vertreten von:	Verkaufsmitarbeitern
▪ vertritt:	Verkaufsmitarbeiter
Aufgaben:	▪ Beratung von Kunden ▪ Erfassung von Kundenaufträgen ▪ Warenpflege (Waren nachräumen, dekorieren) ▪ Teilnahme an Verkaufsförderungsmaßnahmen ▪ Arbeiten an der Kasse
Befugnisse und Verantwortung:	▪ Kundenbestellungen bis 2.000,00 € abwickeln ▪ Reklamationen kundenorientiert bearbeiten ▪ Auszubildende betreuen
Anforderungen an den/die Stelleninhaber/-in	
▪ Vorbildung:	▪ Mittlerer Bildungsabschluss ▪ Kaufmännische Ausbildung ▪ Gute Warenkenntnisse (Fahrräder, E-Bikes, Zubehör, Bekleidung) ▪ Vertiefte Kenntnisse über E-Bikes
▪ persönliche Eigenschaften:	▪ Freundlichkeit ▪ Kundenorientierung ▪ Selbstbewusstsein ▪ Teamfähigkeit ▪ Kritikfähigkeit ▪ Selbstständiges Arbeiten

Aufgabe 1

Beurteilen Sie die Objektivität der Bewertung der Leistungen und des Verhaltens von Frau Tschern mithilfe des Beurteilungsformulars über das Einstufungsverfahren.

Aufgabe 2

Betrachten Sie das im zugehörigen Informationshandbuch im Kapitel 10.4 abgebildete Musterzeugnis und ordnen Sie dem Zeugnis eine Schulnote zu.

Aufgabe 3

In der Büromöbel Temming GmbH ist die Stelle eines Außendienstmitarbeiters frei geworden. Nach einer internen Ausschreibung haben sich zwei Mitarbeiter aus der Verwaltung auf die Stelle beworben, Frau Gerhard und Herr Clement.

In der Personalabteilung werden nun die Beurteilungsformulare der beiden Mitarbeiter für die neue Stelle aufbereitet, weil die Anforderungen im Außendienst anders sind als in der Verwaltung. Dazu werden die Prozentsätze in der Spalte „Gewichtung in %" neu festgelegt.

Gewichten Sie die Leistungsmerkmale so, dass sie den Anforderungen im Außendienst entsprechen und treffen Sie die Entscheidung über die Stellenbesetzung.

Beispiel: Auszug aus der allgemeinen Beschreibung der Leistungsmerkmale

Verhalten	**Intern**: teamfähig, tauscht Informationen aus, ist hilfsbereit (kooperativ), kann andere überzeugen, hört anderen zu, Wertschätzung, Anerkennung, beliebt, höflich, kontaktfreudig, sympathisch, einwandfreies Verhalten gegenüber Vorgesetzten, fairer Umgang mit Mitarbeitern **Extern** (gegenüber Kunden/Geschäftspartnern): freundlich, entgegenkommend, kommunikativ, redegewandt, kontaktfähig, sicheres Auftreten, verhandlungsstark, schafft hohe Kundenzufriedenheit

Übrige Leistungsmerkmale, siehe Informationshandbuch, Kapitel 10.1.1

Beurteilungsformular Frau Gerhard

Leistungsmerkmal	Gewichtung in %	Beurteilung					Gewichtete Beurteilung
		Genügt den Anforderungen					
		nicht immer	fast immer	in vollem Umfang	mehr als verlangt	in besonderem Maße	
		1	2	3	4	5	
Leistungsbereitschaft						x	
Leistungsfähigkeit						x	
Arbeitsweise					x		
Arbeitsergebnisse					x		
Verhalten			x				
Summe	100						

Beurteilungsformular Herr Clement

Leistungsmerkmal	Gewichtung in %	Beurteilung					Gewichtete Beurteilung
		Genügt den Anforderungen					
		nicht immer	fast immer	in vollem Umfang	mehr als verlangt	in besonderem Maße	
		1	2	3	4	5	
Leistungsbereitschaft					x		
Leistungsfähigkeit					x		
Arbeitsweise				x			
Arbeitsergebnisse				x			
Verhalten						x	
Summe	100						

Aufgabe 4

Ordnen Sie den unten stehenden Formulierungen aus Arbeitszeugnissen entsprechende Schulnoten zu (von „ungenügend" bis „sehr gut").

1. Anwendung der Kenntnisse

Frau Goldmann hat die ihr übertragenen Aufgaben ...	Note
... stets mit äußerster Sorgfalt und größter Genauigkeit erledigt.	
... mit Sorgfalt und Genauigkeit erledigt.	
... im Allgemeinen mit Sorgfalt und Genauigkeit erledigt.	
... stets mit großer Sorgfalt und Genauigkeit erledigt.	
... mit Sorgfalt und Genauigkeit zu erledigen versucht.	
... stets mit Sorgfalt und Genauigkeit erledigt.	

2. Arbeitsergebnisse

Die Arbeitsergebnisse von Frau Goldmann ...	Note
... wurden jederzeit ordnungsgemäß vorgelegt.	
... genügten den Ansprüchen.	
... lagen weit über der geforderten Qualität und genügten stets höchsten Ansprüchen.	
... lagen weit über der geforderten Qualität und genügten hohen Ansprüchen.	
... genügten hohen Ansprüchen.	
... entsprachen im Allgemeinen den Erwartungen.	

11 Einen Arbeitsvertrag kündigen

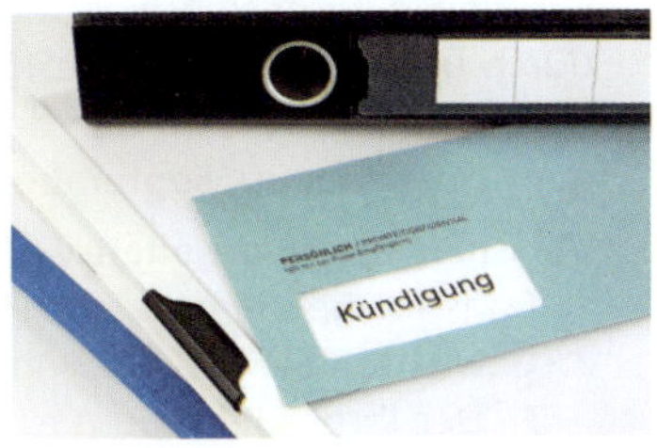

So erfreulich sich die Umsätze in der Rosner GmbH auch entwickelten, ein Problem macht Herrn Rosner große Sorgen. Nach Übernahme des Auszubildenden Gül Ekici als Werkstattmitarbeiter waren dort nun vier Vollzeitkräfte beschäftigt. Außerdem wurde Herr Scholz aus dem Lager zunehmend auch in der Fahrradmontage eingesetzt. Allerdings hilft Herr Frechen als Werkstattmitarbeiter in Spitzenzeiten im Verkauf aus. Trotzdem: Fast fünf Mitarbeiter für die Montage und die Reparatur von Fahrrädern und E-Bikes sind einfach zu viel. Es bleibt Herrn Rosner nichts anderes übrig, als sich von einem Mitarbeiter zu trennen. Ab wen soll er auswählen?

Herr Rosner bespricht sich mit Frau Abel, die u. a. für das Personal zuständig ist.

Herr Rosner: „Herr Kosthorst als Werkstattleiter ist unentbehrlich. Nur Herrn Scholz kennt sich so richtig im Lager aus. Beim ehemaligen Auszubildenden stehe ich zu meinem Wort, ihn zu übernehmen. Könnten wir einen Werkstattmitarbeiter im Verkauf einsetzen?"

Frau Abel: „Leider nein, der Verkauf ist personell gut ausgestattet."

Herr Rosner: „Ich sehe, dass nur Herr Schmitz und Herr Frechen übrig bleiben. Herr Frechen ist technisch versiert und spezialisiert auf E-Bikes. Herr Schmitz ist im Betrieb, so lange ich zurückdenken kann. Aber er lässt nach. Vielleicht sollten wir uns für ihn entscheiden."

Frau Abel: „So einfach geht das nicht. Bei einer betriebsbedingten Kündigung müssen wir soziale Gesichtspunkte berücksichtigen, Betriebszugehörigkeit, Lebensalter usw. Da könnte bei Herrn Schmitz einiges zusammenkommen."

Herr Rosner: „Gut, Sie haben die Personalakten mit den Mitarbeiterdaten. Dann müssen eben die sozialen Überlegungen den Ausschlag geben."

Frau Abel hat nach dem Gespräch die wichtigsten Daten der Mitarbeiter zusammengestellt:

Persönliche Daten Frederic Schmitz

Personalien

Alter: 58 Jahre
Familienstand: verheiratet (seit 30 Jahren)
Kinder: 2 Töchter (26 bzw. 30 Jahre)
Betriebszugehörigkeit: 40 Jahre
Schwerbehinderung: keine

Anschrift:
Schlossbergstraße 75, 85737 Ismaning

Leistungsbeurteilung

- Arbeitsqualität lässt seit einiger Zeit stark nach
- Arbeitsgeschwindigkeit verringert sich erheblich
- Gelegentlich unkonzentriertes Arbeiten
- Mangelnde Fähigkeit zur Einsicht bei Kritik
- Mangelnde Anpassungsfähigkeit an Veränderungen im Betrieb

Persönliche Daten Hans Frechen

Personalien

Alter: 23 Jahre
Familienstand: verheiratet (seit 2 Jahren)
Kinder: 1 Sohn (12 Monate)
Betriebszugehörigkeit: 2 Jahre
Schwerbehinderung: keine

Anschrift
Hans-Thonauer-Straße 54, 80686 München

Leistungsbeurteilung

- Gleichbleibend sehr gute Arbeitsqualität
- Hohes technisches Verständnis, Spezialausbildung E-Bikes
- Hohe Belastbarkeit und Ausdauer
- Konzentriertes, selbstständiges Arbeiten
- Herausragende Teamfähigkeit und Lernfähigkeit
- Gute Anpassungsfähigkeit an Veränderungen im Betrieb
- Flexibel auch im Verkauf einsetzbar

Briefformular, siehe Seite 311

Arbeitsauftrag

Führen Sie unter Verwendung der unten stehenden Tabelle eine sorgfältig begründete Sozialauswahl durch und treffen Sie eine Kündigungsentscheidung. Verfassen Sie anschließend ein angemessenes Kündigungsschreiben, das dem betreffenden Arbeitnehmer unter Einhaltung der korrekten Kündigungsfrist zum 30. September 20(0) ausgehändigt werden soll.

Vorschläge zur Vorgehensweise

1. Erfassen Sie die gesetzlich erlaubten Auswahlgesichtspunkte in der unten stehenden Tabelle.
2. Gewichten Sie die Auswahlgesichtspunkte prozentual:
   - Der Ihrer Meinung nach wichtigste Gesichtspunkt bekommt den größten Prozentanteil.
   - Der zweitwichtigste Gesichtspunkt erhält den zweitgrößten Prozentanteil usw.
   - In der Summe müssen 100 % verteilt sein.
3. Bewerten Sie die Auswahlgesichtspunkte für die beiden betreffenden Arbeitnehmer mit der Vergabe von Punkten von 1–10.
   - 1 = Gesichtspunkt kaum erfüllt.
   - 10 = Gesichtspunkt sehr stark erfüllt.

   Bewerten Sie aus sozialer Sicht (d. h. derjenige, der aus sozialer Sicht die größten Probleme hätte, erhält die meisten „Sozialpunkte").
4. Multiplizieren Sie nun Ihre Bewertung mit der Prozent-Gewichtung und addieren Sie die Punkte.
5. Entscheiden Sie über den zu kündigenden Mitarbeiter.
6. Entwerfen Sie das Kündigungsschreiben.

Auswahlgesichtspunkte

Web

Auswahlkriterium	Gewichtung in %	Herr Schmitz		Herr Frechen	
		Punkte (1-10)	% x Punkte	Punkte (1-10)	% x Punkte
Summe	100 %				

Briefformular

Rosner GmbH

Rosner GmbH, Baaderstraße 120, 80469 München

Ihr Zeichen:
Ihre Nachricht vom:
Unser Zeichen:
Unsere Nachricht vom:

Name:
Telefon: 089 52067-537
Telefax: 089 52067-900
E-Mail: info@rosner.de

Datum:

....

....
....
....
....
....
....
....
....
....
....
....
....
....
....
....
....
....
....
....
....
....
....

Geschäftsführer:
Heinz Rosner
HR: Amtsgericht München HRB 5646
Ust.-Id.-Nr.: DE 953 736 836

Bankkonto: VB Bank München
IBAN: DE31 7022 0800 0305 6732 91
BIC: VBAGDEM1XXX

Aufgabe 1

Frau Stomp (32 Jahre alt) ist im Kundendienst der CWB GmbH tätig. Sie ist dort – einschließlich ihrer Ausbildung – seit 15 Jahren beschäftigt. Wegen ständiger Klagen von Kunden beschließt das Unternehmen, ihr zum 31. März 20(0) zu kündigen.

a Prüfen Sie, ob eine Kündigung aus dem oben genannten Grund vom Gesetz her erlaubt wäre.

b Erläutern Sie, wie der Betriebsrat bei der Kündigung einbezogen werden muss, damit die Kündigung rechtswirksam ausgesprochen werden kann.

c Stellen Sie fest, wann Frau Stomp das Kündigungsschreiben spätestens erhalten muss, wenn sie die CWB GmbH am 31. März verlassen soll.

Aufgabe 2

Maria Schwartz ist 46 Jahre alt und seit 28 Jahren in der CWB GmbH beschäftigt. In der Zwischenzeit ist sie zur Abteilungsleitung befördert worden. Auf der Suche nach einer neuen Herausforderung hat sie sich jedoch auf eine Stellenanzeige bei einem bekannten Markenartikel-Hersteller beworben und sofort eine Zusage erhalten. Ab dem 1. Oktober 20(0) kann sie ihre neue Stelle antreten.

Frau Schwartz ist fest entschlossen, diesen Karriereschritt zu unternehmen. Als sie dem Geschäftsführer der CWB GmbH das Kündigungsschreiben am 31. August 20(0) schweren Herzens übergibt, reagiert dieser empfindlich: „Ich kann Sie nicht daran hindern, die neue Stelle anzutreten. Aber ich werde Sie nicht innerhalb eines Monats gehen lassen. Auch Sie müssen sich an Kündigungsfristen halten, schließlich sind Sie schon seit 28 Jahren bei uns beschäftigt."

Stellen Sie begründet fest, ob Frau Schwartz die neue Stelle zum 1. Oktober 20(0) antreten kann.

Aufgabe 3

Aufgrund schlechter Umsatzentwicklung beschließt die Heiko Steffens GmbH Personal abzubauen. Die Sozialauswahl hat ergeben, dass Sven Krausch entlassen werden soll. Herr Krausch hat eine Kündigungsfrist von drei Monaten zum Monatsende und soll das Unternehmen zum 31. Oktober 20(0) verlassen.

Geben Sie an, bis zu welchem Datum der Personalchef den Betriebsrat über die beabsichtigte Kündigung informieren muss, wenn er die gesetzlich vorgeschriebene Frist für eine Bedenkzeit des Betriebsrates einhalten will.

Aufgabe 4

In der Adler AG gibt es drei Kündigungsfälle.

Stellen Sie fest, wann in den folgenden Fällen die Kündigung spätestens zugehen muss.

a Mira Lansing, 35 Jahre alt, seit 10 Jahren bei der Adler AG angestellt, erhält aus betrieblichen Gründen die Kündigung ihres Arbeitsverhältnisses am 31. Oktober 20(0), damit sie zum 31. Dezember 20(0) ausscheidet.

b Wolfgang Triebel ist 45 Jahre alt und seit 25 Jahren im Versand des Unternehmens beschäftigt. Am 1. Juni 20(0) möchte er bei einem anderen Unternehmen als Lkw-Fahrer anfangen.

c Sarah Bernhard, 23 Jahre alt, hat am 20. Juni 20(0) ihre Ausbildung zur Kauffrau für Büromanagement in der Adler AG beendet und wurde anschließend übernommen. Nun soll sie zum 31. Dezember 20(0) eine ordentliche Kündigung erhalten.

Aufgabe 5

Olaf Blome ist als Fachkraft für Lagerlogistik in einem Onlineversandunternehmen tätig. Für die Zeit von 16. Juni 20(0) bis zum 30. Juni 20(0) hatte er Urlaub beantragt. Der war ihm auch genehmigt worden. Er kehrte aber erst am 3. Juli 20(0) aus dem Urlaub zurück; er hatte ihn eigenmächtig um zwei Tage verlängert. Als Beweis liegt ein Bericht des Versandleiters vor.

Die Personalabteilung des Unternehmens beschließt daraufhin, ihm eine Abmahnung zu schicken.

Formulieren Sie den Text der Abmahnung.

Aufgabe 6

In einem Handelsunternehmen war ein Testkäufer beauftragt worden, das Verhalten des Personals an der Kasse zu überprüfen.

Dem Protokoll des Testkäufers ist folgender Sachverhalt zu entnehmen:

Testkaufprotokoll

Datum:	23. März 20(0)
Uhrzeit:	10:17 Uhr
Kasse:	Bereich 02, Abteilung 2.2
Sachverhalt:	Die etwa 45-jährige Mitarbeiterin (braune, mittellange Haare, farbige Hornbrille) hat sich während des gesamten Kassiervorgangs mit einer Kollegin unterhalten. Auf diese Weise gelang es mir, ein Paar Modeschmuck-Ohrringe im Wert von 15,98 € zu entwenden, ohne dass sie irgendetwas bemerkte. Für zwei Artikel, die ich an der Kasse vorlegte, gab sie mir zu viel Wechselgeld im Gesamtwert von 3,79 € heraus. Nach dem Kassiervorgang wurde ich nicht verabschiedet.

Aufgrund des Testkaufs wurde der betreffenden Mitarbeiterin, Frau Noll, folgende Abmahnung geschickt:

Abmahnung

Sehr geehrte Frau Noll,

leider müssen wir feststellen, dass Sie die Pflichten aus Ihrem Arbeitsverhältnis ständig verletzen. Immer wieder versäumen Sie es, wichtige Regeln für das Kassierverhalten zu berücksichtigen, sodass es immer wieder zu eklatanten Kassendifferenzen kommt. All diese Fehler haben Sie gemacht, obwohl Sie genau wussten, dass Sie sich bei Ihrer Kassiertätigkeit an zahlreiche Regeln aus der Kassenanweisung halten müssen. Mit diesem Verhalten schaden Sie dem Unternehmen mehr als sie nützen.

Aus diesem Grund sehen wir uns gezwungen, Ihnen eine Abmahnung zu erteilen. Wenn Sie Ihr Verhalten nicht verbessern, müssen Sie die Konsequenzen tragen.

Mit freundlichen Grüßen

XY

a Beurteilen Sie die Abmahnung in rechtlicher Hinsicht.

b Verfassen Sie eine rechtssichere Abmahnung auf der Basis des Testkaufprotokolls.

Aufgabe 7

Im Lager der Adler AG war es zu einer lautstarken Auseinandersetzung zwischen zwei Mitarbeitern gekommen. Einer der Kontrahenten, Herr Beyer, wurde sogar handgreiflich. Der Lagerleiter, der hinzukam, um schlichtend einzugreifen, wurde von Herrn Beyer beschimpft und bedroht.

Der Personalleiter, der vom Lagerleiter über den Vorfall informiert wurde, entschloss sich, Herrn Beyer noch am gleichen Tag außerordentlich zu kündigen.

Entwerfen Sie den Text für eine außerordentliche Kündigung gegenüber Herrn Beyer.

Daten zum Vorfall:

Beteiligte: Herr Sänger und Herr Beyer

Datum: 19.06.20(0)

Lagerleiter: Herr Benson

Beurteilung des Vorfalls: Störung des Betriebsfriedens

Aufgabe 8

Das Arbeitsrecht orientiert sich stark an den Umständen des Einzelfalls.

Prüfen Sie, ob es sich Ihrer Meinung nach bei den folgenden Beispielen um Fälle handelt, die eine fristlose (außerordentliche) Kündigung rechtfertigen.

a Sexuelle Belästigung einer Kollegin am Arbeitsplatz ○

b Ankündigung einer Krankheit („Chef, rechnen Sie morgen nicht mit mir, ich glaube ich bekomme eine Grippe. Gehen Sie mal davon aus, dass ich morgen nicht zur Arbeit komme.") ○

c Beharrliche Verweigerung von Anweisungen („Nein, ich putze die Herrentoilette nicht ...") ○

d Wiederholte Arbeitsverweigerung („Die Kartons können Sie selbst ins Lager bringen. Ich bin Bürokraft und kein Packer ...") ○

e Ständige und wiederholte Unpünktlichkeit ○

f Alkohol am Arbeitsplatz ○

g Verrat von Betriebs- und Geschäftsgeheimnissen ○

h Annahme oder Gewährung von Bestechungsgeldern ○

Aufgabe 9

Für Sandra war es ein Schock: Der Schwangerschaftstest war positiv ausgefallen, und das im zweiten Ausbildungsjahr. Ihre Eltern hatte sie informiert. Sie machen sich nun große Sorgen wegen ihres Ausbildungsplatzes. Als sie ihren Ausbilder von ihrer Schwangerschaft berichtete, wurde der sehr ärgerlich.

Ausbilder: „Verstehen Sie, wir sind ein kleines Unternehmen, wir brauchen jede Hand. Jetzt werden Sie monatelang ausfallen. Das ist für uns nicht tragbar. Ich mache Ihnen einen Vorschlag: Eigentlich müsste ich Ihnen nun fristlos kündigen. Damit Ihr Lebenslauf aber nicht ruiniert wird, schlage ich Ihnen einen Aufhebungsvertrag im gegenseitigen Einvernehmen vor."

a Beurteilen Sie den Vorschlag des Ausbilders unter rechtlichen Gesichtspunkten.

b Geben Sie Sandra einen Rat, wie sie sich verhalten soll.

Aufgabe 10

Herr Beyer überlegt, die außerordentliche Kündigung mit einer Kündigungsschutzklage anzufechten (siehe Aufgabe 7).

a Beschreiben Sie, was Herr Beyer unternehmen muss und wie das Verfahren abläuft.

b Beurteilen Sie die Chancen von Herrn Beyer, dass die Kündigung zurückgenommen wird.

Abschlussaufgabe 1 in Lernfeld 8

Situation

Sie sind Mitarbeiter/in der Rebauer GmbH – Sanitär – Heizung – Klima in Schwerin. Dort sind Sie in der Verwaltung mit dem Schwerpunkt Personal tätig. Zu Ihren Aufgaben gehört die gesamte Personalverwaltung von der Personalbedarfsberechnung bis zur Kündigung von Mitarbeitern.

REBAUER GmbH
Sanitär - Heizung - Klima
Beratung und Verkauf
Montage und Kundendienst

1

Die Rebauer GmbH wird vom Senior Max Rebauer und seinem Sohn Fabian Rebauer geführt. Das Verhältnis der beiden ist manchmal etwas angespannt, weil sie in einigen Fragen der Unternehmensführung unterschiedlicher Meinung sind. Das zeigt sich z. B. in der Frage der Personalführung:

Max Rebauer: „Im Vordergrund steht das Überleben unseres mittelständischen Betriebes. Unsere Mitarbeiter haben sich diesem Ziel unterzuordnen und ein Maximum an Arbeitsleistung zu erbringen. Beim Thema „Krankfeiern" sollen sie sich an mir ein Beispiel nehmen: Ich haben in den letzten fünf Jahren keinen Tag im Unternehmen wegen Krankheit gefehlt. Und die ständigen Lohnerhöhungen schnüren uns eines Tages die Luft ab. Dem Betriebsrat kann ich nur sagen: Ich bestimme, wo es lang geht und nicht irgendwelche Gewerkschaftsfunktionäre. Und das Wohl meiner Leute habe ich dabei immer im Auge."

Fabian Rebauer: „Natürlich steht im Mittelpunkt unserer Personalführung das wirtschaftliche Überleben unseres Betriebes. Nur dann sind auch die Arbeitsplätze sicher. Allerdings erhöhen alle Maßnahmen, die die Arbeitszufriedenheit steigern, die Motivation und damit letztlich die Arbeitsleistung unserer Mitarbeiter. Mittel- und langfristig profitiert der Betrieb, wenn die Mitarbeiter nicht überlastet werden und das Privatleben sowie die beruflichen Belastungen ausbalanciert sind. Viele Dinge, die die Mitarbeiter betreffen, sollten kooperativ entschieden werden, weil es ein positives Betriebsklima schafft, von dem auch unser Unternehmen große Vorteile hat."

a Beschreiben Sie die personalwirtschaftlichen Ziele des Senior-Chefs und die seines Sohnes.

b Erläutern Sie die Führungsphilosophie, die sich aus den Aussagen von Max Rebauer ableiten lässt.

c Begründen Sie, ob es sich bei den Zielen von Vater und Sohn um
- konkurrierende,
- komplementäre oder um
- indifferente Ziele handelt.

2

Sie wollen den quantitativen Personalbedarf für das nächste Jahr 20(+1) berechnen.

Der aktuelle Personalbestand beträgt 40 Mitarbeiter. Den Bruttopersonalbedarf berechnen Sie aufgrund der zu erwartenden Umsätze nach der Kennzahlenmethode. Dazu haben Sie folgende Zahlen herangezogen:

- Umsatz 20(0): 6.000.000,00 €
- Erwarteter Umsatz 20(+1): 6.750.000,00 €

Ihnen liegen folgende geplante und feststehende Personalveränderungen vor:

20(+1)

- Der Anlagenmechaniker Thomas Lengfeld, fällt nach einem schweren Motorradunfall bis auf Weiteres aus.
- Für den Mitarbeiter Axel Täuber läuft der befristete Arbeitsvertrag zum 30. März aus.
- Erfahrungsgemäß rechnet man mit einer durchschnittlichen jährlichen Fluktuation (hier: Abgänge) von **12,5 %** vom Ist-Bestand zu Geschäftsjahresbeginn.
- Nach längerer Krankheit tritt Frau Simon aus der Verwaltung zum Jahresbeginn wieder ihren Dienst an.
- Zwei Auszubildende werden nach der Abschlussprüfung übernommen. Sie waren vorher jeweils mit einer halben Stelle in der Personalplanung berücksichtigt worden.

Web

a Berechnen Sie den Bruttopersonalbedarf mithilfe der Kennzahlenmethode (Umsatz pro Mitarbeiter).

b Ermitteln Sie den Nettopersonalbedarf durch Berücksichtigung der Zu- und Abgänge im Laufe des Jahres 20(+1). Verwenden Sie dazu das folgende Formular.

Formular zur Berechnung des Personalbedarfs		
Bestand/Veränderungen	**Anzahl**	**Erläuterungen**
Ist-Bestand (aktuell)		
Abgänge		
Zugänge		
Zukünftiger Bestand		
Bruttopersonalbedarf		Berechnungsbasis: Umsatz pro Mitarbeiter
Nettopersonalbedarf (Neubedarf)		
▮ davon Ersatzbedarf		
▮ davon Zusatzbedarf		

c Nennen Sie zwei weitere (interne oder externe) Faktoren, die bei der Personalbedarfsplanung eine Rolle spielen könnten.

Web

3

Bei der Einstellung neuer Mitarbeiter haben Sie auch die Mitarbeiterstruktur im Auge. Die Rebauer GmbH hat sich zum Ziel gesetzt, im Personalbestand eine bestimmte Qualifikationsstruktur zu erreichen. Die Ist- und Soll-(Ziel-)Situation wird aus nachfolgender Statistik deutlich. Die Ist-Zahlen geben den Stand des Jahres 20(0) wieder.

Mitarbeiterstruktur

	Ist		Soll
Berufsgruppen	Anzahl	Prozentanteil	**Prozentanteil**
Werkstatt/Technik			
Meister	4		10,00
Anlagenmechaniker/-innen	18		50,00
Hilfskräfte	6		10,00
Auszubildende	4		10,00
Zwischensumme	**32**		**80,00**
Verwaltung			
Kaufleute für Büromanagement	4		12,00
Hilfskräfte	2		3,00
Auszubildende Kaufleute für Büromanagement	2		5,00
Zwischensumme	**8**		**20,00**
Summe	**40**		**100,00**

a Errechnen Sie jeweils den Ist-Prozentanteil der einzelnen Berufsgruppen im Jahr 20(0).

b Erläutern Sie die Abweichungen von den Soll-Zahlen.

c Beschreiben Sie die Konsequenzen für den qualitativen Personalbedarf im Jahre 20(+1).

d Erläutern Sie den Unterschied zwischen quantitativem und qualitativem Personalbedarf.

Web

4

Für die zu planenden Einstellungsverfahren haben Sie aus den Personalunterlagen eine Fluktuationsstatistik erstellt, die deutlich machen soll, wie sich die Mitarbeiterzugänge im Vergleich zum Vorjahr verändert und vor allem aus welchen Gründen Mitarbeiter das Unternehmen verlassen haben.

Fluktuationsstatistik

	20(-1)	20(0)	Veränderung in %
Mitarbeiter gesamt	**9**	**5**	
Meister	1	0	
Anlagenmechaniker/-innen	0	1	
Hilfskräfte Werkstatt/Technik	2	0	
Auszubildende Werkstatt/Technik	2	2	
Kaufleute für Büromanagement	1	0	
Hilfskräfte Verwaltung	2	1	
Auszubildende Verwaltung	1	1	
Mitarbeiterabgang gesamt	**10**	**7**	
Kündigung durch das Unternehmen	1	2	
Zeitvertrag	0	0	
Ausbildungsende	2	1	
Kündigung des Mitarbeiters	6	4	
Krankheitsbedingt	1	0	
Rente	0	0	
Tod	0	0	
Sonstige Gründe	0	0	
Saldo	**–1**	**–2**	

a Berechnen Sie die Veränderungen in den Mitarbeiterbewegungen im Vergleich zum Vorjahr 20(-1).

b Erläutern Sie auffällige Zahlen in der Statistik.

c Leiten Sie aus der Statistik Handlungsanleitungen für die künftigen Einstellungsverfahren ab.

5

Für die Besetzung einer Stelle in der Verwaltung mit dem Schwerpunkt Personalsachbearbeiter planen Sie eine Anzeige in der regionalen Tageszeitung. In Ihren Unterlagen haben Sie folgendes Muster einer Stellenanzeige gefunden:

Kauffrau für Büromanagement
Zum nächstmöglichen Zeitpunkt suchen wir eine Kauffrau für Büromanagement mit dem Schwerpunkt Personalwesen.

REBAUER GmbH
Sanitär - Heizung - Klima
Beratung und Verkauf
Montage und Kundendienst

Ihre Aufgaben:
- Koordination von Bewerbungsprozessen
- Vorbereitung von Arbeitsverträgen
- Berechnung von Urlaubsansprüchen, Überwachung von Krankheits- und Arbeitszeiten
- Monatliche Gehaltsabrechnung
- Abrechnung von Dienstreisen
- Organisation von Weiterbildungsmaßnahmen
- Erstellung von Zeugnissen
- Unterstützung der Geschäftsführung beim Personalcontrolling

Wir erwarten:
- Abgeschlossene Berufsausbildung zur Kauffrau für Büromanagement
- Mehrjährige Berufserfahrung
- Sicherer Umgang mit PC und MS-Office
- Kommunikationsstärke im Umgang mit Mitarbeitern

REBAUER GmbH, Lübecker Straße 112, 19059 Schwerin
Telefon 0385 84544

a Prüfen Sie die Anzeige auf Vollständigkeit.

b Begründen Sie, ob die oben stehende Anzeige rechtlich zulässig ist.

c Sie haben sich für eine externe Personalbeschaffung entschieden, ohne den Betriebsrat zu informieren. Beschreiben Sie die Probleme, die dadurch entstehen können.

d Nennen Sie je zwei Vorteile der internen und der externen Personalbeschaffung.

6

Aufgrund der Anzeige in der örtlichen Tageszeitung sind Bewerber in die engere Auswahl gekommen. Die wichtigsten Daten haben Sie bereits erfasst, bewertet und in eine Nutzwerttabelle übernommen. Es fehlt noch die Gewichtung der Punkte „Anforderungen an den Stelleninhaber", dann können Sie die Nutzwertanalyse abschließen und eine Entscheidung treffen.

Nutzwertanalyse

	Gewichtung	Cramer		Finke		Sencic	
	%	Bewertung (1-10 Punkte)	Bewertung x Gewichtung	Bewertung (1-10 Punkte)	Bewertung x Gewichtung	Bewertung (1-10 Punkte)	Bewertung x Gewichtung
Bewerbungsunterlagen							
Anschreiben	5	8	40	6	30	5	25
Lebenslauf	10	8	80	5	50	7	70
Zeugnisse							
Schulzeugnisse	10	8	80	7	70	5	50
Arbeitszeugnisse	10	8	80	7	70	4	40
Anforderungen an den Stelleninhaber							
Vorbildung		8		9		9	
Kaufmännische Ausbildung		10		10		10	
Praxiskenntnisse Personalwesen		9		8		8	
PC-Kenntnisse MS-Office		8		7		8	
Summe	**100**						

a Ergänzen Sie die Nutzwerttabelle und berechnen Sie die Punktzahlen für die Bewerber.

b Nehmen Sie an, Sie haben sich für einen der drei Bewerber entschieden. Fabian Rebauer, dem Sie Ihre Entscheidung erläutern, ist der Meinung, dass ein anderer Bewerber viel besser für die ausgeschriebene Position geeignet ist. Begründen Sie, wer in diesem Falle recht hat.

c Herr Rebauer ist der Meinung, die Kandidaten sollten noch einem Assessment-Center unterworfen werden.

ca Beschreiben Sie den Ablauf eines Assessment-Centers

cb Nennen Sie je einen Vorteil und einen Nachteil dieses Auswahlverfahrens.

7

Im Gespräch mit Herrn Rebauer fällt unter anderem folgender Satz:

Rebauer: „Ich sehe, Sie haben sich auch alle Zeugnisse der Kandidatinnen angesehen. Vermutlich haben Sie auch überall das Gleiche gelesen: ‚Frau x hat die ihr übertragenen Aufgaben stets zu unserer vollsten Zufriedenheit ausführt.' Das können Sie sich doch ersparen. Die Zeugniscodes sind allen bekannt. Viele Bewerber dürfen ihre Zeugnisse selbst schreiben. Das bringt nichts. Was zählt, ist der persönliche Eindruck, zunächst im Assessment-Center und dann im Vorstellungsgespräch. Wir sollten von den Bewerbern nur noch einfache Zeugnisse verlangen."

a Beschreiben Sie den Unterschied zwischen einem einfachen und einem qualifizierten Zeugnis.

b Beurteilen Sie die Aussage von Herrn Rebauer.

8

Alle Bewerberinnen sind zu einem persönlichen Vorstellungsgespräch eingeladen worden. Herr Rebauer Junior nimmt an den Gesprächen teil. Da er dem persönlichen Gespräch eine große Bedeutung beimisst, möchte er natürlich besonders viel über die Kandidatinnen erfahren.

Beurteilen Sie folgende Fragen, die von Herrn Rebauer gestellt worden sind, auf ihre Zulässigkeit.

1. „Wie viele Krankentage hatten Sie denn bei Ihrem letzten Arbeitgeber pro Jahr – nur so ungefähr?"
2. „Aus Ihrem Lebenslauf geht hervor, dass Sie verheiratet sind. Haben Sie eigentlich auch Kinder?"
3. „Warum wollen Sie Ihre alte Arbeitsstelle aufgeben?"
4. „Ich habe mir erlaubt, Ihren Namen zu googlen. Da las ich, dass Sie äußerst aktiv in der Gewerkschaft tätig sind. Das gefällt mir, weil wir aktive Mitarbeiter dringend brauchen. Oder sind Sie gar nicht diese Gewerkschaftsaktivistin?"
5. „Wissen Sie, bis vor einem Jahr hatten wir einen Mitarbeiter, dessen Lohn ständig gepfändet wurde. Ich gehe davon aus, dass uns das mit Ihnen nicht passieren wird."

9

Die Vorstellungsgespräche hatten zur Folge, dass eine Bewerberin eingestellt worden ist. Eine Woche nach dem Gespräch wurde der Arbeitsvertrag von beiden Parteien unterzeichnet. Die Rebauer GmbH ist tarifgebunden.

Im § 2 des Arbeitsvertrages steht folgende Formulierung

§ 2 Arbeitsentgelt

1. Der/die Arbeitnehmer/-in erhält ein monatliches Bruttogehalt nach dem Gehaltstarifvertrag des Fachverbandes Sanitär-, Heizungs- und Klimatechnik (Gehaltsgruppe IV) zuzüglich einer übertariflichen Zulage von 300,00 €. Die Vergütung ist jeweils am 1. des Folgemonats fällig.

a Begründen Sie mithilfe des Rangfolge- und des Günstigkeitsprinzips, dass die Zahlung der Zulage rechtmäßig ist, obwohl sie nicht dem Entgelt laut Tarifvertrag entspricht.

b Im Arbeitsrecht unterscheidet man kollektives und individuelles Arbeitsrecht. Ordnen Sie den Tarifvertrag und den Arbeitsvertrag dieser Einteilung des Arbeitsrechts zu.

c Im Arbeitsvertrag ist eine Probezeit von drei Monaten vereinbart worden. Er enthält sonst keine Aussagen zur zeitlichen Dauer. Begründen Sie, ob aufgrund der Probezeitvereinbarung ein befristetes Arbeitsverhältnis vorliegt.

10

Nach Abschluss des Arbeitsvertrages berechnen Sie das Bruttogehalt für die neue Mitarbeiterin. Gehen Sie davon aus, dass Ihre Einstellungsentscheidung auf Frau Cramer (siehe Aufgabe 6) gefallen ist.

Das Tarifgehalt von Frau Cramer beträgt 2.390,00 €; zusätzlich erhält sie eine übertarifliche Zulage von 300,00 €. Darüber hinaus gewährt der Arbeitgeber eine vermögenswirksame Leistung von 26,00 €. Frau Cramer lässt monatlich 40,00 € auf ihren Bausparvertrag überweisen. Frau Cramer ist verheiratet, hat ein Kind und gehört der evangelischen Kirche an. Für die Lohnsteuer hat sie die Steuerklasse V gewählt. Ihre Krankenkasse verlangt einen Zusatzbeitrag in Höhe von 0,7 %.

a Berechnen Sie das Gehalt für Frau Cramer. Verwenden Sie den nachfolgenden Auszug aus einer Lohnsteuertabelle und das Formular auf der nächsten Seite.

Lohnsteuertabelle (Auszug)

Lohn/Gehalt		Ohne Kinderfreibetrag			Kinderfreibetrag 0,5		Kinderfreibetrag 1,0	
bis €	StKL	LSt	KiSt 9 %	SolZ	KiSt 9 %	SolZ	KiSt 9 %	SolZ
2.675,00	I	373,50	33,61	20,54	25,96	15,86	18,72	11,44
	II	341,25	-	-	23,21	14,18	16,14	9,86
	III	150,50	13,54	-	7,83	-	3,03	-
	IV	373,50	33,61	20,54	29,73	18,17	25,96	15,86
	V	661,00	59,49	36,35	-	-	-	-
	VI	697,25	62,75	38,34	-	-	-	-
2.700,00	I	380,00	34,20	20,90	26,51	16,20	19,24	11,76
	II	347,50	-	-	23,75	14,51	16,64	10,17
	III	156,00	14,04	-	8,26	-	3,39	-
	IV	380,00	34,20	20,90	30,30	18,51	26,51	16,20
	V	670,00	60,30	36,85	-	-	-	-
	VI	706,25	63,56	38,84	-	-	-	-
2.725,00	I	386,41	34,77	21,25	27,06	16,53	19,76	12,07
	II	353,91	-	-	24,29	14,84	17,15	10,48
	III	161,66	14,55	-	8,70	-	3,75	-
	IV	386,41	34,77	21,25	30,87	18,86	27,06	16,53
	V	679,08	61,11	37,34	-	-	-	-
	VI	715,33	64,38	39,34	-	-	-	-

Gehaltsabrechnung

Name:		
Lohnsteuerklasse:		
Kinderfreibetrag:		
Konfession:		
	€	€
1. **Bruttogehalt**		
2. + Vermögenswirksame Leistungen		
3. + Steuer- und sozialversicherungspflichtige Zulagen		
4. **= Sozialversicherungspflichtiges Gehalt**		
5. – Lohnsteuerfreibetrag		
6. **= Steuerpflichtiges Gehalt**		
7. **Sozialversicherungspflichtiges Gehalt**		
8. – Lohnsteuer		
9. – Kirchensteuer		
10. – Solidaritätszuschlag		
11. – Krankenversicherung		
12. – Rentenversicherung		
13. – Arbeitslosenversicherung		
14. – Pflegeversicherung		
15. **= Nettogehalt**		
16. – Abzüge (Vermögensbildung/Vorschuss)		
17. **= Auszahlung**		

b Berechnen Sie die Höhe des Krankenversicherungsbeitrages, den der Arbeitgeber zu tragen hat.

c Begründen Sie die Wahl der Steuerklasse durch Frau Cramer.

d Nennen Sie die Sozialversicherungen, bei denen sich Arbeitnehmer und Arbeitgeber den Sozialversicherungsbeitrag je zur Hälfte teilen.

e Geben Sie die Beträge an, die

ea das Finanzamt und

eb die Krankenkasse

aufgrund der Gehaltsabrechnung von Frau Cramer erhalten.

Abzuführende Sozialversicherungsbeiträge für Frau Cramer					
	Arbeitnehmer		Arbeitgeber		
Versicherung	**%**	**Betrag**	**%**	**Betrag**	**Gesamt**
Krankenversicherung					
Rentenversicherung					
Arbeitslosenversicherung					
Pflegeversicherung					
Summe					

f Die Rebauer GmbH trägt für Frau Cramer die Arbeitgeberbeiträge zur Sozialversicherung. Nennen Sie zwei weitere Personalnebenkosten, die der Rebauer GmbH entstehen könnten.

g Leider hatte Frau Cramer gleich, nachdem Sie in der Rebauer GmbH ihre neue Stelle angetreten hatte, einen Unfall. Sie quetschte sich ihre rechte Hand beim Öffnen eines großen Metall-Aktenschranks. Vorsichtshalber wurde sie ins Krankenhaus gebracht, weil ein Verdacht auf Bruch des Handgelenks bestand.

Begründen Sie, welche Versicherung für diesen Vorfall aufkommt.

11

Nach der Einstellung haben Sie für Frau Cramer eine Personalakte angelegt. Nun bittet Sie Frau Cramer, Einsicht in ihre Personalakte zu nehmen, um den Inhalte zu überprüfen.

a Stellen Sie fest, ob Frau Cramer ihre Personalakte einsehen darf.

b Frau Cramer hat den Wunsch, die abgehefteten Zeugniskopien für sich zu kopieren. Sie sind der Meinung, dass dieser Wunsch der Mitarbeiterin zu weit geht. Klären Sie den Sachverhalt.

12

Frau Cramer ist in die wöchentliche Einsatzplanung für die Verwaltung der Rebauer GmbH zu integrieren.

Planungsdaten

Zahl der Mitarbeiter, die eingesetzt werden können: 9

Wöchentliche Arbeitszeit: 37,5 Stunden

Arbeitszeiten: montags bis freitags von 8:00 bis 17:00 Uhr, freitags von 8:00 bis 14:30 Uhr, jedem Mitarbeiter steht an allen Tagen 1 Stunde Pause zu.

Folgende Ereignisse/Sachverhalte sind noch zu berücksichtigen:

- Frau Gebauer hat am Dienstag Urlaub.
- Frau Gerson nimmt am Freitag an einer ganztätigen Fortbildung teil.
- Herr Neumann ist weiterhin krank (Arbeitsunfähigkeitsbescheinigung für die ganze Woche).
- Tabea Schulz, 17 Jahre, ist Auszubildende im 1. Ausbildungsjahr. Sie geht am Montag von 8:00 bis 13:00 Uhr und am Mittwoch von 8:00 bis 11:15 Uhr zur Berufsschule. Mittwochs kann sie ab 12:15 Uhr wieder eingeplant werden.
- Steffen Walter, 19 Jahre, Auszubildender im 2. Ausbildungsjahr, geht am Dienstag von 8:00 bis 10:30 Uhr und am Freitag von 8:00 bis 13:00 Uhr in die Berufsschule.

a Erstellen Sie den Einsatzplan für die 38. Woche unter Verwendung der Planungsdaten und der nachfolgenden Excel-Tabelle.

Personaleinsatzplan Verwaltung

Name	Woche: 38	Montag	Dienstag	Mittwoch	Donnerstag	Freitag	Summe
Beyer	Zeit/Ersatzzeiten	8:00-17:00					
	Arbeitsstunden	8					
Gebauer	Zeit/Ersatzzeiten						
	Arbeitsstunden						
Gerson	Zeit/Ersatzzeiten						
	Arbeitsstunden						
Neumann	Zeit/Ersatzzeiten						
	Arbeitsstunden						
Schulz	Zeit/Ersatzzeiten						
	Arbeitsstunden						
Simon	Zeit/Ersatzzeiten						
	Arbeitsstunden						
Smolinski	Zeit/Ersatzzeiten						
	Arbeitsstunden						
Walter	Zeit/Ersatzzeiten						
	Arbeitsstunden						
Cramer	Zeit/Ersatzzeiten						
	Arbeitsstunden						
K = krank, U = Urlaub, B = Berufsschule, F = Fortbildung, S = Sonstiges							

b Sie möchten den beiden Geschäftsführern der Rebauer GmbH vorschlagen, das System der festen Arbeitszeiten zu verlassen und ein Gleitzeitmodell einzuführen, um die Motivation der Mitarbeiter zu erhöhen.

ba Beschreiben Sie das Gleitzeitmodell.

bb Erläutern Sie zwei Vorteile gleitender Arbeitszeit aus Sicht der Rebauer GmbH als Arbeitgeber.

bc Begründen Sie, ob für die Rebauer GmbH auch eine qualifizierte Gleitzeit sinnvoll wäre.

13

Angesichts der hohen Fluktuationsrate in der Rebauer GmbH wollen Sie anregen, die Arbeitsstrukturen im Unternehmen zu verändern, und zwar durch

- Jobenlargement,
- Jobenrichment oder
- Joerotation.

a Begründen Sie, inwieweit diese Veränderungen der Arbeitsstrukturen die Fluktuationsrate beeinflussen können.

b Erläutern Sie je eine materielle und nichtmaterielle Maßnahme, mit der die Motivation der Mitarbeiter in der Rebauer GmbH verbessert werden kann.

14

Herr Sommer ist in der Rebauer GmbH als Anlagenmechaniker tätig. Er gilt aber als schwieriger Mitarbeiter. Nachdem er zum dritten Mal (immer montags) unentschuldigt der Arbeit ferngeblieben ist, beschließt die Geschäftsleitung, Herrn Sommer abzumahnen.

Textauszug aus der Abmahnung

Abmahnung

Sehr geehrter Herr Sommer,

Sie sind am 07., 14. und 21.09.20(0) unentschuldigt der Arbeit ferngeblieben. Dadurch konnten Terminzusagen an Kunden nicht eingehalten werden. Das ist ein Verstoß gegen Ihre Dienstleistungspflicht laut § 6 Ihres Arbeitsvertrages.

Sollten Sie wiederholt gegen Ihre Dienstleistungspflicht verstoßen, müssen Sie mit einer ordentlichen Kündigung des Arbeitsverhältnisses rechnen.

Der Abmahnung werden vier Funktionen zugeordnet:

- Dokumentationsfunktion
- Erinnerungsfunktion
- Ermahnungsfunktion
- Warnfunktion

Erläutern Sie die vier Funktionen anhand des Fehlverhaltens von Herrn Sommer.

15

Frau Beyer hat am 25.09.20(0) ihr Arbeitsverhältnis in der Rebauer GmbH gekündigt, weil ihr Ehepartner einen Arbeitsplatz in Dresden übernehmen muss. Frau Beyer möchte ihrem Mann nach Dresden folgen.

a Stellen Sie fest, welche Kündigungsfrist Frau Beyer zu beachten hat.

b Nehmen Sie an, die Rebauer GmbH hätte das Arbeitsverhältnis mit Frau Beyer am 25.09.20(0) gekündigt, weil die Mitarbeiterin aufgrund eines Freizeitunfalls ihre rechte Hand nur noch eingeschränkt einsetzen könnte. Dadurch wäre sie für ihre Hauptaufgabe, Arbeiten am PC zu erledigen, nicht mehr verwendbar.

Begründen Sie, ob die Kündigung sozial gerechtfertigt wäre.

c Prüfen Sie, ob in diesem Fall eine Sozialauswahl notwendig gewesen wäre.

d Ermitteln Sie die Kündigungsfrist (Datum des Ausscheidens aus dem Betrieb) für diesen Fall. Frau Beyer ist seit sechs Jahren in der Rebauer GmbH beschäftigt.

16

Sie werden Frau Beyer aufgrund ihrer ausgesprochen Kündigung (siehe Aufgabe 15a) ein Zeugnis ausstellen.

Die Punkte ① bis ④ sowie ⑦ und ⑧ sind beim Schreiben eines Zeugnisses leicht abzuarbeiten, weil sie im Wesentlichen formaler Natur sind. Die Schwierigkeiten liegen bei den Punkten ⑤ und ⑥.

Um die Arbeit zu rationalisieren, haben Sie sich Textbausteine nach Zeugnisnoten angefertigt. Frau Beyer soll ein Zeugnis mit der Note „gut" erhalten.

Zeugnisaufbau

① Firma, Ort, Datum
② „Arbeitszeugnis" als Überschrift
③ Persönliche Daten des Mitarbeiters (Name, Geburtsdatum, Beschäftigungszeitraum, Position des Mitarbeiters)
④ Beschreibung des Verantwortungsbereichs
⑤ **Leistungsbeurteilung**
- Leistungsbereitschaft
- Leistungsfähigkeit
- Arbeitsweise
- Arbeitsergebnisse

⑥ **Verhalten**
⑦ Schlussformulierung (Bedauern, Dank, Wünsche für die Zukunft)
⑧ Ort, Datum (letzter Arbeitstag), Unterschrift

a Markieren Sie im nachfolgenden Textbaustein zum Punkt ⑤ eines Zeugnisses die Textstellen, die sich auf die vier Unterpunkte beziehen (Leistungsbereitschaft, Leistungsfähigkeit, Arbeitsweise und Arbeitsergebnisse).

1. Textbaustein zu ⑤

Frau X zeigte stets eine hohe Leistungsbereitschaft für alle ihr übertragenen Aufgaben. Darüber hinaus wurde sie auch vielfach aus eigener Initiative und mit großer Zielstrebigkeit tätig. Bei allen Arbeiten wurde ihre hohe Belastbarkeit deutlich. Auf Kundenwünsche konnte sie stets flexibel eingehen – auch in Belastungssituationen. Frau X arbeitete immer selbstständig und mit großer Sorgfalt. Die Ergebnisse ihrer Arbeit entsprachen stets den Vorgaben ihrer Abteilung. Auch die vielen positiven Rückmeldungen von Kunden zeugen von der Qualität ihrer Arbeit.

Frau X hat die ihr übertragenen Aufgaben stets zu unserer vollen Zufriedenheit erledigt.

b Für die Note „gut" haben Sie zwei Textbausteine ausgewählt. Prüfen Sie den 1. (siehe oben) und den 2. Textbaustein (siehe nachfolgend) sehr genau und entscheiden Sie, welcher Baustein der Note „gut" entspricht.

2. Textbaustein zu ⑤

Frau X zeigte stets eine sehr hohe Leistungsbereitschaft für alle ihr übertragenen Aufgaben. Darüber hinaus wurde sie immer aus eigener Initiative und mit großer Zielstrebigkeit tätig. Bei allen Arbeiten wurde ihre ungewöhnlich hohe Belastbarkeit deutlich. Auf Kundenwünsche konnte sie stets flexibel eingehen – auch in Belastungssituationen. Frau X arbeitete immer selbstständig und mit größter Sorgfalt. Die Ergebnisse ihrer Arbeit entsprachen stets den Vorgaben ihrer Abteilung. Auch die vielen positiven Rückmeldungen von Kunden zeugen von der herausragenden Qualität ihrer Arbeit.

Frau X hat die ihr übertragenen Aufgaben stets zu unserer vollsten Zufriedenheit erledigt.

c Entscheiden Sie, welchen der nachfolgenden beiden Textbausteine zum Gliederungspunkt ⑥ („Verhalten") Sie für das Zeugnis für Frau Beyer verwenden wollen.

1. Textbaustein zu ⑥

Gegenüber Vorgesetzten verhielt sich Frau X stets einwandfrei. Bei den Mitarbeitern war sie äußerst beliebt. Aufgrund ihrer ausgeprägten Teamfähigkeit konnte sie immer gut mit ihren Mitarbeitern kooperieren. Gegenüber den Kunden zeigte sie stets ein äußerst freundliches und sicheres Auftreten.

2. Textbaustein zu ⑥

Gegenüber Vorgesetzten verhielt sich Frau X stets einwandfrei. Bei den Mitarbeitern war sie sehr beliebt. Aufgrund ihrer Teamfähigkeit konnte sie immer gut mit ihren Mitarbeitern kooperieren. Gegenüber den Kunden zeigte sie ein äußerst freundliches und sicheres Auftreten.

Abschlussaufgabe 2 in Lernfeld 8

Kompetenzerwerb

Im Lehrplan für die Ausbildung von Kaufleuten für Büromanagement werden Ziele formuliert, die die Auszubildenden erreicht haben sollen, sobald sie jeweils ein Lernfeld bearbeitet haben.
In jedem Lernfeld wird zunächst die Kernkompetenz festgehalten, die übergreifend den angestrebten Kompetenzzuwachs des gesamten Lernfeldes beschreibt.

Auszug aus dem Rahmenlehrplan (Lernfeld 8)

Die Schülerinnen und Schüler besitzen die Kompetenz, bei der Beschaffung, Verwaltung, Entwicklung von Personal sowie bei der Beendigung von Arbeitsverhältnissen mitzuwirken.

In einem weiteren Schritt wird die Kernkompetenz in Teilkompetenzen untergliedert. Aus diesen Teilkompetenzen finden Sie nachfolgend Aussagen, die sich vorzugsweise darauf beziehen, wie Sie Ihren Lernprozess im Ausbildungsbetrieb und in der Berufsschule selbstständig organisieren und Ihren beruflichen und schulischen Alltag durchdacht beherrschen. Die Aussagen geben nicht allein den Originaltext wieder, sondern wandeln ihn ab und ergänzen ihn.
Beurteilen Sie Ihre Kompetenzzuwächse aus dem Lernfeld 8. Kreuzen Sie dazu das zutreffende Feld in der Skala von trifft „voll" bis trifft „gar nicht" zu an.

1

Die Auszubildenden können den Personalbestand in quantitativer und qualitativer Hinsicht analysieren, um personalwirtschaftliche Entscheidungen vorzubereiten. Dabei berücksichtigen sie die konjunkturelle Situation und gesamtwirtschaftliche Faktoren, indem sie

- sich über den Konjunkturverlauf informieren und die verschiedenen Konjunkturphasen unterscheiden,
- sich bewusst machen, welche gesellschaftliche Rolle Unternehmen auf dem Arbeitsmarkt einnehmen hinsichtlich der Sicherung von Arbeitsplätzen und Integration behinderter Menschen, ausländischer Arbeitnehmer und Arbeitnehmer mit Migrationshintergrund.

Trifft auf mich zu			
Voll	Weitgehend	Eher nicht	Gar nicht
○	○	○	○

2

Die Auszubildenden sind in der Lage, Personalakten anzulegen und diese unter besonderer Berücksichtigung der Erfordernisse des Datenschutzes zu führen. Dabei können sie ihre Rechte als Arbeitnehmer und Arbeitsnehmerinnen bei der Einsichtnahme in ihre Personalakte wahrnehmen.

Trifft auf mich zu			
Voll	Weitgehend	Eher nicht	Gar nicht
○	○	○	○

3

Die Auszubildenden können Ideen zur Mitarbeiterinnen- und Mitarbeiterbetreuung sowie zur Personalförderung als eine wichtige Aufgabe zur Erhaltung der Leistungsmotivation und zur Bindung an den Betrieb entwickeln, indem sie

- verschiedene Formen der Personalförderung wie Traineeprogramme, Coaching, Outdoortraining und Mentoring diskutieren und bewerten,
- Vorschläge zur besseren Arbeitsstrukturierung wie Jobenlargement, Jobenrichment, Gruppenarbeit und Jobrotation entwickeln.

Trifft auf mich zu			
Voll	Weitgehend	Eher nicht	Gar nicht
○	○	○	○

4

Die Auszubildenden können für Mitarbeiterinnen und Mitarbeiter Fortbildungsmaßnahmen vorschlagen, die lebenslanges Lernen ermöglichen und zur Sicherung des Arbeitsplatzes beitragen und dabei die Vor- und Nachteile interner und externer Fortbildungsmaßnahmen diskutieren.

Trifft auf mich zu			
Voll	Weitgehend	Eher nicht	Gar nicht
○	○	○	○

5

Die Auszubildenden können ihren Arbeitsprozess hinsichtlich eingehaltener Sorgfalt, Vertraulichkeit und Objektivität bewerten. Sie sind ferner in der Lage, ihr Auftreten und Verhalten gegenüber den Mitarbeiterinnen und Mitarbeitern zu beurteilen und konstruktive Rückmeldungen selbstkritisch anzunehmen, indem sie

- ihr Verhalten reflektieren und sich selbst und gegenseitig bewerten,
- bei der gegenseitigen Beurteilung die Regeln des Feedbacks anwenden.

Trifft auf mich zu			
Voll	Weitgehend	Eher nicht	Gar nicht
◯	◯	◯	◯

6

Die Auszubildenden können hinterfragen, inwieweit sie auf Problemstellungen im personalwirtschaftlichen Bereich sachgerecht und rational reagieren. Außerdem sind sie in der Lage, Strategien zu entwickeln, um Lösungsansätze aufzuzeigen.

Trifft auf mich zu			
Voll	Weitgehend	Eher nicht	Gar nicht
◯	◯	◯	◯

7

Die Schülerinnen und Schüler können sich ihre eigene Position als Arbeitnehmer im Betrieb und den sich daraus ergebenden Konfliktpotenzialen vergegenwärtigen.

Trifft auf mich zu			
Voll	Weitgehend	Eher nicht	Gar nicht
◯	◯	◯	◯

8

Die Auszubildenden sind sich bewusst, welche Rechte sie als Arbeitnehmer und Arbeitnehmerinnen im Betrieb haben, wer ihre Ansprechpartner sind und wer sie unterstützt.

Trifft auf mich zu			
Voll	Weitgehend	Eher nicht	Gar nicht
◯	◯	◯	◯

9

Betrachten Sie nun noch einmal die oben zitierte Kernkompetenz zum Lernfeld 8 und beurteilen Sie, ob Sie die geforderten Kompetenzzuwächse erreicht haben.

„Die Schülerinnen und Schüler besitzen die Kompetenz, bei der Beschaffung, Verwaltung, Entwicklung von Personal sowie bei der Beendigung von Arbeitsverhältnissen mitzuwirken."

Trifft auf mich zu			
Voll	Weitgehend	Eher nicht	Gar nicht
◯	◯	◯	◯

Bildquellenverzeichnis

Behrla/Nöhrbaß GbR, Foto Stephan, Köln/Bildungsverlag EINS GmbH, Köln: Seite 225
Bundesministerium der Finanzen, Berlin: Seite 145
Derby Cycle Werke GmbH, Cloppenburg (www.kalkhoff-bikes.com): Seite 30_3, 37, 42, 214_3, 223_2
Fotolia Deutschland GmbH, Belin: Seite 27_2 (Kurhan); 45, 48 (Arochau); 52_3 (Martin Schlecht); 62, 90, 121 (Robert Kneschke); 66 (th-photo); 73 (thodonal); 99 (Robert nerthuz); 104 (nacroba); 108 (endostock); 129 (industrieblick); 138, 187 (Photographee.eu); 146 (eyewave); 169 (MP2); 173 (Peter Atkins); 178 (fovivafoto); 214_1, 266 (Christian Schwier); 226 (Jeanette Dietl); 229 (Tatyana Gladskih); 235_1 (contrastwerkstatt); 239 (VRD); 242 (atScene); 250 (Andreas P); 253 (DOC RABE Media); 257 (Marco2811); 260 (matthias21); 264 (Daniel Ernst); 268, 270 (Picture-Factory); 301, 310_1 (fovito); 306 (Dan Race)
Haufe-Lexware GmbH & Co. KG, Freiburg: Seite 198, 199
iStockphoto LP, Calgary, Canada (MachineHeadz): Seite 183
Martin Voth, Heiden: Seite 25_1, 25_2, 25_3, 25_4, 30_1, 30_2, 35, 47, 50, 52_1, 52_2, 52_4, 54, 210, 210, 310_2, 310_3
Rose Versand GmbH, Bocholt (www.rosebikes.de): Seite 23, 24_1, 24_2, 27_1, 214_2, 214_4, 214_5, 218, 223_1
VAUDE Sport GmbH & Co. KG.: Seite 41

BPW-Verzeichnis

Rücksicherungsdateien lexware

Lernfeld 5

- LF 5_LS 2_Aufgabe 6.xlsx
- LF 5_LS 2_Aufgabe 6_Fragebogen.xlsx
- LF 5_LS 4_Arbeitsauftrag – Produktinformationen.docx
- LF 5_LS 4_Arbeitsauftrag Werbeplan.docx
- LF 5_LS 4_Arbeitsauftrag _Werbeplan.docx
- LF 5_LS 6_ Preisuntergrenzen.xlsx
- LF 5_LS 6_ Vorwärtskalkulation.xlsx
- LF 5_LS 6_ Aufgabe 4_Rückwärtskalkulation.xlsx
- LF 5_LS 6_ Aufgabe 5_ Differenzkalkulation.xlsx
- LF 5_LS 6_ Aufgabe 7_ Großhandelskalkulation.xlsx
- LF 5_LS 6_ Aufgabe 8_ Industriekalkulation.xlsx
- LF 5_LS 7_ Kundenprofil.docx
- LF 5_LS 7_ Aufgabe 5_Interessentendatei.docx
- LF 5_LS 7_ Aufgabe 9.docx
- LF 5_LS 7_ Arbeitsauftrag_E-Bike Sonderangebot.tif
- LF 5_LS 7_ Arbeitsauftrag_Kundenprofil.docx
- LF 5_LS 7_ Aufgabe 5_Interessentendatei.docx
- LF 5_LS 7_ Aufgabe 9_Abbildung.tif
- LF 5_LS 7_ Aufgabe 9_Kundeninformationen.docx
- LF 5_LS 8_ Adressdatei Excel.xlsx
- LF 5_LS 8_ Adressdatei WORD.docx

Lernfeld 6

- LF 6_LS 1_ Aufgabe.docx
- LF 6_LS 6_ Aufgabe 3.docx
- LF 6_LS 7_ Arbeitsauftrag.docx
- LF 6_LS 7_ Aufgabe 6.docx
- LF 6_LS 7_ Aufgabe 2.docx
- LF 6_LS 11_ Aufgabe 4.docx
- LF 6_LS 14_ Aufgabe 4.docx
- LF 6_LS 15_ Arbeitsauftrag.docx
- LF 6_LS 15_ Aufgabe 2.docx
- LF 6_LS 15_ Aufgabe 3.docx
- LF 6_LS 15_ Aufgabe 4.docx
- LF 6_LS 17_ Arbeitsauftrag.docx
- LF 6_LS 17_ Aufgabe 3.docx
- LF 6_LS 18_ Aufgabe 3.docx
- LF 6_LS 18_ Aufgabe 4.docx
- LF 6_LS 19_ Arbeitsauftrag.docx
- LF 6_LS 19_ Aufgabe 4.docx
- LF 6_LS 19_ Aufgabe 5.docx
- LF 6_LS 20_ Arbeitsauftrag.docx
- LF 6_ Abschlussaufgabe 1 _Aufgabe 1.docx
- LF 6_ Abschlussaufgabe 2 _Situation 1.docx
- LF 6_ Zusatzaufgabe 1_2_Eröffnungsbilanz.xlsm

Lernfeld 7

- LF 7_LS 2_ Beurteilungsbogen für Gespräche.docx
- LF 7_LS 2_3_4_ Arbeitsauftrag_Beurteilungsbogen für Gespräche.docx
- LF 7_LS 3_ Beurteilungsbogen.docx
- LF 7_LS 4_ Beurteilungsbogen.docx
- LF 7_LS 6_ Aufgabe 3.docx
- LF 7_LS 6_ Aufgabe 3_Beschwerdeerfassungsformular.docx
- LF 7_LS 7_ Arbeitsauftrag.xlsx
- LF 7_LS 7_ Arbeitsauftrag_Excel-Kalkulation.xlsx

Lernfeld 8

- LF 8_LS 2_ Personalbedarfsberechnung.docx
- LF 8_LS 2_ Anforderungsprofil.docx
- LF 8_LS 2_ Stellenbeschreibung.docx
- LF 8_LS 2_ Fehlzeitenstatistik.xlsx
- LF 8_LS 4_ Arbeitsauftrag _Nutzwertanalysel .xlsx
- LF 8_LS 5_ Arbeitsvertrag.docx
- LF 8_LS 6_ Arbeitsauftrag _Gehaltsabrechnung.xlsx
- LF 8_LS 6_ Aufgabe 1_Gehaltsabrechnung.xlsx
- LF 8_LS 6_ Aufgabe 2_ Eingabemaske.xlsx
- LF 8_LS 6_ Aufgabe 5_Gehaltsabrechnung.xlsx
- LF 8_LS 6_ Aufgabe 5_Vergleich.xlsx
- LF 8_LS 7_ Personalstammblatt.docx
- LF 8_LS 7_ Meldung Sozialversicherung.docx
- LF 8_LS 7_ Aufgabe 3_Gehaltsabrechnung.xlsx
- LF 8_LS 8_ Personaleinsatzplanung.xlsx
- LF 8_LS 8_ Aufgabe 4.docx
- LF 8_LS 8_ Urlaubsplanung.xlsx
- LF 8_LS 8_ Urlaubsdatei.xlsx
- LF 8_LS 8_ Zeiterfassung.xlsx
- LF 8_LS 9_ Beurteilungsformular.docx
- LF 8_LS 10_ Personalbeurteilung.xlsx
- LF 8_LS 11_ Sozialauswahl.docx
- LF 8_LS 11_ Kündigung.docx
- LF 8_Abschlussaufgabe 1 _Aufgabe 2.docx
- LF 8_Abschlussaufgabe 1 _Aufgabe 3.xlsx
- LF 8_Abschlussaufgabe 1 _Aufgabe 4.xlsx
- LF 8_Abschlussaufgabe 1 _Aufgabe 6_Nutzwertanalyse.xlsx
- LF 8_Abschlussaufgabe 1 _ Aufgabe 10a.xlsx
- LF 8_Abschlussaufgabe 1 _ Aufgabe 10e.xlsx
- LF 8_Abschlussaufgabe 1_ Aufgabe 12 PEP.xlsx